法律大辞书补编

法律文件表式

郑競毅 编著

世界法家人名录

彭 时 编著

商務印書館
创于1897 The Commercial Press
2012年·北京

图书在版编目(CIP)数据

法律大辞书补编/郑競毅,彭时编著.—北京:
商务印书馆,2012
ISBN 978-7-100-06423-1

I.①法… II.①郑…②彭… III.①法律—词典
IV.①D9-61

中国版本图书馆 CIP 数据核字(2008)第 203119 号

本书据商务印书馆 1936 年版排印

FĂ LǛ DÀ CÍ SHŪ BǓ BIĀN
法律大辞书补编
法律文件表式
郑競毅 编著
世界法家人名录
彭 时 编著

商务印书馆出版
(北京王府井大街36号 邮政编码 100710)
商务印书馆发行
北京瑞古冠中印刷厂印刷
ISBN 978-7-100-06423-1

2012年9月第1版　　开本 880×1230 1/32
2012年9月北京第1次印刷　　印张 18⅛
定价:78.00 元

再版前言

学外语者，必要借助外语辞典；学专业者，也必须要借助专业辞书。辞典或辞书，既阐释名词术语的内涵，又描述其起源和发展演变，还旁征博引，分析比较，弄清事物的发展事理。因此，利用好辞典或辞书，就可以使我们大大提高学习的效率，收到“事半功倍”的效用。鉴于此，我国从古代起，就开始关注文字和专业辞书的编写，其经典者，如汉代许慎的《说文解字》，清代官方所编的《康熙字典》等。

近代法律，包括法学，并不是中国传统的产物，而是西方（主要是通过日本）传入的“舶来品”，许多名词、概念和术语，可以说见所未见，闻所未闻，不用说普通百姓，就是知识分子乃至专业人士，也往往对其一无所知。因此，学习近代法律和法学，更加需要借助于法学辞典，以能够明确内涵，把握重心，清晰原则，了然制度。1907 年，商务印书馆在翻译出版《新译日本法规大全》一书时，为了帮助读者理解和把握这套书的内容和精神，也考虑到中国近代的法和法学基本上都是来自日本的现实，就翻译出版了《新译日本法规大全》所附的《法规解字》（2007 年再版）一册。这册《法规解字》就是中国近代最早的《法律辞典》（《法律辞书》）。

但是，《法规解字》存在许多问题。一是收录法律用语太少，总共才 1918 个；二是解释太简单，有些词如“干燥质”（释文：“干燥之物质也”）几乎没有什么阐释；三是有些词如“后见”、“后见人”等，由于当时还没有发明对应的中文“监护”一词，故含义说不太清楚，使用时并不方便。与《法规解字》同一年以及稍后出版的其他三部中文法律辞书，即 1907 年的《日本法政词解》、1908 年的《法律名词通释》和 1909 年的《汉译日本法律经济辞典》也程度不等地存在同样的问题。

针对这种情况，法学界开始酝酿编写一部比较系统、完整的法律辞书。历经艰辛，终于在 1936 年，推出了由郑競毅、彭时编著的《法律大辞书》（上、下），以及补编，由商务印书馆出版。该书收入词条 14000 余条，四百万字，在当时应当说是一本大部头的法律辞书了。与《法规解字》等早期法律辞书相比较，《法律大辞书》具有如下几个特点。

首先，该辞书所收词条，既包含各个部门法的基本词汇，如主权、契约、判决、立法、商法、离婚等，也涉及大量中外法律史词语，如五刑、元典章、读例存疑、部曲、中书省、议会政治、王座法庭、注释法学派等。其释文,既简明扼要,如丁赋、人、人格等的解释,都只有一句话;又旁征博引,详细阐明,如人寿保险、八议、中国法、土耳其法、委内瑞拉宪法等,都有上千字甚至上万字的解释。尤其是该辞书能够关注当时民国政府生效的各项法律,如宪法、民法、刑法、民事诉讼法、破产法、刑事诉讼法、土地法、公司法、保险法、票据法、渔业法等,兼具知识性和应用性两个方面,对读者而言,是一本很好的法律工具书。

其次,本书收入了许多珍贵的历史文献照片,并配之以详细的文字说明,使辞书具有了很强的说服力和珍贵的史料价值。比如,世界上最古的国际条约遗迹图,世界上最古的法院审判笔录图,古代西亚两河流域苏美尔法典的残迹图,古代巴比伦《汉穆拉比法典》(石柱),希伯来时代犹太宗教法典、《唐令拾遗》书、梵文的《摩奴法典》、19 世纪末发现的刻在墙壁上的古代希腊最早的成文法典《哥泰那法》、古代罗马最古的民事判决笔录图,直至中世纪英国法学家利特尔顿(D. Littleton,1407—1481)的《土地法论》之著作、近代英国法学家布莱克斯通(Sir W. Blackstone,1723—1780)的《英国法释义》之著作、1804 年《法国民法典》第一版的封面等等,共有 31 幅之多,其中许多文献资料对当时的中国学术界而言都是首次见到,大大开扩了学者的眼界。

再次,条目的释义也非常有特色。一方面,由于作者的日本留学(直接编译日本法律辞书)的知识背景,因此,在辞书的条目解释中,时不时地出现将日文直接搬过来的情况,如"一通",其解释为"所谓一通,乃指一份文书而言。"这里,就完全是日文的表达法,因为中文中不用"一通",而是用"一份"。对"入会权"(对森林原野享有共同处分收益使用之权利)、"大藏省"(财政部)、"小切手"(支票)、"小作人"(佃农)等的解释也是。另一方面,因为是早期的辞书,考虑到当时"民智"刚开不久,故对一些法律之外的生活基本用语,如"一年"、"凡人"、"亡命"、"土石"、"一般"、"一般杀人罪"、"一般习惯"、"小学校长"、"工人"、"工厂"等也都有说明。这些用语,因为现代人大家都能明白,故很少在法律辞书(辞典)中再予以解释,但在本大辞书中,则大量出现。此外,在清末民初,一般的法政学堂、法政专业以及后来的法律系、法学院,都包括了财政、会计和经济专业,如由熊元楷、熊元翰、熊元襄编辑出版的、根据日本法学专家冈田朝太郎(1868—1936)、松冈义正(1870—1939)等讲授的《法律学堂讲课笔记》,共 22 册,就包括了《经济学》、《财政学》。与此相连,在早期法律辞书(辞典)中,也包含有比较多的经济、财政术语,如在本大辞书中，就有对“上忙”、“下忙”[①]、“上币”、“中币”、“下币”、[②]“夕市”、[③]“中央银行”、“中央税”、“中央蚕丝试验场”、“居奇”、“官盐”等的详细解释。

本辞书的作者郑竞毅和彭时，我们对其生平事迹了解得不是很多，网上搜索几乎没有收获，笔者根据对民国时期文献的掌握，得知这两位作者的大体情况为：郑竞毅，东吴大学法学院毕业生，与其他几位高材生马君硕、费青等大体同一时代，在20世纪30—40年代比较活跃，在法理学、比较法学和民商法学领域均有建树，除了编著本大辞书之外，还发表了“苏俄法律的哲学基础”（载《东方杂志》第30卷第2期，1933年）、《苏联的反宗教法律》（同前杂志第30卷第50期）等论文。彭时，是民国时期的比较法学家和民商法学家，除了编著有若干本民法教科书之外，还发表有“法律现象与权利”（载《法律评论》第197期，1927年）、“法律与事实”（同前杂志第203期，1927年）、“民商法上留置权之比较观”（同前杂志第206期，1927年）、“世界民法思潮的新趋势”（载同上杂志第7卷第35—38期，1930年）、“我之民法改造观”（载《新时代》第1卷第4期，1930年）、“世界法家之略历及其著述”（载《法律评论》第475—504期，1932年11月—1933年8月）、“民法上之诚实信用”（载《法学专刊》第1期，1933年）等论著。

法律是社会的产物，法学家也是社会学家，他们是社会生活的设计者和实践者，这一点决定了某一时代的法学作品（包括法律辞典或辞书）只能是那个时代社会生活的表现，受该时代社会发展和进步的制约和影响。《法律大辞书》诞生于20世纪30年代中叶，此时，中华民国政府的立法活动已经基本结束，以西方法为模范的近代法律体系也已经确立，但中国传统法律文化的影响还非常巨大，半封建、半殖民地的社会现实在法律体系中也有大量反映，这些都使该辞书具有了鲜明的时代特色，即一方面，该辞书具有一定的历史局限性，它所体现的中国古代封建社会以及近代半封建、半殖民地社会现状的法律术语以及对其的解释，从今天之立场上看来都已经过时了，如“人民捐输救国金奖励办法”、“人事诉讼程序”、“十字”[④]、“大商人”（营业资本额超过500元以上者）、“大学

① 按清代制度，一年春秋两季征税，春季为“上忙”，秋季为“下忙”。

② 古之货币，分上、中、下三等，上等之币称“上币”，如珠玉等；中等之币称“中币”，如黄金等；下等这之币称“下币”，如刀布之类等。

③ 傍晚之后的集市。

④ 即在文件上所签押的符号，一般称“画十字”。这多为不识字者所作，是文化落后之社会的表现。

委员会”、“中央工业试验所组织条例”、“妾”、“定婚”等。但另一方面，该辞书又具有相当的进步性和前瞻性，它的大部分内容追随了世界法律近现代化的潮流，是人类法律文明的结晶，具有丰富的文化内涵和重要的学术价值，对今天中国的社会主义法治建设仍然具有重要的参考价值和现实意义。

商务印书馆是我国近代最早成立的出版社，已经有110多年的历史，在民国时期就以出版辞书蜚声海内外。《法律大辞书》是其中一部重要作品，出版后曾养育了数代法律人。今天，商务印书馆又决定将《法律大辞书》上、下以及补编合为一套，予以再版，我以为这是法学界、历史学界、社会学界和出版界的一件盛事，也是中华法律学子的一件乐事。欣喜之余，特撰以上数语，以为序。

何勤华
于华东政法大学
外国法与比较法研究院
2010年1月28日

编辑说明

一、郑競毅、彭时编著的《法律大辞书》上、下及补编，由上海商务印书馆首次出版于民国二十五年(1936 年)。这部法律词典收入词条一万四千余条，四百万字，堪称一部中型辞书。收入词条既涵盖各个部门法的基本词汇，又涉猎大量的中外法律史词语，内容宽泛；其释义既简明又多旁引当时国民政府生效法律，兼具知识性与实用性，代表近代中国法律辞书编纂的较高水平。今天，尽管距其出版已经过去 70 多年，但是，诸多词语的释义中允、法律义理明晰，仍可以成为法律学子研习法律的工具书。

二、原书为繁体字、竖排版，为便利现代读者学习，本次再版为简体字、横排版。顺应改版的需要，原书表述如“如左”、“如右”统改为“如下”、“如上”，一些标点符号也做了相应变动。但原书统未加书名号处依然保持原状。

三、原书为三册：即《法律大辞书》上、下及补编，现再版为两册：即合并上、下为一册，保留《法律大辞书》补编单独一册。增加了再版前言，着重申明其法文化传承的意义、宝贵的文献价值。还增加了再版目录、目次等，以补充原书缺漏，使阅读更加方便。

四、本次再版以保持原书面貌为原则，内容上不做任何修改。但为了慎重与完善，我们聘请相关专业的研究人士对原书进行认真审读，勘正了原书的一些排版错误，并将其以页下注的方式一一注明。对于易混淆的异体字、通假字，也增加了注释。同时，为了保持史料的真实性，原书一些字的用法，如“声请”今天通用“申请”等，再版时一律保留，没有更动。还有，原书笔画目录均以繁体字排序，这次再版改为简化字后不便更改排列顺序，仅于词头括号注明繁体字，注意使用时应还原查找。

五、为方便今天读者，本次再版增加了音序条目索引，使用现代汉语拼音即可查阅词条。在世界法家人名录目次中单列新译名栏，凡有新译名者，逐个填充，以利读者对比检索。

六、原书出现的人名，比如题词的蔡元培、作序的吴经熊，本次再版时均加注简介其生平，以俟今天读者。①

---

① 资料主要引自张宪文等主编：《中华民国大词典》，江苏古籍出版社 2001 年 8 月；何勤华：《中国法学史》(第三卷)，法律出版社 2006 年 8 月。

七、本次再版审读的专家：黄树卿、马海峰，《法律大辞书》上册；高尚，《法律大辞书》下册；王兰萍，《法律大辞书》补编。责校吕长君。*

* 编辑说明由王兰萍执笔。

目　录

甲部

法律文件表式[*]

乙部

世界法家人名录

---

* 法律文件表式编者郑竞毅，民国时期法学者，毕业于东吴大学法学院。除编著《法律大辞书》外，还著《强制执行法释义》，上海商务印书馆出版。“民商法方面的专家，执教于法学院”，见何勤华：《中国近代法律教育与中国近代法学》，2003 年 12 期《法学》。

附录

甲　部

法律文件表式

（一）公文程式（行政）

目　次

---

* 目次，原书无，本次再版时增加。

公函及咨后面式样

文电摘由纸式样

卷壳前面式样

卷壳后面式样

卷壳票签式样

封筒后面式样

封筒前面式样

公文稿面式样

第一 令

令之功用凡三:(1)公布法律。(2)任免官吏。(3)有所指挥。兹举其形式于下:

(1) 公布法律者

(例一) 国民政府令

兹制定中华民国刑事诉讼法公布之此令

中华民国 印 年 月 日

主 席 ○○○

立法院院长 ○○○

(例二) 国民政府令

○○○○条例○○○○治罪法均着废止此令

中华民国 印 年 月 日

主 席 ○○○

立法院院长 ○○○

(2) 任免官吏者

现行制度官吏分为特任官、简任官、荐任官及委任官四种。

此外由中央执行委员会所公推者则曰选任。又上述各种之外尚有聘任一种,乃系聘请特定人员担任特种任务之用。

(甲) 特任官

(A) 任令

(例一) 国民政府令

特任○○○为最高法院院长此令

中华民国 印 年 月 日

主 席 ○○○

司法院院长 ○○○

(B) 免令

(例一) 国民政府令

行政院财政部长○○○呈请辞职○○○准免本职此令

中华民国 印 年 月 日

主 席 ○○○

行政院院长 ○○○

(例二) 国民政府令

行政院海军部长○○○另有任用着免本职此令

中华民国 印 年 月 日

主　　席　　〇〇〇
行政院院长　　〇〇〇

（乙）简任官

（A）任令

（例）国民政府令

任命〇〇〇为行政院铁道部常务次长此令

中华民国 印 年　　月　　日

主　　席　　〇〇〇
行政院院长　　〇〇〇

（B）免令

（例一）国民政府令

〇〇省政府委员会委员〇〇〇呈请辞职〇〇〇准免本职此令

中华民国 印 年　　月　　日

主　　席　　〇〇〇
行政院院长　　〇〇〇

（例二）国民政府令

〇〇省政府委员会委员兼〇〇省民政厅厅长〇〇〇着即免职此令

中华民国 印 年　　月　　日

主　　席　　〇〇〇
行政院院长　　〇〇〇

（丙）荐任官

（A）任令

（例）

司法院院长〇〇〇呈据司法行政部部长〇〇〇呈请任命〇〇〇为〇〇〇〇地方法院院长〇〇〇试署〇〇〇〇地方法院庭长应照准此令

中华民国 印 年　　月　　日

主　　席　　〇〇〇
司法院院长　　〇〇〇
司法行政部部长　　〇〇〇

（B）免令

（例一）国民政府令

行政院院长〇〇〇呈据海军部部长呈称〇〇〇〇〇〇因病辞职请免本职应照准此令

中华民国 印 年　　月　　日

主　　席　　○○○
行政院院长　○○○
海军部部长　○○○

(例二) 国民政府令

行政院院长○○○呈据实业部部长○○○呈称○○○○海洋渔业管理局局长○○○呈请辞职请免本职应照准此令

中华民国 印 年　　月　　日

主　　席　　○○○
行政院院长　○○○
实业部部长　○○○

(丁) 委任官

(A) 任令

(例) 教育部令

委任○○○为本部科员此令

中华民国 印 年　　月　　日

部　　长　　○○○

(B) 免令

(例一) 福建省民政厅令

本厅科员○○○因病呈请辞职应即照准此令

中华民国 印 年　　月　　日

厅　　长　　○○○

(例二) 江苏省土地局令

本局科员○○○着即免职听候任用此令

中华民国 印 年　　月　　日

局　　长　　○○○

(3) 有所指挥者

(例一) 国民政府令

查民族平等，信教自由，为吾党之基本政纲，亦约法之主要原则。国民政府历来对于边疆各省之施政，靡不一秉大公，恪遵此志。新疆僻处西陲，交通梗阻，致与中央声气难以相通，民隐未能悉达，惟该省回民及各民众诚朴纯良，安分守业，素为中央所深悉。迩来国家多故，西顾未遑，而我新疆民众能本爱国热诚，体念政府苦心，矢勤矢谨，以生以息，其无形中协助中华民国之繁荣，民族之团结者，至大且钜。中央历来对于边疆大吏，无不以勤求民隐。巩固边圉为训，不意该省主席，金○○受命以来，凡百设施，未能仰体中央意旨，致肇此次事变，闻之实深惋惜。现该主席○○○引咎辞职，中央已经准核，正在慎选贤良，妥筹治理，并先特派参谋本部次长黄○○为新疆宣慰使，务期和辑军民，嘉靖地方，务望我新疆民众，仰体斯旨，各安所业，静候办理，毋得聚众逾轨，致贻隐忧。有厚望焉。

中华民国二十二 印 年 五月 二日

主 席 林 森

行政院院长 汪兆铭

（例二）国民政府令

前黄河水利委员会副委员长赈灾委员会委员王瑚，性行朴诚，操守廉洁，历膺民政，风著循声，迩来办赈查灾擘画驰驱，不辞劳瘁，遽闻溘逝，轸惜良深。王瑚应特予褒扬，并交考试院饬部从优议恤，以彰劳勋，而励厉隅，此令。

中华民国 印 年 月 日

主 席 林 森

行政院院长 汪兆铭

考试院院长 戴传贤

国民政府聘书式

敦聘

○○○ ○○○ ○○○先生为全国航空建设会委员，此聘。

中华民国 印 年 月 日

主 席 ○○○

行政院院长 ○○○

第二 训令

训令之功用有二：(1)上级机关对于下级机关有所谕饬时用之。(2)上级机关对于下级机关有所差委时用之。兹举其形式于下：

(1) 有所谕饬时所用者

（例）内政部训令 第 号

令各省民政厅

为令行事，查吾国近年以来，民生憔悴，国势凌夷，欲图挽救之方，唯在努力建设。顾建设之道多端，非限于人才，即困于经济，未能咄咄立办。故建设之初步，不求高远，而在切近，但能尽我心力，随时筹划，则可作之事甚多，正不必赖有巨款方能举办，是在行政人员有以利导而善用之耳。本部有鉴于此，特以利用废弃增进效果为本旨。就国人所废弃而耗费之者，一一设法利用，其用意在使已废弃之物力时间等，化无用为有用，进无益为有益，务使达到群众无废物，全国无废地，社会无废人，终岁无废时，公私无废财，工作无废力之目记，则环境自然改良，国家日益繁富。兹为便于参考，举其大概，编订小册，加以说明，名曰六废利用，合行印发五份，令仰该厅查照，即便仿制，转发所属县长公安局长一体遵照,务各以身作则,随时随处,认真提倡,广为宣传,造端虽微,将毕也钜,有厚望焉,此令。

中华民国 [内政部印] 年　　月　　日

内政部长　○○○

(2) 有所差委时所用者

(例一) 国民政府训令 第三八〇号

令行政院

为令遵事,案准

中央政治会议函开:本月九日本会议第三六九次会议,准居委员正提议,近年以来,各省刑事案件激增,已决未决之罪犯,分禁于监狱看守所者,无不超过容额,疾病死亡,时有所闻,际兹盛暑,尤可悯念,吾国古代,辄于夏日省录囚徒断薄刑,出轻击,意至善也。现请略师其制,交由国民政府通令各省该管官署,除未决押犯厉行保释外,已决监犯,一律予以减刑,其办法饬由行政院令司法行政部迅速详拟呈核,庶几监所不致拥挤,罪犯不致瘐毙,而国家矜恤狱囚尊重人道之至意,亦可以昭示于天下,是否有当,敬候公决等由。当经决议,未决押犯,依法厉行保释,交国民政府明令饬遵,已决监犯,酌量分别予以减刑,由行政院令司法行政部详议办法呈核,相应录案函达,即希查照,转饬遵照办理等由。准此,自应照办,除关于未决押犯厉行保释一节,已由本府明令公布饬遵外,合行令仰该院转饬司法行政部遵照,详议减刑办法具复核夺此令。

中华民国二十二 [国民政府印] 年 八月十二日

主　席　林　森

(例二) 国民政府训令　第三六七号

令行政院

为令遵事,准

中央政治会议函开:据行政院函称,据内政部呈为该部于第二次全国内政会议时,提出各省设立县政实验区办法,经大会决议,认为可行,缮同原办法,呈请鉴核示遵等情。经本院第一一七次会议决议通过,谨抄送原办法草案,请核定等由。当经提出本会议第三六六次会议讨论,并经决议,准予备案,相应录案,并抄附原函暨各省设立县政建设实验区办法函达,即希查照饬遵等由。准此,除所抄附该院原函毋庸检发外,合行抄发原附办法一件,令仰该院转饬遵照,此令。

计抄发原附各省设立县政建设实验区办法一件

中华民国 [印] 年　　月　　日

主　　　席　　林　森
行政院院长　　汪兆铭
内政部部长　　黄绍雄

（例三）国民政府训令　第二二〇号

令行政院

为令遵事，案奉

中央执行委员会新字第二七九号函开，查本党定于本年七月一日召集临时全国代表大会，所有大会经费预算，经本会第六十八次常务会议议决，照第四次全国代表大会前例，定为总额三十五万六千六百七十二元，相应函达，即希查照转饬财政部照拨等因。奉此，合行令仰该院转饬财政部遵照，如数拨发具报为要，此令。

中华民国二十二 印 年五月十九日

主　　　席　　林　森
行政院院长　　汪兆铭
财政部部长　　宋子文

（例四）教育部训令　第四三五一号

令直辖各机关

为训令事，查各校入学考试或各厅局留学考试等，列有体格检验一项。关于检验女生体格事宜，嗣后应尽可能范围内，由女医办理，如无女医时应免除解衣检验，除分行外，合行令仰该〇〇遵照，此令。

中华民国二十四 教育 年 部印 四月八日

部　　长　　〇〇〇

第三　指令

所谓指令乃指上级机关对于所属下级机关，因呈请而有所指示时所用之公文而言。兹示其例式如下：

（例一）国民政府指令　第八二四号

令行政院

呈据内政外交海军三部会同呈报审查福建省政府拟请将闽候县区域析置为福州市及闽候县官两官，事属可行，并请将原咨请于厦门设思明市特准定名为厦门市，先成立厦门市政筹备处等情，经提会决议通过，抄检原件呈请鉴核备案，并饬局铸发各该县市印信及筹备处关防由。

呈悉，准予备案，仰候饬局铸发可也，附件存，此令。

中华民国二十二 印 年五月四日

主　　席　林　森
行政院院长　汪兆铭
内政部长　黄绍雄
外交部长　罗文干
海军部长　陈绍宽

（例二）国民政府指令　第八八〇号

令司法院

呈据中央公务员惩戒委员会呈称书记官汤武业经停职另候任用，请转陈明令免职，仰祈鉴核由。

呈悉，汤武一员已有明令照准免职矣，仰即知照并转饬遵照，此令

中华民国二十二 印 年五月十三日

主　　席　林　森
司法院院长　居　正

（例三）司法行政部指令　第　　号

令〇〇高等法院院长〇〇〇

呈据律师〇〇〇声请登录并指定〇〇地院区域执行职务请鉴核由

呈暨附件均悉，应准备案，附件存，此令

中华民国 司法行政部印 年　　月　　日

司法行政部长　〇〇〇

第四　布告

布告之功用有二：(1)对于公众宣布事实时用之，(2)对于公众有所劝诫时用之。

(1) 宣布事件者

（例一）外交部布告　第　　号

为布告事案奉

国民政府令开特任〇〇〇为外交部长此令等因。奉此，本部长遵于本年〇月〇日宣誓就职，除呈报并分咨通令外，合行布告周知，特此布告。

中华民国 外交部印 年　　月　　日

外交部部长　〇〇〇

（例二）〇〇市政府布告　第　　号

为布告事，案据本府社会调查处主任〇〇〇呈称窃职处调查事件，千头万绪，不尽殚举，而为一般市民生计问题起见，应以消费调查为入手。兹经制定表格，派员挨户调查，并函请公安局饬警协助，以免误会而生事端，惟事属创举，恐人民

不明真相，或有拒绝隐匿情事，殊于进行，不无妨碍，拟请钧府颁发布告，咸使闻知，遇有调查员前来时尽情相告无庸疑惧，俾收事半功倍之效，是否有当，理合备文并检具消费调查表一份，呈请鉴核施行等情，并附社会调查表一份到府。据此，除指令应准所拟办理外，合行布告，仰全市民众一体知悉。本府此次派员分别调查消费，系为市民生计起见，如遇调查员前来，应即详为告知以便统计，幸勿误会为要，特此布告。

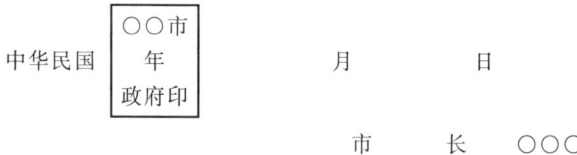

中华民国 〔○○市政府印〕 年 月 日

市 长 ○○○

(2) 有所劝诫者

(例一) ○○市政府布告 第 号

为布告事，查凡未经政府核准而擅自发行彩票，向干刑律。即醵集财物以抽签使人侥幸得利者亦久已悬为例禁。乃近来本市各公司商店辄巧立名目擅自发行奖券，或类似奖券之事层见迭出，似此肆行投机，流毒所及何堪设想。嗣后所有未经政府核准之奖券，以及类似奖券办法。均应一体严予禁止，且不得登报招摇，以杜流弊。合及布告周知务各凛遵勿违，切切此布。

中华民国 〔○○市政府印〕 年 月 日

市 长 ○○○

(例二) ○○省政府民政厅布告 第 号

为布告事，照得民为国本，食为民天，米粮一项，关系民众生计至钜。本省严禁米运出境历有年所。现值军事甫定，尤应注重民食以维生计，深恐奸商希图渔利故智复萌，若不严切查禁，民食前途何堪设想，合再严申禁令，除通饬各属遵照并函请各关监督暨咨请财政厅，转饬所属一体认真查禁外，为此布告，仰商民人等一体遵照。倘有阳奉阴违，希图渔利，朦混私运或囤积居奇，一经发觉，定当从严究办，决不姑宽。其各凛遵勿违，此布。

中华民国 〔○○民政厅印〕 年 月 日

厅 长 ○○○

第五 任命状

⊙ 通常之任命官员除颁发任命令外，并由主管机关备一特定之公文书称曰任命状，交与该被任命之官员收执，以资信守。可分为四种：(1)特任状(2)简任状(3)荐任状(4)委任状

令 文 纸 正 面

○ 任 状

中页分见下列各式

背 面

中 华 民 国 印 年 月 日

监印 ○○○
○官○○○
校对 ○○○

任 状 封 套 正 面

内 件

中 华 民 国 年 月 日

右令○官○○○准此

特任状 第 号

特任○○○为行政院内政部部长此状

国民政府主席 ○○○
行 政 院 院 长 ○○○
立 法 院 院 长 ○○○
司 法 院 院 长 ○○○
考 试 院 院 长 ○○○
监 察 院 院 长 ○○○

中 华 民 国 国民政府印 年 月 日

简任状　　　　　　　　第　　　　号

任命○○○为○○省政府委员此状

国民政府主席　○○○
行 政 院 院 长　○○○
立 法 院 院 长　○○○
司 法 院 院 长　○○○
考 试 院 院 长　○○○
监 察 院 院 长　○○○

中　华　民　国　[国民政府之印]　年　　　月　　　日

荐任状　　　　　　　　第　　　　号

任命○○○为行政院教育部科长此状

国民政府主席　○○○
行 政 院 院 长　○○○
教 育 部 部 长　○○○

中　华　民　国　[国民政府之印]　年　　　月　　　日

委任状　　　　　　第　　　　号

委任○○○为国民政府文官处印铸局科员此状

国民政府主席　○○○

国民政府印

中　华　民　国　　年　　月　　日

委任状　　　　　　第　　　　号

委任○○○为○○县教育局局长此状

江苏省教育厅厅长　○○○

江苏省教育厅

中　华　民　国　　年　　月　　日

第六 呈

呈为上行文之一种。(1)五院对于国民政府有所陈请时用之。(2)各院所组织之机关对于各该院有所陈请时用之。(3)其他下级机关对于直辖上级机关有所陈请时用之。(4)人民对于公署有所陈请时用之。兹举其例于下:

(1) 五院对于国民政府有所陈请时所用者

(例) 为呈请事案准

中央执行委员会民众运动指导委员会公函开:案据〇〇铁路工会电称,为属会理事监事任期为一年究应从选举日起算,抑以铁道部批准立案日起算,祈鉴核只遵等由。查工会理事监事任期定为一年,惟何时起算,工会法并无明文规定,事关法令解释。除批答外相应抄附来电函请解释见复,等由。准此当经令交本院劳工法起草委员会疏明去后旋据呈称,遵经共同讨论佥以应由当选之日起算,使将来改选不至发生迟早之困难。上述任期算法是否有当理合呈复核交大会公决,等情前来于本月〇〇日本院第〇〇〇次会议,议决照审查报告案通过。理合录案呈请鉴核,转饬遵照。谨呈

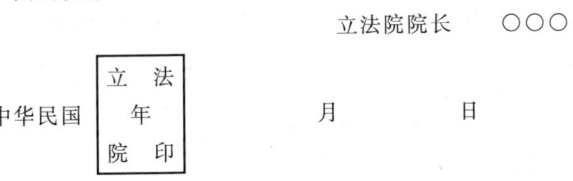

国民政府

立法院院长 〇〇〇

中华民国 [立法院印] 年 月 日

(2) 各院所组织之机关对于各该院有所陈请时所用者

(例) 为呈请事,查各省县属地方钱庄商号每有私自发行兑换银元铜元制钱之纸币……如遇发行商店,一旦倒闭,其扰乱金融贻害地方,影响极大。本部迭据各地方人民呈控有据,自应严加取缔以维币政。前已令知各埠商民嗣后不准其再发行,业已发行者限于一个月内将所发额数及准备实况呈由地方政府转报本部核定,限令分期收回并应由地方政府随时查明从严取缔。除咨函通令并布告外,理合备文呈请

钧院鉴核通令各省政府转饬所属各县,一体遵照办理,并请转呈国民政府鉴核备案。实为公便。谨呈

行政院

财政部部长 〇〇〇

中华民国 [财政部印] 年 月 日

(3) 各下级机关对于直辖上级机关有所陈请时所用者

(例) 为呈请俯予辞职仰祈鉴核照准事。窃〇〇猥以轻材渥承知遇擢授今职转瞬间已及二年,夙夜兢兢思竭棉薄上以副钧长特达之知,下以慰地方人民之望惟自去岁以来体质多病,自问殊难以孱弱之躯,膺斯重命,若长此以病躯尸位,必致贻误地方,为此沥陈下情,恳请

俯予辞职,另委贤良接替。理合具文呈请仰乞

钧长鉴核,俯赐照准,不胜屏营待命之至。谨呈

〇〇县政府

〇〇公安局长 〇〇〇

中华民国 〇〇公安局印 年 月 日

(4) 人民对于公署有所陈请时所用者

(例) 为呈请赐予明令减低房租事。窃自一二八之役后,工商业凋敝之状,为前此所未有。沪上居民平日所入,耗于房金者占其半,在昔市面繁盛时尚可勉强支持,今则衣食两方面已不能满足,若任其月支巨量之房金,是不啻置其衣食于不顾。迩者商店之倒闭接踵而来,考其原因无非因收入有限而支出于房金者居其半,遂致无力维持,观于法院欠租讼案之多,即其明证。长此以往,前途危机,殊不堪问。为此理合具呈请求

钧府迅即颁布减低房租明令,全沪三百万民众必将感戴无已,而将来工商业之复兴亦实利赖之也。谨呈

上海市长〇

〇〇〇谨具

中华民国 年 月 日

第七 咨

咨为平行公文之一,即同级机关之往复公文用之,凡较正式或较重要之公事,多用咨而不用公函,半重要或半正式之公文则多用公函。此外同级机关而性质不同者例如省政府与该省高等法院之往复公文亦多用公函而少用咨。

(例一) 内政部咨 第 号

为咨行事本年〇月〇〇日案奉

国民政府第〇〇〇号训令开户籍法业经施行,嗣后关于户籍事项统由内政部统一办理等因,奉此,查户籍法业于本年〇月〇日施行关于户籍调查事务除由本部通令各省民政厅,就近主持办理外,仍请 贵政府就近督同进行,除分别通令外,相应咨达 贵政府请烦查照为荷此咨

○○省政府

内政部部长　　○○○

中华民国 [内政部印] 年　　月　　日

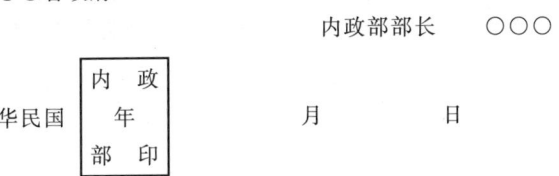

(例二) 外交部咨　欧 24 字第四八四七号

据驻捷克代办梁龙呈称,准捷克外交部节略申明在相互条件下吾国侨民得享受诉讼救助,并欲知吾国是否已实行此条件,请核示等情。查关于此事,前据该代办来电,业于本年三月二十二日欧字二七四二号咨达贵部在案,据呈前由,相应照抄原呈及原附捷外部法文节略,咨请贵部酌核办理见复,为荷。此咨

司法行政部

附抄件二件

兼署外交部长汪兆铭

中华民国二十四 [外交部印] 年 ○月○日

第八　公函

公函亦为平行公文之一,不仅同级机关用之,即对于不相隶属之机关互相往复之公文亦用之,兹举其例于下:

(例一) 国民政府文官处公函　第二七六八号

迳启者现奉

国民政府颁发甘肃省属民乐县铜质大印一颗,文曰民乐县政府印等因,相应函送即请

查收见复转发领用,并饬将启用日期呈转本府备查,旧东乐县印截角缴销为荷。

此致

行政院

附送铜质大印一颗

文官长　　○○○

中华民国 [文官处印] 年　　月　　日

(例二) ○○县教育局公函　第　　号

迳启者兹准本局第○次局务会议一件,议市乡各学校动用临时费及缴纳学费

事，议决通知各市乡董，凡各学校动用临时费须先由局核准后拨给，每月发款并须依照预算划扣学费等情。准此除分致外，相应函达，即希查照办理并转知各小学校为荷此致

○○乡乡董

局 长 ○○○

中华民国 年 月 日

（例三）司法院公函 第 号

迳复者准

贵会上年十二月七日公函（第八六五三号）开，据正太铁路特别党部筹委会呈请解释工会法第十一条疑义请查照见复等由。业经本院统一解释法令会议议决，工会法第十一条第三项，理事虽得代表工会，但工会对于理事之代表权，仍得加以限制，惟其限制系属内部关系，故善意第三人不知其受有限制时，该工会仍不得对抗之，至所谓第三人自系指与该理事为法律行为之一切人等而言，相应函复贵会查照转知。此致

中央执行委员会民众运动指导委员会

院 长 ○○○

中华民国二十四 [司法院印] 年 五月二十九日

（例四）司法院公函 第 号

迳复者准

贵部上年九月二十八日公函（第二七五五号）开：为诉愿法第一条及第八条之规定发生疑义，请解释见复等由。业经本院统一解释法令会议议决，(一)已退休之公务员，关于养老金支给数额及其文法依公务员恤金条例所规定系为公务员之特别身分而设，实为公法上之权利，故其请求被原官署为驳回之处分后，无论是否受有损害，要不得依诉愿法第一条提起诉愿（参照院字第三三九号解释）。(二)受理诉愿之官署认诉愿为无理由时，其决定主文，应用驳回或驳斥，在诉愿法上虽未定明，然为法律上之用语统一起见，自应参照该法第八条同用驳回字样。相应函复

贵部查照。此致

交通部

院 长 ○○○

中华民国二十四 [司法院印] 年 五月二十九日

第九　批

所谓批，乃指各机关对于人民陈请事项分别准驳或有所指示时所用之公文而言，兹举其例式于下：

(1) 关于准许者谓之批准

(例一) ○○市政府财政局批　字第　　号

原具呈人○○大戏院经理○○○

呈一件为请照前章按月缴捐以日计算由

呈悉应准照案办理，仰即依期投缴，毋延干罚，为要，此批。

中华民国　[财政局印]　年　　月　　日

局　长　　○○○

(例二) 上海市政府批　字第　　号

原具呈人○○○

呈一件为报载招致警察人才检呈证明文件请求登记由

呈及证明文件均悉，准予登记，听候选择任用可也，此批，附件存。

中华民国　[上海市政府印]　年　　月　　日

市　长　　○○○

(2) 关于驳斥不准者谓之批驳

(例一) 福建民政厅批　字第　　号

原具呈人○○○

呈一件为申诉红丸案连累情形请求释放由呈悉，查此案业经呈报省政府核办，所请碍难照准，此批。

中华民国　　年　　月　　日

厅　长　　○○○

(例二) 司法行政部批　字第　　号

原具呈人中华民国拒毒会

呈一件为请准将禁烟罚款提成拨充各省拒毒会经费由

呈悉，查该会唤起民众协助禁烟，种种设施，需款甚巨，谅属实在情形。惟烟案罚金充奖规则系由内政部禁烟委员会会同本部厘定，呈经行政院核准施行。该规则所规定之提奖成数，本部未便轻予变更，判处罚金数额应恪遵刑事法规所规定，执行之际，亦应以判决主文为唯一之根据。额外加罚于法不合，至提奖以外所余数成，原系司法收入，依照印纸规则应购贴司法印纸，司法收入定有用途，亦属无法挪拨，来呈所请各节格于法令，碍难照准，仰即知照，此批

中华民国 司法行政府印 年 月 日

部长 ○○○

第十 公电

公电并非公文程式条例中所规定者，惟为便利于解决重要紧急事宜起见，凡公文之往复以电报代之者，统称曰公电，亦有上行平行及下行之别，兹举其例式于下：

(1) 上行电

(例) 江西高等法院检察处公电 电字第○○号○月○日南京司法院院长居钧鉴窃查钧院指字第一○九号令略开陷代电所称依大赦条例主刑既减后对于原宣告之褫夺公权亦应酌核裁定者，所以救济事实之穷，而求与大赦条例施行后始行判决之案归于一致，不以与刑法第五十七条或第五十八条发生抵触情形为限等语。是原宣告之褫夺公权虽在主刑减轻后不与刑法抵触，亦得酌减，而因减轻主刑之结果，致与刑法相抵触者，断不可无以救济，兹查徒刑不满六月者，不得褫夺公权，为刑法第五十八条所规定，如原判宣告有期徒刑六月褫夺公权一年，徒刑已依大赦条例减为四月，而原宣告之褫夺公权，本系法定最低度，无可再减，纵减亦不免抵触，究应如何救济，以期与大赦条例施行后始行判决之案归于一致，理合电请示遵。署江西高等法院首席检察官祝谏叩删印。

(2) 下行电

(例) 司法院公电 电字第○○○号○月○○日

江西高等法院祝首席检察官鉴，删电悉依大赦条例减轻主刑后原宣告之褫夺公权应就刑法第五十七及第五十八条规定范围酌核裁定，并非比照主刑亦予减轻。本院陷代电及第一○九号指令内指示甚明，而来电犹一再以亦得酌减无可再减为言，殊属错误，据呈情形主刑之有期徒刑既减至六月未满，则对于褫夺公权之裁定，当然依刑法第五十八条规定办理，毫无疑义。司法院号印。

(注意)上举二例首处所列○○机关电字第○○○号

一行通常公电并不随同原文拍发，惟于存稿内记明，以便稽查耳，至于快邮代电，则均一并寄发。

(3) 平行电

(例) 福建省政府主席○鉴，迩来闽浙边境，匪徒势甚猖獗，除电令○○师严予警戒外，请即遣派得力部队协同剿减为祷，浙江省政府感印。

市县地方自治机关所用公文式之举例

一、通知/告书式

> 为通知/告事……………………………………………………………………
>
> ……………………………………………………………………特此通知/告
>
> 上[①]通知/告………………（机关或人名）
>
> 中　华　民　国　［此处盖用钤记或图记各市之区监察委员无钤记应从阙］　年　　月　　日
>
> 县第……区区长……………………　［盖章］
>
> （或坊乡镇长等）

二、报告/声请书式

> 为报告/声请事…………………………………………………………………
>
> ……………………………………………………………此上
>
> ………………………………………………（机关）
>
> 报告人/声请人………………（机关或人名）　［盖章或书押］
>
> 中　华　民　国　［如系机关用图记其余从阙］　年　　月　　日

⊙ 一、区对于坊乡镇及坊乡镇对于闾邻用通知书或通告书，闾邻对于坊乡镇及坊乡镇对于区用报告书或声请书。

二、区坊乡镇对于人民用通知书或通告书，人民对于区坊乡镇用报告书或声请书。

三、市县参议会与市县政府及局区互用函，对于区以下用通知书或通告书，区以下各级自治机关对于参议会用报告书或声请书。

---

① 原书为竖排版，“右”为横排版的“上”，以此统改。

公文用语汇集

文别 种别 语别	上行文	平行文	下行文
	凡下级机关致上级机关或公团，与人民致机关之公文，谓之上行文，仅有呈一种。	凡同级机关或公团，相互间来往之公文，以及人民与公团相往还之公文，皆曰平行文，有咨及公函两种。	凡上级机关致下级机关之公文，或机关致公团及人民之公文，皆称曰下行文。计有令，训令，指令，布告，任命状及批六种，此处对令及任命状不加赘述。
起首语 即全篇公文开始之语辞有将案由摘录数字叙入者亦有不将其叙入者	**呈** 为呈请事 呈为呈请事 呈为呈报事 呈为呈送事 呈为呈解事 呈为呈缴事 呈为呈复事 呈为呈请备案事 呈为恳请转呈事 呈为据情转呈事 呈为呈恳转呈事 呈为……事 呈为……仰祈鉴核事 呈为……仰祈钧鉴事 呈为……仰祈钧核事 呈为……仰祈鉴核施行事 呈为……仰祈鉴核示遵事 呈为……仰祈鉴核祗遵事 呈为……仰祈鉴核备案事 呈为……恳请转呈事 呈为……仰祈鉴核并恳请转呈事 呈为……仰祈鉴收准予核销事	**咨** 为咨行事 为咨请事 为咨商事 为咨查事 为咨领事 为咨送事 为咨转事 为咨复事 **公函** 迳启者 迳复者 谨启者 谨复者 敬启者 敬复者	**训令** 为训令事 为令遵事 为令饬事 为令行事 为令知事 为通饬事 为通令事 **指令** 呈一件为……由 呈悉 呈件为……由 据呈已悉 呈一件为……由 来呈已悉 呈报……由 呈件均悉 **批** （与指令同） **布告** 为布告事

引叙语 即开始叙述案件之引语或为叙述自己意见之引语	呈 奉……钧〇第〇号〇令开 案奉……（同上） 案据…… 案准…… 案查…… 窃 窃以 窃维 窃据 窃按 窃查 窃自 窃奉 窃准 查	咨 查 案查 准　咨开 案准　贵〇咨开 现准　贵〇咨开 兹准　贵〇咨开 前准　贵〇咨开 承准　咨复内开 案奉 案据 顷居 公函 （咨改为函字 余均与咨同）	训令 查 案查 准 案准 现准 兹准 前准 承准 案奉 案据 顷据 指令 批 （均不用） 布告 照得 查得 案据 案准 案奉 顷据 承准 前准 兹准 案查 查
关界语 即收束来文表示以上与以下并不属于一体之语	呈 等因 各等因 }（用于下行之来文下） 等由 各等由 }（用于平行之来文下） 等情 各等情 }（用于上行之来文下）	咨及公函 等语 各等语 }（与等由同） （余与上述之呈所用者同）	训令及布告 （与上述之呈所用者完全相同） 指令及批 （均不用）

承转语 谓承上一段转至下一段之用语	**呈** 奉此（依据来文时用之） 有案 在案 各在案 } 并无来文而系依据法理或事实时用之	**咨及公函** 准此 有案 在案 各在案 }（与上述呈同） 到○ 过○ }（如到局 过局 到府 过府）	**训令及布告** 据此 有案 在案 各在案 }（与上述呈同） 到○ 过○ }（与上述咨及公函同） **指令及批** （均不用）
接连语 谓连接承转语之用语以便开始申述案件情形及处理意见	**呈** 遵 遵于 遵即 遵经 即经 现经 旋经 业经 兹经 当经 曾经 前经 历经 均经 迭经 并经 嗣经 续经 复经 正拟办间 正遵办间	**咨及公函** 准经 即经 现经 旋经 业经 兹经 当经 曾经 前经 历经 迭经 均经 并经 嗣经 续经 复经	**训令及布告** 据经 即经 现经 旋经 业经 兹经 当经 曾经 前经 历经 迭经 均经 并经 嗣经 续经 复经 **指令及批** （均不用）
关顾语 为回顾前文或呼应前文之用语以资节省	**呈** 奉令前因 奉批前因 兹奉前因 令同前因	**咨** 兹准前由 缘准前由 准咨前由 咨同前由 **公函** 兹准前由 缘准前由 准函前由 函同前同	**训令及布告** 据呈前情 兹据前情 呈同前情 **指令及批** （均不用）

归结语 即在结束以前将全文归纳含有请求希望之用语对于下行文则含有准许或驳斥之意之用语	**呈** 为此呈请 理合具文呈请 理合具文呈报 一/仰祈鉴核示遵 二/仰祈俯予照准 三/仰祈指令只遵 四/仰恳核夺令遵 五/伏乞鉴核令知俾便遵行 六/伏乞察夺施行 七/伏祈核夺示遵 八/仰祈鉴核转呈 上述“理合具文呈报”可代以“是否可行”或“如何之处”惟第二，第八为例外	**咨或公函** 用特咨（函）请查照 用特咨（函）请查照办理 用特咨（函）请查明见复 相应咨（函）请查照 相应咨（函）请查照办理 相应咨（函）复即希查照 相应咨（函）复即希查照办理 相应咨（函）复烦即查照 相应录案函达即希查照转饬遵照办理	**训令** 合行令仰知照 合行令仰遵照办理 合及令仰知照速行办理 为此令仰该○遵照办理 著即查明具复以凭核办 合行令仰知照并转饬所属一律遵行 合行令催仰即具复 **指令及批** 应予照准 姑准照办 事属可行准如所请 尚无不合应即照准 应准备案 暂准备案 未便照准 碍难照准 殊难照准 著毋庸议 毋庸置议 应毋庸议 俟令查明再行核夺已令行○○机关查照办理矣 **布告** 合行布告仰即周知 合行布告仰各遵照 合行布告仰各凛遵 合行布告仰各色人等一体知悉 幸勿自误 毋得瞻徇 毋得违误 毋得玩忽 毋稍宕延 毋得隐饰

补助语 即收束公文辅助归结语语势之用语	呈 实为公便 实为德便 实为法便 不胜待命之至 不胜迫切待命之至 不胜翘企待命之至 不胜翘首待命之至 不胜屏营待命之至	咨及公函 为盼 为荷 是为至荷 是为至盼 至所盼荷 实深感荷 至为公荷 实纫公谊 至纫公谊 至感公谊	训令及布告 切切 是为至要 为要 仰即遵照 指令及批 为要 可也 仰即知照
结束语 即全文结束所用之语	呈 谨呈	咨 此咨 公函 此致	训令及指令 此令 布告 特此布告 此布 批 此批
附记语 即另外声明另外附有他件时之记语	呈 计呈送……份 计呈缴……元 计附呈……件	咨及公函 计附送……件 计附缴……元	训令及布告 计抄发……份 指令及批 附件/表存 附件/表发还 附件/表分别存案
称谓语 即对受公文者及发公文之自身之称呼用语	呈 他称： 钧 钧座 钧长 大〇（如部如署） 自称： 本〇 职〇 属〇	咨及公函 他称： 贵〇（官名机关名） 大〇（如署部） 自称： 敝〇 本〇	训令指令布告及批 他称： 该员 该〇（机关名或官名） 自称： 本〇（官名或机关名）

划一公文用纸说明*

令、训令、指令、批、呈、咨、公函等类用纸，概采平摺装钉式，其装钉由收文机关验收。挂号时，行之文面印长方形线格，分列事由、拟办决定办法批办附件各栏，以备替代收文机关收文摘由纸之用，并载明收发文机关、文别及到文年月日、收文字号。各项文内每页每面十行，除呈文外所有发文机关名称、文别、号数均于第一页第一、二行地位内标明其形式尺寸详式样至页数二开三开四开不等，由各机关酌量备用。另规定文电摘由纸式一种，以备未及遵用新式公文纸各机关或人民呈诉时，暂时应用。

（理由）查各机关现用令、批、呈、咨、函各项用纸大小形式至不齐一，其用手摺式者体过窄小，与发文稿纸参差不齐，艰于汇订，且除首尾两端外别无可资联系之处，其摺稍厚而纸质重者中部各页极易散落，其用散页装钉式者则须按页加盖骑缝印信印发手续至嫌繁重。兹采各式之长去各式之短，酌拟划一公文用纸。如上式对于装钉不固，大小参差印发繁琐诸弊，悉加改正。又其文面拟分列事由，拟办决定办法批办备考附件各栏，废除收文机关之摘由纸，以省转抄及黏贴时间。至事由一栏拟规定由发文机关缮校员照拟稿人员所摘之由抄写，核稿长官如改公文内容者应并改案由，藉收事半功倍之效，并可免收文机关挂号人员，因欲摘取案由致躭延呈阅时间，及发生草率漏访情事。其拟办一栏由收文机关拟办人员拟具办法呈送主官核阅，主官即于决定办法栏或批办栏注明办法。

稿面纸印长方形线格，格内分别机关名称、事由、来文字号、文别、送达机关、类别、附件及长官判行核稿撰拟职员签名各栏，并载明交办，拟稿核签判行缮写校对盖印封发日时，编列去文字号、档案字号，稿心纸每页每面十行形式尺寸详式样。

稿底纸印长方形线格，记明发文年月日及缮写校对监印人员姓名尺寸详式样。

卷壳用单页厚纸，正面分载机关、名称、案由、卷宗、册数及起讫年月日、档类字号等项，背面分别案目、归档月日、号数、附件及总计，各栏尺寸详式样下端附黏票签，其形式尺寸详式样。

（理由）查各机关稿面稿底卷宗面等项用纸间不整齐，及应规划一致。兹拟一律改用装订式，其稿面详载处理程序自发办起至归档止，均须载明日时，既易检查且可考察职员有无积压，以收办事严速之效。

公文用纸限用本国所制纸张，不得购用洋纸。

---

* 此说明，原书无标点，为方便阅读，本次再版时添加了标点。

稿面式样

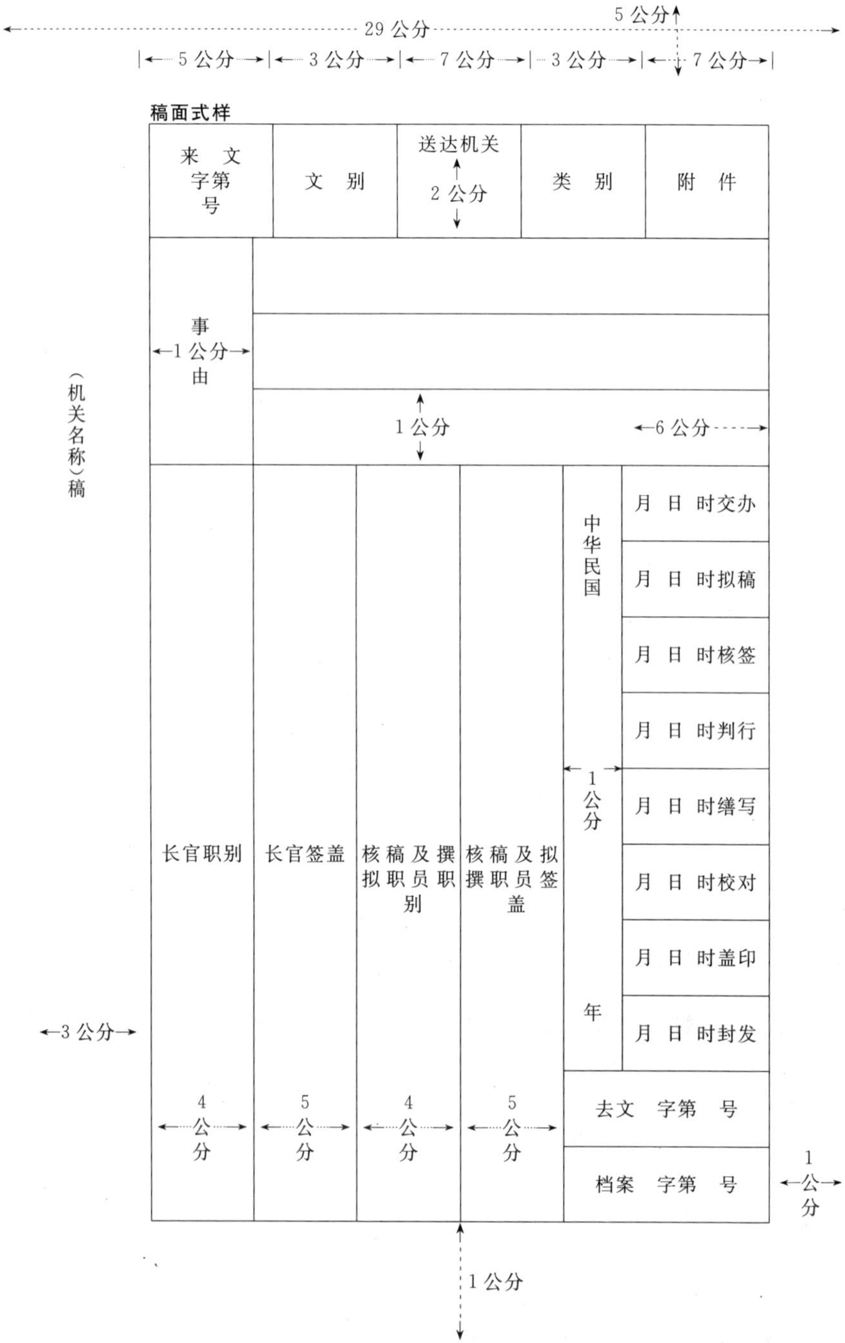
29 公分
5 公分
5 公分
3 公分
7 公分
3 公分
7 公分
来文字第号
文别
送达机关
2 公分
类别
附件
事由
1 公分
1 公分
6 公分
(机关名称)稿
长官职别
长官签盖
核稿及撰拟职员职别
核稿及拟撰职员签盖
中华民国
年
1 公分
月 日 时交办
月 日 时拟稿
月 日 时核签
月 日 时判行
月 日 时缮写
月 日 时校对
月 日 时盖印
月 日 时封发
去文 字第 号
档案 字第 号
3 公分
4 公分
5 公分
4 公分
5 公分
1 公分
1 公分

稿心式样

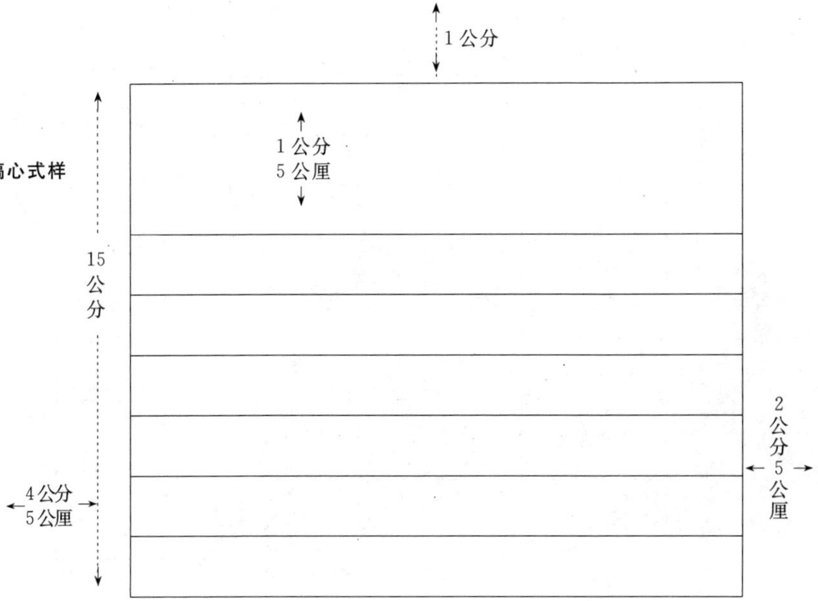

稿心式样

稿底式样

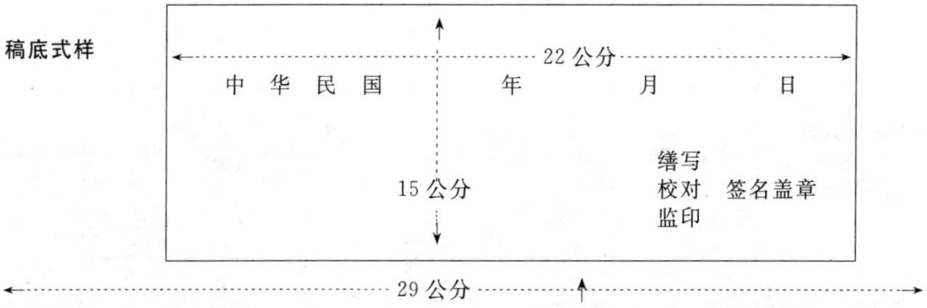

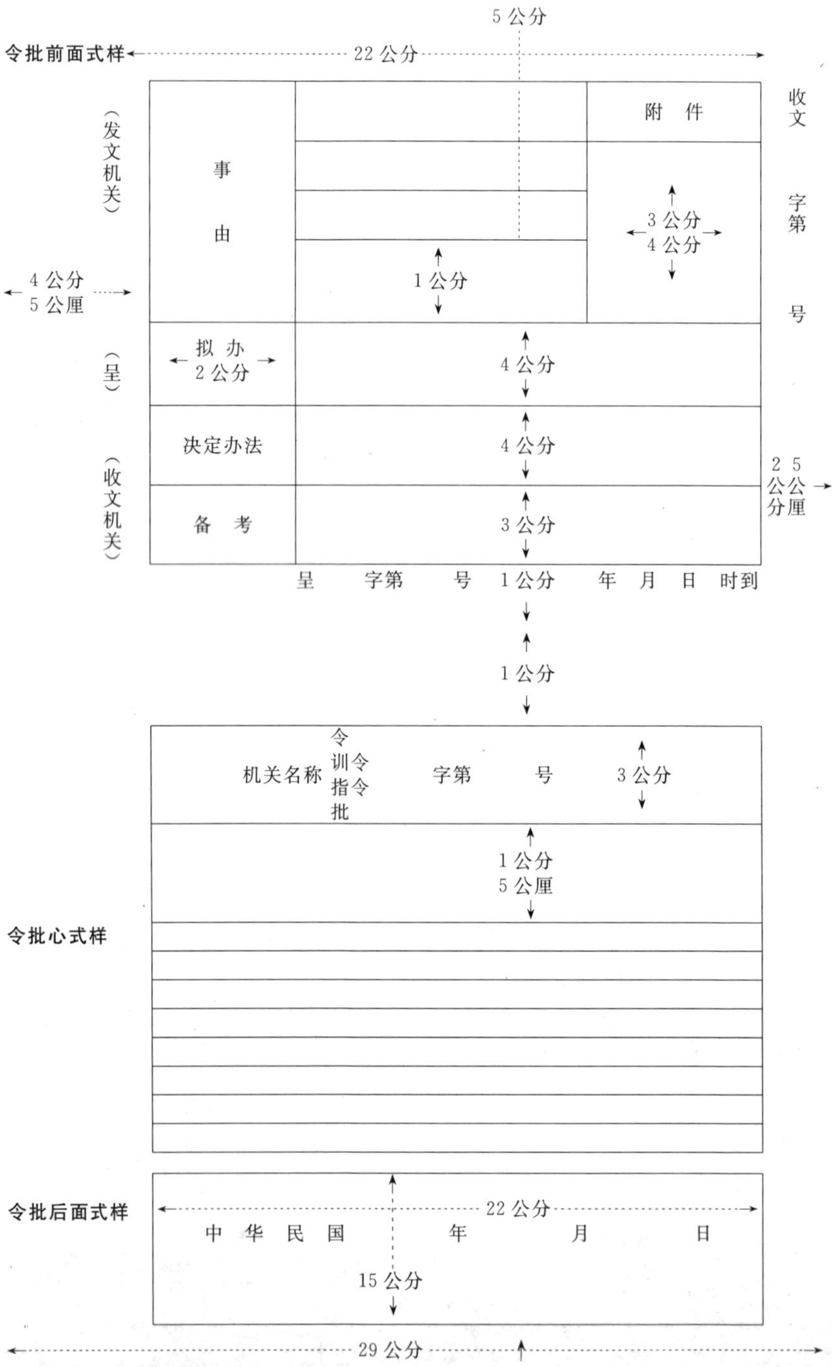
5公分
令批前面式样
22公分
(发文机关)
事由
附件
收文
字第
号
3公分
4公分
1公分
4公分
5公厘
(呈)
拟办
2公分
4公分
决定办法
4公分
(收文机关)
备考
3公分
2公分
5公厘
呈 字第 号 1公分 年 月 日 时到
1公分
机关名称
令
训令
指令
批
字第 号
3公分
1公分
5公厘
令批心式样
令批后面式样
22公分
中华民国 年 月 日
15公分
29公分

呈文前面式样

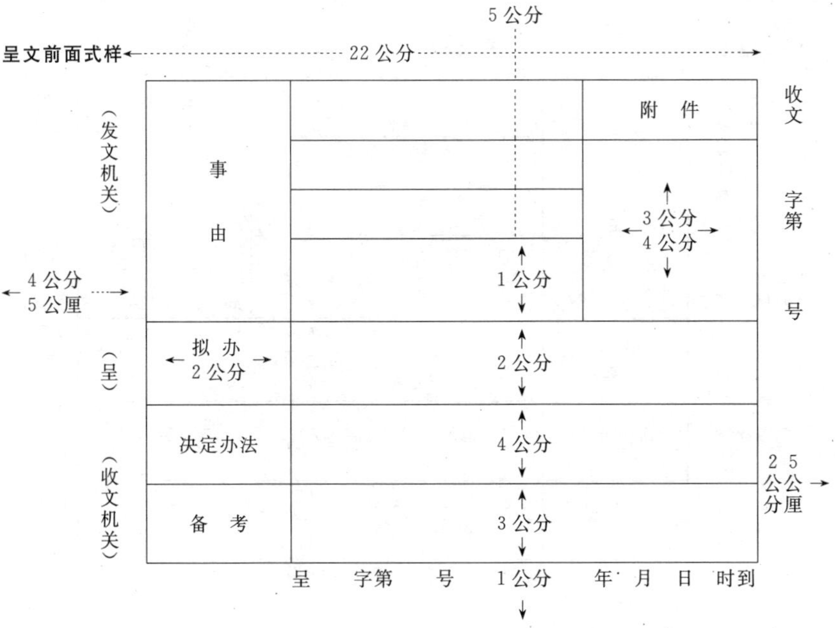

呈文心式样

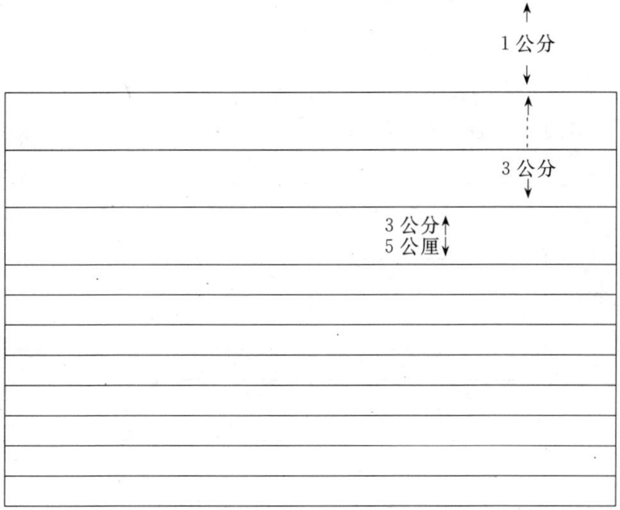

呈文后面式样

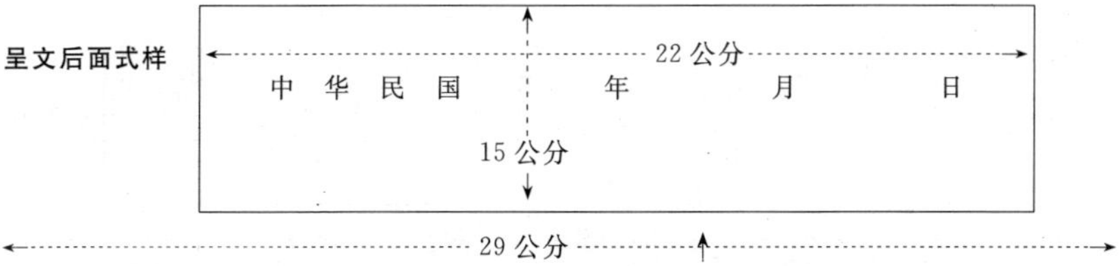

公函及咨面式样

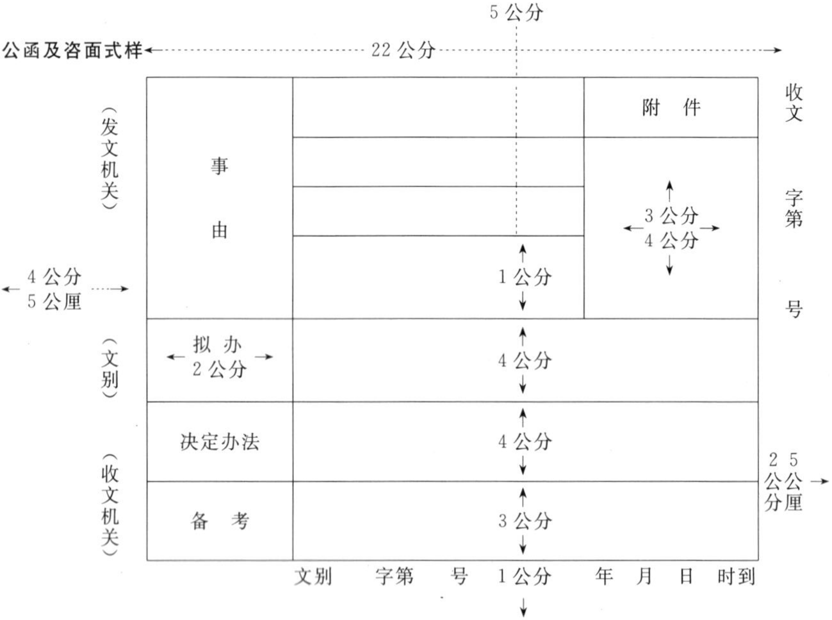

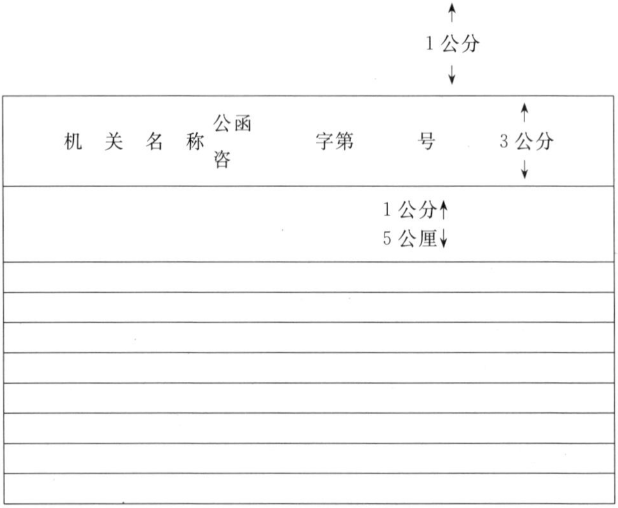

公函及咨心式样

公函及咨后面式样

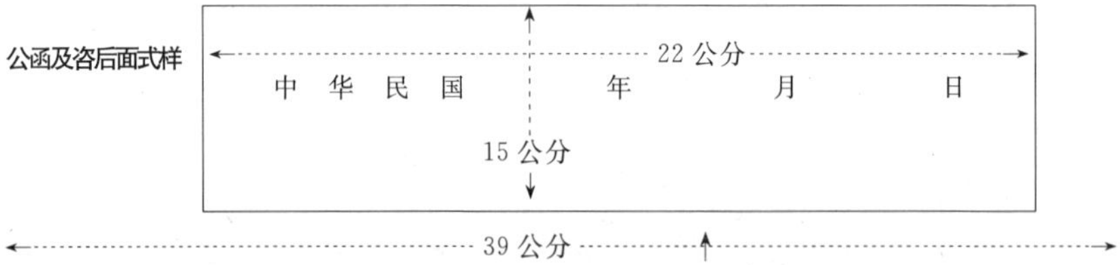

文电摘由纸式样

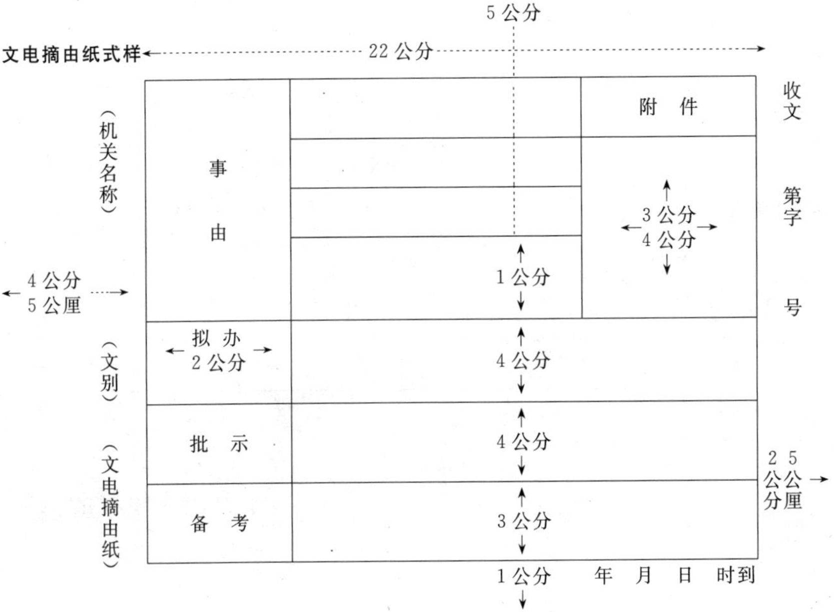

卷壳前面式样

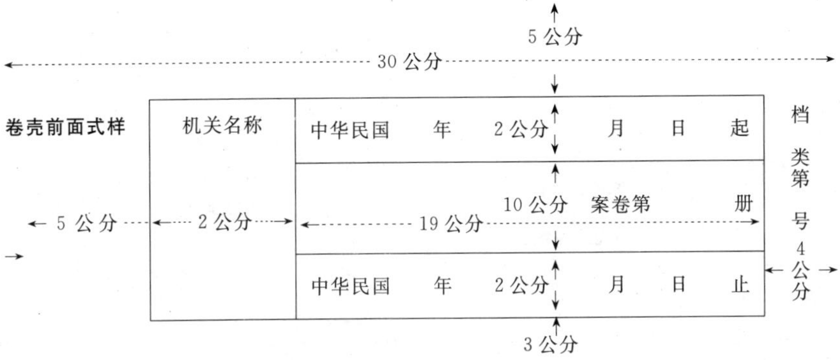

卷壳后面式样

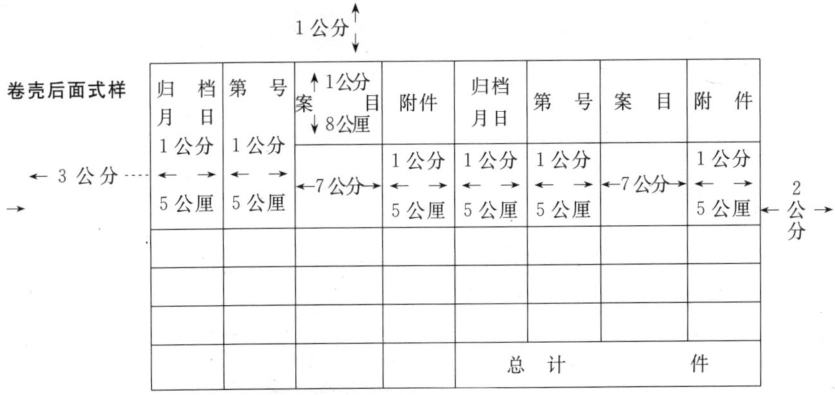

卷壳票签式样

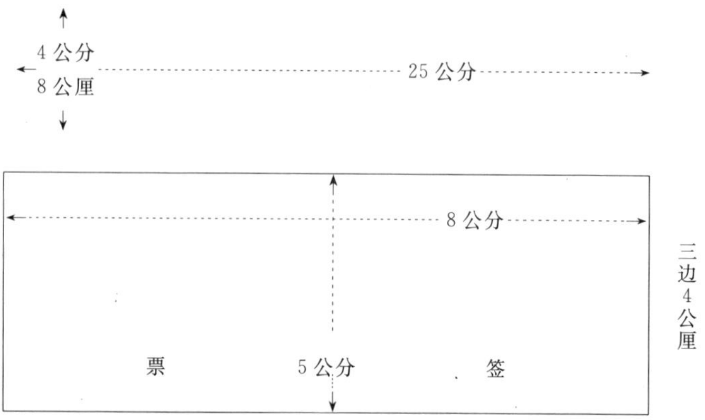

封筒后面式样

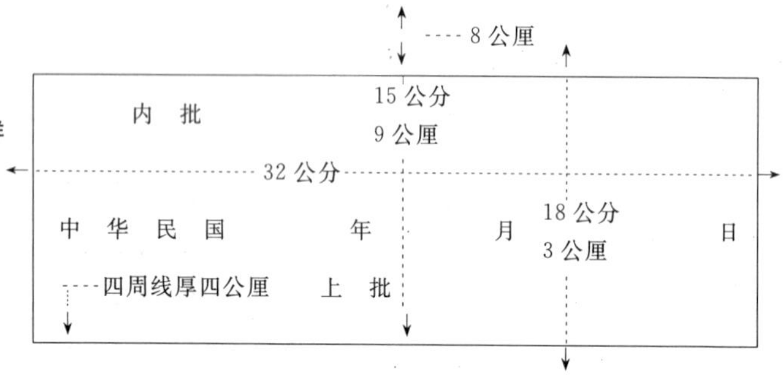

封筒前面式样

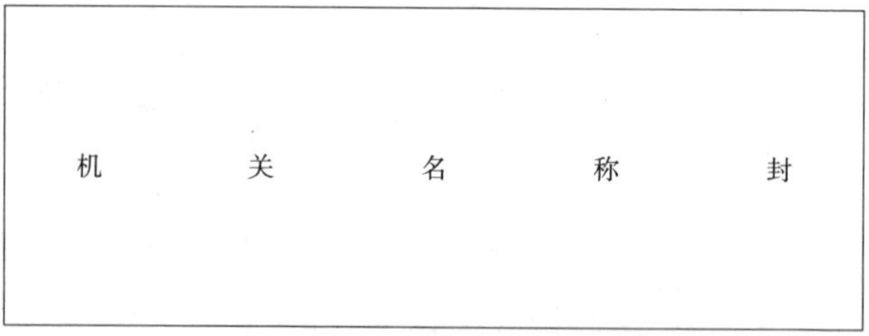

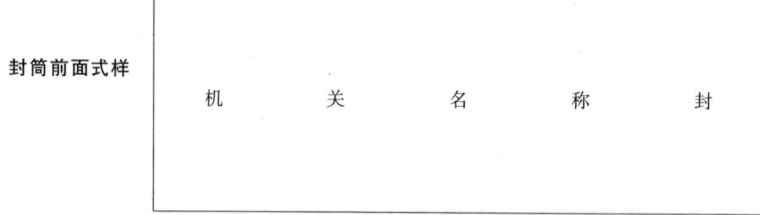

封筒前面式样

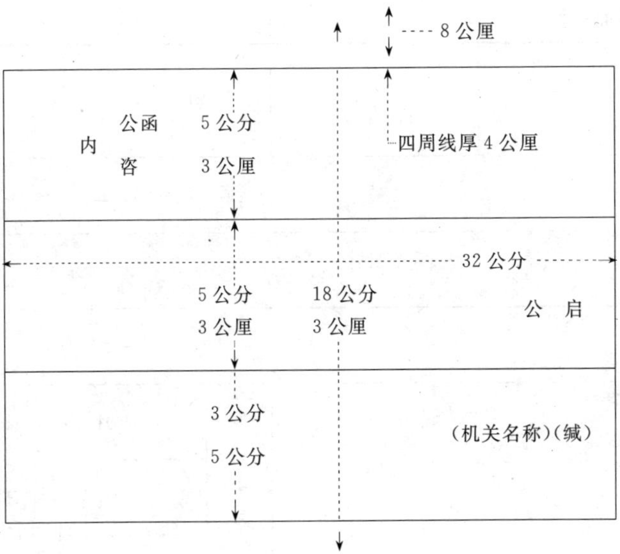

封筒后面式样

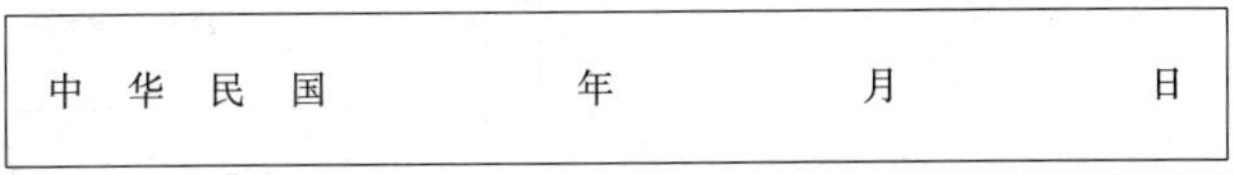

封筒后面式样

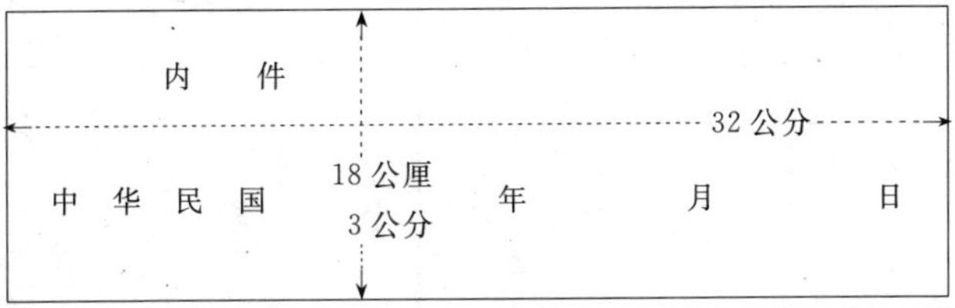

封筒前面式样

封筒后面式样

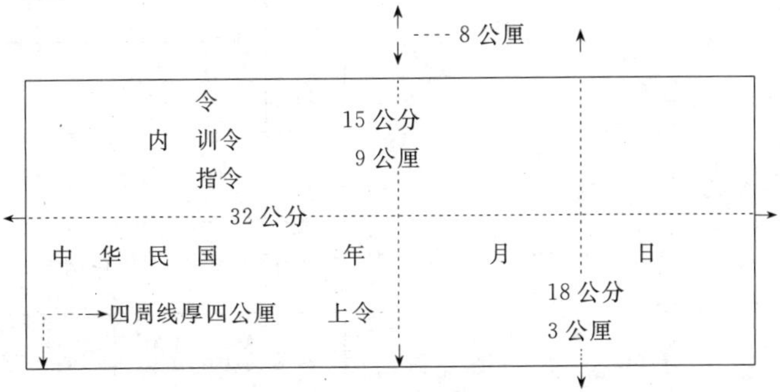

封筒前面式样

公文稿面式样

<table>
<tr><td colspan="2">文 别</td><td colspan="2">送 达
机 关</td><td>别 类</td><td>附 件</td></tr>
<tr><td rowspan="3">事
由</td><td colspan="5"></td></tr>
<tr><td colspan="5"></td></tr>
<tr><td colspan="5"></td></tr>
<tr><td rowspan="13" colspan="2">余仍旧</td><td rowspan="10">中
华
民
国

年</td><td colspan="3">月 日 时收文</td></tr>
<tr><td colspan="3">月 日 时交办</td></tr>
<tr><td colspan="3">月 日 时拟稿</td></tr>
<tr><td colspan="3">月 日 时核签</td></tr>
<tr><td colspan="3">月 日 时判行</td></tr>
<tr><td colspan="3">月 日 时缮写</td></tr>
<tr><td colspan="3">月 日 时校对</td></tr>
<tr><td colspan="3">月 日 时盖印</td></tr>
<tr><td colspan="3">月 日 时封发</td></tr>
<tr><td colspan="3">收文发文相距 日 时</td></tr>
<tr><td colspan="4">收文 字第 号</td></tr>
<tr><td colspan="4">发文 字第 号</td></tr>
<tr><td colspan="4">档案 字第 号</td></tr>
</table>

（二）契约程式

目　次

保证债务契约书
设定地上权合同
设定地役权合同
设定永佃权合同
抵押土地契约
抵押房屋契约
出典土地契约
出典房屋契约
婚姻预约书(即订婚书)
解除婚姻预约书
结婚书
离婚书(即协议离婚书)
夫妻财产合同
认领非婚生子女书
分居书
脱离夫妾关系书
脱离姘居关系书
招赘书
废赘书
终止收养书
收养合同
分割遗产书
自书遗嘱
公证遗嘱(由遗嘱人口述要旨并由公证人笔记之)
代笔遗嘱
密封遗嘱
口授遗嘱

通常买卖合同

立买卖〇〇合同人〇〇〇(简称甲方)
〇〇〇(简称乙方)兹因甲方将〇〇货物卖与乙方,当经双面议定下列各项条件,订立本买卖合同:

(一)…………………………

(二)…………………………

(三)…………………………

(本合同共缮二份,由甲乙两方各执一纸。)

中华民国〇〇年〇月〇〇日

立合同人　〇〇〇　押
　　　　　〇〇〇　押
代 笔 人　〇〇〇　押

试验买卖合同

立买卖〇〇合同人〇〇〇(简称甲方)
〇〇〇(简称乙方)兹因甲方拟将〇〇卖与乙方,惟须先行试验,如经合意,即行成交,当面经居间人〇〇〇共同议定订立买卖合同,其条件如下:

(一)…………………………

(二)…………………………

(三)…………………………

(本合同缮就二纸,甲乙双方各执一纸。)

中华民国〇〇年〇月〇〇日

立合同人　〇〇〇　押
　　　　　〇〇〇　押
居 间 人　〇〇〇　押
代 笔 人　〇〇〇　押

定货合同

立定货合同人〇〇〇(简称甲方)
〇〇〇(简称乙方)今因甲方向乙方定购〇〇货物〇〇种,计价洋〇〇,当经双方当面议定下列条件〇则:

(一)…………………………

(二)…………………………

(三)…………………………

(此项合同一式两纸,双方各执一份。)

中华民国〇〇年〇月〇〇日

立合同人　〇〇〇　押
　　　　　〇〇〇　押

在见人 ○○○ 押
代笔人 ○○○ 押

绝卖田地契约

立绝卖田地契约人○○○，兹因正用，将祖遗（或自置）田地，坐落○县○区○乡○字第○○○号，东至○○，西至○○，南至○○，北至○○，计○亩○分正，凭中说合，情愿杜绝卖与

○姓○○名下为业。当经三面议定，时值杜绝田价洋○○元正，洋契两交。自卖之后，任凭买主过户投税办赋管业，与卖主无关，倘有其他争阻纠葛等情，均归卖主理直，不涉买主之事，恐后无凭，立此绝卖田地契约为证。

附○姓原契○纸

中华民国○○年○月○○日

立契约人 ○○○ 押
中人 ○○○ 押
代笔人 ○○○ 押

绝卖房屋契约

立绝卖房屋契约人○○○，今因正用，愿将祖遗（或自置）住屋一所，坐落○县○区○乡，东至○○，西至○○，南至○○，北至○○，坐南朝北，共○进○间，连同前后隙地，天井树木，一应在内，挽中说合卖与○○○名下永远为业。当面议定价银○○○元正，契洋两交完讫。自卖之后，任凭买主收册，过户完粮管业，与绝卖人无涉。此系绝卖人自己名下承受祖遗（或自置）之产，如有房族等人出面告争，概归绝卖人自行承当，与买主无关，今欲有凭，特立此绝卖房屋契约为据。

附基地官单○纸，又○○○○纸。

中华民国○○年○月○○日

立绝卖房屋契约人 ○○○ 押
中人 ○○○ 押
代笔人 ○○○ 押

互易合同

立互易合同人 ○○○（以下简称甲方）
○○○（以下简称乙方） 兹因甲方有自置房屋一所，坐落○○县、○○区、○○乡、○○街、计占地○亩○分正，东至○○，西至○○，南至○○，北至○○，与乙方坐落○○县，○○街、自北朝南之房屋一所，（东至○○，西至○○，南至○○，北至○○，）计占地○亩○分正，彼此互易，但因贵贱不同，由甲方找贴乙方洋○○元，当面交清。此后甲方房屋改归乙方所有，乙方房屋，改归甲方所有，此系当面言明，各无异议。如有房族人等出而告争，概由出易人各自理直，与互易人完全无关，恐后无凭，立此互易合同二份，双方各执一纸为据。

中华民国○○年○月○○日

立互易合同人　○○○　押
　　　　　　　○○○　押
中　　　人　○○○　押
代　笔　人　○○○　押

赠与合同(非单纯赠与)

立赠与合同人 ○○○(以下简称甲方) ○○○(以下简称乙方) 今因○○事,甲方愿将所有自置坐落○○县○○区○○乡之房屋一所,东至○○,西至○○,南至○○,北至○○,计占地○亩○分正,全部赠与乙方为业,任凭过户纳税,自由使用处分,与甲方无关。惟乙方于受赠后,应于每月给付甲方洋○○元正,如有积欠延付情事,甲方得随时将赠与物收回。至乙方如不愿履行给付义务者,亦得随时请求撤销赠与合同。此系经双方同意者,恐后无凭,特立此赠与合同二份,由甲乙双方各执一纸为证。

中华民国○○年○月○○日

立赠与合同人　○○○　押
　　　　　　　○○○　押
中　　　人　○○○　押
代　笔　人　○○○　押

赠与契约(单纯赠与)

立赠与契约人○○○,兹因○○○事特将自置○○县○○街坐东朝西之房屋一所,占地共○亩○分正,东至○○,西至○○,南至○○,北至○○,赠与○○○君为业,此后任凭过户投税,并自由使用收益处分,赠与人不得加以干涉,欲后有凭,立此赠与契约为据。

中华民国○○年○月○○日

立赠与契约人　○○○　押
代　笔　人　○○○　押

租赁房屋契约

立租赁房屋契约人○○○,今因乏屋居住,挽中向○○○名下,租得坐落○处○屋○进○间,门窗壁落,一应俱全。言定每月租金○○元正,为期○年○月,先付押租洋○○元正,租金按月交付。在此租赁期间之内,任凭立契人自由居住使用,前后公路一应公行出入,遇有破漏修缮,均由房主料理,倘有毁坏物件,则由立契人如数赔偿。至所有捐税除依法应由立契人负担外,余均归房主完纳,此系三面议定,各无异言,恐后无凭,立此契约为据。

中华民国○○年○月○日

立租赁房屋契约人　○○○　押
保　证　人　○○○　押
中　　　人　○○○　押

代　笔　人　○○○　押

租赁土地契约

立租赁土地契约人,○○○兹因需用土地建造房屋,挽中向○○○名下租得坐落○县○区○街,基地计○亩○分○厘,东至○○,西至○○,南至○○,北至○○,当经议定每年租金○○元正,按年交付,不得延搁短少,租期定为○○年,租得之后,即由立契约人按图兴工建造房屋,地主不得干涉,期满之后或退租或续租或作价并归任何一方,届时再行议定,今欲有凭,特立此租赁土地契约为据。

中华民国○○年○月○○日

立租赁土地契约人　○○○　押

中　人　○○○　押

保　人　○○○　押

代　笔　人　○○○　押

租赁田地契约

立租赁田地契约人○○○,兹因需用田地耕种,挽中向○○○租得○○县○○区○○乡○○○户名下田地○亩○分○厘正,东至○○,西至○○,南至○○,北至○○,言明每年租额○石○斗正,届期照数缴送,不得拖欠,如遇年岁歉收,悉依地方惯例,所有一切捐税,概归出租人负担,与立契人无涉,至于租期自立契日起至○○年○月○○日为止,计共○○年,在此期内,任凭立契人自由耕种,期满交还,或续租再行议,恐后无凭,立此租赁田地契约为据。

中华民国○○年○月○○日

立租赁田地契约人　○○○　押

中　人　○○○　押

保　人　○○○　押

代　笔　人　○○○　押

借贷契约

借贷契约可分为下列三种:(一)借据(二)期票(三)兴隆票。

(一) 借据

立借据人○○○今因正用,向

○○○君借到大洋○○○元正,凭中言明每月○分起息,自借到之日起,至○年止,届期本利一并交还,不得拖欠短少,恐后无凭,立此借据存照。

中华民国○○年○月○○日

立借据人　○○○　押

中　人　○○○　押

(二) 期票

立期票人○○○前因○○○事,欠

○○○君洋○○○元正,兹挽中○○○君说合分三期归还,第一期○○元,第二期〇〇元，第三期〇〇元，届时决不施欠贻误，恐后无凭，立此期票存照。
中华民国〇年〇〇月〇日

立期票人　　〇〇〇　押
中　　人　　〇〇〇　押
代 笔 人　　〇〇〇　押

（三）兴隆票

立借票人（或兴隆票人）〇〇〇，今因营业失败，积欠
〇〇〇君大洋〇〇〇元，本应早日理楚，奈实无力清偿，以致拖延至今，兹承体恤，不即追索，日后如有寸进，兴隆发迹，定即如数全行补还，决不再事拖欠，欲后有凭，立此兴隆票存执为据。
中华民国〇年〇月〇〇日

立借据人（或兴隆票人）　〇〇〇　押
中　　人　〇〇〇　押
代 笔 人　〇〇〇　押

聘书（聘教员）

兹敦聘
〇〇〇先生担任本校专任教员，每星期担任历史地理各课，自〇〇小时至〇〇小时。自〇年〇月起至〇年〇月止，计共〇〇个月，每月致送薪金〇〇〇元正，按月支付，一切膳宿，概归自备，余按本校章程办理，此致
〇〇〇先生
中华民国〇年〇月〇日

校　　长　〇〇〇　押

雇用夫役约据

立受雇夫役约据人〇〇〇，兹承〇〇〇介绍，受
〇〇〇君之雇用，充任夫役，自立约日起至〇年〇月〇〇日止，计共〇〇月，言明工资每月洋〇〇元，按月领取。如欲中途解雇，须预先一个月通知，受雇人在雇用期间自当忠于职务，如有不法行为，致雇用人受有损害，唯受雇人及介绍人是问，恐后无凭，立此约据存执为证。
中华民国〇年〇〇月〇日

立受雇约据人　　〇〇〇　押
介　绍　人　　〇〇〇　押

承揽建屋合同

立承揽建屋合同人 〇〇营造厂（以下简称甲方）
〇　〇　〇（以下简称乙方） 兹因乙方在某县某街建筑房屋一所，由甲方承揽建筑，特由双方订立本合同其条件如下：

（一）……………………………

(二)……………………………

(三)……………………………

(本合同缮写二份由双方各执一纸)

中华民国○年○○月○日

立合同人 ○○○ 押
○○○ 押
中　　人 ○○○ 押
代 笔 人 ○○○ 押

出版合同

立出版合同人○○○(以下简称甲方)
○○○(以下简称乙方)兹因出版○○○○书,双方特订合同,其条件如下:

(一)……………………………

(二)……………………………

(三)……………………………

(本合同缮就二份由双方各执其一)

中华民国○年○月○○日

立合同人 ○○○ 押
○○○ 押
介 绍 人 ○○○ 押

让与版权契约

立让与版权契约人○○○,兹将自著○○书一部,全文共○○○字之版权,让与○○○书局,言明酬资共○○○元正,均经收足。该书此后任凭○○○书局印刷出版或让与。与立契约人无涉,如有发现抄袭情事,应由立约人负责赔偿一切因此而生之损害,欲后有凭,立此为据存照。

中华民国○年○○月○日

立让与版权契约人 ○○○ 押
介　　绍　　人 ○○○ 押

委任代理书

迳启者兹委托
先生全权代理○○○○事,与○○○君就近接洽,于事务完竣之后,当送酬劳费大洋○○○元正,此致
○○○先生

○○○敬上
○月○○日

寄托书

立寄托书人○○○，兹将所有物件计○○箱，寄托于

○○○君处，归其保管，自○年○月○日起至○年○月○日止，期满凭收据领取寄托物，于必要时亦得提早领取。寄托费每月○○元正，于领取时计实支付，今欲有凭，立此寄托书为据。

中华民国○年○月○○日

立寄托书人　○○○　押

寄托收据

兹承

○○○君寄托物件○○箱，自当妥为保管，领取寄托物时，凭收据为证。

中华民国○年○月○○日

立收据人　○○○　押

合伙合同

立合伙合同人○○○、○○○、○○○
○○○、○○○、○○○今因志同道合，特议定在○县○街合伙创办○○商店，经营○○事业，兹特订立合同，载明下列条款：

（一）……………………………

（二）……………………………

（三）……………………………

（本合同缮就○纸，各持一份。）

中华民国○年○月○○日

立合伙合同人　○○○　押
○○○　押
○○○　押
○○○　押
○○○　押
○○○　押
见　议　人　○○○　押
代　笔　人　○○○　押

隐名合伙合同

立隐名合伙合同人○○○（以下简称甲方）
○○○（以下简称乙方）经双方议定创办○○商店专营○○事业，特订立本合同载明下列各条款：

（一）……………………………

（二）……………………………

（三）…………………………

（本合同缮成二份，各执一纸。）

中华民国〇年〇月〇〇日

立隐名合伙合同人　〇〇〇　押

〇〇〇　押

中　　人　〇〇〇　押

代　笔　人　〇〇〇　押

终身定期金契约

立终身定期金契约人〇〇〇，兹因〇〇事，特赠与（或赔偿）〇〇〇君终身定期金每年大洋〇〇元，于每年〇月〇〇日凭摺领取，自〇年〇〇月〇〇日起至

任何一方离世之日为止，欲后有凭，特立此约为证。

中华民国〇〇年〇月〇〇日

立契约人　〇〇〇　押

遗赠书

立遗赠书人〇〇〇，兹因与

〇〇〇君为总角交，愿于死后在遗产项下将坐落〇〇县〇〇区〇〇乡〇〇街第〇〇〇号房屋一所，东至〇〇，西至〇〇，南至〇〇，北至〇〇，计占地〇〇亩〇分正，无条件赠与

〇〇〇君名下永远为业，恐后无凭，特立此书为证。

中华民国〇年〇月〇〇日

立遗赠书人　〇〇〇　押

和解合同

立和解合同人〇〇〇（以下简称甲方）
〇〇〇（以下简称乙方）前因〇〇〇事件，发生争执，终至涉讼，对簿公庭，兹承

〇〇〇君本息事宁人之旨，极力调解，经双方当事人同意，订立和解合同，其条件如下：

（一）…………………………

（二）…………………………

（三）…………………………

（本合同缮就二份，双方各执其一。）

中华民国〇年〇月〇〇日

立和解合同人　〇〇〇　押

〇〇〇　押

见　证　人　〇〇〇　押

代　笔　人　〇〇〇　押

保证伙友契约书

立保证契约书人〇〇〇，兹愿保证〇〇〇君到
〇〇商店为伙友，担任〇〇事务，任职之后如有不守规则，破坏商店名誉或侵挪亏空等弊，保证人愿完全负责，并履行赔偿义务特立此书为证。

中华民国〇年〇月〇〇日

立保证契约书人　〇〇〇　押

保证债务契约书

立保证契约书人〇〇〇今保证〇〇〇向
〇〇〇君借洋〇〇〇元正，按月利息〇分，言明于〇〇年〇月〇〇日应将本利如数清还，届期如有拖欠延误情事，保证人愿负完全赔偿责任，恐后无凭，立此保证书为据。

中华民国〇年〇月〇〇日

立保证契约书人　〇〇〇　押

设定地上权合同

立设定地上权合同人 〇〇〇(以下简称甲方)
〇〇〇(以下简称乙方) 兹因建筑房屋，挽中 〇〇〇
〇〇〇 说合三面议定，由甲方向乙方租得坐落〇〇县〇〇区，〇〇乡土地一方，东至〇〇，西至〇〇，南至〇〇，北至〇〇，计〇亩〇分正，特订下列各条件成立本合同：

(一)……………………………

(二)……………………………

(三)……………………………

(本合同缮就二纸，甲乙双方各执一份)

中华民国〇年〇月〇〇日

立合同人　〇〇〇　押
　　　　　〇〇〇　押
中　　人　〇〇〇　押
　　　　　〇〇〇　押
代 笔 人　〇〇〇　押

设定地役权合同

立设定地役权合同人 〇〇〇(以下简称甲方)
〇〇〇(以下简称乙方) 兹经中人 〇〇〇
〇〇〇 说合，由甲方向乙方坐落〇〇县〇〇区〇〇乡，〇字第〇〇〇号土地取得排水权，当经三面议定，订立合同，其条件如下：

(一)……………………………

(二)……………………………

（三）……………………………

（本合同缮成二纸，甲乙双方各执一份）

中华民国〇年〇〇月〇日

立合同人 〇〇〇 押

〇〇〇 押

中 人 〇〇〇 押

代 笔 人 〇〇〇 押

设定永佃权合同

立设定永佃权合同人〇〇〇（以下简称甲方）
〇〇〇（以下简称乙方）兹承中人〇〇〇君介绍，由甲方向乙方租得坐落〇〇县〇〇区〇〇乡〇字第〇〇〇号田地一方，东至〇〇，西至〇〇，南至〇〇，北至〇〇，计共〇亩〇分正，并当面言明每年由甲方向乙方缴纳地租〇〇元正，自租得之后，准由甲方永远耕种或牧畜，乙方不得干涉，恐后无凭，除依法呈请登记外，立此合同二纸，由双方各执一份为据。

中华民国〇年〇〇月〇日

立合同人 〇〇〇 押

〇〇〇 押

中 人 〇〇〇 押

代 笔 人 〇〇〇 押

抵押土地契约

立抵押土地契约人〇〇〇，兹因正用，央中人某某某将祖遗（或自置）坐落某县某区某乡〇字〇号土地一方，东至〇〇，西至〇〇，南至〇〇，北至〇〇，计〇亩〇分正。向

〇〇〇君抵押洋〇〇〇元正，言明每月起息〇厘，以〇年为期，期内由〇〇〇君收租办赋，期满照价取赎，不添不绝，此项土地系立契人祖遗（或自置）之产，且无重叠交易情事，如有纠葛，应归押户自理，与〇〇〇君无涉，欲后有凭，立此抵押土地契约存照。

中华民国〇〇年〇月〇〇日

立抵押土地契约人 〇〇〇 押

中 人 〇〇〇 押

代 笔 人 〇〇〇 押

抵押房屋契约

立抵押房屋契约人〇〇〇，兹因正用，特挽中人〇〇〇，将自置房屋一所，坐落〇县〇〇区〇〇乡〇街，自北向南，东至〇〇，西至〇〇，南至〇〇，北至〇〇，共〇亩〇分正，愿向

〇〇〇君抵押洋〇〇元正，利息〇分〇厘，每月一付，决不拖欠，押期〇年，届期如不

清偿,任凭将房屋变卖作抵,欲后有凭,立此抵押房屋契约为据。
附房屋图样一纸。
中华民国〇〇年〇月〇〇日

立抵押房屋契约人　〇〇〇　押
中　　　　人　〇〇〇　押
保　　　　人　〇〇〇　押
代　笔　人　〇〇〇　押

出典土地契约

立出典土地契约人〇〇〇,兹因正用银款,愿将祖遗(或自置)土地一方,计〇亩〇分正,坐落〇〇县〇〇区〇〇乡,东至〇〇,西至〇〇,南至〇〇,北至〇〇,凭中说合,出典于
〇〇〇君暂行管业,议定典洋〇〇〇元正,〇年为期,期内任凭典权人造屋建房,或其他使用收益,出典人不得干涉,期满听凭依照原价赎取,典权人不得藉辞推诿,恐后无凭,立此出典土地契约为据。
附地契一纸
中华民国〇年〇〇月〇日

立出典土地契约人　〇〇〇　押
中　　　　人　〇〇〇　押
代　笔　人　〇〇〇　押

出典房屋契约

立出典房屋契约人〇〇〇,兹因正用银款,央中〇〇〇将自置(或祖遗)之房屋一所,坐落〇〇县〇〇区〇〇乡〇〇街,自北朝南,东至〇〇,西至〇〇,南至〇〇,北至〇〇,情愿出典于
〇〇〇君管业,计典洋〇〇〇元正,以〇年为期,期内任凭典权人过户纳税使用收益,出典人不得干涉,期满由出典人备价取赎,逾期不行取赎,即行作绝,不得再找,此系当面言定,不得反悔,恐后无凭,立此出典房屋契约存照。

附原契一纸,又〇〇一纸。
中华民国〇〇年〇月〇〇日

立出典房屋契约人　〇〇〇　押
中　　　　人　〇〇〇　押
代　笔　人　〇〇〇　押

婚姻预约书(即订婚书)

立订婚书人 〇〇〇(男民国〇年〇月〇〇日〇时生〇〇籍)
〇〇〇(女民国〇年〇月〇〇日〇时生〇〇籍) 兹因我等二人自由〇〇〇君介绍相识以来,至今已历〇〇,双方认为有结成终身伴侣之必要,谨于中华民国〇年〇月〇〇日正式订婚,并约定于〇年内正式举行结婚典礼,除互换信物外,立此

订婚书二纸，各执一份为证。
中华民国〇年〇月〇〇日

立订婚书人 〇〇〇 押
〇〇〇 押

解除婚姻预约书

立解除婚约书人〇〇〇
〇〇〇前于中华民国〇年〇月〇〇日曾订立婚姻预约，兹因双方意见不合，难偕百岁之好，自即日起同意宣告解除，嗣后男婚女嫁，各听自由，除将订婚时互换之信物彼此交还外，爰特订此解除婚约书二纸，各执一份为证。
中华民国〇〇年〇月〇〇日

立解除婚约书人 〇〇〇 押
〇〇〇 押

结婚书

……今
〇〇〇先生，与
〇〇〇女士缔结百年之好，于中华民国〇〇年〇月〇〇日正式举行结婚典礼，从此琴瑟和谐……………………………………………………………………………
是为证。

新郎〇〇〇先生（年岁 籍贯） 像 片

新娘〇〇〇女士（年岁 籍贯） 像 片

结婚人 〇〇〇 押
〇〇〇 押
主婚人 〇〇〇 押
〇〇〇 押
证婚人 〇〇〇 押
介绍人 〇〇〇 押
〇〇〇 押

中华民国〇〇年〇月〇〇日

离婚书（即协议离婚书）

立离婚书人〇〇〇（以下简称甲方）
〇〇〇（以下简称乙方）兹因双方意见不洽，势难偕老，两愿脱离婚姻关系，并请〇〇〇
〇〇〇二君为证人，爰特立此离婚书二纸，双方各执一份为据，嗣后男婚女嫁，各听自由，不得互施干涉，关于一切善后，应依下列条件办理，此系出自两愿，各不翻悔：

（一）……………………………

（二）……………………………

（三）……………………………

中华民国〇〇年〇月〇〇日

立离婚书人 〇〇〇 押
〇〇〇 押
证　　人 〇〇〇 押
〇〇〇 押
代　　笔 〇〇〇 押

夫妻财产合同

立财产约定合同人 〇〇〇（以下简称甲方） 〇〇〇（以下简称乙方） 兹因双方正式结婚，关于双方财产，特依法采用统一财产制，（或共同财产制或分别财产制）除依法呈请登记外，特立此合同二纸，各执一份为证，兹将所约定之条件开列于下：

（一）……………………………

（二）……………………………

（三）……………………………

中华民国〇〇年〇月〇〇日

立财产约定合同人 〇〇〇 押
〇〇〇 押

认领非婚生子女书

立认领书人〇〇〇，前于中华民国〇〇年〇月间，曾与〇〇〇女士同居，所育之小孩，实为立认领书人所生，现经〇〇〇女士之同意，由认领人将该小孩抱领回家抚养，由认领人任监护之责，并由认领人一次给予〇〇〇女士生活费洋〇〇〇元正，欲后有凭，立此认领书为据。

中华民国〇〇年〇月〇〇日

立认领书人 〇〇〇 押

分居书

立分居书人 〇〇〇（以下简称甲方） 〇〇〇（以下简称乙方） 前曾于中华民国〇〇年〇月〇〇日举行正式结婚典礼，迄今多年，兹因双方意见不洽，一时殊难同居，爰承

〇〇〇君出而调停暂行分居，嗣后双方如愿继续同居，仍得将本合同随时撤销，今欲有凭，立此分居书一式二纸，双方各执一份为据，其条件如下：

（一）……………………………

（二）……………………………

(三)……………………………

中华民国○○年○月○○日

立分居书人 ○○○ 押
○○○ 押
证 人 ○○○ 押
○○○ 押
代 笔 人 ○○○ 押

脱离夫妾关系书

立脱离夫妾关系书人 ○○○(以下简称甲方) ○○○(以下简称乙方) 前于中华民国○○年○月○○日，乙方承甲方收纳为妾，为甲方家属之一员，原冀永久共同生活，兹因意见不合，势难相与偕老，情愿永远从此脱离夫妾关系，双方行动，各不相涉，爰特依照下列条件订立脱离关系书二纸，双方各执一份为证。

中华民国○○年○月○○日

立脱离书人 ○○○ 押
○○○ 押
证 人 ○○○ 押
○○○ 押
代 书 人 ○○○ 押

脱离姘居关系书

立脱离姘居(或称同居)关系书人 ○○○(以下简称甲方) ○○○(以下简称乙方) 前曾于中华民国○○年○月○○日起同居，兹因双方意见不洽，势难相从偕老，爰特依照下列条件，订立脱离同居关系书一式二纸，甲乙双方各执一份为证，嗣后男婚女嫁，各不相涉，此系两愿，不得翻悔：

(一)……………………………

(二)……………………………

(三)……………………………

(四)……………………………

中华民国○○年○月○○日

立脱离书人 ○○○ 押
○○○ 押
证 人 ○○○ 押
○○○ 押
代 笔 人 ○○○ 押

招赘书

立招赘书人 〇〇〇（以下简称甲方）
〇〇〇（以下简称乙方） 兹因甲方仅有一女，取名〇〇，（出生于中华民国〇〇年〇月〇〇日〇时，）今凭〇〇〇先生介绍，情愿招赘乙方长子名〇〇，（出生于中华民国〇〇年〇月〇〇日〇时）为子嗣，订于〇月〇日依礼成婚，自赘之后，应凭甲方更改姓名，听凭甲方夫妇教训，继承甲方权利义务，乙方不得妄加干涉，恐后无凭，立此招赘书二纸，甲乙两方各执一份为证。

中华民国〇〇年〇月〇〇日

立招赘书人　〇〇〇　押
〇〇〇　押
介　绍　人　〇〇〇　押
代　笔　人　〇〇〇　押

废赘书

立废赘书人 〇〇〇（以下简称甲方）
〇〇〇（以下简称乙方） 前于民国〇〇年〇月〇〇日由〇〇〇先生介绍，甲方招乙方长子名〇〇为赘婿，改姓取名为〇〇〇，但近来意见不洽，势难使其久留，特邀同原介绍人前来，三面议定，将招赘关系全行撤销，嗣后〇〇即行回归本宗，恢复原有姓名，双方概不相涉，欲后有凭，立此废赘书二纸，甲乙双方各执一纸为证。

中华民国〇年〇月〇〇日

立废赘书人　〇〇〇　押
〇〇〇　押
原介绍人　〇〇〇　押
代　书　人　〇〇〇　押

终止收养书

立终止收养书人〇〇〇，前于中华民国〇〇年〇月〇〇日，由〇〇〇君之介绍，为
〇〇〇先生之养子，兹因父子意见不合，势难贯彻初衷，业经
〇〇〇先生之许可，终止收养关系，嗣后立终止收养书人回归本宗恢复原来姓名，一切对外关系，永远与
〇〇〇先生无涉，对于前此收养时所享之权利，概不过问，除邀同原介绍人参与面商及将收养合同作废外，特立此书为证。

中华民国〇〇年〇月〇〇日

立终止收养书人　〇〇〇　押
原　介　绍　人　〇〇〇　押
代　　笔　　人　〇〇〇　押

收养合同

立收养合同人 ○○○(以下简称甲方)
○○○(以下简称乙方) 今因甲方年老无子，承○○○君之介绍，收养乙方第三子○○为子，并得双方配偶之同意，订立合同一式二纸，各执一份为证，其条件如下：

(一)…………………………

(二)…………………………

(三)…………………………

中华民国○○年○月○○日

立收养合同人　○○○　押
　　　　　　　○○○　押
介　绍　人　　○○○　押
代　笔　人　　○○○　押

分割遗产书

○○○
立分割遗产书人(或分析家产书人)○○○余等兄弟承袭先人余荫，获得继承遗产
○○○
权，计共房屋○○所，田地○○亩，现款○○○元，兹因余等各能独立谋生，拟从此各立门户，分财异居，特邀同亲属戚友○○○等，协议分析，此后各自管理，不得相涉，欲免争执，立此分书一式三纸，各执一份为据，其分析办法如下：

(一)…………………………

(二)…………………………

(三)…………………………

(四)…………………………

中华民国○○年○月○○日

立分割遗产书人　○○○　押
　　　　　　　　○○○　押
　　　　　　　　○○○　押
亲　　　　属　　○○○　押
　　　　　　　　○○○　押
代　　笔　　人　○○○　押

自书遗嘱

立遗嘱人○○○，兹因余病颇重，自觉已无痊瘉希望。余所创办之○○中学，基础现已巩固，惟行政人员尚未能同心协力，致时有风潮发生，此实为该校前途之隐忧，余毕生积蓄及精神尽萃于该校者，不为不多，而成效仍未可观，深夜抚躬，引疚殊深，万一余病不起，应请○○教育行政主管机关实行接收，将学校改为省立，务望学校负责人员共体斯旨,即行将学校财产文件全部移交,幸勿各存观望,俾余生平办学之志,得以贯彻,而该校以往之光荣亦得赖以保存,则余在九泉之下亦可安然瞑目矣,是为至嘱。

中华民国○○年○月○○日

立遗嘱书人　○○○亲笔押

上项遗嘱第○行曾涂改○字添注○○二字。(印)

公证遗嘱(由遗嘱人口述要旨并由公证人笔记之)

立遗嘱书人○○○,兹因余病重,痊瘉无望。儿子四人平日不特不能开诚合作,甚至互相仇视,以争执祖产之故,而对簿公庭,此余生平教子无方,至今悲痛奚似,余百岁后,所遗财产,殊不愿全数充儿辈之挥霍,今拟依法酌留一半授与诸子,按股均分,余半全数捐赠○○医院,充施诊贫民药费之用,务望诸儿共体此意,勿违余志,是所至嘱。

中华民国○○年○月○○日

立遗嘱人　○○○　押
公　证　人　○○○　押
(得由法院书记官充任)
见　证　人　○○○　押
(须二人以上)　○○○　押

代笔遗嘱

立遗嘱人○○○,因余生平对于公益事业颇为注意,致私人积蓄无多,现余儿女均已长成,且皆能谋自立,余已无忧,余现所余财产,连不动产在内,仅值五万元,兹特提出一万元捐赠○○大学为基金,无论何人不得过问,妄施干涉,恐后争议,立此遗嘱为凭。

中华民国○○年○月○日

立遗嘱人　○○○　押
见　证　人　○○○　押
(须有三人以上)　○○○　押
○○○　押
代　笔　人　○○○　押

密封遗嘱

遗嘱(从略)作成后,(自书或由他人代书均可)应由立遗嘱人签名,然后将其密封。

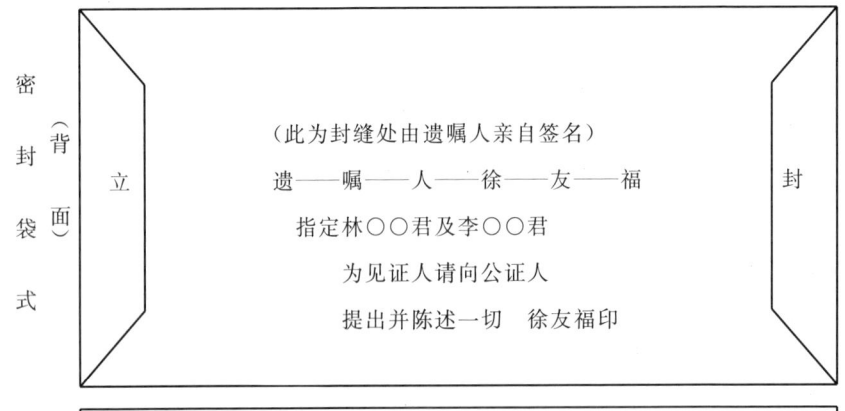

密封袋式（背面）

立

（此为封缝处由遗嘱人亲自签名）

遗——嘱——人——徐——友——福

指定林○○君及李○○君

为见证人请向公证人

提出并陈述一切　徐友福印

封

密封袋式（前面）

本遗嘱于中华民国○○年○○月○○日提出于本公证人，并称系由遗嘱人自书者，业经本公证人查询无讹

公证人○○○附记 ○年○月○日

遗嘱人徐友福　押

见证人林○○　押

李○○　押

注意：

（1）公证人得由法院书记官充任。

（2）遗嘱如系由他人代书者，见证人须向公证人陈述代书人之姓名住所，并由公证人附记于封面。

口授遗嘱

立遗嘱人○○○兹因参加前敌战事，身负重伤，命在旦夕，无法与家人晤面，不胜焦急之至，余生平除自置田地○○○亩外，并无其他积蓄，万一余因伤不治，则所有田地除以○○亩变卖现款，捐助此间军医院外，余由余妻○○管理，他人概不得妄加干涉，腹中遗孤产后请吾妻善自抚养成人，以继余未竟之志，是为至嘱。

中华民国○○年○○月○○日

立口授遗嘱人　○○○　（勿需签名）

见　证　人　○○○　押

见证兼代笔人　○○○　押

（三）民事诉状程式

目　　次

声请宣告禁治产

声请宣告死亡状

声请执行状

声请拍卖状

声请拘案管收状

民事状纸面式

诉讼委任状

为与○○○因○○事涉讼一案委任代理人事今委任○○○律师为本案代理人所有委任代理之原因及委任之权限开列于后

（一）原因　因无法律智识

（二）权限　依现行○事诉讼法之规定有为一切诉讼行为之权

具状人○○○　押

○○地方法院　公签

中华民国○○年○月○○日

起诉状（民事）

为依法提起诉讼请求判令赔偿损害并负担本案诉讼费用事

窃原告于民国……

为此依法提起诉讼状请

钧院迅传被告○○○到案责令负担损害赔偿费计洋○○○元正并负担本案诉讼费用以符法制而儆刁顽谨状

○○地方法院

具状人○○○　押

辩诉状（民事第一审）

为被○○○起诉○○○○据实答辩请求驳斥原告之诉以保○权而符法纪事

窃民于民国○年……

为此提出理由依法答辩状请

钧院驳斥原告之诉并请判令原告负担本案一切诉讼费用实为德便谨状

○○地方法院

具状人○○○　押

反诉状（民事）

为对○○○诉请○○○一案依法提起反诉事窃被告……

为此依法提起反诉状请

钧院鉴核除请将原诉全部驳回外并判令原告一次清偿被告○○○元更令原告负担一切诉费以彰民权而符法制谨状

○○地方法院

具状人○○○　押

声请诉讼救助状

为声请诉讼救助事窃声请人因○○○○一案曾于○月○○日向　钧院起诉在案所应依法缴纳之审判费用因声请人家境困难…………………………………………
为此迫不获已特依民事诉讼法第一○七条之规定声请诉讼救助状乞　钧院俯鉴下情赐予照准不胜感戴之至谨状
○○地方法院

具状人○○○　押

从参加状

为○○○与○○○买卖土地涉讼一案参加诉讼事窃参加人前于………………………
…………………………………………………………………………………………
为此谨依民事诉讼法第五十五条状请
钧院准予参加诉讼并请一并审判实为德便谨状
○○地方法院

具状人○○○　押

告知参加诉状

为声请告知参加诉讼事窃声请人于…………………………………………………………
…………………………………………………………………………………………………
………………………………………………………………………………………
为此依据民事诉讼法第六十二条之规定状请
钧院鉴核一切迅行告知○○○令速参加本案诉讼俾真相得早明瞭不胜迫切待命之至谨状
○○地方法院

具状人○○○　押

声请阅览卷宗状

为声请阅览卷宗事查民国○○年○字第○○号声请人与○○○因○○涉讼一案已蒙
钧院受理在案兹拟阅览迭次笔录及○○○所提出之○○证据一件为此依照民事诉讼法第二三三条之规定状请
钧院鉴核准予指定日期并予通知俾可到院前来阅览谨状
○○地方法院

具状人○○○　押

声明和解状

为声明和解事窃具状人等前因○○○○涉讼一案业经

钧院审理在案兹经亲友出而调处业经和解成立……………………………………

……………………………………………………………………………………………

为此联名状请

钧院鉴核依照民事诉讼法第三七○条之规定准予和解将本案撤销实为德便谨状

○○地方法院

具状人○○○ ○○○ 押

民事第二审上诉状

为不服○○地方法院之第一审判决依法提起上诉请予废弃原判更为合法适当之判决事窃上诉人……………………………………………………………………………

……………………………………………………………………………………………

…………………………………………………………………………………

为此依法提起上诉状请

钧院鉴核迅将原判撤销更为合法适当之判决…………………………并令被上诉人负担本案初审及上诉审诉讼费用谨状

○○高等法院

具状人○○○ 押

民事第二审上诉答辩状

为上诉人○○○不服○○法院第一审判决○○涉讼一案提起上诉依法提出答辩事窃被上诉人与上诉人……………………………………………………………………

……………………………………………………………………………………………

…………………………………………………………………………………

为此依法提出答辩状请

钧院鉴核驳回上诉维持第一审原判并着令负担讼费实为公便谨状

○○高等法院

具状人○○○ 押

附带上诉状

为对于○○○上诉○○○○一案依法提出答辩并声明附带上诉事窃附带上诉人与上诉人于……………………………………………………………………………………

……………………………………………………………………………………………

…………………………………………………………………………………

为此依据民诉法第四二七条规定除提出答辩外更提起附带上诉状请
钧院鉴核将上诉人请求全部予以驳回并将原判决对于附带上诉人之……部分予以撤销另为合法适当之判决判令……所有两审之诉讼费用亦判令由上诉人负担实为公便谨状
○○高等法院

具状人○○○　押

民事第三审上诉状

为与○○○婚姻纠葛一案不服○○高等法院于中华民国○○年○月○○日所为第二审判决依法提起第三审上诉请予废弃原判更为合法适当之判决事窃上诉人于…
……………………………………………………………………………………………………
……………………………………………………………………………………………………
……………………………………………………………………………
为此特依民事诉讼法第四三一条之规定提起上诉状请
钧院鉴核将原判予以废弃驳回被上诉人第一审之请求更判令被上诉人负担本案各审之诉讼费用以符法制而保权利谨状
最高法院

具状人○○○　押

民事第三审上诉答辩状

为○○○因○○○○一案不服○○高等法院所为第二审判决而提起之上诉依法提出答辩事窃上诉人与被上诉人原为……………………………………………………………
……………………………………………………………………………………………………
………………………………………………………………………………
为此依法提出答辩状请
钧院鉴核对上诉人之上诉全部予以驳回维持原审及第一审之判决并判令上诉人负担两审诉讼费用以保权利而符法制谨状
最高法院

具状人○○○　押

民事抗告状

为不服　钧院裁定依法提起抗告事窃抗告人因○○与○○○涉讼一案声请○○本月○日奉到钧院裁定内开……………………………………………………………
……………………………等实难认为允当查……………………………………………
……………………………………………………………………………………………………
……………………………………………………………………………
为此依据民事诉讼法第四四九条及四五四条之规定提出抗告伏乞

钧院鉴核将原裁定予以废弃不胜感戴之至谨状
〇〇法院

具状人〇〇〇　押

民事再抗告状

为与〇〇〇契约纠葛一案不服 钧院民事庭于本年〇月〇〇日所为之抗告裁定依法提起再抗告事窃再抗告人于………乃钧院并不加察对于原抗告遽为驳回之裁定实难甘服为此依据民事诉讼法第四五二条之规定状请
钧院鉴核将原裁定及抗告裁定一并予以废弃不胜感荷之至谨状
〇〇高等法院

具状人〇〇〇　押

民事声请再审状

为不服确定判决发现新证据依法请求提起再审事窃声请人………
今既发现〇〇〇〇为强有力之新证据与再审条件相符为此依据民事诉讼法第四六一条第一项第十款之规定提起再审之诉伏乞
钧院鉴核将旧案判决予以废弃判令〇〇〇〇〇〇〇〇并令负担一切讼费实感德便谨状
〇〇地方法院

具状人〇〇〇　押

民事再审答辩状

为对于〇〇〇声请再审一案依法答辩事窃被再审人……
用特缕陈情形依法提出答辩状请
钧院鉴核将再审人所提出之再审予以驳回以保护原确定判决而维司法威信实为公便谨状
〇〇地方法院

具状人〇〇〇　押

声请签发支付命令状

为债务人不还借款请准予签发支付命令着令如数偿还事窃声请人为债务人欠去款

项○○○元正有债务人出具之借单一纸为凭………………………………………………

……………………………………………………………………………………………

为此依照民事诉讼法第四七三条之规定状请

钧院鉴核迅予签发支付命令限令将该项欠款如数偿清并负担督促程序中一切用费以保债权而符法制谨状

○○地方法院

具状人○○○　押

声请假执行状

为声请宣示假执行事窃声请人诉追○○○不理欠款一案业经钧院发给支付命令在案今时已逾月而○○○既不履行又不提起异议显见有心图赖为此依据民事诉讼法第八八二条状请

钧院鉴核准将○○○所有坐落○○路第○号之自置住宅一所宣示假执行并令负担本案一切诉讼费用俾保权利而重法纪，谨状

○○地方法院

具状人○○○　押

声请假扣押状

为声请假扣押事窃声请人与对告人○○○因欠款涉讼一案业经

钧院审理在案兹查○○○有将其所有房屋（坐落○○路○○号）计值银○○○元正变卖之说如果所传非虚实使声请人之债权将来有难于执行之虞为此依据民事诉讼法第四八八条规定状请

钧院准即将○○○所有之上述房屋一所予以假扣押以保权利而便执行谨状

○○地方法院

具状人○○○　押

声请假处分状

为与○○○继承纠葛一案声请假处分事窃声请人与○○○因继承事发生争讼一案曾经

均院审理在案惟此项继承财产悉数握于○○○手中日来○○○曾将该项财产搬运出外……………………………………………………………………………今在此诉讼进行之际竟有搬运财产之举苟不予以禁止则日后必有不能执行之虞为此依据民事诉讼法第四九八条之规定状请

钧院鉴核对该项财产迅予以假处分禁其搬离出外并行另委公正人员管理不胜感戴之至谨状

○○地方法院

具状人○○○　押

声请公示催告状

为声请公示催告事窃声请人持有〇〇〇公司无记名股票一纸向藏家中兹因迁居不知何时遗失深恐该票流入人手发生纠纷除向〇〇〇公司正式报告外特依民事诉讼法公示催告程序之规定状请

钧院鉴核准予公示催告如逾期无人提出该票而主张权利时并请宣示该票作为无效谨状

〇〇地方法院

具状人〇〇〇　押

声请除权判决

为对于〇月〇〇日〇字第〇〇号公示催告一案声请除权判决事窃声请人于〇月〇〇日遗失〇〇〇公司无记名股票一纸曾于〇月〇〇日依法声请

钧院公示催告在案兹因公示催告所定申报权利期间业已届满仍未有人前来申报权利则该项股票确为声请人所有更确为声请人所遗失已无疑义为此依据民事诉讼法第五一二条之规定状请

钧院鉴核迅定期日为除权之判决以重权利谨状

〇〇地方法院

具状人〇〇〇　押

请求确认婚约状

为无故悔婚请求确认婚约判令履行事窃声请人养子〇〇于民国〇〇年〇月〇〇日曾与对造人之女〇〇订婚迄今已将三年双方姻谊葭莩互通款问各无异言不料于本年正拟择期迎娶而对造人忽尔变卦强悔婚约希图赖婚查此项婚约既合法成立于先而双方婚姻当事人亦曾表示同意于后是于法于理均无违反又查婚约一经订立虽不许强迫履行但亦不许任意反悔为此状请

钧院鉴核迅传对造人及其女〇〇到庭对是项婚约予以确认并判令依约履行不胜感戴之至谨状

〇〇地方法院

具状人〇〇〇　押

声请宣告禁治产

为声请宣告禁治产事窃声请人之夫〇〇〇素有心神耗弱之病态最近心神竟完全丧失业经〇〇医院诊断甚少有回复健康希望显已达到不能为任何法律行为之态度为此依据民法第十四条民事诉讼法第五五九条及第五六〇条之规定提出〇〇医院诊断书一纸状请

钧院鉴核准予将〇〇〇宣告禁治产实为德便谨状

〇〇地方法院

具状人〇〇〇　押

声请宣告死亡状

为失踪已满十年声请宣告死亡事窃声请人之夫〇〇〇于民国〇年〇〇月〇日赴〇〇省经商杳无音讯虽经多方探问亦无消息是固凶多吉少也似此情形于声请人大有不利为此迫不获已特依照民法第八条及民事诉讼法第五八七条及第五八八条之规定状请

钧院鉴核依法调查准予宣告死亡实为德便谨状

〇〇地方法院

具状人〇〇〇　押

声请执行状

为声请执行事窃声请人前于〇月〇〇日诉追〇〇〇不理欠款一案已于〇月〇〇日奉到

钧院判决……………………………………………………………………乃〇〇〇仍未履行为此依法状请

钧院迅予限令〇〇〇于〇日内如数清偿否则准将〇〇〇所有坐落〇地〇号房屋查封拍卖以备抵偿而保债权谨状

〇〇地方法院

具状人〇〇〇　押

声请拍卖状

为声请依法拍卖以备抵偿债务事窃声请人前以〇〇〇不理欠款曾经

钧院判决并予将坐落〇〇路之房屋一所查封在案乃自查封以来为时已久仍未履行清偿……………………………………………………………………为此依据民事诉讼执行规则状请

钧院鉴核迅将查封房屋依法拍卖以备抵偿而保权利谨状

〇〇地方法院

具状人〇〇〇　押

声请拘案管收状

为执行日久抗不履行声请迅予拘案管收着令遵判履行债务事窃声请人诉追〇〇〇欠款一案业经判决确定迭请执行在案迄今〇月〇〇〇仍抗不履行殊属不法若不将其拘案管收强令遵判履行则本案了结无日为此依法状请

钧院鉴核准予将〇〇〇拘案管收强令遵令缴清欠款不胜感戴之至谨状

〇〇地方法院

具状人〇〇〇　押

（四）刑事诉状程式

目　次

刑事状纸面式

诉讼委任状

（参民事诉讼程式之诉讼委任状式）

刑事告诉状

为告诉事窃告诉人之弟○○于本月○○日上午○时在○处忽为被告○○○杀伤身死……

查被告○○○凶暴成性横行乡里无所不为若不予以严惩何以伸雪冤抑而安闾阎为此依法状请

钧处鉴核迅予派员莅验并将凶手○○○拘案究办以伸法纪而重人命谨状

○○地方法院检察处

具状人○○○ 押

刑事告发状

为依法告发事窃告发人于本月○○日……

为此特依照刑事诉讼法第二二一条规定状请

钧处鉴核迅予依法侦查提起公诉治以应得之罪以保公安而符法制谨状

○○地方法院检察处

具状人○○○ 押

自首状

为误杀友人○○○投案自首请求予以恩宥从轻 发 落 事窃自首人于本月○○日与友人○○○同往深山行猎误以枪弹击中○○伤及要害旋即气绝身死自首人与○○谊属知交虽无故意惟心究有不忍追悔莫及为此具状

钧院投案自首伏乞

钧院鉴核怜察苦衷俯念自首人祸肇意外误触刑网予以恩宥从宽处治实感德便谨状

○○地方法院

具状人○○○ 押

自诉状

为○○○○依法提起自诉请求从严惩办以儆奸邪事窃自诉人……

为此依据刑事诉讼法第三三七条之规定提起自诉状请

钧院鉴核迅传○○○到案依法处以应得之罪以保人权实为德便谨状
○○地方法院

具状人○○○　押

自诉辩诉状

为对○○○自诉一案依法提起答辩请谕知无罪之判决事窃被告于…………………
……………………………………………………………………………………

为此依法提出答辩状请

钧院鉴核将自诉予以驳回为被告无罪之判决实为德便谨状
○○地方法院

具状人○○○　押

撤回自诉状

为撤回自诉声请鉴核事窃声请人于○月○○日自诉○○○伤害一案业蒙…………

钧院受理在案查○○○与声请人原属朋友自伤害声请人之后认为出于过失现知理

屈屡次挽人前来调解并为道歉声请人姑念友谊雅不欲以此戋戋使彼告受刑事处分
为此依刑事诉讼法第三四七条之规定具状

钧院鉴核将声请人自诉○○○伤害一案准予撤回实为公便谨状
○○地方法院

具状人○○○　押

声请停止羁押状

为声请停止羁押事窃声请人因被○○○诬诉伪造文书一案蒙

钧处侦查…………………………命令羁押在案惟声请人近来身患○疾势极沉重为
此依据刑事诉讼法第七十四条规定状请

钧处鉴核准予指定提供相当保证金将声请人停止羁押实感德便谨状
○○地方法院检察处

具状人○○○　押

声请撤销押票状

为羁押逾期声请撤销押票立予恢复自由事窃声请人被○○○诬诉○○一案经蒙
钧处侦查一过认为有犯罪之嫌疑命令羁押在案惟迄今为时已逾四月之久未见起诉
或为撤销押票之处分兹特依据刑事诉讼法第七十三条之规定状请

钧处鉴核即日将声请人撤销押票恢复自由以保人权而符法纪谨状
○○地方法院检察处

具状人〇〇〇 押

声请退保状

为被告〇〇〇有预备逃亡情形请求准予声请人免去具保责任事窃声请人于本年〇月〇日曾具保证书投呈

钧处保证〇〇〇告诉〇〇一案中之被告〇〇〇当蒙邀准在案惟该被告自经保出之后即有预备远行之情形是〇〇〇显有逃亡之虞声请人实未敢再行负责为此除一面派人暗中予以监视外特行状请

钧处鉴核准予免除具保责任将保证书注销一面仍将被告〇〇〇执行羁押以免累及无辜实感德便谨状

〇〇地方法院检察处

具状人〇〇〇 押

声请再议状

为告诉〇〇〇〇〇一案不服原处分依法声请再议事窃声请人告诉〇〇〇〇〇一案本月〇〇日奉到

钧处侦查处分书予以不起诉之处分……………………………………………………查……………………………………………………………………………………………是

钧处对所认定之事实实有未当今遽予被告人以不起诉之处分更为声请人所难服为此依据刑事诉讼法第二四八条之规定状请

钧院鉴核迅将原处分予以撤销并即提起公诉以儆效尤而伸法纪谨状

〇〇地方法院检察处

具状人〇〇〇 押

刑事第二审上诉状

为被处〇〇罪一案不服〇〇地方法院之第一审判决依法提起上诉请予撤销原判宣告无罪事窃上诉人……是上诉人对于原判决不能甘服为此依法提起上诉状请

钧院鉴核将原判予以撤销并为谕知上诉人无罪之判决以符法纪而免冤抑谨状

〇〇高等法院

具状人〇〇〇 押

刑事第二审上诉答辩状

为被处〇〇一案上诉人〇〇〇不服〇〇地方法院第一审判决提起上诉依法提答辩事窃被上诉人……………………………………………………………………………

……

………………………………………………………………………………………………

为此依法具状提出答辩伏乞

钧院洞察秋毫将上诉人之上诉予以驳回实为德便谨状

〇〇高等法院

具状人〇〇〇　押

刑事第三审上诉状

为不服〇〇高等法院对〇〇一案谕知无罪之判决依法提起第三审之上诉事窃上诉人自诉〇〇〇〇〇一案上诉人对于第二审原判全部实不甘服兹举其理由于下

（一）…………………………

（二）…………………………

（三）…………………………

依上理由被上诉人之犯罪显而易见第二审原判遽予以无罪之判决殊属武断为此依法提起上诉伏乞

钧院鉴核撤销原判依法从重科刑以儆刁顽而伸法纪谨状

最高法院

具状人〇〇〇　押

刑事第三审上诉答辩状

为〇〇〇不服〇〇高等法院于本年〇月〇〇日所写〇〇〇〇杀人案第二审科处有期徒刑十年之判决所提起之上诉依法提出答辩事窃查被上诉人被诉杀人一案……

……

………………………………………………………………………………………………

综上所述被上诉人之情节确有可原之处原审法院所为之减轻判决于法文并非无据该上诉人之上诉殊属任意取闹为此依法提出答辩伏乞

钧院鉴核维持原判将上诉人所为之上诉加以驳回实感德便谨状

最高法院

具状人〇〇〇　押

撤回上诉状

为声请撤回上诉事窃声请人被〇〇〇自诉伤害一案因不服〇〇地方法院之判决曾向

钧院提起上诉在案本应静候

钧院开庭判决现自知理屈愿遵照原判缴纳罚金俾免长此讼累为此特依刑事诉讼法第三六七条之规定状请

钧院准予将上诉撤回以免讼累谨状

○○高等法院

具状人○○○ 押

刑事抗告状

为不服○○○○裁定依法提起抗告事窃抗告人告诉○○○妨害家庭罪一案………………………………………………………………………………………………

为此依法提起抗告状请

钧院鉴核迅将原裁定予以撤销实感德便谨状

○○地方法院

具状人○○○ 押

刑事再抗告状

为不服 钧院于本年○月○○日对于○○○被诉犯杀人罪一案所为之抗告裁定依法提起再抗告事窃再抗告人……

为此依照刑事诉讼法第四二六条提起再抗告状请

钧院鉴核将原裁定及抗告裁定一并予以撤销实为公德两便谨状

○○高等法院

具状人○○○ 押

刑事声请再审状

为不服确定判决发见推事受贿依法声请再审事窃声请人被○○○告诉妨害风化一案……兹经发现承审本案推事有受贿情事证据万分确实………………………………………………………………………………………………

是声请人之被处罪刑显系出于诬告用特依据刑事诉讼法第四一一条第六款之规定具状声请准予再审更请撤销原确定判决宣告声请人无以符法制而免冤抑谨状

○○地方法院

具状人○○○ 押

刑事再审答辩状

（参阅民事再审答辩状条）

声请正式审判状

为不服 钧院所发之处刑命令声请准予正式审判事窃声请人昨奉 钧院处刑命

令阅悉之下不胜骇异查………………………………………………………………………………
……
……………………………………………………………………………………………

乃声请人无辜受罚殊难甘服为此依据刑事诉讼法第四六七条状请
钧院鉴核准将处刑命令迳予撤销正式审判以免冤抑实为德便谨状
〇〇〇地方法院

具状人〇〇〇　押

声请停止执行状

为患病沉重声请停止执行事窃声请人因被〇〇〇告诉〇〇〇〇罪一案被判处刑有期徒刑〇年〇月现在执行期间中惟近来忽患重病生命堪虞……………………
……………………………………………………………………………………………

为此依据刑事诉讼法第四八五条第四款之规定具状呈请
钧院准予停止执行并依同法第四八六条之规定将声请人送入医院就诊不胜感戴之至谨状
〇〇地方法院

具状人〇〇〇　押

附带民事诉讼状

为〇〇〇被诉不法毁弃物件罪一案依法提起附带民诉请求判令损害赔偿事窃原告
……
……
…………………………………………………………………………………………

为此依据刑事诉讼法第五〇六条之规定状请
钧院鉴核迅传被告到案处以应得之罪更判令赔偿原告损害洋〇〇〇元并保留自毁损日起执行日止之利息以符法纪而保权利谨状
〇〇地方法院

具状人〇〇〇　押

法律顾问证书

兹由○○○聘任本律师为常年法律顾问嗣后对于○○○如有侵害其信用名誉营业权利及一切法益者本律师当负依法保障之责合给证书以资证明

上给

存照

律师

中华民国 年 月 日

字第 号

存根 兹由○○○聘任本律师为常年法律顾问
言定公费洋 元正自签约日起以
年为有效时期立此存根备查

委任人

介绍人

中华民国 年 月 日 律师事务所备查

首页

常 年 法 律 顾 问 合 同

中页

立合同 聘请人 受聘人 律师 今因聘请人延聘

律师为常年法律顾问订明每年公费 两正

其条款如下

（一）聘请人有关涉法律之事件咨询商榷不另收公费

（二）聘请人委托受聘人代表出具关涉法律之函件不另收公费

（三）聘请人委托受聘人撰拟章程代订契约办理华洋诉讼以及其他一切非讼事件照普通公费酌量减收

本合同订明以 年为期所订公费须在 月 日前豫先送交期满时如一造不愿继续者须于一个月前通知否则本合同仍照前开期限继续有效

末页

附　注

中华民国　　年　　月　　日立合同　聘请人

受聘律师

○○○律师事务所

⊙ 此合同由聘请人与律师各执一份

首页

委任书　第　　号

中页

立委任书人　　兹因　　一案

委任

大律师　　特将条件规定如下

(一)权限　(二)委任期间　(三)公费　(四)酬劳　(五)附记

(甲)本案委任人所称事实均系确实如有虚构或显无正当理由者经受委任人发见听凭随时解除契约所有应交公费及垫物等仍须照付决无异言

(乙)本案委任人如中途自动解约时所有应交公费仍须照付

(丙)本案委任人如中途和解所有应交公费及酬劳仍须照付

(丁)关于本案诉讼如无另订制限被委任人有为一切之权并有下列各种特权

(1)舍弃(2)认诺(3)撤回(4)和解(5)领款

(戊)

末页

中华民国　　年　　月　　日

委任人　年龄

籍贯

住址

电话

保证人

⊙ 上委任书存于律师事务所

（五）民事诉讼卷宗格式

目　次

当事人不出庭笔录式

部定诉讼用纸第二五号

民事裁定格式(一)

民事裁定格式(二)

民事判决书式(一)

民事判决书式(二)

嘱托送达判决文之公函

诉讼人领回证物之收据

部定诉讼用纸第二七号

民庭执行通知书式

民事执行案件卷宗壳面式

部定诉讼用纸第二号

民事执行命令式

部定诉讼用纸第一九五号

民事执行笔录

部定诉讼用纸第七七号

查封训令式

部定诉讼用纸第一九五号

查封动产笔录式

部定诉讼用纸第一一六号

查封物品清单

部定诉讼用纸第二〇二号

查封不动产笔录式

部定诉讼用纸第一一七号

指封结文

看管结文式

保管结文

收领结文式

请托估价函

查封不动产布告

对未经追缴单据公告作废之布告

拍卖动产布告

部定诉讼用纸第一一四号

拍卖不动产布告

　部定诉讼用纸第一一九号

不动产移转证书式(交承买人管业者)

减价拍卖不动产布告

　部定诉讼用纸第一一九号

不动产移转证书式(交债权人管业者)

日后执行之凭证式

民事状纸面式

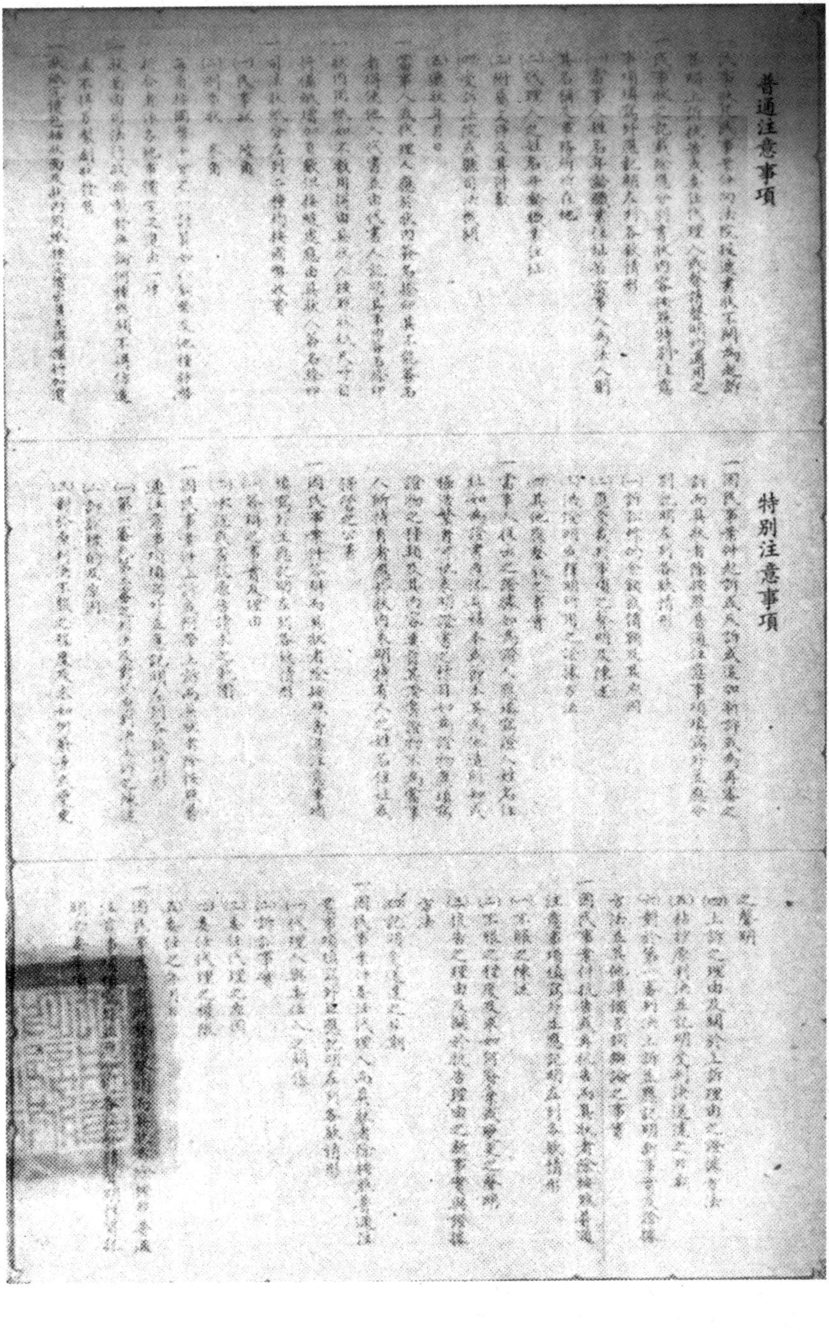

普通注意事項

特別注意事項

递状时法院所给收条格式

(说明) ……… ……… ……… ……… ……… ……… ………	收受状纸收条 今收到　　　呈递　　　字第　　　号　　　事诉状一纸特给收条以资证明 上给递状人　　　　　收执 此后如再呈递与本案有关系之纸状或他项书状时应自行于呈状内起首记明注意 年　　　字第　　　号以免遗误毋忽 中　华　民　国　　　年　　　月　　　日 ○○地方法院收发处

缴纳讼费时法院所给收款证格式

○○地方法院

<table>
<tr><td rowspan="2">收
款
证</td><td>收
文</td><td>字第　　　号</td><td rowspan="2">案
由
或
事
由</td><td rowspan="2">债务涉讼</td><td rowspan="2">纳
款
人</td><td>姓
名</td><td>○　○　○</td></tr>
<tr><td>款
目</td><td>审　判　费</td><td>住
址</td><td>○○○○
○○○○</td></tr>
<tr><td></td><td colspan="7">计收银　　　圆　　　角　　　分
中华民国　　　年　　　月　　　日　收款员　　　　　印</td></tr>
</table>

民事案件审理单

○○地方法院民事案件审理单

<table>
<tr><td colspan="3">年度　　　字第　　　号</td><td>定　　月　　日　　午时　　分审理</td></tr>
<tr><td colspan="3" rowspan="2"></td><td>定　　月　　日　　午时　　分续审</td></tr>
<tr><td>定　　月　　日　　午时　　分续审</td></tr>
<tr><td rowspan="2">应通知及传唤人如下</td><td>律师</td><td colspan="2">应　　传　　人</td></tr>
<tr><td></td><td colspan="2"></td></tr>
</table>

推事第 次 月 日 午发交	书记官第 次 月 日 午办讫
推事第 次 月 日 午发交	书记官第 次 月 日 午办讫
推事第 次 月 日 午发交	书记官第 次 月 日 午办讫

请求协助令被传人到案之公函

〇〇地方法院公函第　　号

迳启者案查　　一案兹由本院定于　　年　　月　　日　　午　　时审理相应填具传票函请查照希即派警送达收受务令被传人遵照票开审理日期到院候讯并乞将回证先行寄还备查至纫公谊此致

计函送

传票连回证　　纸

院　长

中华民国　　年　　月　　日

传票式（民事用）

部定诉讼用纸第三三号　　**〇〇地方法院会计科制**

〇〇地方法院民事传票　　第　　号

年　　字第　　号　　一案					
被传人姓名		住址		被传事由	
应到时期	月　日　午　时　分			应到处所	本院　庭
注意	一 被传人务须遵时来院报到如无故不到得许到场当事人一造辩论而为判决 一 本件送达费应查明收据额定数目即时交付送达人不准拖欠 一 送达人如有额外需索准即告发又被传人如呈递书状应记明年字第　号 一 此票由被传人带院报到兼代入门证用				
书记官					
中　华　民　国　　年　　月　　日　　送达人					

（本票到庭缴销附卷）　　　　（民事传票）

送达证书式

（参刑事诉讼卷宗内之送达证书式）

送达通知书

兹有○○地方法院传票一纸内传○○○与○○○因欠款涉讼一案之被告○○○于○月○○日上午○时到院调查证据（或辩论）顷将该票送达被告人住居不获会晤特定于本月○○日上午○时再为送达该被告人届时务必守候勿误或先期自向○○地方法院书记科领取亦可特此通告○○○君鉴

中华民国　　　年　　　月　　　日

○○地方法院执达员○○○印

邮信送达证书

邮信送达证书

查○○○与○○○因债务涉讼一案该被告人○○○于审判长所命期限内并未呈明送达代收人因将下开应送达于该被告人之文书于中华民国○○年○月○日上午○时付邮送达

计送达文书

原告○○○准备状缮本一件

中华民国○○年○○月○○日

○○地方法院书记官○○○印

公示送达裁定书

中华民国○○年裁第○○号

公示送达裁定

原告 ○○○

被告 ○○○

上列当事人间因○○涉讼一案应送达于被告人之诉状及民国○○年○月○○日午前○时言辞辩论传票各一件原告人声请为公示送达经本院审查该被告人实属所在不明应即准予公示送达并将传票登载○○○报一星期特为裁定如上

中华民国○○年○月○○日

审判长推事　○○○　印

推　　事　○○○　印

推　　事　○○○　印

公示送达牌示式

公示送达

原告人 ○○○

被告人 ○○○

上列当事人间因○○涉讼一案应送达于被告人诉状一件及传票一件依本院裁定另纸公示如下

中华民国○○年○月○○日午前○时

○○地方法院书记官○○○印

随即将诉状缮本及传票粘连于此处一并公示之

公示送达（登载新闻纸格式之一）

○○地方法院公示送达

案查○○○与○○○因债款涉讼事件业经本院判决在卷查被告○○○居住所不明合将判决正本公示送达该被告如不服判决仰于法定期限内提起上诉特此公示

附粘判决正本一件

中华民国○○年○月○○日

院 长 ○○○

○○地方法院民事判决○字第○○号

原告○○○年○○岁住○○○○路

被告○○○未到

上当事人间为求偿债款事件本院判决如下

主文 被告应即偿还原告银币○○○○元正并自民国○○年○月○日起至执行终了之日止按周年百分之五计算给付迟延利息 诉讼费用由被告负担

公示送达（登载新闻纸格式之二）

○○地方法院公示送达

为公示送达事案查本院受理○○○氏与○○○因请求离婚涉讼一案被告之住所及其他应为送达之处所不明由原告声请公示送达业经本院裁定照准除将应行送达之文件粘贴本院牌示处外兹定于本年○月○○日上午○时为本案言辞辩论日期仰该被告○○○届期到院民事庭应讯勿得自误特此公示

中华民国○○年○月○○日

院 长 ○○○

公示送达（登载报纸之节略式）

民事案件——○○○与○○○因保证债务一案被告处所不明传票无从送达特为公示送达

刑事案件——○○○自诉○○○诈欺一案兹因被告住址不明特为公示送达

证人传票式

部定诉讼用纸第三五号 **○○地方法院会计科制**

○○地方法院证人传票

<table>
<tr><td colspan="6">年　　字第　　号　　一案</td></tr>
<tr><td>证人姓名</td><td></td><td>住址</td><td></td><td>作证案件</td><td></td></tr>
<tr><td>应到时期</td><td colspan="3">月　日　午　时</td><td>应到处所</td><td>本院　庭</td></tr>
<tr><td>注意</td><td colspan="5">民事诉讼法第二八九条不问何人于他人之诉讼有证人之义务，第二百九〇条证人受合法之传唤并无正当理由而不到场者，法院得以裁定科五十圆以下之罚锾。第三百一十条证人得请求法定之日费及旅费，前项请求应于讯问毕后十日内为之。</td></tr>
<tr><td colspan="6">书　记　官</td></tr>
<tr><td colspan="6">中　华　民　国　　年　　月　　日　送达人</td></tr>
</table>

（对于本件如呈递书状应记明　年　字第　号）　证人传票

证人通知书式

部定诉讼用纸第三四号　　**〇〇地方法院会计科制**

（说明）发送通知时除用送达文件证明簿不必另收收条

证人通知书　第　　号
为通知事兹有民国　　年（　）字第　　号
为　　一案据
声称　执事稔知事实现为调查证据起见特定　月　日　午　时
分在本院询问以便证明而昭信谳届时应请亲持此书到院特此通知
先生
注意　证人如有书状呈递应记明　年（　）字第　号先此声明以免遗误
中华民国　　年　　月　　日
〇〇地方法院　　书记官

（证人到院可在接待室坐待至询问时即将此书缴销附卷）　　证人通知书

⊙ 按上通知书式乃于传唤有特别情形之证人鉴定人时用之

证物收据

收据	
	○○地方法院为发给收据事案据 当庭呈缴下列各件证物除记明笔录外合给收据为凭 计　　开 共　　件 中华民国　　年　　月　　日 书记官

⊙ 按当事人呈缴证物时法院应给此收据为凭

法院制备之证人具结文格式

部定诉讼用纸第三九号　　　　○○地方法院会计科制

○　○　法　院

今到案为证人	证人结　　（讯问前） 谨当据实供述决无匿饰增损此结 证人姓名 中华民国　　年　　月　　日
注意	刑法第○○○条证人具结而为虚伪之供述者处一年以上七年以下有期徒刑

（附卷）　　　　（证人结文）

○　○　法　院

	证人结　　（讯问后） 兹已为据实陈述并无匿饰增减此结 证人姓名 中华民国　　年　　月　　日
注意	刑法第○○○条证人具结而为虚伪之供述者处一年以上七年以下有期徒刑

法院制备之鉴定人具结文格式

部定诉讼用纸第二六号　　　　○○地方法院会计科制

（注意） 刑法第一七九条鉴定人具结而为虚伪的供述者处一年以上七年以下有期徒刑	结文 今蒙选为鉴定人谨当本其所知为公正之鉴定此结 鉴定人 中华民国　　年　　月　　日

（附卷）　　鉴定人结文

传某机关公务人员作证之公函

〇〇法院公函　第　　号

迳启者案查　　　　一案兹定于　　月　　日　　午

时审理认有传讯

贵　　　　到庭作证之必要相应填发传票　纸函请　贵查照希烦转饬收受务令遵传来院候讯并乞寄还回证备查至纫公谊此致

计函达传票　纸

院　长

中华民国　　年　　月　　日

言词辩论笔录式

部定诉讼用纸第二二号　　**〇〇地方法院会计科制**

第　次言词辩论笔录(民事第一审用)
上列当事人间因　　年　　字第　　号 案件于中华民国　　年　　月　　日 午　　时在本院民事　　庭开言词辩论 出席职员如下
点呼事件后到庭当事人如下
推事问
答
问

答
推事谕知
推事命书记官朗读笔录经到庭当事人承认无异
推事命退庭
中华民国　　　　年　　　　月　　　　日
书记官
推　事

当事人不出庭笔录式

部定诉讼用纸第二五号　　　　**〇〇地方法院会计科制**

当事人不出庭笔录(民事第一二审通用)
上列当事人间因　　　年(　)字第　　　号
案件于中华民国　　　年　　　月　　　日　　　午 时在　　　　　本院民事　　　　　庭公 开言辞辩论出席职员如下
点呼事件后两造均不出庭特此记明
中华民国　　　年　　　月　　　日
〇〇地方法院民庭

	书记官
	推　事

民事裁定格式(一)

○○地方法院民事裁定○○○年(　)字第○○○号

裁定

声请人○○○住○○路○○○号

上声请人与○○○因家产涉讼一案声请诉讼救助经本院审查裁定如下

主文

准予诉讼救助

中华民国　　年　　月　　日

○○地方法院民庭

推事　○○○

民事裁定格式(二)

○○地方法院民事裁定○○○年(　)字第○○○号

裁定

原告　住　　路　　号

被告　住　　路　　号

上两造为债务涉讼一案经本院审查裁定如下

主文

原告之诉驳回

审判费用由原告负担

理由

按民事诉讼时以缴纳审判费用为必要违者经法院限期补正仍不遵行者法院应予以驳回本件原告起诉时并未遵章缴纳限期补正又不遵行自属不合应依民诉法第二四○条第一项第五款及第八十一条为裁定如主文

中华民国　　年　　月　　日

○○地方法院民庭

推事　○○○

民事判决书式(一)

○○地方法院民事判决○○○年(　)字第○○○号

判决

原告○○○年○○岁住○○县○○街○○路○○号

上诉讼
代理人○○○律师

被　告○○公司　事务所设○○○○

上法定
代理人○○○　○○公司经理

上诉讼
代理人○○○律师

上两造因请求给付欠租一案经本院审理判决如下

主文

被告○○公司应给付原告欠租洋○○○元正

诉讼费用由被告负担

事实

原告声明请求判令被告给付欠租洋○○○元……其起诉意旨略称……

被告声明驳回原告之诉答辩意旨略称……等语

理由

查民法第○○○条载……

该原告之请求尚属正当

据上论结原告之诉为有理由应依民事诉讼法第三七三条第八十一条特为判决如主文

不服本判决可于收受判词后二十日内向○○高等法院提起上诉

中华民国　　年　　月　　日

○○地方法院民事庭

推　事　○○○印

(1)* 此系判决正本证明与原本无异

书记官　○○○印

如本判决书为原本则于(1)*处改为“本原本于○月○○日收领”

民事判决书式(二)

○○地方法院民事判决○○○年(　)字第○○○号

判决

原　告○○○年○○岁住○○县○○街第○○号

上诉讼

代理人○○○律师

被　告○○年○○岁住○○县○○路○○号

上诉讼代理人 ○○○律师

上两造因请求○○○○涉讼一案经本院审理判决如下

主文

原告之诉驳回

诉讼费用由原告负担

事实

原告声明请求……………………………………………其事实上陈述略称……………………………………………………………………………等语

被告声明请驳回原告之诉并令负担讼费其答辩意旨略称……………………………………………………………………………………………………等语

理由

本案可分下列三点裁判之

(一)…………………………

(二)…………………………

(三)…………………………

基上论结原告之诉为无理由应予驳回并依民事诉讼法第八十一条判决如主文

不服本判决得于收受判词后二十日内向○○○○法院提起上诉

中华民国　　年　　月　　日

○○地方法院民庭

推　事　○○○　印

本原本于○月○○日收领

书记官　○○○　印

嘱托送达判决文之公函

○○法院公函　　第　　号

迳启者案查　　案内　　应行送达相应填

发送证　　纸函请

贵　　查照希即饬警按址送达并将送达证书送还备查至纫公谊此致

计函送

院长

中华民国　　年　　月　　日

诉讼人领回证物之收据

部定诉讼用纸第二七号　　○○地方法院会计科制

收据	
	今收到 ○○地方法院书记官在院交付 与　　　涉讼一案 此证 中华民国　　年　　月　　日收受人(即诉讼人)

⊙ 按法院发还诉讼人之证物时诉讼人应出具上式收据

民庭执行通知书式

○○地方法院民庭通知书
查民国　　年(　)字第　　　　号
一案业经　　在案相应将判决正本一份送请贵处查照办理此致
本院民事执行处
计送
判决正本一份
原卷　　宗
中华民国　　年　　月　　日
书记官

民事执行案件卷宗壳面式

部定诉讼用纸第二号　　**○○地方法院会计科制**

○○地方法院民事执行卷宗	中华民国　年度民事执行处执字第　号				
	卷宗号	年　字第　号		债权人	
	收案	年　月　日		上代理人	
	结案	年　月　日		债务人	
	案由			上代理人	
				债权额	
				偿还额	
	推事	书记官	执达员	有无优先权	
				归档	

民事执行命令式

部定诉讼用纸第一九五号　　　　○○地方法院会计科制

○○地方法院执行命令　　第　　号
令执达员
查　　与　　为　　涉讼一案业经
合行令仰该执达员按照后开各节前往切实执行如遇有反抗情事得请求就近
警察官吏协助限　　日内执行完案具报毋得违延此令
计开
(一)要旨
(二)债务人姓名
(三)执行处所
(四)执行方法
中华民国　　年　　月　　日
院长

民事执行笔录

部定诉讼用纸第七七号　　　　○○地方法院会计科制

执行笔录
中华民国　　年　　月　　日　　午　　时○○地方
法院民事执行处执行
案件出席职员如下
推　事

书记官
到院人证如下

查封训令式

部定诉讼用纸第一九五号 **〇〇地方法院会计科制**

〇〇地方法院训令　　第　　号
令书记官
查债权人　　与债务人　　涉讼一案该债务人延
不清偿自应依法实施强制执行合行令仰该书记官督饬执达员前往　　地方协同就地警保将债务人　所有　　动产一律实施查封依法作成笔录呈送候核毋延此令
计发封条　　纸
中华民国　　年　　月　　日
院长

查封训令

查封动产笔录式

部定诉讼用纸第一一六号 **〇〇地方法院会计科制**

查封动产笔录

债权金额
前记金额依民国　　年　　字第　　号确定判决应由债务人向债权人清偿该债务人迄未履行兹举债权人声请将另纸所开债务人动产查封备抵其查封程序于本月　　日　　午　　时开始　　月　　日　　午　　时告竣所有已封之动产另列清单
本笔录及查封清单于查封所在地当时经到场人
得其承诺署名签押如下
中华民国　　年　　月　　日
书记官
执达员

查封物品清单

部定诉讼用纸第二〇二号　　**〇〇地方法院会计科制**

查封物品清单					
号　数	物件类别	件数长度重量	估　价	查封方法	备　考

查封不动产笔录式

部定诉讼用纸第一一七号　　　　○○地方法院会计科制

查封不动产笔录
债权金额
前记金额依民国　　年　　字第　　号确定判决应由债务人向债权人清偿该债务人迄未履行兹据债权人声请将债务人后开不动产实施查封备抵所有被查封之不动产如下
（一）种类及处所
（二）界址
（三）数
（四）附属物
（五）追缴契据
（六）其他事项
查封程序于本月　　日　　午　　时开始　　月　　日　　午　　时告竣所有已封之不动产
上笔录于查封所在地当时下列到场人
得其承诺署名签押如下
中华民国　　年　　月　　日

书记官
执达员

指封结文

具指封结人　　　　今奉
钧院派员实施查封债务人　　　　所有坐落
动产由
民当场指封如有错误负完全责任所具指封结是实
中华民国　　年　　月　　日具指封结人(债权人姓名)

⊙ 上为查封债务人之财产时由债权人指引后所具之结文式

看管结文式

具看管结人　　　　今奉
钧院派员查封　　　与　　　　债务案内债务人所有坐落
动产交民看管后倘有　　　　情事愿负完全责任所具看管结是实
中华民国　　　年　　　月　　　日具看管结人　○○○
住址

⊙ 按查封后多由地保负看管之责上为看管结文式

保管结文

具保管结人　　　　今奉
钧院派员查封　　　　与　　　　债务案内债务人所有坐落
动产交民保管后倘有　　　　情事愿负完全
责任所具保管结是实
中华民国　　　年　　　月　　　日具保管结人

住址

⊙ 按查封财产后流动之物均须交保管人保管之上为保管结文式

收领结文式

具收领结人　　今奉
钧院发交　　与　　债务涉讼案内所封债务
人所有坐落
动产当蒙启封依照查封（员○○○）点交收领无误所具收领结是实
中华民国　　年　　月　　日具收领结人　○○○
住址

请托估价函

○○地方法院公函　　年（　）字第　　号 迳启者查债权人　　与债务人　　涉讼一案 业将债务人坐落　　实施查封 在案兹查前项财产亟应拍卖抵偿相应函请遴选谙熟此项财产价值之员前往估价务应为真实公平之鉴定作成鉴定书结送院至纫公谊此致 中华民国　　年　　月　　日 院长

查封不动产布告

○○地方法院布告第　　号 为布告事照得本院执行　　一案业将债务人所有坐落 实施查封在案嗣后债务人对于该不动产如有与第三人为买卖行为或设定其他权利者一律认为无效特此布告 中华民国　　年　　月　　日 院长

对未经追缴单据公告作废之布告

〇〇〇〇地方法院布告第　　　　　号
为布告事本院执行　　　与　　　涉讼一案业将债务人所有坐落

东至　　　　南至　　　　西至　　　　北至
为界实施查封并布告禁止债务人对于该不动产与第三人为买卖行为或设定其他权利者一律认为无效各在案兹查关于前项不动产原有单据未经缴案合行布告作废仰各周知特此布告
中华民国　　　　年　　　　月　　　　日
院长

拍卖动产布告

部定诉讼用纸第一一四号　　**〇〇地方法院会计科制**

〇〇〇〇地方法院布告第　　　　　号
为布告拍卖事查本院执行债权人　　　　与债务人
　　　　因　　　　涉讼一案业将债务人所有后开财物查封鉴价在案兹定于　　月　　日　　午
时为拍卖日期由本院派书记官指挥执达员实施拍卖凡欲买是项财物者仰即来本院执达员办公室报明以便领赴所在地阅看后遵期承买如承买者有二人以上时则以出价最高者为承买人当场交足价银即将拍卖之财物给予具领仰即周知特此布告
计开
（一）拍卖之标的物
（二）物之所在地
（三）最低价额
（四）阅看笔录之处所　　　　本院执达员办公室
（五）执行书记官　　　　执达员
中华民国　　　　年　　　　月　　　　日实贴揭示处所在地
院长

拍卖不动产布告

部定诉讼用纸第一一九号 **○○地方法院会计科制**

○○○○地方法院布告第　　　　号
为布告拍卖事查本院执行债权人　　　　　　与债务人
因　　　　涉讼一案业经将债务人　　　　所有后
开不动产实施查封鉴定最低价额在案兹定于　　　　月　　　　日
　　　　午　　　　时在本院门首投标匭第　　　　号
投标　　　　月　　　　日　　　　午　　　　时开标凡
欲买是项不动产者仰即遵期开具姓名年龄籍贯住址职业自愿出价若干书具密函投入票匭届期依法开标以投标人中出价最高者为得标人该得标人应于即日缴纳标价定银五分之一余款于交产时一次缴足给予管业证书倘逾限不纳即以投标人中出价次高者递补仍照前开程序办理并仰各利害关系人于开标之日一律到场毋得自误特此布告

计开

（一）拍卖之标的物
（二）物之所在地
（三）最低价额　　银圆
（四）阅看笔录之处所　　本院执达员办公室
（五）领看人　　及本院执达员
（六）对于不动产如有权利关系应于布告后七日内来院声明

中华民国　　　　年　　　　月　　　　日　　　　实贴
揭示处
所在地

院长

不动产移转证书式（交承买人管业者）

不动产移转证书存根

○○○○地方法院为发给不动产权利移转证书事照得本院执行
一案业将债务人　　所有　　坐落　　依法拍卖今据　　县
人　　声明承买经本院允许拍定合依民事诉讼执行规则
第七十二条缮制不动产权利移转证书给承买人管业此证

计　开

东至　　　　南至　　　　西至　　　　北至
价银
原有单据　　　　上给承买人　　　　收执
中华民国　　年　　月　　日　　执字第　　号

…………执字第…………………………号…………………………

不动产移转证书

○○○○地方法院
发给不动产权利移转证书事照得本院执行　　　　　为
　　一案业将债务人　　　　　所有坐落
　　　依法拍卖今据　　　县人　　　声明承买经本院允许拍定合依
民事诉讼执行规则第七十二条缮制不动产移转证书给承买人管业此证
东至　　　　　南至　　　　　西至　　　　　北至
价银
原有单据　　　　　　　上给承买人　　　　　　　收执
中华民国　　　　　年　　　　　月　　　　　日
　　　　　　　　　　　　　　　　　　　　推　事
院长
　　　　　　　　　　　　　　　　　　　　书记官
　　　　　　　　　　　　　　　执字第　　　　　号

减价拍卖不动产布告

部定诉讼用纸第一一九号　　　　　　　　**○○地方法院会计科制**

○○○○地方法院布告　　　　　　　第　　　　　号
为布告第　　　次减价拍卖事查本院执行债权人
　　与债务人　　　因　　　涉讼一案业经将债务人所有后开不动产查封
标卖在案现已逾期无人承买合行依照上次价额减去　　　分之　　　作为最
低价额兹定于　　　月　　　日　　　午　　　时在本院门首投标匭
第　　　号投票　　　月　　　日　　　午　　　时开标凡欲买是项不动产
者仰即遵期开具姓名年龄籍贯住址职业自愿出价若干书具密函投入标匭届期
依法开标以投标人中出价最高者为得标人该得标人应于即日缴纳标价定银五
分之一余款于交产时一次缴足即由本院给予管业证书倘逾限不纳即以投标人
中出价次高者递补仍照前程序办理并仰各利害关系人于开标之日一律到场毋
得自误特此布告
　　　计　开
（一）拍卖之标的物
（二）物之所在地
（三）最低价额　　　银圆
（四）阅看笔录之处所　　　本院执达员办公室
（五）领看人　　　及本院执达员
中华民国　　　　　年　　　　　月　　　　　日实贴
　　　　　　　　　　　　　　　　　　　　院长

不动产移转证书式（交债权人管业者）

不动产移转证书存根

○○○○地方法院为发给不动产权利移转证书事照得本院执行
一案业将债务人 所有坐落
依法拍卖经减价三次无人承买合依民事诉讼执行规则第七十三条将前项不动产交债权人管业此证
计 开
东至 南至 西至 北至
最低价银
原有单据 上给债权人 收执
中华民国 年 月 日 执字第 号

…………执字第……………………………号……………………………

不动产移转证书

○○○○地方法院
发给不动产权利移转证书事照得本院执行 为
一案业将债务人 所有坐落 邑
依法拍卖经减价三次无人承买合依民事诉讼执行规则第七十三条将前项不动产交债权人管业此证
东至 南至 西至 北至
最低价格
原有单据 上给债权人 收执
中华民国 年 月 日
院长 推 事
书记官
执字第 号

日后执行之凭证式

○○○○地方法院 为
发给凭证事查债权人 与债务人 因 涉讼一案业经 债务人应向债权人
调查该债务人实无财产可供强制执行应依修正民事诉讼执行规则第七条由院发给凭证交债权人收执以后如发现有私有财产时仍得声请强制执行此证
上给债权人 收执
中华民国 年 月 日
推 事
书记官

（六）刑事诉讼卷宗格式

目　次

　部定诉讼用纸第十八号
提票回证式(对检察官所用者)
　部定诉讼用纸第十八号
侦查笔录
　部定诉讼用纸第　号
请求协助通缉公函
通缉书
检察官不起诉处分书
释票(检察官所用式)
　部定诉讼用纸第二〇号
释票回证式(对检察官所用者,对推事所用者同此)
检察官起诉书
简易案件卷宗壳面式
　部定诉讼用纸第四号
刑事第二审案件卷宗壳面式
　部定诉讼用纸第五号
刑事第三审案件卷宗壳面式
　部定诉讼用纸第六号
计算审限表
　部定诉讼用纸第一八九号
刑事案件审理单
　部定诉讼用纸第三二号
指定辩护人通知书式
　部定诉讼用纸第五十七号
通知书覆函式
　部定诉讼用纸第五十八号
撤销指定辩护人通知书式
开庭日期律师通知书式(民刑事通用)
　部定诉讼用纸第四五号
律师声请阅卷书(民刑事通用)
通知检察官莅庭书
　部定诉讼用纸第一六八号
覆函

部定诉讼用纸第一六九号
推事所用应传人名单式
刑事诉讼人报到单式
拘票式
部定诉讼用纸第一五号
拘票报告书式
部定诉讼用纸第十五号
押票(推事所用式)
部定诉讼用纸第三〇号
押票回证式(对推事所用者)
请求协助拘提被告人之公函
向某机关提讯在押人犯之公函
提票(推事所用式)
提票回证式(对推事所用者)
刑事裁定书格式(一)
刑事裁定书格式(二)
审判笔录式
部定诉讼用纸第　号
刑事判决书式(一)
刑事判决书式(二)
宣判笔录(第一审所用式)
部定诉讼用纸第一七五号
宣判笔录(第二审所用式)
部定诉讼用纸第　号
释票(推事所用式)
释票回证式(对推事所用者与对检察官所用之式同)
检察官执行书式
部定诉讼用纸第九十五号
检察官易禁执行书式
部定诉讼用纸第　号
检察官执行罚金审查表

刑事状纸面式

普通注意事項

特別注意事項

伤单

验得受伤人○○○年○○岁○○○人职业○○

头面部			颈肩部			
胸腹部			背臀部			
肢指部			阴阳部			
致伤之理由及断定						
莅验官 检验吏						
人　证	物　证		受伤人亲属	犯　罪　人		
中华民国　年　月　日						

⊙上格亦于验伤时填写

验断书（又称尸格）

验断书 已死○○○生年○○岁○○○人
职业○○
勘得
尸身所在地方
尸身所在方向
尸身所附衣物
量得
身长
膀阔
胸高
验得
仰面　面色　全身肤色

致命	顶心	
致命	偏左	
致命	偏右	
致命	囟门	
致命	额颅	
致命	两额角 左右	
致命	两太阳穴 左右	
不致命	两眉 左右	
不致命	两眉丛 左右	
不致命	眉间 左右	
不致命	两眼胞 左右	
不致命	两眼睛 左右	
不致命	两颧 左右	
不致命	两腮 左右	
不致命	两颊 左右	

不致命	两耳 左右
不致命	两耳轮 左右
不致命	两耳窍 左右
不致命	两耳垂 左右
不致命	鼻梁
不致命	鼻准
不致命	两鼻窍 左右
不致命	人中
不致命	上下唇吻
不致命	上下牙齿
不致命	口
不致命	舌
不致命	颔 左右
不致命	两颏 左右

不致命	咽喉	
不致命	食气管	
不致命	颈 左右	
不致命	两血盆 左右	
不致命	两肩井 左右	
不致命	两腋 左右	
不致命	两膀	
不致命	两肘窝	
不致命	两臂 左右	
不致命	两手 左右	
不致命	两手腕 左右	
不致命	两手心 左右	
不致命	十指 左右	
不致命	十指肚 左右	

	不致命	十指甲缝	左右
	致命	胸膛	
	致命	两乳	左右
	致命	心坎	
	致命	肚腹	
	致命	两胁肋	左右
	致命	脐肚	左右
	致命	腰前	左右
	致命	小腹	左右
	不致命	两胯	左右
	不致命	茎物	
	致命	肾囊	
	致命	肾子	
妇人	致命	产门	
女子	致命	阴户	
	不致命	两腿	左右
	不致命	两膝	左右

不致命 两臁肕 左右	
不致命 两脚腕 左右	
不致命 两脚面 左右	
不致命 十脚指	
不致命 十脚指甲	
合面	肤色
致命 脑后	
不致命 发际	
不致命 顶	
致命 两耳根 左右	
不致命 两肩甲 左右	
不致命 两膀 左右	
不致命 两肘 左右	
不致命 两臂 左右	
不致命 两手腕 左右	

不致命	两手背	左右
不致命	十指	左右
不致命	十指甲	左右
不致命	两后胁肋	
致命	背脊	上中下
不致命	腰	
不致命	两臀	左右
不致命	谷道	左右
不致命	两腿	左右
不致命	两膝湾	左右
不致命	两腿肚	左右
不致命	两脚踝	左右
不致命	两脚跟	左右
不致命	两脚心	左右

不致命 十脚指 左右
不致命 十脚指肚 左右
不致命 十脚指甲缝 左右
验毕　　　　尸一具男女
致死之理由
莅验官
法　医

死者亲属	地　邻	人　证	物　证	凶　犯
中华民国　年　月　日				

⊙上格亦于验尸后填写

侦查起诉卷宗壳面式

部定诉讼用纸第一号　　**○○地方法院会计科制**

○○法院刑事侦查卷宗	卷宗号数	中华民国　年　刑事侦字第　号			
	案由			被告	
				收案月日	中华民国　年　月　日
	主任	检察官		结案月日	中华民国　年　月　日
		书记官		审限	

侦查不起诉卷宗壳面式

部定诉讼用纸第四号　　　　○○地方法院会计科制

○○法院检察处

<table>
<tr><td colspan="2">卷宗号</td><td>民国　年　字第　号</td><td rowspan="2">被告</td><td colspan="2">保释责付或饬回</td></tr>
<tr><td colspan="2">案由</td><td></td><td colspan="2"></td></tr>
<tr><td colspan="2">告诉人或告发人</td><td></td><td rowspan="2">物件处分</td><td colspan="2" rowspan="2"></td></tr>
<tr><td>主任</td><td>检察官</td><td></td></tr>
<tr><td colspan="2">书记官</td><td></td><td rowspan="2">送达月日</td><td>被告</td><td>民国　年　月　日</td></tr>
<tr><td colspan="2">收案月日</td><td>民国　年　月　日</td><td>告诉人</td><td>民国　年　月　日</td></tr>
<tr><td colspan="2">处分月日</td><td>民国　年　月　日</td><td rowspan="3">声请再议</td><td colspan="2">民国　年　月　日</td></tr>
<tr><td colspan="2" rowspan="2">保存期间</td><td>始　民国　年　月　日</td><td rowspan="2">结果</td><td rowspan="2"></td></tr>
<tr><td>终　民国　年　月　日</td></tr>
</table>

搜索票式

注　意：

一 搜索时应将搜索票示在场之被告。

一 通常之住宅或其他处所及船舰夜间不得开始搜索。

一 抗拒搜索者得用强制力搜索但不得逾必要程度。

一 搜索住宅或其他住所及船舰应命被告及户主船主或管理人及其他二人在场。但被告不能命其在场或认为于搜索有妨碍者，得不令其在场，户主船主或管理人不能在场者，得命该住宅处所或船舰内之人在场。

一 在公署或军舰内搜索者，应通知该管长官。

一 搜索实施后应将搜索票缴呈。

部定诉讼用纸第六八号　　○○地方法院会计科制

搜索票　第　号
为搜索事现因民国　　年(　)第　号为
一案应行严密搜索仰按后开各项迅速施行并制就搜索报告书呈核勿延此令

姓名		职业		搜索之处所及身体	
搜索事项					

中华民国　　　年　　　月　　　日
○○地方法院
发票官　　　令司法警察

（此票限 日搜索后与报告书一并缴销附卷）

搜索报告书式

部定诉讼用纸第六八号　　○○地方法院会计科制

搜索报告书
为报告事前奉第　　　号搜索票载民国　　年(　)字第　　号
为　　　　一案应行严密搜索兹特报告如下

姓名		职业		搜索之处所及身体	
搜索结果					

中华民国　　　年　　　月　　　日　　　搜索人
谨此报告
　　钧鉴

（搜索报告书）

搜索笔录式

部定诉讼用纸第六九号　　　　　　　　　　　　　○○法院会计科制

<table>
<tr><td colspan="3">搜索笔录
民国　　　　年（　）字第　　　　　号被告
一案由书记官　　　　与在场（推事或检察官）　命行搜索其处分如下</td></tr>
<tr><td rowspan="2">实施时间</td><td colspan="2">着手民国　　　　年　　　月　　　日　　　午　　　时</td></tr>
<tr><td colspan="2">完竣民国　　　　年　　　月　　　日　　　午　　　时</td></tr>
<tr><td>实施处所</td><td colspan="2"></td></tr>
<tr><td>在场人</td><td colspan="2"></td></tr>
<tr><td>搜索之处所或身体</td><td colspan="2"></td></tr>
<tr><td>搜索结果</td><td colspan="2"></td></tr>
<tr><td colspan="3">○○○（推事或检察官）
在场人
中华民国　　　　年　　　月　　　日</td></tr>
</table>

（附卷）　　　　　　　　　　　　　　　　搜索笔录

证据卷宗封套式

<table>
<tr><td rowspan="9">○○法院证据卷宗</td><td colspan="2">一件○○○○○○　　　　　　　　　一案</td></tr>
<tr><td>○○○○○　　　呈案文件</td><td>○○○○○　　　呈案文件</td></tr>
<tr><td>一</td><td>一</td></tr>
<tr><td>一</td><td>一</td></tr>
<tr><td>一</td><td>一</td></tr>
<tr><td>一</td><td>一</td></tr>
<tr><td>一</td><td>一</td></tr>
<tr><td>一</td><td>一</td></tr>
<tr><td colspan="2">中华民国○○年○○月○○日</td></tr>
</table>

证据物品目录式

部定诉讼用纸第　　　号　　　　江苏上海地方法院会计科制

<table>
<tr><td rowspan="4">民
国

年
证
据
物
品
收
发
簿
第

号</td><td colspan="8">证据物品目录</td></tr>
<tr><td>被告</td><td colspan="3"></td><td>案由</td><td colspan="3"></td></tr>
<tr><td colspan="8">检察官
书记官
保管员
证据物件列后</td></tr>
<tr><td>顺序号数</td><td>接收月日</td><td>物品名</td><td>数量</td><td>呈出者住所姓名</td><td>所有者住所姓名</td><td>临时领出或处分结果</td><td>备考</td></tr>
<tr><td></td><td></td><td></td><td></td><td></td><td></td><td></td><td></td><td></td></tr>
<tr><td></td><td></td><td></td><td></td><td></td><td></td><td></td><td></td><td></td></tr>
<tr><td></td><td></td><td></td><td></td><td></td><td></td><td></td><td></td><td></td></tr>
<tr><td></td><td></td><td></td><td></td><td></td><td></td><td></td><td></td><td></td></tr>
<tr><td>注意</td><td colspan="8">(一)上端号数须与证据物品收发簿上端号数相符合 (二)保管员须跟同送物人一一查验无讹方可填写如与移送原文不符时参照上海第二特区地方法院处理证据物品规则第三条分别办理 (三)此目录制成附卷之后又发见证据物品时应另作目录其上端号数仍应与证据物品收发簿之号数相符合但顺序号数应接续以前之目录如前目录由一至四则后目录应由五起 (四)一张只写一案一格只写一件但同类者(如信十封之类)则可于一格内写之若纸不足尽可接续 (五)证据物品有特别情形时(如凶刀枪子带有血痕之类)应将其情形部位大小记载旁边以保真相并将其记载情形另录一纸附卷 (六)保存卷宗者于归档时如查此目录所载物品有应处分而未处分者应请执行检察官处分之</td></tr>
</table>

传票式（刑事用）

部定诉讼用纸第一二〇号　　〇〇地方法院会计科制

〇〇地方法院传票

民国　年（　）字第　号　一案			
被传人姓名		年龄	
		职业	
		住址	
被传事由		应到时期	年　月　日　午　时
		应到处所	
备考			
审判长推事		书记官	
中华民国　年　月　日		执达吏	

第　号

（此票由被传人到院缴销附卷）

传票回证式（刑事用）

〇〇地方法院传票回证

民国　年（　）字第　号　一案			
被传人姓名		住址	
		被传人印或押	
		到庭日期	年　月　日　午　时
被传事由		应到处所	
		送达日期	年　月　日　午　时
备考			
审判长推事		书记官	
中华民国　年　月　日		执达吏	

第　号

（此回证由送达吏带回缴销附卷）

注意：
被传人收受传票时须于被传人栏内签名捺印，如本人不能签名准由他人代写。自捺拇印至由他人代收时，须注明某某代收，且捺印被传人有多数人时，须各自签名捺印，倘有拒绝收受及其他情形，即由送达人于备考栏内记明。
⊙上述传票如系检察官所发则审判长推事五字应改为检察官

送达证书式(民刑事通用)

部定诉讼用纸第一九号 **〇〇地方法院会计科制**

送达证书第　号		送达期日	年　月　日　时
书状目录	民国　年( )字第　号为 一案送达下列各件	受送达人盖章署名若不能盖章署名或拒绝者应记明事实	
		送达住所	
		送达方法	
受送达人		非交付受送达人之送达应记明其事实	
中华民国　年　月　日 〇〇地方法院执达吏			

送达证书(附卷)

押票(检察官所用式)

部定诉讼用纸第十七号 **〇〇地方法院会计科制**

〇〇法院检察处押票第　号	姓名	住址	犯罪行为	羁押理由	押所普通室或优待室	状貌特征	备考
	此送 看守所长查照办理		押所收到时期	月　日　午　时　分			
	中华民国　年　月　日　午　时　分 发票人检察官　持票人司法巡警						

(此票交看守所收存)
(注意)执行羁押时应以押票示被告

押票回证式（对检察官所用者）

部定诉讼用纸第十七号　　　　○○法院会计科制

	姓名	住址	犯罪行为	羁押理由	押所普通室或优待室	状貌特征	备考
○○法院检察处押押票回证							
	谨呈　查收		押所收到时期	月　日　午　时　分		看守长收人后回证名章	
第　号	中华民国　年　月　日　午　时　分						

（交人后押票回证带回附卷）

提票（检察官所用式）

部定诉讼用纸第十八号　　　　○○法院会计科制

	姓名	押票号数	犯罪行为	提票到所时期	提到本院时期	状貌特征	备考
○○法院检察处提票		押字第　号		月　日　午　时　分	月　日　午　时　分		
	此送 看守所长查照办理			看守所长注意	接到本票时应将检察官下名章与看守所存查之印鉴簿名章核对无讹后始能允与提人否则虽盖有官印亦应无效		
	中华民国　年　月　日　午　时　分 发票人　检察官　　持票人司法巡警						

（此票交看守所收存）

说明：凡检察官接事之日，应查照印鉴簿，用纸盖印名章送看守所，存查后遇有提人发票时，检察官应自行盖印名章。

提票回证式(对检察官所用者)

部定诉讼用纸第十八号　　　　**〇〇法院会计科制**

	姓名	押票号数	犯罪行为	提票到所时期	提到本院时期	状貌特征	备考
〇〇法院检察处提票回证		押字第　号		月　日　午　时　分	月　日　午　时　分		
	谨呈		看守所长盖章				
第　号	中华民国　年　月　日　午　时　分 发票人检察官　　持票人司法巡警						

(此证带回附卷)

侦查笔录

部定诉讼用纸第　　号　　　　**〇〇地方法院会计科制**

侦查笔录

中华民国　　年　月　日(　)字第　　号

一案在〇〇地方法院第　　侦查室侦查出席职员如下

检察官

书记官

本日侦查到案者为

请求协助通缉公函

<table>
<tr><td>

○○法院公函第　　　　　　　　号

迳启者本院受理民国　　　年(　)第　　号

一案业经迭次饬警拘提未获据复该被告逃亡无踪兹特依刑事诉讼法第五十条予以通缉相应填具通缉书函请贵　查照希即饬属随时严密侦缉务获解究至纫公谊此致

○○○○

计附通缉书　纸

院长

中华民国　　　　　　年　　　　月　　　　日

</td></tr>
</table>

通缉书

被告之姓名年龄籍贯	
性　别　特　征	
犯　罪　行　为	
犯罪日时及其处所	
通　缉　理　由	
缉获后应解送之处所	

○○地方法院检察官或推事(署名盖章)

中华民国　　　年　　月　　日

检察官不起诉处分书

○○地方法院检察官不起诉处分书

被告○○○男年○○岁○○县人住○○路○○号业○

上被告民国○○年侦字第○○○号○○○○罪一案业经侦查完毕本检察官认为应不起诉特为叙述如下

事实

缘……………………………………………………………………………………

理由

查…………………………合依刑事诉讼法第二四四条………予以不起诉处分如上

中华民国　　　　　　年　　月　　日　　　检察官　○○○　印

释票(检察官所用式)

部定诉讼用纸第二〇号　　〇〇〇〇法院会计科制

<table>
<tr><td colspan="2">释　　　票</td><td></td><td></td><td></td><td></td><td></td></tr>
<tr><td>被释人姓名</td><td></td><td></td><td></td><td></td><td></td><td></td></tr>
<tr><td colspan="2">以上 人业由本处开释仰看守所查照可也</td><td>看守所长注意</td><td colspan="4">接到本票时应将检察官下名章与检察官印鉴簿核对无讹后始能允与开释否则虽盖有官印亦应无效</td></tr>
<tr><td>备　考</td><td colspan="6"></td></tr>
<tr><td colspan="7">中华民国　　年　　月　　日　　午　　时　　分</td></tr>
<tr><td colspan="7">〇〇法院检察处检察官</td></tr>
<tr><td colspan="7">书记官</td></tr>
</table>

释票回证式(对检察官所用者)(对推事所用者同此)

<table>
<tr><td colspan="2">释　票　回　证</td><td>人　数</td><td>案　由</td><td>罪　名</td><td>开释理由</td><td>备考</td></tr>
<tr><td>被释人姓名</td><td></td><td></td><td></td><td></td><td></td><td></td></tr>
<tr><td>此　　呈
〇〇法院</td><td>看守所长盖章</td><td colspan="5"></td></tr>
<tr><td colspan="7">中华民国　　年　　月　　日
发票人　　　　　　持票人</td></tr>
</table>

检察官起诉书

○○地方法院检察官起诉书

被[①]告○○○男年○○岁○○县人住○○路○○○号业○○

上列被告民国○○年侦字第○○○号○○○○罪一案业经侦查完毕认为应行提起公诉兹特将该被告犯罪事实及所犯法条开列于后

犯罪事实

缘……………………………………………………………………………………

起诉理由及所犯法条

查…………………………合依刑事诉讼法第二五三条…………………提起公诉

中华民国　　　　　年　　月　　日　　　检察官　○○○　印

简易案件卷宗壳面式

部定诉讼用纸第四号

<table>
<tr><td colspan="5">刑事诉讼第一审卷宗</td><td colspan="2">○○法院</td></tr>
<tr><td colspan="2">最初号数</td><td colspan="3">民国　年刑字第　　号</td><td rowspan="3">被告</td><td rowspan="3"></td></tr>
<tr><td colspan="2">本院号数</td><td colspan="3">民国　年　字第　　号</td></tr>
<tr><td colspan="2" rowspan="3">案由</td><td colspan="3" rowspan="3"></td></tr>
<tr><td>辩护人</td><td></td></tr>
<tr><td>附带民事诉讼原告</td><td></td></tr>
<tr><td rowspan="3">主任</td><td>检察官</td><td colspan="3"></td><td>自诉人</td><td></td></tr>
<tr><td rowspan="2">推事</td><td rowspan="2"></td><td rowspan="2">书记官</td><td rowspan="2"></td><td>收案月日</td><td>民国　年　月　日</td></tr>
<tr><td>结案月日</td><td>民国　年　月　日</td></tr>
</table>

⊙刑事第一审案件卷宗壳面式与上同惟无自诉人一格耳

刑事第二审案件卷宗壳面式

部定诉讼用纸第五号　　　　**○○○○法院会计科制**

刑事诉讼第二审卷宗		○○法院	
最初号数	民国　年刑字第　　号	上诉人	
本院号数	民国　年　字第　　号	被告人	

---

① 原书为"处"，系排版之误。

<table>
<tr><td rowspan="2" colspan="2">案由</td><td rowspan="2" colspan="3"></td><td>辩护人</td><td></td></tr>
<tr><td rowspan="3">附带民事诉讼原告</td><td rowspan="3"></td></tr>
<tr><td colspan="2">原审法院</td><td colspan="3"></td></tr>
<tr><td rowspan="3">主任</td><td>检察官</td><td colspan="3"></td></tr>
<tr><td rowspan="2">推事</td><td rowspan="2"></td><td rowspan="2">书记官</td><td rowspan="2"></td><td>收案月日</td><td>民国　　年　　月　　日</td></tr>
<tr><td>结案月日</td><td>民国　　年　　月　　日</td></tr>
</table>

刑事第三审案件卷宗壳面式

部定诉讼用纸第六号　　**○○法院会计科制**

<table>
<tr><td colspan="5">刑事诉讼第三审卷宗</td><td colspan="2">○　○　法　院</td></tr>
<tr><td colspan="2">最初号数</td><td colspan="3">民国　　年刑字第　　号</td><td rowspan="3">上诉人</td><td rowspan="3"></td></tr>
<tr><td colspan="2">本院号数</td><td colspan="3">民国　　年上字第　　号</td></tr>
<tr><td colspan="2" rowspan="3">案由</td><td colspan="3" rowspan="3"></td></tr>
<tr><td>被告人</td><td></td></tr>
<tr><td rowspan="3">辩护人</td><td rowspan="3"></td></tr>
<tr><td colspan="2">原审法院</td><td colspan="3"></td></tr>
<tr><td rowspan="3">主任</td><td>检察官</td><td colspan="3"></td></tr>
<tr><td rowspan="2">推事</td><td rowspan="2"></td><td rowspan="2">书记官</td><td rowspan="2"></td><td>收案月日</td><td>民国　　年　　月　　日</td></tr>
<tr><td>结案月日</td><td>民国　　年　　月　　日</td></tr>
</table>

计算审限表

部定诉讼用纸第一八九号 **○○地方法院会计科制**

案由	民国 年( )字第 号 一案										
审判长推事 推事 推事 检察官 书记官						裁判结果					
收受日期	起算日期	另行起算日期		限内扣除时期		核准展限日期	终结日期	自收受至终结日数	应除去日数	本案日	是否逾限
		日期	依规则何条款	依规则何条款扣某时期	计						
年 月 日	年 月 日	年 月 日			日	日	年 月 日				

计算审限表(附卷)

刑事案件审理单

部定诉讼用纸第三二号 **○○地方法院会计科制**

○○○○地方法院刑事案件审理单						
民国 年度 字第 号 一案定于本年 月 日 午 时审理应行通知及提传人如下						
通知	检察官	应提		应传		
	辩护人或律师					
主任推事 月 日 午交办						
书记官 月 日 办讫						

指定辩护人通知书式

部定诉讼用纸第五十七号　　　　○○地方法院会计科制

指定辩护人通知书　第　　号 为通知事查有民国　　年( )字第　　号 一案本院指定 贵律师为被告　　辩护人兹定于　月　日　午　时在第　　法庭开始言辞辩论 务希先期到院调阅诉讼卷宗以便出席辩护特此通知 律师 中　华　民　国　　年　　月　　日 ○○○○地方法院书记官

(注意)如有书面呈递应载明卷宗　　年( )字第　　号特此声明以免遗误

通知书覆函式

部定诉讼用纸第五十八号　　　　○○地方法院会计科制

通知书覆函 迳覆者接准 贵庭　　月　　日第　　号通知书内开民国　　年(　　)字第　　号为 一案指定　　　　律师为被告　　　辩护人定于　　月　　日　　午 时在第　　法庭开始言辞辩论等因前来　律师现定于　月　日　午　时赴院调 阅诉讼卷宗以便届时出席辩护谨此奉覆 ○○○○地方法院刑庭 律师　　　　印

(此函应由执达吏带回缴销附卷)

(说明)律师接到此书,如有障碍时,即将等因前来,律师下现定于月日等句一墨线抹销,并从傍边注明障碍原因,未能奉命,希另指定可也。

撤销指定辩护人通知书式

撤销指定辩护人通知书 第 号

为通知事查有民国 年( )字第 号

一案曾经本院依法指定

贵律师为被告 辩护人在案兹据该被告自行选任律师到庭辩护本院据刑事诉讼法第一七二条规定将指定辩护人撤销特此通知

律师

中 华 民 国 年 月 日

○○○○法院书记官

开庭日期律师通知书式(民刑事通用)

部定诉讼用纸第四五号 ○○地方法院制

○○地方法院

开庭日期律师通知书 第 号

为通知事兹有民国 年( )字第 号为 一案本院定于

年 月 日 午 时 分在第 法庭开庭

审理特此通知

律师

中 华 民 国 年 月 日

○○○○地方法院书记官

(注意)如有书面呈递应载明卷宗 年( )第 号特此声明以免遗误

律师声请阅卷书(民刑事通用)

律师○○○为声请事○○○○○○○○○○一案委托本律师办理已送委任状在案兹须查阅卷宗合行声请指定日时通知敝事务所为盼

○○○○法院公鉴

律师○○○

中 华 民 国 年 月 日

通知检察官莅庭书

部定诉讼用纸第一六八号 **○○地方法院制**

○○○○地方法院刑庭通知书　第　　号
查民国　　年( )字第　　号
一案定于　年　月　日　午　时
审理届时请派检察官莅庭特此通知
本院首席检察官
中　华　民　国　　年　　月　　日

覆函

部定诉讼用纸第一六九号 **○○地方法院制**

○○○○地方法院检察官覆函　第　　号
迳覆者准
贵庭第　　号通知书民国　　年( )字第　　号
一案定于　　年　　月　　日　午　　时
请派检察官莅庭等因准此现派检察官
届时莅庭特此具覆
本院刑庭
中华民国　　年　　月　　日

(说明)此项覆函应连写于通知书后一并送去,不得裁留。俾将两书一同附卷,以便查考。

推事所用应传人名单式

应传之人如下	原告人	被告人	代理人	关系人	证人
传　月　日　午　时			附注		

⊙推事于每案中认为应传何人即书姓名住址于上列单上交与书记官使开传票之应传人名单

刑事诉讼人报到单式

○○○○法院诉讼人报到笔录	
年　　月　　日　　午　　时审理　　一案 告　诉　人 被　告　人 证　　　人 辩　护　人 附带民诉人 代　理　人	
谕知	
中　华　民　国　　年　　月　　日	

⊙此报到单即照推事传应讯人之名单填写于开庭之日交与法警应讯人报到时法警在某人名下写一到字待应讯人均报到后送至刑庭以便开庭

拘票式

部定诉讼用纸第一五号　　**○○地方法院会计科制**

○○地方法院拘票	执行拘票处所		执行月日时	月日午时	发给拘票理由		司法警察		限销时期	年月日

为拘提事因民国　　年（　）字第　号为　　一案应行讯问火速拘提到院听候审讯勿延此令

被告　姓名
住址
职业
年龄
特征

中华民国　　年　　月　　日

发票官

第　号

（此票将人拘到后缴销附卷）

注意：

一　执行拘提应以拘票示被告

一　遇有必要情形得迳入认为被告人潜匿之宅第建造物矿坑船舶及其他处所实施搜索

一　应注意被拘人之身体及名誉

一　被告抗拒拘提或脱逃者得用强制力拘提但不得逾必要之程度

一　被告解到后得请求即时讯问

⊙上系推事所用之拘票检察官用者则添检察处三字于○○地方法院之下并改发票官为检察官

拘票报告书式

部定诉讼用纸第十五号　　　　**○○地方法院会计科制**

<table>
<tr><td>报告书　拘票第　　　号
为报告事现为拘票

○○○○○鉴核
中华民国　　　　年　　　月　　　日　　　　　　　谨呈</td></tr>
</table>

⊙推事所发之拘票上载之○○○○鉴核应为某某法院推事如该拘票为检察官所发时则应为某某法院检察官鉴核

押票（推事所用式）

部定诉讼用纸第三○号　　　　**○○法院会计科制**

<table>
<tr><td></td><td>姓名</td><td>年龄</td><td>籍贯住址</td><td>案由</td><td>羁押理由</td><td>押所普通室或优待室</td><td>状貌特征</td><td>备考</td></tr>
<tr><td rowspan="2">○○法院押票</td><td></td><td></td><td></td><td></td><td></td><td></td><td></td><td></td></tr>
<tr><td colspan="3">此送
看守所长查照办理</td><td>监所收到时期</td><td colspan="4">月　日　午　时　分</td></tr>
<tr><td>第号</td><td colspan="8">中华民国　　　年　月　日　午　时　分
发票人</td></tr>
</table>

注意：执行羁押时应以押票示被告

押票回证式（对推事所用者）

<table>
<tr><td></td><td>姓名</td><td>年龄</td><td>籍贯住址</td><td>案由</td><td>羁押理由</td><td>押所普通室或优待室</td><td>状貌特征</td><td>备考</td></tr>
<tr><td rowspan="2">○○法院押票回证</td><td></td><td></td><td></td><td></td><td></td><td></td><td></td><td></td></tr>
<tr><td colspan="2">谨呈　查收</td><td>押所收到时期</td><td colspan="2">月 日 午 时 分</td><td>看守所长收人后回证名章</td><td colspan="2"></td></tr>
<tr><td>第　号</td><td colspan="8">中华民国　月　日　午　时　分
发票人</td></tr>
</table>

（交人后押票回证带回附卷）

请求协助拘提被告人之公函

○○地方法院公函　第　　号

迳启者案查　　一案迭经本院饬传该　　抗不到庭兹再定于　年　月　　日　午　时审理相应填具拘票函请

贵　查照希即派警将该　拘提到案候讯至纫公谊此致

　计函送拘票连报告　纸

院　长

中华民国　　　　年　　月　　日

向某机关提讯在押人犯之公函

○○地方法院公函　第　　号

迳启者案准本院检察官函送　　一案兹定于　年　月　日　午　时公开审理相应函请

贵　查照希将在押　　人　名先期派警押解过院以便提讯至纫公谊此致

院　长

中华民国　　　　年　　月　　日

提票(推事所用式)

○○法院会计科制

<table>
<tr><td></td><td>姓　名</td><td>押票号数</td><td>案　由</td><td>年龄</td><td>籍贯住址</td><td>提到本院时期</td><td>状貌特征</td><td>备　考</td></tr>
<tr><td rowspan="2">○○法院提票</td><td></td><td></td><td></td><td></td><td></td><td>月 日 午 时</td><td></td><td></td></tr>
<tr><td colspan="2">此送
看守所长查照办理</td><td>看守所长注意</td><td colspan="5">接到本票时应将发票人下名章与印鉴簿名章核对无讹后始能允与提人否则虽盖有官印亦应无效</td></tr>
<tr><td>第　号</td><td colspan="8">中华民国　　年　月　日　午　时　分
发票人　　　　持票人</td></tr>
</table>

(此票交看守所收)

提票回证式(对推事所用者)

○○法院会计科制

<table>
<tr><td></td><td>姓　名</td><td>押票号数</td><td>案　由</td><td>年龄</td><td>籍贯住址</td><td>提到本院时期</td><td>状貌特征</td><td>备　考</td></tr>
<tr><td rowspan="2">○法院提票回证</td><td></td><td></td><td></td><td></td><td></td><td>月 日 午 时</td><td></td><td></td></tr>
<tr><td colspan="2">此呈</td><td>看守所长盖章</td><td colspan="5"></td></tr>
<tr><td>第　号</td><td colspan="8">中华民国　　年　月　日
发票人　　　　持票人</td></tr>
</table>

(此票提讯后再交人时带回附卷)

刑事裁定书格式(一)

○○地方法院裁定　○○○年(　)字第○○号

裁定

被告○○○男年○○岁○○人现在押

上被告因○○一案声请停止羁押本院裁定如下

主文

被告应即提供保证金○○元准予停止羁押

理由

本件被告○○○因○○一案羁押在所兹据声请停止羁押前来合依刑事诉讼法第七十五条第一项裁定如主文

○○地方法院刑庭

推　事　○○○

中华民国　　年　　月　　日

本件证明与原本无异

书记官　○○○

中华民国　　年　　月　　日

刑事裁定书格式(二)

○○地方法院裁定○○○年(　)字第○○○号

裁定

声请人○○○男年　　岁　　人住○○路在押

上声请人因与○○○互诉诈欺[①]一案声请指定及移转管辖本院裁定如下

主文

声请驳回

理由

查……………………………………………………………………………………………………

声请意旨毫无理由合依刑事诉讼法第二十三条裁定如主文。

○○法院刑庭

推　事　○○○

中华民国　　年　　月　　日

本件证明与原本无异

书记官　○○○

中华民国　　年　　月　　日

---

① 原书为"期",系排版之误。

审判笔录式

部定诉讼用纸第　　号　　　　**○○法院会计科制**

审判笔录

被告

上列被告民国　年　字第　　　　号

罪一案于民国　年　月　　日　　午　　时在本院

第　　法庭公开审理出庭职员如下

推事

检察官

书记官

被告出庭未受身体之拘束

书记官朗读案由

审判长讯问被告如下

问姓名年龄籍贯职业住址

答姓名

年龄

籍贯

职业

住址

问曾否受有勋位勋章并奉何公职

答

检察官陈述起诉要旨如下

……………………………

推事问…………

答…………

问…………

答…………

推事命行辩论…………

…………………………

…………………………

推事问被告有无陈述

…………………………

…………………………

推事命书记朗读笔录经各受讯人承认无误

○○○押
（受讯人）
○○○押

推事谕本案辩论终结定 月 日 午 时

宣告判决被告还押（或交保）……………………退庭

中华民国 年 月 日

○○地方法院刑事庭

书记官（署名盖章）

推 事（署名盖章）

刑事判决书式（一）

○○地方法院刑事判决○○○年（ ）字第○○号

判决正本（1）*

自诉人○○○男年○○岁○○县人住○○路○号业○○

上委任代理人 ○○○律师

被告○○○男年○○岁○○县人住○○路○○号业○○

上开被告因○○罪一案经自诉人提起自诉本院判决如下

主文

○○○…………………处有期徒刑○年

事实

缘……………………………………………………………………………………

……………………………请求……………………………前来

理由

查……………………………………………………………………………………

……………………………依上论结合依刑事诉讼法第○○○条………………特为判决如主文

本案上诉法院为本院合议庭如不服本判决得于收受本判决书后之翌日起十日内向本院声明上诉

中华民国○○○年○月○○日

○○地方法院刑庭

推　事　○○○　印

(2)* 本件证明与原本无异

书记官　○○○　印

中华民国○○○年○月○○日

(1)* 如本判决书为原本则 (2)* 处应改为“本件原本于○月○○日接受”

刑事判决书式(二)

○○地方法院刑事判决○○○年( )字第○○号

判决原本(1)*

被告○○○男年○○岁○○县人住○○路○○号业○○

诉讼代理　人　○○○律师

上被告因犯○○罪一案经检察官提起公诉本院判决如下

主文

○○○…………………处无期徒刑

凶刀一柄没收

事实

缘…………………………………………………………………………………………

……………………………解送本院检察官侦查起诉

理由

查…………………………………………………………………………………………

……………………………………………………………基上论结…………………

………合依刑事诉讼法第○○○条………特为判决如主文

本案经检察官○○○莅庭执行检察官之职务

上诉期限　判决书送达后十日内

上诉法院　○○高等法院

中华民国○○○年○月○○日

○○地方法院刑庭

审判长推事　○○○　印

推　　事　○○○　印

推　　事　○○○　印

(2)* 本件原本于○月○○日接受

书　记　官　○○○　印

中华民国○○○年○月○○日

(1)* 如本判决书为正本则 (2)* 处应改为“本件证明与原本无异”

宣判笔录（第一审所用式）

部定诉讼用纸第一七五号 **○○地方法院会计科制**

宣判笔录

被告

上开被告民国 年 字第 号

一案于民国 年 月 日 午 时在本院第 法庭公开审判出庭职员

如下

推 事

检察官

书记官

被告出庭未受身体之拘束

推事告以宣告判决朗读判决主文并告以判决理由之要旨谕知各被告人于接受判决书送达后十日内得向本院提出上诉状声明上诉

中华民国 年 月 日

○○地方法院刑庭

书记官

推 事

宣判笔录（第二审所用式）

部定诉讼用纸第 号 **○○地方法院会计科制**

宣判笔录

中华民国 年 月 日 午 时

○○高等法院刑庭宣告 上诉一案

判决出席职员如下

审判长推事

推 事

推 事

检　察　官

书　记　官

书记官报告案由

审判长问到庭人姓名年龄籍贯住址职业

审判长起立朗读判决主文说明判决理由要旨并谕知不服本院判决自送达判词之翌日起十日内声明上诉

审判长宣言本案候送达判决书退庭闭庭

中华民国　　　年　　　月　　　日录于○○高等法院刑庭

书　记　官

审判长推事

释　票(推事所用式)

释　票					
被释人姓名					
以上被告人业由本院开释应请查照此致 看守所	看守所长注意	接到本票时应将推事下名章与印鉴簿核对无讹后始能允与开释否则虽盖有官印亦应无效			
中　华　民　国	年	月	日	午	时　　分
○○法院	推事				

释票回证式(对推事所用者与对检察官所用之式同)

检察官执行书式

部定诉讼用纸第九十五号　　　　○○地方法院会计科制

○○地方法院检察官执行书　　　　年第　　　　号

查判决确定刑事人犯　　　　名合行填具执行书并附判辞送交

贵监验收执行此致

○○监狱

附判辞　　　　份

计开

人犯姓名	年龄	籍贯	罪名	刑名	刑期	罚金总数	执行起算日	羁押日数	折抵日数	执行期满日	罚金易禁日数	执行期满日	有无附带民诉	备考

注意　如遇停止执行须另行更新计算执行期满日本执行书失其效力

中　华　民　国　　　年　　　月　　　日　　检察官

执行书(送监)

⊙又须另备与上式相同之存根以为附卷之用于首行执行书之下加入存根二字

检察官易禁执行书式

部定诉讼用纸第　　　　号　　　　○○地方法院会计科制

○○地方法院检察官易禁执行书　　　　年　字第　　　　号

查判决确定刑事人犯　　　　名因无力缴纳罚金准予易禁合行填具

执行书

送请

贵监验收执行此致

○○监狱

计开									
姓名	年龄	籍贯	罪名	罚金数额	羁押折抵洋数	易禁日数	易禁起算日	执行期满日	备考
注意	如遇停止执行须另行更新计算执行期满日本执行书失其效力								
中华民国 年 月 日 检察官									

（易禁执行书）

检察官执行罚金审查表

○○地方法院检察官执行罚金审查表							
被告姓名	刑 名	原判数	羁押日	折抵数	执行日	扣除数	实交数
检 察 官 书 记 官							
中华民国 年 月 日							

(七)其他书类及表格

(甲)内政

目　次

人事登记表五
人事登记表六
人事登记表七
市公民誓词式
坊公所之公民名册式
市公民迁移通知书式
市公民转移登记册式
乡镇公民誓词式
乡镇公民名册式
乡镇公民迁徙式
重新制发工人名册式样
厂工人名册
厂工人伤病报告表
厂灾变事项报告表
厂退职工人报告表
厂工作证明书
著作权施行细则所附各项呈请程式
著作物呈请注册呈式
著作物改正姓名呈请注册程式
著作物逐次或分次发行呈请注册程式
接受著作权呈请注册程式
承继著作权呈请注册程式
出版法施行细则所附书表及登记证格式
新闻纸杂志登记声请书
新闻纸杂志登记表
新闻纸杂志登记证
各地方慈善团体立案办法
新组织之慈善团体呈请立案书式
依旧法规组织之慈善团体呈请重行核定书式
财产目录表式
财产目录
印鉴单式样
全体社员名册式样

捐助人名册式样

职员名册式样

立案证书式样

置自卫枪炮时请领执照书及保证书式

请领医药师助产士证书履历书式样

解剖尸体呈报书式

向内政部具呈时人民所取之保结式

许可证书式

凡依国籍法第二条第五款许可归化者暨依国籍法第十条第一项第一款及第十一条许可丧失国籍者暨依国籍法第十五条及第十六条许可回复国籍者均应由内政部发给许可证书适用此式

内政部发给国籍许可证书存根

兹准某官署咨/据某官署呈据某某声请许可归化/丧失国籍/回复国籍业经本部许可发给某字第某某号许可证书此存

计开许可归化/丧失国籍/回复国籍人某某

性别

年岁

籍贯

住所/居所

职业

黏贴相片处

随同归化/回复国籍人取得国籍者 妻某某年几岁 子某某年几岁(注意丧失国籍许可证书不列随同妻子一项) 女某某年几岁

中华民国某年某月某某日 送由某某官署转发

……………………某字第某某……………………………………号…………………

内政部国籍许可证书

计 开

许可归化/丧失国籍/回复国籍人某某

性别

年岁

籍贯

住居所

职业

随同归化回复国籍人取得国籍者妻某某年几岁

粘贴相片处	（注意丧失国籍许可证书不列随同妻子一项）	子某某年几岁 子某某年几岁 女某某年几岁 女某某年几岁	粘贴印花税票处

上开某某依中华民国国籍法声请许可归化中华民国／丧失中华民国国籍／回复中华民国国籍核与法定条件相符应予许可除由部注册外合给许可证书此证

中华民国　某年　某月　某某日

上证书给某某　收执

保证书式

凡依国籍法第二条第五款声请许可归化暨依国籍法第十六条声请许可回复国籍者其证人适用之

为出具保证书事兹因某国某处人某某愿依中华民国国籍法第二条第五款／第十六条规定声请归化中华民国／回复中华民国国籍并遵守中华民国一切法令委无欺伪情弊甘愿出具保证书此证

具保证书人

某某（署名盖章）　年几岁　某省某市县人　职业某　现他某地方门牌几号

某某（署名盖章）　年几岁　某省某市县人　职业某　现住某地方门牌几号

中华民国　某年　某月　某某日

愿书式 凡依国籍法第二条第五款声请许可归化暨依国籍法第十六条声请许可回复国籍者适用之

为出具愿书请许可归化/回复国籍事兹依中华民国国籍法第二条第五款/第十六条

规定愿归化中华民国/回复中华民国国籍

并遵守中华民国一切法令理合出具愿书谨呈

(某官署)转送

内政部

具愿书人某某(署名盖章)

中华民国 某年 某月 某某日

呈式

为呈请发给国籍证明书事兹谨依

内政部发给旅外侨民国籍证明书规则请领国籍证明书理合开明应行呈报事项

谨呈

某官署查核转请

内政部鉴核施行

谨将应行呈报事项开明如下

一 姓名别号及洋文拼法

二 性别

三 年岁

四 籍贯

五 职业

六 侨居某国某处若干年(或因何事故前往某国某处)

七 国内外通讯处

八 未成年子女之姓名年龄(不出国者不填)

九 其他事项

具呈人某某(署名盖章)

现住某地方门牌几号

中华民国 年 月 日

（一）

（封面）

內政部發給

中华民国旅外侨民国籍证明书

（蓝皮白字折叠式）

（二）

内　政　部　　　　　　　　　　　　　　为

发给国籍证明书事兹　有

系属中华民国国籍人　民合行填发国籍

证明书以资证明

计开

姓　名(别号及洋文拼法)

性　别

年　岁

籍　贯

〔内　政　部　印〕

职　业

现住地方

子某某年几岁
女某某年几岁（未成年者）

内政部长(署名)

中华民国　年　月　日

上　证明书给　收执

字第………………号

（三）

注 意	此项国籍证明书每本只收手续费国币六角别无他项费用侨民只须呈领一次可永远收执无须逐年掉换
黏贴相片处	代发机关加盖印章

（四）

法文
英文

（五）封面

用英法文译"印中华民国旅外侨民国籍证明书"及"内政部发给"字样

附 关于国籍变更之各项书类程式 民国十八年三月三十日内政部公布

声请书式（一） 凡依国籍法第二条第五款声请许可归化暨依国籍法第十六条声请许可回复国籍者适用之

为声请许可归化/回复国籍事兹依中华民国国籍法第二条第五款/第十六条呈请许可归化中华民国/回复中华民国国籍 理合另具愿书及保证书并开明应行呈报事项谨呈 （某官署）转请 内政部鉴核施行

谨将应行呈报事项开明如下

一　归化人/回复国籍人姓名

二　性别

三　年岁

四　籍贯(某国某处)(回复国籍者并应填明中国祖籍及何年何月丧失中国国籍取得何国国籍)

五　住/居所(现住/居中国某省某市/县某处门牌几号)

六　住/居年限

七　职业

八　财产(动产与不动产)

九　品行

十　艺能

十一　随同归化/回复国籍人取得国籍者　妻某某年几岁　子某某年几岁　女某某年几岁

十二　其他事项

具声请书人某某(署名盖章)

中华民国　某年　某月　某某日

声请书式(二)　凡依国籍法第十条第一项第一款及第十一条声请许可丧失国籍者适用之

为声请许可丧失国籍事兹依中华民国国籍法第十条第一项第一款/第十一条呈请许可丧失中华民国国籍理合开明应行呈报事项谨呈

(某官署)转请

内政部鉴核施行

谨将应行呈报事项开明如下

一　丧失国籍人姓名

二　性别

三　年岁

四　籍贯(某省某市/县)

五 居所(现居中国某省某市/县某处门牌几号或某国某处)

六 职业

七 财产(动产与不动产)及依国籍法第十四条应丧失之权利

八 有无国籍法第十二条及第十三条各款情事

九 嫁与何国人某某为妻(其夫之姓名年岁籍贯职业居所)或自愿取得何国国籍(因何事故)

十 其他事项

具声请书人某某(署名盖章)

中华民国　某年　某月　某某日

声请书式(三) 凡依国籍法第十五条声请许可回复国籍者适用之

为声请许可回复国籍事兹依中华民国国籍法第十五条呈请许可回复中华民国国籍理合开明应行呈报事项谨呈

(某官署)转请

内政部鉴核施行

谨将应行呈报事项开明如下

一 回复国籍人姓名

二 年岁

三 籍贯(祖籍中国某省某市/县)(现籍某国某处)

四 居所(中国某省某市/县某处门牌几号或某国某处)

五 职业

六 原嫁与何国人某某为妻

七 何年何月丧失中国国籍

八 婚姻关系消灭之事实

九 随同回复国籍人取得国籍者子某某年几岁/女某某年几岁

十 其他事项

具声请书人某某(署名盖章)

中华民国　某年　某月　某某日

声请书式(四)

凡依国籍法第二条第一第二第三第四各款及第八条取得国籍由本人自请备案者适用之

为依法应取得国籍声请转报备案事兹依中华民国国籍法某条某款规定应取得中华民国国籍理合开明应行呈报事项谨呈

(某官署)转报

内政部备案

谨将应行呈报事项开明如下

一　取得国籍人姓名

二　性别

三　年岁

四　籍贯(某国某处)

五　居所(现居中国某省某市/县某处门牌几号或某国某处)

六　职业

七　取得国籍之事实及其证明

八　夫或父母之姓名年岁籍贯职业居所

九　其他事项

具声请书人某某(署名盖章)

中华民国　　某年　　某月　　某某日

声请书式(五)

凡依国籍法第二条第二第三第四各款取得国籍暨依国籍法第十条第一项第二第三各款丧失国籍由父或母代请备案者适用之

为子女依法应取得/丧失国籍代请转报备案事兹有子/女某某依中华民国国籍法某条某款规定应取得/丧失中华民国国籍理合开明应行呈报事项谨代呈

(某官署)转报

内政部备案

谨将应行呈报事项开明如下

一　取得/丧失国籍人姓名

二　性别

三 年岁

四 籍贯(某国某处或某省某市县)

五 居所(现居中国某省某市县某处门牌几号或某国某处)

六 职业

七 取得丧失国籍之事实及其证明

八 代声请人与取得丧失国籍人之关系(父或母)

九 其他事项

年几岁 某省国某市县处人

具代声请书人某某(署名盖章)

职业某 现住某地方门牌几号

中华民国 某年 某月 某某日

声请解除国籍法第九条之限制之书式

为声请解除限制事兹依国籍法第九条第二项之规定声请转呈

国民政府核准解除不得任各款公职之限制理合开明应行呈报事项连同原领部颁许可证照及本人像片谨呈

(某官署)查核转请

内政部鉴核施行

谨将应行呈报事项开明如下

一 取得国籍人姓名 二 性别 三 年岁 四 原有国籍

五 现住地方 六 居住中国年限 七 职业 八 品行

九 财产 十 艺能 十一 是否通晓中国语言文字 十二 何年何月取得中国国籍

十三 取得国籍原因(如系因父母或夫之关系取得国籍者应将其父母或夫之姓名年岁住所职业详细注明) 十四 部颁许可证照字号

十五 原声请取得国籍之核转机关 十六 取得国籍后对于党国之言行 十七 其他事项

具声请书人某某(署名盖章)

<table>
<tr><td colspan="2">中华民国　　某年　　某月　　某某日</td></tr>
<tr><td>地方官署按语</td><td>县市政府印

中华民国　　年　　月　　日县/市政府谨具</td></tr>
</table>

注意　此项声请书须每人填写一张

户口调查表一

<table>
<tr><td colspan="14">某省某县/市　某区某街/村　(某巷或某里或某胡同)　住户门牌　第　　号</td></tr>
<tr><td>事别/类别</td><td>姓名</td><td>男女别</td><td>已未嫁娶</td><td>有无子女</td><td>年龄及出生年月日</td><td>籍贯</td><td>曾否入国民党</td><td>住居年龄</td><td>职业</td><td>宗教</td><td>教育程度</td><td>废疾</td><td>其他事项</td></tr>
<tr><td>户主</td><td></td><td></td><td></td><td></td><td></td><td></td><td></td><td></td><td></td><td></td><td></td><td></td><td></td></tr>
<tr><td rowspan="5">亲属{称谓</td><td></td><td></td><td></td><td></td><td></td><td></td><td></td><td></td><td></td><td></td><td></td><td></td><td></td></tr>
<tr><td></td><td></td><td></td><td></td><td></td><td></td><td></td><td></td><td></td><td></td><td></td><td></td><td></td></tr>
<tr><td></td><td></td><td></td><td></td><td></td><td></td><td></td><td></td><td></td><td></td><td></td><td></td><td></td></tr>
<tr><td></td><td></td><td></td><td></td><td></td><td></td><td></td><td></td><td></td><td></td><td></td><td></td><td></td></tr>
<tr><td></td><td></td><td></td><td></td><td></td><td></td><td></td><td></td><td></td><td></td><td></td><td></td><td></td></tr>
<tr><td rowspan="3">同居{关系</td><td></td><td></td><td></td><td></td><td></td><td></td><td></td><td></td><td></td><td></td><td></td><td></td><td></td></tr>
<tr><td></td><td></td><td></td><td></td><td></td><td></td><td></td><td></td><td></td><td></td><td></td><td></td><td></td></tr>
<tr><td></td><td></td><td></td><td></td><td></td><td></td><td></td><td></td><td></td><td></td><td></td><td></td><td></td></tr>
<tr><td rowspan="3">佣工{关系</td><td></td><td></td><td></td><td></td><td></td><td></td><td></td><td></td><td></td><td></td><td></td><td></td><td></td></tr>
<tr><td></td><td></td><td></td><td></td><td></td><td></td><td></td><td></td><td></td><td></td><td></td><td></td><td></td></tr>
<tr><td></td><td></td><td></td><td></td><td></td><td></td><td></td><td></td><td></td><td></td><td></td><td></td><td></td></tr>
</table>

共计：男　口；女　口

内计：
- 入国民党者：男、女
- 有职业：男、女
- 无职业：男、女
- 学童：男、女
- 壮丁
- 蓄辫
- 缠足

现住：男、女

他往：男、女

信奉宗教：
- 佛教：男、女
- 道教：男、女
- 回教：男、女
- 耶稣教：男、女
- 天主教：男、女
- 其他：男、女

口

废疾：男、女

曾受刑事处分者：男、女

素行不正者：男、女

形迹可疑者：男、女

非家属杂居者：男、女

口

说明

一　凡户不分正附一家住数户者以数户计同父兄弟虽分爨而仍同居者以一户计异居者以各户计外姻或同族相依过度及友朋只身寄居者以一户计店铺以一招牌为一户无招牌者以门面计同一门面而有两铺基系一铺东者以一户计系两铺东者以两户计前店后家如系家店同主者以一户计不同主者以两户计

二　凡口包男女言口数连户主计算养子为养父户内之口赘婿为女父户内之口佣工为雇主户内之口相依过度者为扶养者户内之口内友朋寄居者为受寄者户内之口店伙为铺东户内之口

三　凡户主指同住亲属之尊长者而言兄弟同居者以兄为户主家无男丁或有而未

成年者以妇女中最尊长者为户主店铺以店东为户主如铺东不在店掌事者以铺掌为户主合资店铺以掌店事之铺东为户主各铺东均在店内权限相等者以年长者为户主前店后家同一主者从其家之户主

四　凡户主以外人口如系户主之宗亲若母亲姊妹若弟与子孙及其配偶者等均填入亲属格内并注明称谓

五　其余亲友人等同居者均填入同居格内并注明关系

六　雇工人等填入佣工格内并注明关系

七　姓名栏内均须写姓名不得用别号户主更不得以某堂某字号等公共名称杂填但妇女不便填写者妇人得以氏女子得以长次等字代之如系外国人或无国籍人应填其原名并附注译名

八　籍贯栏内本籍即填本籍字样客籍须填明原籍同省者注县不同省者省县并注如系外国人或无国籍人则注其本国国籍或注其无国籍字样

九　住居年数栏内应填写住居年数如系客籍则填寄居年数

十　职业栏内如无职业即填一无字

十一　宗教栏内须将所奉宗教种类分别填明

十二　教育程度指曾否读书及在何种学校肄业或毕业而言

十三　废疾栏内即就盲哑疯癫及其他废疾分别填注

十四　调查时虽值他往仍应填注但须将所在地及事由注明于其他事项栏内

十五　曾受刑事处分素行不正形迹可疑及非家属杂居等情事应由调查员查明填注于其他事项栏内

十六　学童年龄应按现行小学条例改为六岁至十二岁

十七　表末有职业无职业之统计应就二十岁以上六十岁以下之范围内分别计算

十八　每户各占一页若人口众多之户一页不能填注者分填数页但须注明某户第几页

户口调查表二

某省某县/市　特编船字第　号												
事别 类别	姓名	男女别	已未嫁娶	有无子女	年龄及出生年月日	籍贯	曾否入国民党	住居年数	职业	宗教	教育程度	有无废疾	其他事项
户　主													
亲属（称谓）													

同居关系													
佣工关系													

共计{男 口 女 口

内计{
- 入国民党者{男 女
- 有职业{男 女
- 无职业{男 女
- 学童{男 女 口
- 壮丁
- 蓄辫
- 缠足

现住{男 女

他往{男 女

信奉宗教{
- 佛教{男 女
- 道教{男 女
- 回教{男 女 口
- 耶稣教{男 女
- 天主教{男 女
- 其他{男 女

废疾{男 女

曾受刑事处分者{男 女 口

素行不正者{男 女

形迹可疑者{男 女

非家属杂居者{男 女

说　　明
一　船户以在陆上无一定住所以船为家者为限若非以船为家而陆上有一定住所者则以普通户口论
二　凡船各以户计
三　调查时须依河川境界划分地段另行编号加一船字以示区别
四　调查时虽值他往仍须填注但须将所在地及事由注明于其他事项栏内
五　每船户各占一页若人口众多之船户一页不能填注者分填数页但须注明某船户第几页
六　其他关于调查事项之说明参照第一表

户口调查表三

某省某县市　某区某街村　（某巷或某里或某胡同）　门牌庙字第　　　号									
寺庙名称									
事别／类别	僧道名称	姓名或法名	男女别	年龄及出生年月日	籍贯	曾否入国民党	住居年数	剃度年月日	其他事项
住　持									
徒众									
佣工									

$$
共计\begin{cases}男 \quad 口\\女 \quad 口\end{cases}
内计\begin{cases}
入国民党者\begin{cases}男\\女\end{cases}\\
现\qquad\qquad 住\begin{cases}男\\女\end{cases}\\
他\qquad\qquad 往\begin{cases}男\\女\end{cases}\\
曾受刑事处分者\begin{cases}男\\女\end{cases}\\
素行不正者\begin{cases}男\\女\end{cases}\\
形迹可疑者\begin{cases}男\\女\end{cases}
\end{cases}
口
$$

说 明

一　寺庙凡寺院庵庙宫观禅林洞刹等皆属之

二　僧道名称指僧尼道士女冠而言但以居住寺庙者为限若火居道士应付僧人不住居于寺庙者则以普通户口论

三　各寺庙住持以外僧道均填入徒众格内其僧非道而供役使者均填入佣工格内

四　姓名栏内如道士之有姓名者填其姓名其他不以姓名著称者填其法名

五　籍贯指俗家属籍而言

六　调查时虽值他往仍应填注但须将所在地及事由注明于其他事项栏内

七　调查时须另行编号加一庙字以示区别

八　各教堂教会及清真寺应与寺庙视同一律但本表所列僧道住持等名称既不适用于教堂教会及清真寺调查时自应分别填其相当名称又徒众一栏亦应以住居该教堂教会或清真寺为限

九　每寺庙各占一页若僧道众多之寺庙一页不能填注者得分填数页但须注明某寺庙第几页
十　其他关于调查事项之说明参照第一表

户口调查表四

某省某县市　某区某街村　（某巷或某里或某胡同）　门牌公字第　　号		
名　称		
公 官　设 私		
主官人姓名		
办事人数	男	
	女	
其他人数	男	
	女	
佣工人数	男	
	女	
共　计	男	
	女	
说　明 一　公共处所凡公署兵营监狱习艺所学校工厂医院祠堂会馆公所等皆属之 二　如祠堂会馆公所等内有住户者应以普通户口论 三　调查时须另行编号加一公字以示区别		

某区县省市户口统计表一　某　　　　年　　　　分

类别：区域别＼事别	普通户口：户数	普通户口：人口总数		普通户口：现住	普通户口：他往	普通户口：学童	普通户口：壮丁	普通户口：蓄辫	普通户口：缠足	普通户口：国民党员	普通户口：职业：有	普通户口：职业：无	普通户口：宗教：佛教	普通户口：宗教：道教	普通户口：宗教：回教	普通户口：宗教：耶稣教	普通户口：宗教：天主教	普通户口：宗教：其他	普通户口：废疾	普通户口：曾受刑事处分者	普通户口：素行不正者	普通户口：形迹可疑者	普通户口：非家属杂居者	外国人寄居中国户口：户口	外国人寄居中国户口：人口总数		外国人寄居中国户口：现住	外国人寄居中国户口：他往	外国人寄居中国户口：职业：有	外国人寄居中国户口：职业：无	外国人寄居中国户口：宗教：耶稣教	外国人寄居中国户口：宗教：天主教	外国人寄居中国户口：宗教：回教	外国人寄居中国户口：宗教：其他	外国人寄居中国户口：国籍之区别：英	外国人寄居中国户口：国籍之区别：美	外国人寄居中国户口：国籍之区别：法	外国人寄居中国户口：国籍之区别：德	外国人寄居中国户口：国籍之区别：俄	外国人寄居中国户口：国籍之区别：日	外国人寄居中国户口：国籍之区别：其他	外国人寄居中国户口：国籍之区别：无国籍人
		男																							男																
		女																							女																
		男																							男																
		女																							女																
		男																							男																
		女																							女																
		男																							男																
		女																							女																
		男																							男																
		女																							女																

	男																							男																	
	女																							女																	
	男																							男																	
	女																							女																	
总计	男																							男																	
	女																							女																	
备考																																									

中　华　民　国　　署印　年　月　日

造报官署长官署名盖章

填载例

一　各区报县或公安局之表区域别一栏内应填街名村名各县及普通市报省之表区域别一栏内应填区名各省报部之表区别一栏内应填县名特别市报部之表仍填区名

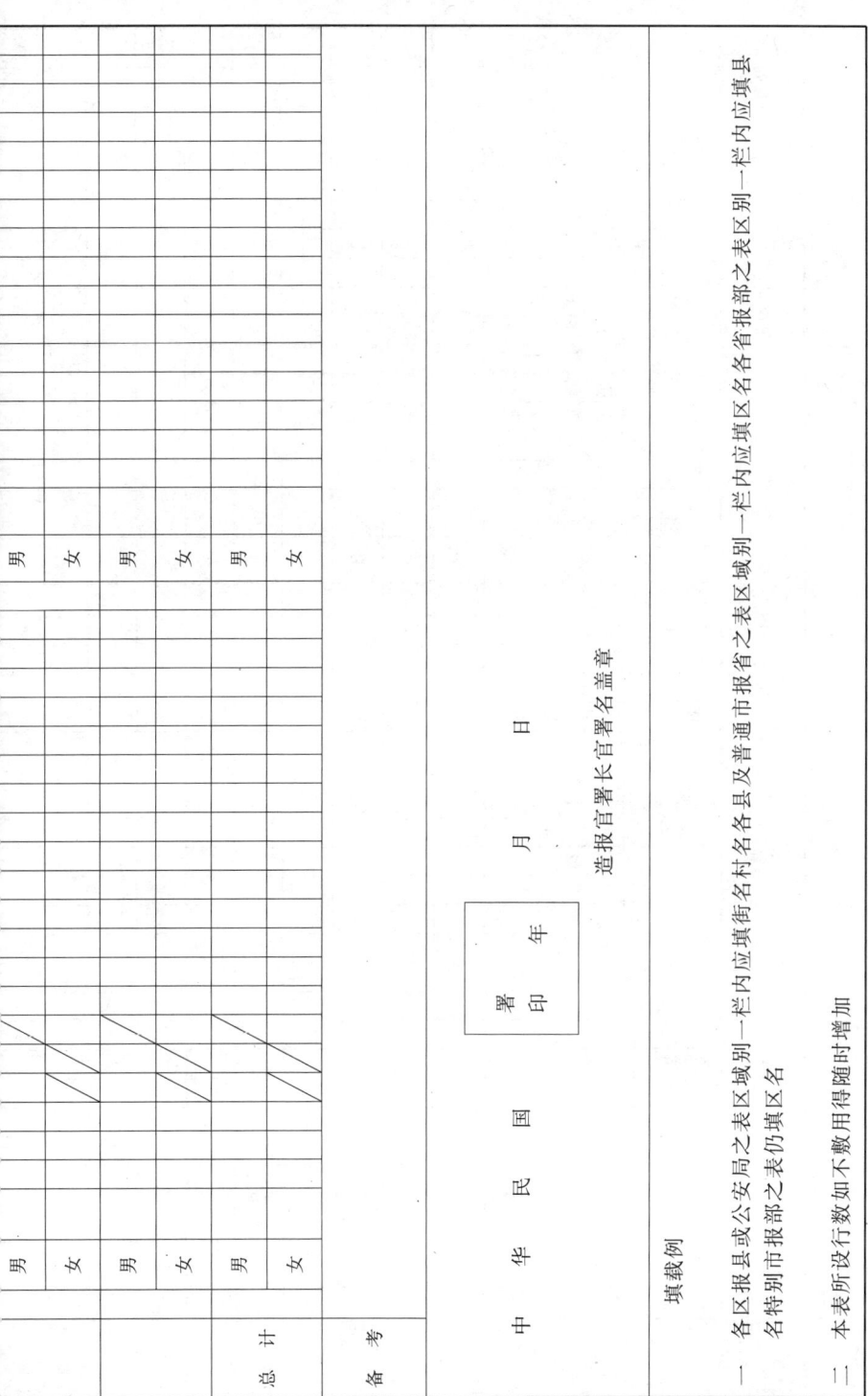

二　本表所设行数如不敷用得随时增加

某区县省市　户口统计表二　某　　年　　分

类别 区域别 事别	船户户口 户数	船户户口 人口总数		船户户口 现住	船户户口 他往	船户户口 学童	船户户口 壮丁	船户户口 蓄辫	船户户口 缠足	船户户口 国民党员	船户户口 职业 有	船户户口 职业 无	船户户口 宗教 佛教	船户户口 宗教 道教	船户户口 宗教 回教	船户户口 宗教 耶稣教	船户户口 宗教 天主教	船户户口 宗教 其他	船户户口 废疾	船户户口 曾受刑事处分者	船户户口 素行不正者	船户户口 形迹可疑者	船户户口 非家属杂居者	寺庙户口 户数	寺庙户口 人口总数		寺庙户口 现住	寺庙户口 他往	寺庙户口 宗教 佛教	寺庙户口 宗教 道教	寺庙户口 宗教 回教	寺庙户口 宗教 耶稣教	寺庙户口 宗教 天主教	寺庙户口 宗教 其他	寺庙户口 国民党员	寺庙户口 曾受刑事处分者	寺庙户口 素行不正者	寺庙户口 形迹可疑者	公共处所 处数	公共处所 人口 男	公共处所 人口 女
		男																							男																
		女																							女																
		男																							男																
		女																							女																
		男																							男																
		女																							女																
		男																							男																
		女																							女																
		男																							男																
		女																							女																

		男																							男																
		女																							女																
		男																							男																
		女																							女																
总计		男																							男																
		女																							女																
备考																																									

中华民国 年 月 日

署印

造报官署长官署名盖章

填载例

一 各教堂教会中之外国人一面记其数于本表寺庙户口栏内一面仍记其数于户口统计第一表外国人寄居中国户口栏内惟须于本表备考栏说明其重复之数

二 户口统计第一表之填载例于本表适用之

某区县/省市 户口变动统计表　某　年　某　月　分

区域别 / 事别	迁入			徙去			出生人数		死亡人数		男婚人数	女嫁人数	继承人数	分居			失踪		备考
	户数	人数		户数	人数									户数	人数				
		男	女		男	女	男	女	男	女					男	女	男	女	
总计																			
说明																			

中　华　民　国　　署印　年　　月　　日

造报官署长官署名盖章

填载例

一　外国人或无国籍人之户口如有变动除统计列表外并须于说明栏内详细说明以备查考

二　户口统计第一表之填载例于本表适用之

⊙(一)户口调查表计分四种于未施行自治规章之省市适用之，户口统计表分三种于各省市一律适用之。(二)户口调查表由各市县政府督率各公安局分区调查办理，未设公安局地方由该管地方官署遴员办理。户口统计表在县由县政府据各区报告编制，在市由市政府据公安局报告编制在直隶行政院之市亦由市政府据公安局之报告而编制之。(三)户口统计第一二两表每年造报一次，户口变动统计表则每月造报一次。

人事登记暂行条例各表式

人事登记表式(一) (清册同)

某省某县/市　　　　村　　　　某年某月份

某区某　　　　**出 生 登 记 表**

某特别市　　　　里(某街)

出生者之姓名	性别	类别	出生年月日	出生者之父母					备考
				姓名	年岁	职业	原籍与住地	现住村里门牌号数	

说　明

一　表中揭载事项以某村或某里(即某街)为范围(各表准此)

二　出生者之姓名即婴孩之姓名如无名只记其姓(或有小名亦可记入)

三　类别系指出生者为亲生子或私生子或抱养子而言但私生子或抱养子之出生年月日不明时得于备考栏内附注之

四　表中原籍与住地一栏如系本村或本里人则可不填(各表准此)

人事登记表式(二)　(清册同)

某省某县市　　　　村　　　　某年某月份

某区某　　　　**死亡登记表**

某特别市　　　　里(某街)

死亡者之姓名	性别	年岁	职业	死亡年月日	死亡原因	原籍与住地	现住村里门牌号数	备考

说　明

一　表中年岁一栏应记死亡者死亡时之实得年岁

二　死亡原因栏内应将死亡者因何病何伤或服何毒或受何刑等项详细登载

人事登记表式(三)　(清册同)

某省某县/市　　　　村　　　　某年某月份

某区某　　　　**婚姻登记表**

某特别市　　　　里(某街)

结婚者之姓名	年岁	职业	婚姻类别	原籍与住地	现住村里门牌号数	主婚亲属	介绍人	成婚之年月日	备考
男									
女									
男									
女									
男									
女									
男									
女									

说　明

一　表中婚姻类别一栏应将结婚者为初婚续婚或兼祧再醮等项分别登载

二　男女两方如有一方非本村或本里人只须记其原籍与住地而现住村里栏内无须记载

三　主婚亲属一栏有父填父无父填母无父母者或填其伯叔兄弟及其他戚姓最近亲属

四　介绍人一栏如系旧式婚姻可填媒人姓名

人事登记表式(四)　(清册同)

某省某县市　　　　　村　　　　　某年某月份

　　某区某　　　　**继承登记表**

某特别市　　　里(某街)

继承人及被继承人之姓名	性别	年岁	职业	原籍与住地	现住村里门牌号数	原有亲属关系	现在亲属关系	继承之不动产概数	继承之年月日	备考
继承人										
被继承人										
继承人										
被继承人										
继承人										
被继承人										
继承人										
被继承人										

说　明

一　表中原有亲属关系一栏系指继承人与被继承人未继承前之关系及称呼而言如叔姪甥舅等皆是

二　现在亲属关系一栏系指继承后之关系及称呼而言如父子母子祖孙等皆是

三　不动产概数一栏须将应继承之房屋田地总数详细记载

人事登记表式(五)　(清册同)

某省某县市　　　　　村　　　　　某年某月份

　　某区某　　　　**分居登记表**

某特别市　　　里(某街)

分居者之姓名	性别	年岁	职业	原籍与住地	现住村里门牌号数	分居后之口数	分居后所有之不动产概数	与所分居者之姓名及其关系	分居之中见人	分居之年月日	备考

说 明

一 表中分居者之姓名一栏如兄弟分居则兄弟之姓名各填一格

二 分居后之口数及分居后所有之不动产概数系就各人分居所有者而言

三 与所分居者之姓名及其关系一栏如与弟几人分居则填弟某弟某如与兄几人分居则填兄某兄某余类推

四 此项分居登记在本年内暂行登记至来年另编为一户

人事登记表式(六) (清册同)

某省某县市 村 某年某月份

某区某 **迁徙登记表**

某特别市 里(某街)

迁徙者之姓名	性别	年岁	职业	原籍	迁前之住址	迁来或迁往之住址	迁来或迁往之口数	迁徙之年月日	备考

说　明

一　表中迁徙者之姓名一栏系填写户主之姓名

二　此表登记例如某人由甲里(街)迁往乙里(街)则甲乙两里登记表均于“迁前之住址”栏内填甲里(街)及门牌号数“迁来或迁往之住址”栏内填乙里(街)及门牌号数“迁来或迁往之口数”栏内填丁口数目在甲里登记表填迁往乙里登记表则填迁来

人事登记表式(七)　(清册同)

某省某县/市　村　某年某月份

某区某　**失踪登记表**

某特别市　里(某街)

失踪者之姓名	性别	年岁	原有职业	离家之年月日	离家之原因	最后来信地方	最后来信之年月日	现在家属户主及其他亲属	家属现住村里门牌号数	备考

说　明

一　凡离家五年毫无音信且不知其所在地者登记此表

二　表中年岁系指失踪者之现在年岁而言

市公民誓词式

<table>
<tr><td>宣
誓
备
查</td><td>兹有本坊第　间第　邻男女住民　年　岁(注意必须满二十岁)在本地居住　年以上(注意至少须居住一年以上)或在本地有住所达　年以上(注意如未居住一年以上必须有住所达二年以上)现定于本年月　日举行宣誓典礼除制给誓词俟宣誓后缴还汇报外截此备查
(此应填发给誓词日期)
中华民国　　年　　月　　日(签名)
市第　　区第　　坊坊公所</td></tr>
<tr><td colspan="2">字　第　　(图记)　　号</td></tr>
<tr><td>誓
词</td><td>正心诚意当众宣誓从此去旧更新自立为国民尽忠竭力拥护中华民国实行三民主义采用五权宪法务使政治修明人民安乐措国基于永固维世界之和平此誓
(此应填宣誓日期)
中华民国　　年　　月　　日(签名)
注意此誓词于宣誓时缴还公所　市第　区第　坊坊公所发</td></tr>
</table>

坊公所之公民名册式

市第　　区第　　坊公民名册								
姓名	性别	年龄	住址	居住几年以上	有住所几年以上	职业	宣誓日期	备考

市公民迁移通知书式

<table>
<tr><td>公民迁移备查</td><td colspan="9">兹有本坊第　　间第　　邻公民　　于　　年　　月　　日迁移于本市第　区第　坊　地方除通知第　区第　坊坊公所为移转之登记并于本坊公民名册备考内注明迁移情形外截此备查

坊长

中华民国　　年　　月　　日　　市第　区第　坊坊公所</td></tr>
<tr><td colspan="10">字　第　　　　（图记）　　　　号</td></tr>
<tr><td rowspan="3">公民迁移通知书</td><td colspan="9">为通知事兹有本坊第　　间　　邻公民　于　年　月　日迁移贵坊
地方居住除由该公民自向
贵公所报告外特为附表于后希即查照表列情形为移转之登记并望见覆为荷此致（图记）
第　区第　坊坊公所　坊长
中华民国　年　月　日　市第　区第　坊坊公所
（图记）</td></tr>
<tr><td>姓名</td><td>性别</td><td>年龄</td><td>职业</td><td>曾于何年日月在本市第几区第几坊宣誓登记</td><td>宣誓登记后在本市何区何坊居住及其居住时期</td><td>现由本市第几区第几坊迁至何坊</td><td>迁移住址</td><td>备考</td></tr>
<tr><td></td><td></td><td></td><td></td><td></td><td></td><td></td><td></td><td></td></tr>
</table>

市公民移转登记册式

市第　　区第　　坊移转公民名册

姓名	性别	年龄	职业	曾于何年月日在本市第几区第几坊宣誓登记	宣誓登记后在本市何区何坊居住及其居住时期	现由本市第几区第几坊迁至本坊	迁在本坊住址	备考

乡镇公民誓词式

宣誓备查	兹有本乡/镇第　间第　邻男/女住民　年　岁(注意必须满二十岁)在本地居住　年以上(注意至少须居住一年以上)或在本地有住所达　年以上(注意如未居住一年以上必须有住所达二年以上)现定于本年　月　日举行宣誓典礼除掣给誓词俟宣誓后缴还汇报外截此备查 (此应填给誓词日期) 中华民国　　年　　月　　日　　签字 县第　　区　　乡乡/镇镇公所

……………………字第……………………………………号……………

<table>
<tr><td>誓

词</td><td>正心诚意当众宣誓从此去旧更新自立为国民尽忠竭力拥护中华民国实行三民主义采用五权宪法务使政治修明人民安乐措国基于永固维世界之和平此誓

（此应填宣誓日期）

中华民国　年　月　日　签字　立誓

（注意此誓词宣誓后缴还公所）　县第　区　乡乡镇镇公所</td></tr>
</table>

乡镇公民名册式

县第　区　乡镇　公民名册

姓名	性别	年龄	住址	居住几年以上	有住所几年以上	职业	宣誓日期	备考

乡镇公民迁徙证

<table>
<tr><td>公民迁徙证备查</td><td>兹有本乡镇第　间第　邻公民　曾于民国　年　月　日

在本乡镇举行宣誓典礼　登记为公民现因迁移于　地方除发给公民迁徙证外截此备查

中华民国　年　月　日　县第　区　乡乡镇镇公所</td></tr>
</table>

字　第　　　　　　　　　　　号

公 民 迁 徙 证	县　乡乡 镇镇公所为发给公民迁徙证事兹有第　间第　邻公民　　曾于 民国　年　月　日在本乡 镇举行宣誓典礼经登记为公民现因　迁徙于 地方特为证明公民资格以便他日登记此证 中华民国　　年　　月　　日　　付　　收执

重新制发工人名册式样

民国二十二年十一月实业部咨各省府(附咨)

案查修正工厂法及修正工厂法施行条例前奉国民政府明令公布并经本部咨请查照饬属知照各在案所有以前依照工厂法第三第四第三十五各条制发之工人名册退职工人报告表工人伤害报告表灾变事项报告表工作证明书等式样业经本部依法重行制定除分行外相应检同新制表册式样咨请查照饬属印发各工厂遵照

…………地…………**厂工人名册**　由………年………月………日　(式样)
至………年………月………日　第………页

姓名	性别	年龄	籍贯	现在地址	入厂年月日	工作处所	工作类别	工作时间	酬报	体格			在厂所受		伤害			患病			请假		旷工		退职		备考
										身长	体重	有无残废	赏	罚	原因	种类	停工日期	原因	种类	停工日期	事由	日期	原因	日期	原因	日期	

总经理…………协理……………

附注

一 于性别栏应填明男或女

二 于籍贯栏应填明某省某县或某市

三 于工作处所栏填明在该厂某部份或某场所

四 于工作时间栏应填每日实在工作几小时

五 于酬报栏应按实际情形填明每年每月每日每件或其他酬报之数值

六 于体格栏身长按公尺计体重按公斤计有无残废必须注明其何部份无则画一横

七 于患病种类栏应填明病之名称及病态

八 于伤害种类栏应填明伤害之部位及程度

九 本名册应以长三公寸宽六公寸之本国白纸制之

………地………厂工人伤病报告表 由………年………月………日 （式样）

至………年………月………日

<table>
<tr><td colspan="3">姓名</td><td>性别</td><td>年龄</td><td colspan="3">籍贯</td><td>住址</td></tr>
<tr><td colspan="3"></td><td></td><td></td><td colspan="3"></td><td></td></tr>
<tr><td rowspan="3">伤害</td><td colspan="2">原因</td><td colspan="2"></td><td rowspan="3">患病</td><td colspan="2">原因</td><td></td></tr>
<tr><td colspan="2">时期</td><td colspan="2">年 月 日 午 时 分</td><td colspan="2">时期</td><td>年 月 日</td></tr>
<tr><td colspan="2">部位</td><td colspan="2"></td><td colspan="2">种类</td><td></td></tr>
<tr><td colspan="3">停工日数</td><td colspan="2">日</td><td colspan="3">停工日数</td><td>日</td></tr>
<tr><td colspan="3">诊治日数</td><td colspan="2">日</td><td colspan="3">诊治日数</td><td>日</td></tr>
<tr><td colspan="3">诊治结果</td><td colspan="2"></td><td colspan="3">诊治结果</td><td></td></tr>
<tr><td colspan="3">厂方给与之医药费</td><td colspan="2">元</td><td colspan="3">厂方给与之医药费</td><td>元</td></tr>
<tr><td colspan="2" rowspan="2">厂方给与之津贴费</td><td>额数</td><td colspan="2">元</td><td colspan="2" rowspan="2">厂方给与之津贴费</td><td>额数</td><td>元</td></tr>
<tr><td>受领人</td><td colspan="2"></td><td>受领人</td><td></td></tr>
<tr><td colspan="2" rowspan="2">厂方给与之丧葬费</td><td>额数</td><td colspan="2">元</td><td colspan="2" rowspan="2">厂方给与之丧葬费</td><td>额数</td><td>元</td></tr>
<tr><td>受领人</td><td colspan="2"></td><td>受领人</td><td></td></tr>
<tr><td colspan="2" rowspan="2">厂方给与之抚恤费</td><td>额数</td><td colspan="2">元</td><td colspan="2" rowspan="2">厂方给与之抚恤费</td><td>额数</td><td>元</td></tr>
<tr><td>受领人</td><td colspan="2"></td><td>受领人</td><td></td></tr>
<tr><td colspan="3">津贴总数</td><td colspan="2">元</td><td colspan="2">津贴总数</td><td colspan="2">元</td></tr>
<tr><td colspan="3">备注</td><td colspan="2"></td><td colspan="2">备注</td><td colspan="2"></td></tr>
</table>

总经理…………协理……………

附注

一　伤害栏内原因指受伤之所由部位指受伤肢体之部位

二　诊治日数指受医士约束之日期

三　患病栏内原因应据医士诊断书所载之病原以为记载其无诊断书者以据病者所报告之病原纪载之

四　因伤害或患病成为残废者之津贴须一并填入并须注明其残废部位

五　在津贴栏如曾给两项以上津贴时应分别填入并注明其起止日期

六　医药津贴丧葬抚恤等费悉以国币计

七　本表应以长二公寸半宽三公寸之本国白纸制之

……地……厂灾变事项报告表　（式样）

年……月……日

<table>
<tr><td rowspan="4">灾变</td><td colspan="2">种类</td><td colspan="3"></td></tr>
<tr><td colspan="2">场所</td><td colspan="3"></td></tr>
<tr><td colspan="2">原因</td><td colspan="3"></td></tr>
<tr><td colspan="2">日期</td><td colspan="3"></td></tr>
<tr><td rowspan="4">直接影响</td><td rowspan="2">停工</td><td>日数</td><td colspan="3"></td></tr>
<tr><td>人数</td><td colspan="3"></td></tr>
<tr><td colspan="2">死伤人数</td><td>死亡　人</td><td>伤害　人</td><td>总计　人</td></tr>
<tr><td colspan="2">财产损失估计</td><td colspan="3"></td></tr>
<tr><td colspan="3">救济经过</td><td colspan="3"></td></tr>
<tr><td colspan="3">以后预防方法</td><td colspan="3"></td></tr>
<tr><td colspan="3">备考</td><td colspan="3"></td></tr>
</table>

总经理……协理……

附注

一　种类系指火灾水患锅炉爆裂房屋坍塌等类而言

二　场所系指灾变发生之地方而言

三　停工日数及人数系指自灾变发生时起至恢复工作止曾停止全部或一部工作之

日数及未死伤之人数
四 财产损失估计指直接受灾变损失者而言其因灾变停工所受营业上之损失不在其内
五 救济经过栏填明灾变发生后何时发觉如何救济何时息止等情事
六 以后预防方法栏不仅填明此次发生灾变场所之预防即其他工作场所之预防亦应一并注入
七 本表应以长三公寸宽二公寸半之本国白纸制之

……………地……………厂退职工人报告表 （式样）

年……………月……………日

姓名	性别	年龄	工作种类	进厂日期	退职原因	退职日期	备考

总经理…………协理……………

附注
一 工作种类指最后操作之事务
二 本表应以长二公寸半宽三公寸之本国白纸制之

（式样）

……………………厂 第……………………号

工 作 证 明 书 给证日期……年……月…………日

工人……………………………………… 性别………………………………………

年龄……………………………
籍贯……………………………
住址……………………………

工作种类……………………………………

在厂工作时期由…………年…………月…………日…………起

至…………年…………月…………日…………止

成绩…………………………………………………………

离职时工资……………………………………………………………

离职原因………………………………………………………………

总经理……………………协理……………………

工场主任……………………………………………

附注

一　工作种类指最后操作之事务

二　成绩指平日工作之优劣分甲乙丙丁四种

三　离职时工资系指工人最后应得补助或偿金及食宿各费之总额

四　离职时工资上边应按协定填明每月每年或每日若干如工资以件计者填明每件若干及其最后三个月平均数目

五　工资补助等均以国币计

六　本证明书应以长二公寸半宽三公寸之本国白纸制之

著作权法施行细则所附各项呈请程式

著作物呈请注册呈式

具呈人姓名籍贯年岁职业住址(如系法人时其名称事务所所在地及代表人姓名住址)

呈为呈请著作物注册事窃某人有某种著作物照著作权法随送样本或附具详细说明书呈请注册给照一体保护谨呈

内政部部长

年　　月　　日姓名　　谨呈押

著作物改正姓名呈请注册程式

具呈人姓名籍贯年岁职业住址

呈为著作物改正姓名呈请注册事窃某人发行某种著作物经于某年月日呈请注册领有某号执照但该著作物向未注姓名系用假设名号现拟改用某姓名照著作权法呈请注册一体保护谨呈

内政部部长

年　　月　　日原注册人即呈请改正人姓名　　谨呈押

著作物逐次或分次发行呈请注册程式

具呈人姓名籍贯年岁职业住址（如系法人时其名称事务所所在地及代表人姓名住址）

呈为呈请著作权注册事窃某人有某种著作物拟编号逐次或分次发行照著作权法预行声明并随送样本呈请注册给照一体保护谨呈

内政部部长

年　月　日　姓名　谨呈押

接受著作权呈请注册程式

具呈人原注册人接受人姓名籍贯年岁职业住址（如系法人时其名称事务所所在地及代表人姓名住址）

呈为接受著作权呈请注册事窃某人有某种著作物经于某年月日呈请注册领有某号执照现将该项著作权售抵押与某人接受照著作权法呈请注册给照一体保护谨呈

内政部部长

年　月　日原注册人接受人姓名　谨呈押

承继著作权呈请注册程式

具呈人姓名籍贯年岁职业住址

呈为承继著作权呈请注册事窃某人有某种著作经于某年月日呈请注册领有某号执照现已某年月日身故其著作权应归某人承继照著作权法呈请注册一律保护谨呈

内政部部长

年　月　日承继人姓名　谨呈押

出版法施行细则所附书表及登记证格式

一　新闻纸杂志登记声请书格式
二　新闻纸杂志登记表格式
三　内政部甲种登记证式样
四　内政部乙种登记证式样
五　中央党部宣传部登记证式样

新闻纸杂志登记声请书

具声请书人　　社兹因发行　　谨遵出版法第七条之规定并填具登记表格声请登记此呈
某某政府
　或转
某某党部
内政部
　或
中央党部宣传部

具声请书人负责人姓名　社(盖章)

中　华　民　国　　年　　月　　日

中　华　民　国　　年　　月　　日　　填　　(盖章)

新闻纸 杂志登记表

1	2	3	4	5		6		7					8
名称	有无关于党义党务或政治事项之登载	刊期	首次发行之年月日	发行所		印刷所		发行人及编辑人姓名年龄及住址					备考
				名称	地址	名称	地址	姓名	别号	职别	年龄	住址	

内政部
中央党部宣传部 制

说明

(1)此表应由声请登记者照填二份随附于声请书后一并呈送以备分存

(2)填第二项有无关于党义党务事项之登载时应参照出版法施行细则第二条之规定

(3)第三项系指日刊周刊旬刊月刊等类

(4)第七项内职别一目系指属于发行人或各版编辑人

新闻纸
杂　志　　登记证

登记证　　字第　　号

案据　省/市　县　依法声

请登记业经审核予准登记此证　收执

上给　发行人

中华民国　年　月　日内政部发给

登记证　　字第　　号

查　省/市　县　为有关于党

义党务事项记载之　业据其依法

声请登记前来经审核予准登记此证

上给　发行人　收执

中华民国　年　月　日

中国国民党
中央执行委员会　宣传部发给

新闻纸
杂　志　　登记证

登记证　　字第　　号

案据　省/市　县　依法声

请登记业经审核予准登记此证　收执

上给　发行人

中华民国　年　月　日内政部发给

各地方慈善团体立案办法　民国二十一年九月内政部公布

一　各地方慈善团体依监督慈善团体法及监督慈善团体法施行规则第三条或第十三条向所在地主管官署呈请立案时依本办法行之

二　慈善团体立案应由全体董事备具正副呈请书并附呈下列各文件

1 章程或捐助章程　2 登记清册　3 财产目录　4 印鉴单　5 全体社员名册或捐助人名册　6 职员名册　7 各项足资证明之文件

三　前项章程及登记清册所有记载事项应分别依照民法总则第四十七条第四十八

条第六十条及第六十一条各规定办理

四 各主管官署办理慈善团体立案时应酌置下列各簿册

1 慈善团体登记簿 2 慈善团体登记收件存根册 3 慈善团体登记证书存根册 4 其他

五 慈善团体以事务所之设置或迁移立案事项之变更消灭或废止为立案或为立案之更正及涂销者应由董事向原立案官署声请之为前项声请者应附具声请事由之证明文件

六 各主管官署接受慈善团体立案呈请书后应即行立案其有须调查者应于两星期内调查完毕但有特别事由者不在此限

七 各主管官署对于慈善团体之呈请查有违背法令及本办法者应令其补正始行立案

八 各主管官署准许慈善团体立案后应即发给立案证书并公告之

九 慈善团体所附呈证明文件及其他应行发还之文件主管官署应盖印并记载立案号数收件年月日收件号数后再行发还

十 主管官署立案完毕发见立案有错误或遗漏时应即通知原立案慈善团体于指定期内补正之

十一 慈善团体之主事务所或分事务所迁移至原立案官署管辖区域以外为迁移之立案者其原立案即行销结立案证书应同时缴销

十二 慈善团体依法解散后原立案官署应即饬令缴销其立案证书并公告之

十三 各地方慈善团体立案后主管官署应于三个月内依照监督慈善团体法施行规则第三条后半段之规定分别转报内政部备案

十四 本办法所规定之呈请书式立案证书及各项册式另定之

十五 本办法公布前各省市所订单行规则得于不抵触本办法范围内仍适用之

新组织之慈善团体呈请立案书式

呈请人 年龄 籍贯
职业 住所

呈为呈请立案事兹　　等拟设立

办理　　事业前蒙

府
钧 局 许可设立在案现已筹备完竣组织成立理合依法开具正副呈请书并附呈章
厅 程(或捐助章程)登记清册财产目录

印鉴单全体社员名册(或捐助人名册)职员名册各　份连同证明文件备文呈请鉴核准予立案并发给证书以利进行实为公便谨呈

呈请人

连署人

中华民国　　年　　月　　日

注 如另有必须声叙事项可分别填入不必拘于定格

依旧法规组织之慈善团体呈请重行核定书式

呈请人 年龄 籍贯
职业 住所

呈为呈请重行核定准予立案事窃　　等前于　　年　　月　　日设立办理

事业曾于　　年　　月　　日蒙

钧 府/局/厅 核准备案在案兹查监督慈善团体法暨其施行规则业经先后颁行理合依法开具正副呈请书并附呈章程(或捐助章程)登记清册财产目录印鉴单全体社员名册(或捐助人名册)职员名册各　份

连同证明文件备文呈请　　鉴核准予立案并发给证书实为公便谨呈

呈请人

连署人

中华民国　　年　　月　　日

注　如另有必须声叙事项可分别填入不必拘于定格

财产目录表式

财产目录

摘要	金额		附注
	细数	合计	
合计			

注　关于财产所在地来源及其他应行注明事项应分别在附注栏内详细填明

印鉴单式样

团体名称	印模

全体社员名册式样

姓名	别号	年龄	籍贯	经历	住所或通讯处	入社年月

捐助人名册式样

姓　名	别　号	年　龄	籍　贯	经　历	住所或通讯处	捐 助 数 额

职员名册式样

姓　名	别　号	年　龄	籍　贯	职　务	经　历	住所或通讯处

立案证书式样

立案证书　　　　　字第　　　　号

兹据(团体名称)董事　　等依法呈请立案经审查结果尚无不合应准立案此证

(主管官署长官具名并盖章)

中　华　民　国　　　　年　　　　月　　　　日

立案证书存根　　　　字第　　　　号

兹据(团体名称)董事　　等依法呈请立案经审查结果尚无不合除立案并发给字第　　号证书外特此存查

(主管官署长官具名并盖章)

中　华　民　国　　　　年　　　　月　　　　日

(附注)证书与存根间加盖骑缝印

置自卫枪炮时请领执照书及保证书式

填照注意事项

一　置枪炮人籍贯　应注明某省某县(市)

一　置枪炮人住址　应注明某县(市)某街某号门牌或某乡某村或某公司某轮船或某处某号某船

一　置枪炮人职业　应注现在职业

一　法团公置枪炮　应注明法团名称及法团住在地点

一　枪身号码　系造枪时原列上亚拉伯字码如(1234)填照时注为第一二三四号

一　炮之重量　应计约斤数及将铸造年月填入

一　烙印字样　如已烙印某县(市)民枪团枪船枪字样者应据实填入如未烙印注一未字如无烙印地位注一无字

一　子弹数目　应注明现有子弹实数如土枪土炮系用药码者应注明药之斤数码之

颗数

一　担保店号　应将该店字号所在街道门牌及司事人姓名填入

一　执照字号　应查执照骑缝上所编字号填入

一　承办机关　应将承办机关之长官姓名填入并加盖印章

一　给照年月日　应就填照时之年月日注入

一　废止年月日　应填入自给照日起计至一周年之日止

一　照内枪炮等字并列之处如请枪照填时将关于炮类字样涂去请炮照则将关于枪类字样涂去

一　填照时执照及存根均须同时填注不得缺漏

一　填照须于里面第一页上端加盖某等戳记以示区别

一　执照骑缝上之照费应按所收银数填入

一　执照填毕须将领照人相片分贴执照及存根上加盖发照机关骑缝印章

一　枪炮执照均可叠作折式粘硬皮以便携带

人民报验自卫 枪枝
火炮 请领执照申请书

为申请事兹有 枪
炮　　枝枪
尊炮　身号码　枪枝号码
炮之重量

共配　弹颗
药斤　系个人自置以为自卫之用理合遵章觅保盖章连同相片四张照费　元报请指验发给执照实为公便

申请人姓名　　籍贯　　住址　　职业

担保店盖章　　街道门牌　　司事姓名

中　华　民　国　　年　　月　　日

各法团报验 枪枝
火炮 请领执照申请书

为申请事兹有 枪
炮　　枝枪
尊炮　身号码　枪枝号码
炮之重量

共配　弹颗
药斤　系团体公置为保卫地方之用理合遵章缴纳照费　元报请诣验发给执照实为公便

申请人(法团领袖)姓名　　法团名称

驻在地点

中　华　民　国　　年　　月　　日

保 证 书

为出具保证书事兹有　　置有 枪/炮 　枝枪/尊炮 身 号码/重量

配 弹/药 颗/斤 确为自卫之用并无别情甘愿具结保证理合呈请鉴核备案谨呈

转 呈

具保证书人　　　　（书明地址店名及主管者职名章）

中 华 民 国　　年　　月　　日

⊙凡人民与法团及公署机关人员所有自卫枪炮之请领执照均须依上列表式加以填写

请领医药师助产士证书履历书式样

<table>
<tr><td colspan="6">请领 医师/药师/助产士 证书履历书式样</td></tr>
<tr><td colspan="2">姓名</td><td>别号</td><td>年龄</td><td>性别</td><td>籍贯省县</td></tr>
<tr><td colspan="4">现在通讯处</td><td colspan="2">永久通讯处</td></tr>
<tr><td rowspan="9">资格备注</td><td rowspan="3">出身</td><td colspan="2">毕业学校 中文名/英文名</td><td colspan="2">校长姓名</td></tr>
<tr><td colspan="2">修业年限</td><td colspan="2">校 址</td></tr>
<tr><td colspan="2">毕业年月</td><td colspan="2">同班毕业者约几人</td></tr>
<tr><td colspan="3">未入 医/药/助产 学校前曾毕业何校</td><td colspan="2">有无毕业证书</td></tr>
<tr><td rowspan="3">经历</td><td colspan="2">开业年月</td><td colspan="2">曾在何处注册有无执照</td></tr>
<tr><td colspan="4">开业地点</td></tr>
<tr><td colspan="4">开业名称系　　医院或　　诊所</td></tr>
<tr><td colspan="5">曾任何处职务</td></tr>
<tr><td colspan="5">现在何处职务</td></tr>
<tr><td colspan="6">中 华 民 国　　年　　月　　日</td></tr>
</table>

解剖尸体呈报书式

呈报书式样

为呈报专兹有尸体一具拟加解剖研究遵照
内政部解剖尸体规则第四条之规定填具下表呈报
钧○

计开

一	尸体来源	二	尸体姓名	三	尸体性别	四	尸体年岁
五	尸体籍贯	六	尸体死因	七	尸体亲属	八	死亡时期

考备

上表报告

○○○○　　○○校长○○○/院长○○○具

中　华　民　国　　年　　月　　日　　时具

向内政部具呈时人民所取具之保结式

保结

为出具保给事今因　　关系保得　省　县人　在
国民政府内政部呈诉　　一案确系本人递呈委无架名情事如奉传询
即由保人负责通知到案所具保结是实

印花　具保结人姓名　年龄　籍贯　住址　职业　书押或盖章

中　华　民　国　　年　　月　　日

⊙人民对于内政部所属地方行政官吏设施未当或不服其处分请求救济时所具之呈文除该具呈人为地方团体者外须取具商店或住户之保结随同呈文投递是项保结由内政部印就具呈人应向收发处领填概不取费

（乙）外交

目 次

外籍新闻记者请领注册证事项表

外籍新闻记者请领注册证 事项表(Application Form)	
姓名(Name)	相 片 (photo)
年岁(Age)	
国籍(Nationality)	
在华住址(Address in China)	
代表报社名称(Name of Paper or Agency Represented)	
报社所在地(Address of Paper or Agency Represented)	
报社电报挂号(Cable Address of Paper or Agency Represented)	
请领日期(Date of Application)	
填发日期 字第 号	

⊙凡外籍新闻记者如欲在中国境内执行记者职务应呈请外交部情报司发给注册证请领时应填具上表

外人入境护照查验表

ALIEN PASSPORT EXAMINATION

(to be filled in by passengers)

EXAMEN DES PASSEPORTS DES ETRANGERS

(a remplir par les passegers)

<table>
<tr><td>姓名(name; nom)</td><td></td><td colspan="2">年岁(age; age)</td><td></td></tr>
<tr><td>性别(sex; sexe)</td><td></td><td colspan="2">国籍(nationality; nationalite)</td><td></td></tr>
<tr><td>出生地(place of birth; Lieu de Naissance)</td><td></td><td colspan="2">原籍通信地(Home address; adu e perpetuelle)</td><td></td></tr>
<tr><td>职业(Occupation; profession)</td><td></td><td colspan="2">护照种类及号数(kind & Number of the passport; sorte et numero du passeport)</td><td></td></tr>
<tr><td rowspan="2">颁发官署及年月日(Date & Issuing Oflice; Bureau quidelivre le passeport et date)</td><td rowspan="2"></td><td rowspan="6">眷属(Family Members; Membres de Famille)</td><td>姓名(Name; Nom)</td><td></td></tr>
<tr><td>性别(Sex; Sexe)</td><td></td></tr>
<tr><td rowspan="2">签证使领署及年月日(Date & Viseing Office; Bureau qui vice le passeport et date)</td><td rowspan="2"></td><td>年岁(age; age)</td><td></td></tr>
<tr><td rowspan="3">与持护照人之关系(夫妇或子女)(Relation with the holder of the Passport "i. e. husband, wife, son or daughter"; Relations avec le porteur du passeport "mari, femme, fils on fille")</td><td rowspan="3"></td></tr>
<tr><td>所乘车船或飞机名称(Name of the railway, ship or airoplane by which the passengers enter; par quell chemin de fer, guelbateau, quel aeroplane on entre)</td><td></td></tr>
<tr><td>从何处来(Where from; D'oie)</td><td></td></tr>
<tr><td>途经何国(Via; Via)</td><td></td><td rowspan="3">役仆(Servants; Domestiques)</td><td>姓名(Name; Nom)</td><td></td></tr>
<tr><td>入境事由(Object of the trip; Butd' entres en territoise Chinois)</td><td></td><td>性别(Sex; Sexe)</td><td></td></tr>
<tr><td>目的地(Destination; Destirira-tion)</td><td></td><td>年岁(Age; Age)</td><td></td></tr>
</table>

停留时间(Sojourn in China; Duree de sejous en Chine)		行李件数 (Pieces of Baggage; Nombre de Bagages)	
在华亲友之姓名住址(Names & addresses of friends and I or relatives in China; Nom et address des amis ou parents en Chine)		备考 (Remarks Observations)	

中华民国　　　年　　月　　日

Dated　　　19

Dati le　　　19

（丙）财政

目　次

契纸表册式样

一　买契纸式样

<table>
<tr><td rowspan="13">存

根</td><td>买主姓名</td><td colspan="2"></td></tr>
<tr><td>不动产种类</td><td colspan="2"></td></tr>
<tr><td>坐　　落</td><td colspan="2"></td></tr>
<tr><td>面　　积</td><td colspan="2"></td></tr>
<tr><td rowspan="4">四　　至</td><td>东　　至</td><td></td></tr>
<tr><td>南　　至</td><td></td></tr>
<tr><td>西　　至</td><td></td></tr>
<tr><td>北　　至</td><td></td></tr>
<tr><td>卖　　价</td><td colspan="2"></td></tr>
<tr><td>应纳税额</td><td colspan="2"></td></tr>
<tr><td>原契几张</td><td colspan="2"></td></tr>
<tr><td>立契年月日</td><td colspan="2"></td></tr>
<tr><td colspan="3">中华民国　　年　月　日　卖主
中人　财政局　　给</td></tr>
</table>

字第　　　号完税

<table>
<tr><td rowspan="9">买

契</td><td>买主姓名</td><td></td></tr>
<tr><td>不动产种类</td><td></td></tr>
<tr><td>坐　　落</td><td></td></tr>
<tr><td>面　　积</td><td></td></tr>
<tr><td>卖　　价</td><td></td></tr>
<tr><td>应纳税额</td><td></td></tr>
<tr><td>原契几张</td><td></td></tr>
<tr><td>立契年月日</td><td></td></tr>
<tr><td>四　　至</td><td></td></tr>
</table>

	其他事项	
	例则摘要	一 不动产之买主或承典人须于契纸成立后六个月以内赴该管征收官署投税 一 订立不动产买契或典契时须由卖主或出典人赴该管征收官署填具申请书请领契纸缴纳契纸费五角 一 不动产之卖主或出典人请领契纸后已逾两月其契约尚未成立者原领契纸失其效力但有因障碍致契约不能成立时得于限内赴征收官署申明事由酌予宽限 一 原领契纸倘因遗失及其他事由须补领或更换时仍依第四条第一项之规定缴纳契纸费 一 不动产之买主或承典人逾契约成立后六个月之期限不依本条例缴纳契税者除规定率之税额外并处以应纳税额之十倍罚金 前奉条 部令六个月限期后除税定率之税额外逾期一个月以内者处以应纳税额之一倍罚金逾期两个月以内者处以应纳税额之二倍罚金逾期三个月者处以应纳税额之三倍罚金逾期三个月以外处罚均以三倍为限不再递加 缴纳契纸时匿报契价者除另换契纸改正契约缴纳税额外并处以下列之罚金 匿报契价十分之二以上未满十分之三者 短纳税额之二倍 匿报契价十分之三以上未满十分之四者 短纳税额之四倍 匿报契价十分之四以上未满十分之五者 短纳税额之八倍 匿报契价十分之五以上者 短纳税额之十六倍或由征税官署依所报契价收买之 前条奉 部令匿报契价十分之一以上未满十分之二者处罚短纳税额之一倍但匿报契价虽及一成而核计短纳税额不及一元者免罚又前条原定二倍四倍八倍十六倍及新增之一倍罚金得分别情节轻重酌量伸缩其情节最

		轻得减至定额一半之数但须先行申明案由呈厅核准后执行之 一　契约成立后六个月之纳税期间限于遵领官契纸者适用之其私纸所书之契约若事后不换官契纸以逾限论 一　卖主或出典人以私纸订立契约者得由征税官署处以五元以上五十元以下之罚金 一　逾限未税之契诉讼时无凭证之效力
	注意　此纸仅有成立契约效力未经赴局投税加盖县印以前不能认为管业凭证	
	中华民国　　年　　月　　日　　典主 中人　　财政局	

字第　　　　　　号完税

缴	买主姓名		
	不动产种类		
	坐落		
	面积		
	四至	东至	
		南至	
		西至	
		北至	
	卖价		
	应纳税额		
	原契几张		
厅	立契年月日		
	中华民国　　年　　月　　日　　卖主 中人　　财政局　　给		

字第　　　　　　号完税

<table>
<tr><td rowspan="13">缴

部</td><td>买 主 姓 名</td><td colspan="2"></td></tr>
<tr><td>不动产种类</td><td colspan="2"></td></tr>
<tr><td>坐 落</td><td colspan="2"></td></tr>
<tr><td>面 积</td><td colspan="2"></td></tr>
<tr><td rowspan="4">四 至</td><td>东至</td><td></td></tr>
<tr><td>南至</td><td></td></tr>
<tr><td>西至</td><td></td></tr>
<tr><td>北至</td><td></td></tr>
<tr><td>卖 价</td><td colspan="2"></td></tr>
<tr><td>应 纳 税 额</td><td colspan="2"></td></tr>
<tr><td>原 契 几 张</td><td colspan="2"></td></tr>
<tr><td>立契年月日</td><td colspan="2"></td></tr>
<tr><td colspan="3">中华民国 年 月 日 卖主
中人 财政局 给</td></tr>
</table>

字第 号完税

二 典契纸式样

<table>
<tr><td rowspan="13">存

根</td><td>承典人姓名</td><td colspan="2"></td></tr>
<tr><td>不动产种类</td><td colspan="2"></td></tr>
<tr><td>坐 落</td><td colspan="2"></td></tr>
<tr><td>面 积</td><td colspan="2"></td></tr>
<tr><td rowspan="4">四 至</td><td>东至</td><td></td></tr>
<tr><td>南至</td><td></td></tr>
<tr><td>西至</td><td></td></tr>
<tr><td>北至</td><td></td></tr>
<tr><td>典 价</td><td colspan="2"></td></tr>
<tr><td>应 纳 税 额</td><td colspan="2"></td></tr>
<tr><td>原 契 几 张</td><td colspan="2"></td></tr>
<tr><td>立契年月日</td><td colspan="2"></td></tr>
<tr><td colspan="3">中华民国 年 月 日 典主
中人 县给</td></tr>
</table>

字第 号完税

典契	承典人姓名	
	不动产种类	
	坐　　落	
	面　　积	
	典　　价	
	应纳税额	
	原契几张	
	立契年月日	
	四　　至	
	其他事项	
	例则摘要	一　不动产之卖主或承典人须于契纸成立后六个月以内赴该管征收官署投税 一　订立不动产买契或典契时须由卖主或出典人赴该管征收官署填具申请书请领契纸缴纳契纸费五角 一　不动产之卖主或出典人请领契纸后已逾两月其契约尚未成立者原领契纸失其效力但有因障碍致契约不能成立时得于限内赴征收官署申明事由酌予宽限 一　原领契纸倘因遗失及其他事由须补领或更换时仍依第四条第一项之规定缴纳契纸费 一　不动产之买主或承典人逾契约成立后六个月之期限不依本条例缴纳契税者除规定率之税额外并处以应纳税额之十倍罚金 前奉条 部令六个月限期后除纳定率之税额外逾期一个月以内者处以应纳税额之一倍罚金逾期两个月以内者处以应纳税额之二倍罚金逾期三个月者处以应纳税额之

		三倍罚金逾期三个月以外处罚均以三倍为限不再递加 缴纳契纸时匿报契价者除另换契纸改正契约缴纳税额外并处以下列之罚金 匿报契价十分之二以上未满十分之三者 短纳税额之二倍 匿报契价十分之三以上未满十分之四者 短纳税额之四倍 匿报契价十分之四以上未满十分之五者 短纳税额之八倍 匿报契价十分之五以上者 短纳税额之十六倍或由征税官署依所报契价收买之 前条奉 部令匿报契价十分之一以上未满十分之二者处罚短纳税额之一倍但匿报契价虽及一成而核计短纳税额不及一元者免罚又前条原定二倍四倍八倍十六倍及新增之一倍酌罚金得分别情节轻重酌量伸缩其情节最轻得减至定额一半之数但须先行申明案由呈厅核准后执行之 一 契约成立后六个月之纳税期间限于遵领官契纸者适用之其私纸所书之契约若事后不换此契纸以逾限论 一 卖主或出典人以私纸订立契约者得由征税官署处以五元以上五十元以下之罚金 一 逾限未税之契诉讼时无凭证之效力
	注意 此纸仅有成立契约效力未经赴局投税加盖县印以前不能认为管业凭证	
	中华民国 年 月 日 典主 中人 县给	

字第 号完税

缴	承典人姓名		
	不动产种类		
	坐　　落		
	面　　积		
	四　　至	东至	
		南至	
		西至	
		北至	
	典　　价		
	应纳税额		
	原契几张		
厅	立契年月日		
	中华民国　　年　　月　　日　　典主 中人　　县给		

字第　　　　号完税

缴	承典人姓名		
	不动产种类		
	坐　　落		
	面　　积		
	四　　至	东至	
		南至	
		西至	
		北至	
	典　　价		
	应纳税额		
	原契几张		
部	立契年月日		
	中华民国　　年　　月　　日　　典主 中人　　县给		

字第　　　　号完税

三 租契纸式样

存根	承租教会名称		租价		
	不动产种类		出租年限		
	坐落		应纳税额	由都　图户推入　都图户	
	面积		原契几张		
	价值		立契年月日		
	四至	东至	南至	西至	北至
	出租人 中　人 中华民国　　年　　月　　日　　给				

租字第　　　　号完税

租契	承租教会名称		租价		
	不动产种类		出租年限		
	坐落		应纳税额	由都　图户推入　都图户	
	面积		原契几张		
	价值		立契年月日		
	四至	东至	南至	西至	北至
	附记		出租人 中　人		
	中华民国　　年　　月　　日　　给				
	计开条规 一　此项契纸凡各教会遵照约章承租粮田基地房屋山场池塘等项不动产为教会公产一律通用 一　承租教会名称栏内应填写本处某某教会租赁或永租为教会公产字样不得误写传教人国籍姓名其租赁定有年限准出租人赎回者即填				

	写租赁二字并载明租赁年限照现行典契税率征税其永租产业出租人不能回赎者即填写永租二字照现行买契税率征税 一　鄂省习惯置买产业先行贴条或插牌告白至少须满三日以上如承租人欲多延长时期者应听承租人之便至贴条插牌告白期满后无人出争确无纠葛始行立契成交原以杜一业两售及重叠典押之弊此项租赁及永租手续应一律办理 一　民间买典粮田除填明应纳税额外并将税粮数目若干由某都某图某户推入某都某图某户分别注明不得错漏此项教会租赁及永租产业仍应一律办理 一　租赁土地如有矿质在内应依矿业条例暨矿业注册条例以及日后政府所定章程办理不得以此项租赁及永租契约为凭 一　租契内有民国某年某月某日由某某官署给字样应俟纳税补盖县印之时填写年月日以便查考 一　此项租契如有应行添叙事由与上列各条不相抵触者准在附记栏内叙明以昭周密

租字第　　　　　　　　　　号完税

缴	承租教会名称		租　价		
	不动产种类		出租年限		
	坐　落		应纳税额		
	面　积		原契几张		
	价　值		立契年月日		
	四　至	东至	南至	西至	北至
厅	出租人 中　人 中华民国　　年　　月　　日　　　　给				

租字第　　　　　　　　　　号完税

<table>
<tr><td rowspan="7">缴

部</td><td>承租教会名称</td><td></td><td>租价</td><td colspan="2"></td></tr>
<tr><td>不动产种类</td><td></td><td>出租年限</td><td colspan="2"></td></tr>
<tr><td>坐落</td><td></td><td>应纳税额</td><td colspan="2"></td></tr>
<tr><td>面积</td><td></td><td>原契几张</td><td colspan="2"></td></tr>
<tr><td>价值</td><td></td><td>立契年月日</td><td colspan="2"></td></tr>
<tr><td>四至</td><td>东至</td><td>南至</td><td>西至</td><td>北至</td></tr>
<tr><td colspan="5">出租人
中　人
中华民国　　年　　月　　日　　给</td></tr>
</table>

四　不动产契纸登记册式样

<table>
<tr><td colspan="4">省　　县　第　　区不动产契纸登记册</td></tr>
<tr><td>业主姓名住所</td><td colspan="3"></td></tr>
<tr><td>原业主姓名住所</td><td colspan="3"></td></tr>
<tr><td>中证人姓名住所</td><td colspan="3"></td></tr>
<tr><td>不动产及附属物</td><td colspan="3"></td></tr>
<tr><td>坐落处所</td><td colspan="3"></td></tr>
<tr><td>四界丈尺及面积或容积</td><td colspan="3"></td></tr>
<tr><td>四界业主姓名</td><td colspan="3"></td></tr>
<tr><td>钱粮</td><td colspan="3"></td></tr>
<tr><td>漕米</td><td colspan="3"></td></tr>
<tr><td>价值</td><td colspan="3"></td></tr>
<tr><td>成交日期</td><td colspan="3"></td></tr>
<tr><td>税费</td><td></td><td>执照字号</td><td></td></tr>
<tr><td>摘要</td><td colspan="3"></td></tr>
</table>

五　契纸费收据存根缴核式样

存 根	为存根事据　　申称今有不动产出　　　　　与 理合申请发给契纸以凭填给　　　　主　　　收 执等语并缴到契纸费五有除发给　　字第　　　　号契纸一张 并填给收据外合留存根备查此存 中华民国　　　　　年　　　　月　　　　日

契字第　　　　　　　　　　号

契 纸 费 收 据	为发给收据事据　　申称今有不动产出　　　　与 理合申请发给契纸以凭填给　　　　　主　　　收 执等语并缴到契纸费五角除发给　　字第　　　　号契纸一张 并将契纸费照章核收外合填收据发给该申请人收执此给 上据给申请人　　　　　　收执 中华民国　　　　　年　　　　月　　　　日

契字第　　　　　　　　　　号

缴 厅	为缴销事据　　申称今有不动产出　　　　　与 理合申请发给契纸以凭填给　　　　　主　　　收 执等语并缴到契纸费五角除将契纸费五角照章核收另文呈解外合将 缴销一联呈送备案此缴 财政厅鉴 中华民国　　　　　年　　　　月　　　　日

契字第　　　　　　　　　　号

缴 部	为缴销事据　　申称今有不动产出　　　　　与 理合申请发给契纸以凭填给　　　　　主　　　收 执等语并缴到契纸费五角除将契纸费五角照章核收另文呈解外合将 缴销一联呈送备案此缴 财政部鉴 中华民国　　　　　年　　　　月　　　　日

六 征收契税旬报式样

省　　县民国　　年　月　旬征收契税旬报表式样							
卖典 契类别	张数	产价	征收数	契纸费数	罚金数	共收数	解库数
买　契							
典　契							
备　考							

七 罚金收据存根缴核式样

存根	为存根事据　　缴到　　字第　　号 契纸罚金　　元核与定章相符除将缴到罚金 元照章核收并填给收据外合留存根备查此存 中华民国　　年　　月　　日

字第　　号罚金　　元

罚金收据	为发给收据事据　　缴到　　字第　　号 契纸罚金　　元核与定章相符除将缴到罚金 元照章核收外合填收据发给该　　主收执此给 上据给　　收执 中华民国　　年　　月　　日

字第　　号罚金　　元

缴厅	为缴销事据　　缴到　　字第　　号 契纸罚金　　元核与定章相符除将缴到罚金 元照章核收另文呈解外合将缴销呈送备案此缴 湖北财政厅 中华民国　　年　　月　　日

字第　　号罚金　　元

<table>
<tr><td rowspan="5">缴
部</td><td>为缴销事据　　　　缴到　　　　字第　　　　号</td></tr>
<tr><td>契纸罚金　　　　　　元核与定章相符除将缴到罚金</td></tr>
<tr><td>元照章核收另文呈解外合将缴销呈送备案此缴</td></tr>
<tr><td>财政部鉴</td></tr>
<tr><td>中华民国　　　　年　　　　月　　　　日</td></tr>
</table>

征收矿区税表式

第一表

<table>
<tr><td rowspan="4">缴
税
通
知</td><td colspan="8">缴税书</td><td rowspan="4">此联由缴税矿商径送银行</td></tr>
<tr><td>矿业权者名称</td><td>矿区所在地</td><td>矿质种类</td><td>采或探</td><td>公亩数</td><td>实缴区税数目</td><td>矿区税年期分</td><td>备　考</td></tr>
<tr><td></td><td></td><td></td><td></td><td></td><td></td><td></td><td></td></tr>
<tr><td colspan="8">上款请收人　　　　实业部矿区税项下此致
银行台照
（缴税矿商署名盖章并注明通信处）
中华民国　　　　年　　　　月　　　　日　　　　字第　　　　号</td></tr>
</table>

字第　　　　　　　　号

<table>
<tr><td rowspan="4">缴
税
报
查</td><td colspan="8">缴税书</td><td rowspan="4">此联由缴税矿商径送省主管矿务官厅</td></tr>
<tr><td>矿业权者名称</td><td>矿区所在地</td><td>矿质种类</td><td>采或探</td><td>公亩数</td><td>实缴区税数目</td><td>矿区税年期分</td><td>备　考</td></tr>
<tr><td></td><td></td><td></td><td></td><td></td><td></td><td></td><td></td></tr>
<tr><td colspan="8">上款业经照数缴交　　　　实业部委托之　　　　银行纳此致
省　　　　厅台照
（缴税矿商署名盖章并注明通信处）
中华民国　　　　年　　　　月　　　　日　　　　字第　　　　号</td></tr>
</table>

字第　　　　　　　　号

<table>
<tr><td rowspan="4">缴
税
报
告</td><td colspan="8">缴税书</td><td rowspan="4">此联由缴税矿商送省主管矿务官厅转实业部</td></tr>
<tr><td>矿业权者名称</td><td>矿区所在地</td><td>矿质种类</td><td>采或探</td><td>公亩数</td><td>实缴区税数目</td><td>矿区税年期分</td><td>备　考</td></tr>
<tr><td></td><td></td><td></td><td></td><td></td><td></td><td></td><td></td></tr>
<tr><td colspan="8">上款业经照数缴交　　　　贵部委托之　　　　银行纳此致
实业部
（缴税矿商署名盖章并注明通信处）
中华民国　　　　年　　　　月　　　　日　　　　字第　　　　号</td></tr>
</table>

字第　　　　　　　　号

<table>
<tr><td rowspan="4">缴
税
存
根</td><td colspan="8">缴税书</td><td rowspan="4">此联
存缴
税矿
商处
备查</td></tr>
<tr><td>矿业权
者名称</td><td>矿区所
在地</td><td>矿质种类</td><td>采或探</td><td>公亩数</td><td>实缴区
税数目</td><td>矿区税
年期分</td><td>备 考</td></tr>
<tr><td></td><td></td><td></td><td></td><td></td><td></td><td></td><td></td></tr>
<tr><td colspan="8">上款业已填具缴税通知交由实业部委托之　　银行收纳转解并填具报查报告送省主管
矿务官厅及实业部分别存查
（缴税矿商署名盖章并注明通信处）
中华民国　　年　　月　　日　　字第　　号</td></tr>
</table>

字第　　号

第二表

<table>
<tr><td rowspan="4">收
税
报
告</td><td colspan="6">实业部委托银行四联收税书　　字第　　号</td><td rowspan="4">此联
送省
主管
矿务
官厅</td></tr>
<tr><td>缴税书号数</td><td>矿业权者名称</td><td>矿区所在地与矿质种类矿区面积</td><td>金额</td><td>区税年期分</td><td>备考</td></tr>
<tr><td></td><td></td><td></td><td></td><td></td><td></td></tr>
<tr><td colspan="6">上款已照收入　　实业部矿区税项下　　此致
省　　厅
银行（钤章）
中华民国　　年　　月　　日</td></tr>
</table>

字第　　号

<table>
<tr><td rowspan="4">收
税
报
告</td><td colspan="6">实业部委托银行四联收税书　　字第　　号</td><td rowspan="4">此联
送由
驻京
分行
转实
业部</td></tr>
<tr><td>缴税书号数</td><td>矿业权者名称</td><td>矿区所在地与矿质种类矿区面积</td><td>金额</td><td>区税年期分</td><td>备考</td></tr>
<tr><td></td><td></td><td></td><td></td><td></td><td></td></tr>
<tr><td colspan="6">上款已照收入　　贵部矿区税项下　　此致
实业部
银行（钤章）
中华民国　　年　　月　　日</td></tr>
</table>

字第　　号

<table>
<tr><td rowspan="4">临时收据</td><td colspan="6">实业部委托银行四联收税书 字第 号</td><td rowspan="4">此联交缴税矿商</td></tr>
<tr><td>缴税书号数</td><td>矿业权者名称</td><td>矿区所在地与矿质种类矿区面积</td><td>金额</td><td>区税年期分</td><td>备考</td></tr>
<tr><td></td><td></td><td></td><td></td><td></td><td></td></tr>
<tr><td colspan="6">上款已照收入实业部矿区税项下俟实业部将印发由省主管厅转给矿商后此项临时收据即行作废 此致
台照
银行（钤章）
中华民国 年 月 日</td></tr>
</table>

字第 号

<table>
<tr><td rowspan="4">存根</td><td colspan="6">实业部委托银行四联收税书 字第 号</td><td rowspan="4">此联存根</td></tr>
<tr><td>缴税书号数</td><td>矿业权者名称</td><td>矿区所在地与矿质种类矿区面积</td><td>金额</td><td>区税年期分</td><td>备考</td></tr>
<tr><td></td><td></td><td></td><td></td><td></td><td></td></tr>
<tr><td colspan="6">上款已照收入 实业部矿区税项下
银行（钤章）
中华民国 年 月 日</td></tr>
</table>

第三表

中华民国 年 月 银行经收 省矿区税解部清表

<table>
<tr><td rowspan="2">矿业权者</td><td rowspan="2">矿区所在地</td><td rowspan="2">矿质种类</td><td rowspan="2">采或探</td><td>矿区面积</td><td rowspan="2">年 期
就缴税额</td><td rowspan="2">年 期
已缴税额</td><td rowspan="2">备考</td></tr>
<tr><td>公亩数</td></tr>
<tr><td></td><td></td><td></td><td></td><td></td><td></td><td></td><td></td></tr>
</table>

第四表

中华民国　　年　期　由本年　月至　月底止　银行经收　省矿区税解部清表

矿业权者	矿区所在地	矿质种类	采或探	矿区面积公亩数	年　期就缴税额	年　期已缴税额	备考

⊙矿区税之征收由实业部委托中央中国及交通三银行办理之

(丁)军政

目　　次

飞机驾驶允许状请求书及证书等程式 民国十八年军政部颁布

中华民国军政部航空署飞机驾驶允许状请求书

年岁	
籍贯	
性别	
身长	
身重	
在何地何校毕业	
飞过何种飞机	
飞过若干时间	
曾任何种飞行职务	
曾颁何种胜任证书及所颁证书号码并年月日	
请颁何项允许状	
永久通讯处	
暂时通讯处	
署长 副署长 批示	
民国 年 月 日请领允许状人 （署名盖章）	

第一图

胜任证书

军政政航空署　　　　　　　　　　　　为
发给胜任证书事兹有　　　　　　　　　经本书
考验合格给予　　　　　　　　　　　　胜任证书
认其有驾驶　　　　　　　　　　　　　飞机之能力
此证　　　　　　　　　　署　长
　　　　　　　　　　　　副署长
中华民国　　　　年　　　　月　　　　日
　　　　　　　　字第　　　　　　　　号

相片 头部至小须 有一生的米 突	姓名 年岁 籍贯 性别 住址 身长 身重	印花

第二图

允许状

军政政航空署　　　　　　　　　　　　为
发给允许状事兹有　　　　　　　　　　经本署考验
合格给予　　　　　　　　　　　　　　允许状准其自
　　年　　月　　日始至　　　　年　　月　　日
上驾驶　　　　　　　　　　　　　　　飞机
在　　　　　　　　　　　　　　　　　内飞行
此证　　　　　　　　　　署　长
　　　　　　　　　　　　副署长
中华民国　　　　年　　　　月　　　　日
　　　　　　　　字第　　　　　　　　号

相片 头部至小须 有一生的米 突	姓名 年岁 籍贯 性别 住址 身长 身重	印花

允许状及飞机注册证书请求书等程式

第三图

身体检验	日期	
	结果	
允许有效时期	由	
	至	
负责长官签名或盖章处		

第四图

胜任证书封面

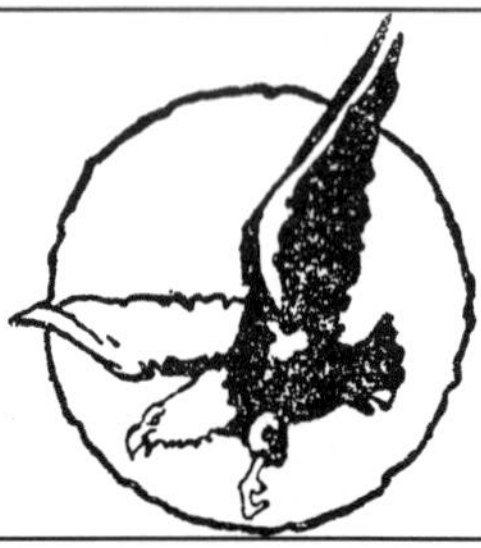

胜　任　证　书

允　　许　　状

飞机注册证书程式

飞机注册证书封面

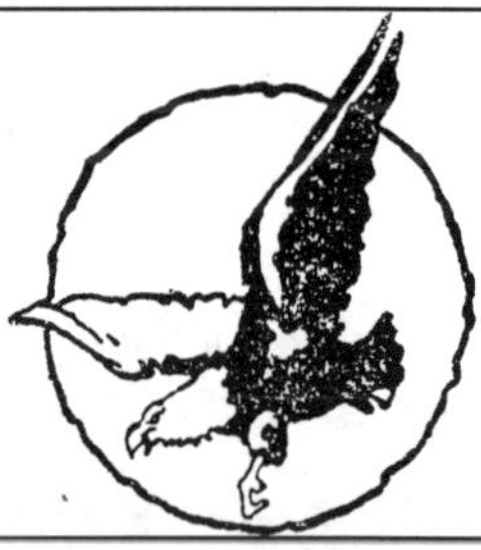

飞机注册证书

中华民国军政部航空署飞机注册证书

中华民国军政部航空署　　　　　　　　　　　　　　　　为

发给飞机注册证书事兹有

请有

飞机一架请求注册经由本署检查合格合亟给予证书此证

署　长

副署长

中华民国　　　　　　年　　　　　　月　　　　　　日

第　　　　　　　　号

飞　机　相　片 （侧面形） 长十二生的宽九生的	国　籍	
	国　籍　标　志	
	注　册　标　志	
	注　册　年　月　日	
	飞机种类"或游历或商业或国有（如邮政税务警察）"	
	飞　机　名　称	
	制造厂编定之号码	
印花	所装发动机之名称及马力	
	飞　机　之　概　况	
	所有人之姓名（或机关之名称）	
	所有人之住址（或机关之住址）	
	所有之国籍（或机关所属之国家）	
	飞机常驻之站名	

中华民国军政部航空署飞机注册请求书

飞机种类"或游历或商业或国有（如邮政税务警察）	
飞　机　名　称	
制造厂编定之号码	
所装发动机之名称及马力	
飞　机　之　概　况	

所有人之姓名(或机关之名称)	
所有人之住址(或机关之地址)	
所有人之国籍(或机关所属之国家)	
飞机常驻之站名	
飞机注册年月日	
署长 副署长 批示	

中华民国　　年　　月　　日请求注册人或机关(署名盖章)

请求飞机注册须知

一　凡未经领取适航证书之飞机不得请求注册

一　凡由外国购运领有适航证书之飞机航空署认其证书为有效

一　飞机注册请求人或机关应将请求书填写明白送航空署以凭注册并填发证书

一　飞机注册请求人或机关于投递请求书时连同四寸飞机相片两张印花税银三元证书费银十元及一切说明书送航空署以凭办理

军人婚姻报告书式(第一)

某职某某今由亲戚(友人)某某介绍某某之长(次)女(姊或妹)某某缔婚依军人婚姻第三条之规定谨将该女士行略下列呈请

某长官鉴核

计开

姓名	年龄
生年月日	籍贯
职业	家族
以前曾否许字	曾否入党
教育程度	素行
家计及家庭状况	

中华民国　　年　　月　　日　　某职姓名　　盖章

军人婚姻报告书式（第二）

某职某某前由亲戚（友）某某介绍某某之长（次）女（姊或妹）某某为妻于某年某月某日订婚依军人婚姻第八条之规定谨将该女士行略列下呈请

某长官鉴核

计开

姓　名　　　　年　龄

生年月日　　　　籍　贯

职　业　　　　家　族

以前曾否许字　　　　曾否入党

教育程度　　　　素　行

家计及家庭状况

中华民国　　年　月　日　　某职姓名　　盖章

陆军军人婚姻调查表式（第三）

订婚请愿人	所管部队（或机关）		配偶人	姓名	
	阶级			籍贯	原籍何省县（市）（乡） 现住何省县（市）（乡）
	姓名			年龄	
	籍贯	原籍何省县（市）（乡） 现住何省县（市）（乡）		生年月日	
	年龄			职业	
	生年月日			家族	父某某　职业 母某氏 兄某某 弟某某 职业 姊某某 妹某某
	家族	父某某 母某氏 兄某某 弟某某		曾否入党	何年月日在何处入党
	以前曾否结婚			以前曾否许字	
	生计状况			教育程度	曾在何校毕业
				平素行状	
				家计及家庭状况	
介绍人	姓名		介绍人	姓名	
	与双方有何关系			与双方有何关系	
	姓名			姓名	
	与双方有何关系			与双方有何关系	

主婚人		主婚人	
调查官意见			
中华民国 年 月 日 某部队长官姓名 印			

⊙以上三表式系陆军军人婚姻规则内所规定者

军需专门人员登记请求表			
姓名	别称	年龄	籍贯
住址	现在		
	永久		
党籍	入党年月		
	党证号数		
资格	学历		
	详细履历		
证明文件	学校证书		
	官长令状		
相片	附记		
上呈 军政部军需署鉴核 呈请人 印 中华民国 年 月 日			

登记志愿书

军需专门人员登记志愿书

立志愿书人　　年　　岁系　　省　　县人曾在

毕业志愿遵照

军政部军需署军需专门人员登记规则请予登记并承受规则上所订之一切待遇及义务特立此书为证

志愿人　　印

住址　永久
　　　现在

中华民国　　年　　月　　日

登记证

军政部军需署军需专门人员登记证		字第	号
为发给登记证事查有　　年　　岁系　　省　　县人曾在			
毕业历任军需职务核与军需专门人员登记规则相符准予登记此证			
相　片	上　　给　　收执		
	署　　长		
中　华　民　国　　年　　月　　日			

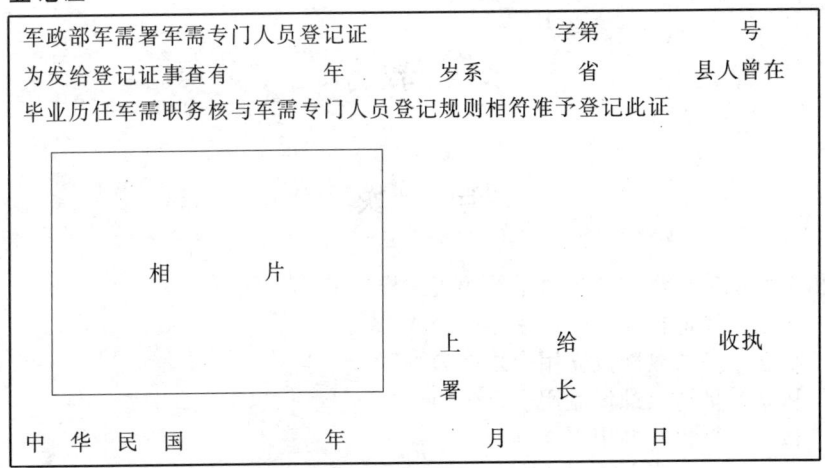

⊙上列三表为军需专门人员登记规则内所规定之表格

（戊）教育

目　次

私立大学独立学院及专科学校用表式样

私立　呈请核准设立用表之(一)

学校名称	
学校种类	
经费来源	
备考	
说明	一　各表私立二字之下应填学校名称 二　经费来源一栏应详细填报

私立　呈请核准设立用表之(二)

<table>
<tr><td colspan="5">经常费预算表</td></tr>
<tr><td rowspan="6">岁入</td><td rowspan="4">经常</td><td colspan="2">资产或基金之息金</td><td></td></tr>
<tr><td colspan="2">学费收入</td><td></td></tr>
<tr><td colspan="2">其他收入</td><td></td></tr>
<tr><td colspan="2">计</td><td></td></tr>
<tr><td>临时</td><td colspan="2"></td><td></td></tr>
<tr><td>合计</td><td colspan="2"></td><td></td></tr>
<tr><td rowspan="11">岁出</td><td rowspan="9">经常</td><td rowspan="3">俸给费</td><td>职员俸给</td><td></td></tr>
<tr><td>教员俸给</td><td></td></tr>
<tr><td>校役工食</td><td></td></tr>
<tr><td colspan="2">办公费</td><td></td></tr>
<tr><td rowspan="3">设备费</td><td>图书</td><td></td></tr>
<tr><td>仪器标本</td><td></td></tr>
<tr><td>校具</td><td></td></tr>
<tr><td colspan="2">特别费</td><td></td></tr>
<tr><td colspan="2">计</td><td></td></tr>
<tr><td>临时</td><td colspan="2"></td><td></td></tr>
<tr><td>合计</td><td colspan="2"></td><td></td></tr>
<tr><td>备考</td><td></td><td colspan="2"></td><td></td></tr>
<tr><td>说明</td><td colspan="4">除依照本表填报外如有详细预算并应附呈备查</td></tr>
</table>

(呈报开办及呈请立案第二表适用此表)

私立　呈请核准设立用表之(三)

开办费预算表		
建筑费	购地	
	建筑校舍	
	建筑学生宿舍	
	建筑图书室	
	建筑实验室	
	其他	
设备费	购置中国图书	
	购置外国图书	
	购置仪器标本	
	购置校具	
	其他	
备考		
说明		除依照本表填报外如有详细预算并应附呈备查

(呈报开办第三表适用此表)

私立　呈报开办用表之(四)

学校概况表	
学校所在地	
经费来源	
组织及编制	
备考	
说明	一　各表私立二字之下应填学校名称 二　经费来源一栏应详细填报 三　组织及编制除在此栏摘要填报外并应将将该项章程附呈备查

私立　呈报开办用表之(五)

课程表　　（学校〔科〕系）

学年 \ 支配	课目 \ 必修或选修		
	课目		
	必修或选修		
第一学年	每周授课时数		
	每周实验时数		
	学分		
	课程内容		
第二学年	每周授课时数		
	每周实验时数		
	学分		
	课程内容		
第三学年	每周授课时数		
	每周实验时数		
	学分		
	课程内容		
第四学年	每周授课时数		
	每周实验时数		
	学分		
	课程内容		
第五学年	每周授课时数		
	每周实验时数		
	学分		
	课程内容		

私立　呈报开办用表之(六)

教科书目录表					
某学院某系用					
第几学年用					
某课目用					
书　名					
著作者					
册　数					

(呈请立案第五表适用此表)

私立　呈报开办用表之(七)

参考书目录表					
某学院某系用					
第几学年用					
某课目用					
书　名					
著作者					
册　数					

(呈请立案第六表适用此表)

私立　呈报开办用表之(八)

图书馆图书分类统计表							
类　别							
中国文	册　数						
	价　值						
外国文	册　数						
	价　值						
备　考							
说　明		如有图书馆全部图书目录送呈此表填报与否听其自便					

(呈请立案第七表适用此表)

私立　呈报开办用表之(九)

仪器目录表						
品　名						
数　量						
制造者						
价　值						

(呈请立案第八表适用此表)

私立　呈报开办用表之(十)

标本目录表					
品　名					
实物或挂图					
数　量					
制造者					
价　值					

(呈请立案第九表适用此表)

私立　呈报开办用表之(十一)

教员履历表						
姓　名						
性　别						
年　岁						
籍　贯						
学　历						
经　历						
所授学科						
每周授课时数						
专任或兼任						
本校兼任职务						

月　　薪						
备　　考						

私立　　呈报开办用表之（十二）

职员履历表						
姓　　名						
性　　别						
年　　岁						
籍　　贯						
学　　历						
经　　历						
职　　务						
专任或兼任						
本校兼授课目						
月　　薪						
备　　考						

私立　　呈报开办用表之（十三）

全校平面图说明书						
校地面积						
校舍面积及座数						
课室间数						
图书馆间数						
实验室间数						
体育场面积	室内					
	露天					
寄宿舍间数						
附近状况						

建筑或购置费					
建筑或购置年月					
备 考					

（呈请立案第十三表适用此表）

私立　　呈请立案用表之(十四)

学校概况表	
开办经过情形	
经费来源	
组织及编制	
训育及党义教育实施情形	
备 考	
说 明	一　各表私立二字之下应填学校名称 二　经费来源一栏应详细填报 三　组织及编制除在本栏摘要填报外并应将该项章程附呈备查

私立　　呈请立案用表之(十五)

教员履历表						
姓 名						
性 别						
年 岁						
籍 贯						
学 历						
经 历						
所授课目						
每周授课时数						
专任或兼任						
本校兼任职务						
月 薪						

到校年月						
备考						

私立　　呈请立案用表之(十六)

职员履历表						
姓名						
性别						
年岁						
籍贯						
学历						
经历						
职务						
专任或兼任						
本校兼授课目						
月薪						
到校年月						
备考						

私立　　呈请立案用表之(十七)

学生一览表						
姓名						
性别						
年岁						
籍贯						
入学年月						
科系						
年级						
学历						
备考						

私立大学独立学院及专科学校校董会用表式样

私立　　学校校董会用表之(一)

校董会设立呈报事项表	
名　　称	
目　　的	
事务所所在地	
校董会之组织及其职权之规定	
设立者全体大会及校董会会议之规定	
资产资金或其他收入之规定	
备　　考	
说　　明	一　此表照私立学校规程第十条规定凡校董会呈请设立时适用之私立二字之下应填校名(余表仿此) 二　第三栏所在地应将地址详细填明 三　第四第五第六各栏可将大纲列举其详细章程应附呈备查 四　学校之设立者如系个人则设立者全体大会之规定一项无庸填报

私立　　学校校董会用表之(二)

校董会立案呈报事项表		
名　　称		
事务所所在地		
批准设立年月日		
资产资金或其他收入之详细项目		
校董	姓　　名	
	籍　　贯	
	职　　业	
	住　　址	

备　　考	
说　　明	一　此表照私立学校规程第十条之规定凡校董会呈请立案时适用之 二　第四栏收入一项包括学费政府补助费及个人捐赠等无论常年临时均应列入但属临时者应并声明

私立　　学校校董会用表之(三)

学校校务状况表(甲)	
关于教职员进退事项	
关于学生入学毕业退学死亡事项	
关于学生学业事项	
关于学生课外作业事项	
关于经费事项	

私立　　学校校董会用表之(三)续

学校校务状况表(乙)	
关于设备事项	
关于临时发生事项	
关于未来计划事项	
其他事项	
备　　考	
说　　明	一　本表照私立学校规程第十三条规定由校董会每年填报一次 二　第七项如学潮疾疫灾变及与外界交涉事项属之

私立　　学校校董会用表之(四)

校董会经办重要事项报告表	
月　　日	事　　项

说明	校董会呈报前年度所办重要事项应用此表

私立　　学校校董会用表之(五)

学校收支金额及项目表			
项目		金额	摘要
旧存	现款		
新收	息金		
	学费		
	补助费		
	其他		
	总计		
开支	薪俸		
	工资		
	购置		
	其他		
	总计		
实存	现金		
备考			
说明		一　校董会每年呈报收支金额及项目应用此表 二　有价证券及外国货币等均按时价折合国币计算	

私立　　学校校董会用表之（六）

学校财产项目表		
项目	购入价值	现在价值
不动产		
现款		
有价证券		
图书		
仪器		
标本		
校具		
其他		
总计		
备考		
说明	此表照私立学校规程第十三条规定由校董会每年填报一次	

华侨学校立案用表式样

华侨学校立案用表之一　　（中小学适用）

校董一览	
姓名	
性别	
年龄	
籍贯	
履历	
产生方法	
现在职业	
职别	
所负责任	
任期	

到任年月		
入党年月		
备考		
说明	一 职别栏应填写所司职务如主席理财……等其无职司者不填 二 所负责任栏应填写对于学校所负之责任如筹款垫款助款……等 三 产生方法栏应填写该董事何由产生如由创办人推举即创办人……等 四 入党年月填明后应并写党证号数其非党员此栏不填	

华侨学校立案用表之二 （中小学适用）

学校概况				
名称	中文		外国文	
种类				
校址				
开办经过				
经费来源				
基金总额				
组织及编制				
备考				
说明	一 经费来源应详细填报 二 如无基金“基金总额”一栏可无庸填报 三 组织及编制除在本表摘要填报外应将该项章程附呈备查 四 已否在当地政府注册及收受津贴应在备考栏内注明			

华侨学校立案用表之三 （中小学适用）

年度 预算			
岁入	经常	息金	
		捐款	
		学费收入	
		其他收入	
		计	
	临时		
	合计		

岁出	经常	教员薪金	
		职员薪金	
		校工工资	
		图书购置	
		教具购置	
		消耗费	
		其他支出	
		计	
	临时		
	合计		
备考			
说明	一 除依照本表填报外并应将该校详细预算附呈备查 二 教具购置包括各科教学用品如仪器标本体育用具……等 三 校具购置指桌椅钟……等普通用具之购置而言		

华侨学校立案用表之四(甲) (中小学适用)

课程				
学年 \ 支配 \ 必修或选修 \ 学科				
第 学年	每周授课时数			
	每次上课占若干分钟			
	学分			
	内容大要			
第 学年	每周授课时数			
	每次上课占若干分钟			
	学分			
	内容大要			
第 学年	每周授课时数			
	每次上课占若干分钟			
	学分			
	内容大要			

第 学年	每周授课时数			
	每次上课占若干分钟			
	学分			
	内容大要			
第 学年	每周授课时数			
	每次上课占若干分钟			
	学分			
	内容大要			
第 学年	每周授课时数			
	每次上课占若干分钟			
	学分			
	内容大要			
备注				

华侨学校立案用表之四(乙) (中小学适用)

课程				
学年 \ 支配 \ 学科				
第 学年	每周授课时数			
	每次上课占若干分钟			
	内容大要			
第 学年	每周授课时数			
	每次上课占若干分钟			
	内容大要			
第 学年	每周授课时数			
	每次上课占若干分钟			
	内容大要			

第　学年	每周授课时数			
	每次上课占若干分钟			
	内容大要			
第　学年	每周授课时数			
	每次上课占若干分钟			
	内容大要			
第　学年	每周授课时数			
	每次上课占若干分钟			
	内容大要			
备注				

华侨学校立案用表之五　　（中小学适用）

教科书目录					
书名					
著作者					
出版处					
册数					
第　学年用					

华侨学校立案用表之六　　（中小学适用）

参考书目录					
书名					
著作者					
出版处					
册数					
用					
说明	用字上填第几学年学生用或教员用				

华侨学校立案用表之七 （中小学适用）

全部图书目录								
中文书籍	书名						
	著作者						
	出版处						
	册数						
	价值						
外国文书籍	书名						
	著作者						
	出版处						
	册数						
	价值						
备考							
说明		除教科书参考书外均可列入					

华侨学校立案用表之八 （中小学适用）

仪器目录	
品名	
数量	
制造者	
价值	

华侨学校立案用表之九 （中小学适用）

标本目录	
品名	
实物或挂图	
数量	
制造者	
价值	

华侨学校立案用表之十 (中小学适用)

校具分类统计						
类别						
教具	件数					
	价值					
校具	件数					
	价值					
备考						
说明	普通校具应分别列入本表					

华侨学校立案用表之十一 (中小学适用)

体育卫生等设备目录			
名称			
种类			
功用			
数量			
制造者			
价值			
备考			
说明	一 卫生设备如药品等项碎物件可仅填总数 二 各科重要设备如算术科之度量衡国语科之练习片美术科之石膏模型等均可填入		

华侨学校立案用表之十二 (中小学适用)

教员履历						
姓名						
性别						
年岁						
籍贯						

学历						
经历						
所任学科						
每周授课时数						
专任或兼任						
兼任校务						
月薪						
到校年月						
入党年月						
备考						
说明	入党年月填明后应列党证号数如非党员此栏无庸填注					

华侨学校立案用表之十三 （中小学适用）

职员履历						
姓名						
性别						
年岁						
籍贯						
学历						
经历						
职务						
专任或兼任						
兼任教科						
月薪						
到校年月						
入党年月						
备考						
说明	入党年月填明后应列党证号数如非党员此栏无庸填注					

华侨学校立案用表之十四 （中小学适用）

学生一览						
姓名						
性别						
年岁						
籍贯						
入学年月						
年级						
学历						
备考						

华侨学校立案用表之十五 （中小学适用）

历年毕业生一览						
姓名						
性别						
年岁						
籍贯						
毕业年月						
升学何处						
现在职业						
住址						
备考						
说明	一　职业以最近调查为据 二　住址可以简单填明					

华侨学校立案用表之十六 （中小学适用）

全校平面图之说明	
校地面积	
校舍面积及座数	

课室间数	
图书馆间数	
实验室间数	
浴室厕所间数	
体育场面积 室内	
体育场面积 露天	
寄宿舍间数	
附近状况	
建筑或购置费	
建筑或购置年月	
备考	

学校毕业证书规程

民国十八年八月教育部公布二十一年五月修正二十二年六月十二日复修正原题为学校毕业修业证书规程现改今名

第一条　各级学校学生修业期满成绩及格者由各该校给予毕业证书

在举行中小学毕业会考各地之中小学其毕业证书应俟会考及格后发给

第二条　各学校所用毕业证书应遵照本规程所规定之式样

第三条　各学校毕业证书应依照下列规定呈请或函请教育行政机关验印

一　专科以上学校毕业证书由教育部印验

二　中等学校(专科以上学校之附属中学同)毕业证书由所在地之教育厅或行政院直辖市教育行政机关验印

三　小学毕业证书(中等以上学校之附属小学同)由所在地之行政院直辖市教育行政机关或市县教育行政机关验印

第四条　中等以上学校毕业证书应贴毕业生最近二寸相片一张

第五条　专科以上学校毕业证书应贴印花五角中等学校毕业证书应贴印花三角

第六条　凡证书均须置备存根簿编定号数载明学生姓名及所修学科存校备查

第七条　本规程自公布日施行

第一种证书式样

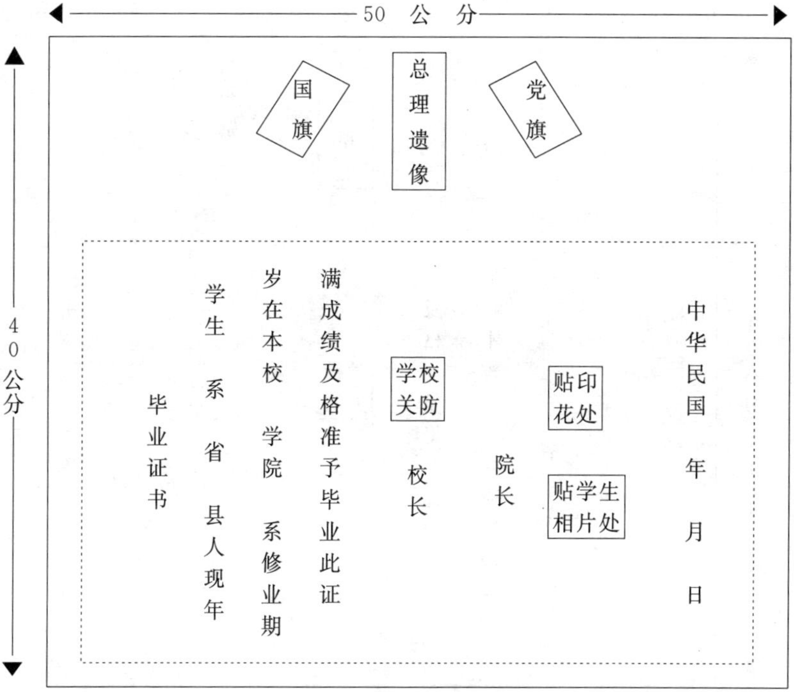

说　　明

（一）第一种证书大学毕业生用之

（二）本校之下应该注明该毕业生所属之学院及学系

（三）署名处应于校长之上冠以国立或某省立或私立某大学字样院长之上冠以某学院字样并于名下加盖小章

（四）纸幅以五十公分宽四十公分长为度

（五）学生相片上应由学校加盖钢印

（六）纸张用中国白宣纸虚线处得加边栏

（七）证书后面应载明某字第几号与存根簿相连骑缝填写加盖学校关防

（八）教育部验印处在证书上方年干之上

（九）本证书式样独立学院毕业生适用之但证书上本校学院校长及院长等字样应分别照改

第二种证书式样

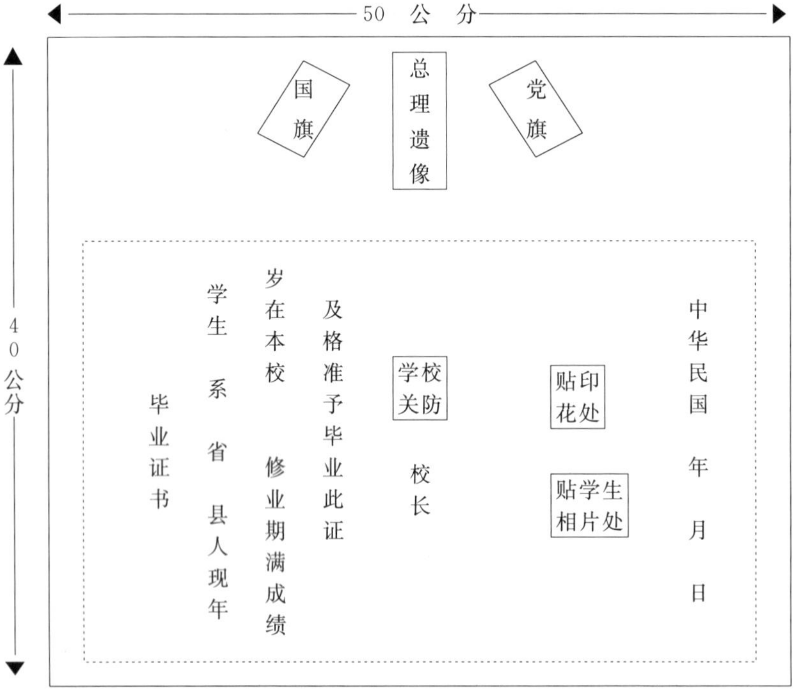

说　明

（一）第二种证书专科学校及大学专修科毕业生用之

（二）本校之下在设有两种以上专科之专科学校应注明该毕业生所属之专科在大学专修科应注明某学院某专修科

（三）署名处应于校长之上冠以国立或某省市立或私立某校字样并于名下加盖小章

（四）纸幅以五十公分宽四十公分长为度

（五）学生相片上应由学校加盖钢印

（六）纸张用中国白宣纸虚线处得加边栏

（七）证书后面应载明某字第几号与存根簿相连骑缝填写加盖学校关防

（八）教育部验印处在证书上方年干之上

第三种证书式样

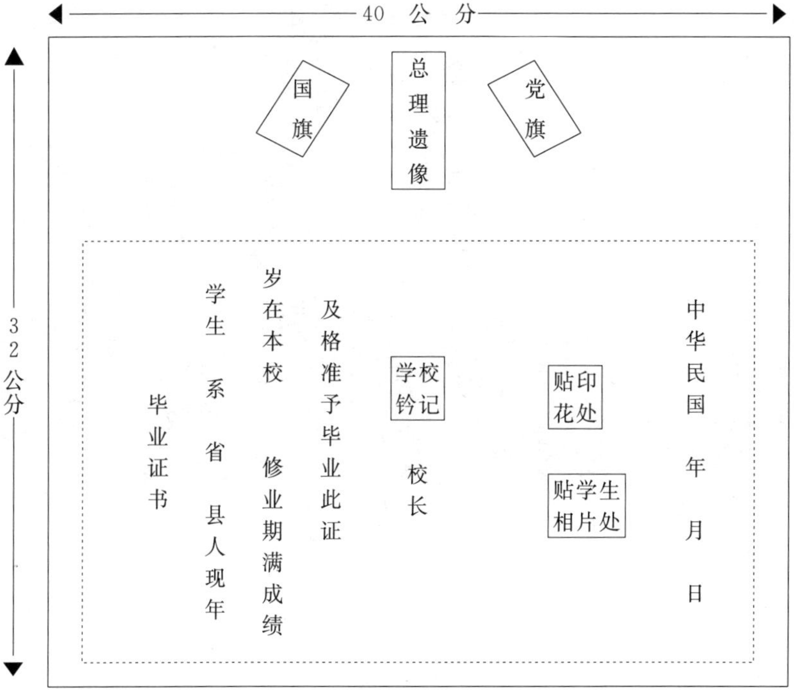

说　　明

（一）第三种证书中等学校毕业生用之本校二字之下在高初级合设之中等学校应分别填注初级或高级在附设特别师范科或幼稚师范科之师范学校或设二科以上之职业学校均应分别填注科别

（二）署名处应于校长之上冠以某省市县立或私立某校字样并于名下加盖小章

（三）在专科以上学校附属中等学校其主任人员并应署名

（四）纸幅以四十公分宽三十二公分长为度

（五）学生相片上应由学校加盖钢印

（六）纸张用中国白宣纸虚线处得加边栏

（七）证书后面应载明某字第几号与存根簿相连骑缝填写加盖学校钤记

（八）教育行政机关验印处在证书上方年干之上

第四种证书式样

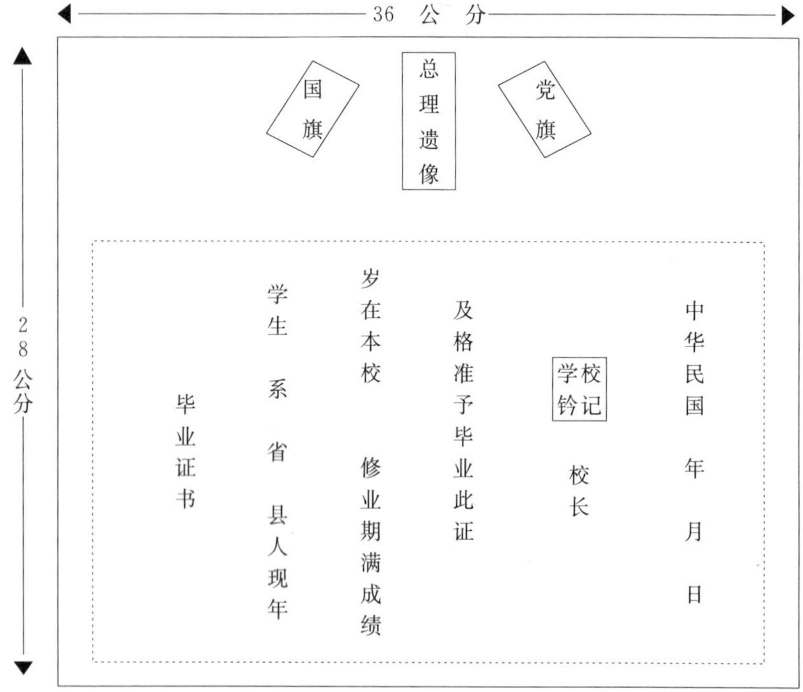

说　　明

（一）第四种证书小学及单独设立之初级小学毕业生用之在小学之初级毕业者其证书应于本校二字下填注初级字样

（二）署名处应于校长之上冠以某市县立或私立某校字样并于名下加盖小章

（三）在中等以上学校之附属小学其主任人员并应署名

（四）纸幅以三十六公分宽二十八公分长为度

（五）纸张用中国白宣纸虚线处得加边栏

（六）证书后面应载明某字第几号与存根簿相连骑缝填写加盖学校铃记

（七）教育行政机关验印处在证书上方年干之上

（己）实业

目 次

报告仔畜转卖书式

报告购买仔畜书式

向实业部具呈时所补具之保结式

公司设立呈请书式样 民国二十二年九月实业部令饬

查迩来各地商民呈请公司登记者对于声请手续每欠明了致声请登记事项内容及应报文件多有缺漏主管官署审核既感困难批呈往返尤费时间兹为便利商民办事敏捷起见特依照现行公司法及公司法施行法并公司登记规则各规定拟定公司设立呈请书式样六种股东名簿式样一种以便商民自由仿制依式填报以资敏捷除分行外合行检发式样计七种各十份令仰该厅奉令后即便布告周知并将办理情形呈报查核此令

附式样

公司股东名簿式样

公司股东名簿

(一)如系无限公司或股份有限公司责任一栏可不填

(二)户名如用堂记或别号须将真实姓名或代表人姓名注明

(三)发行优先股者应注明优先字样发行无记名股票者应注明发行之年月日

号数	户名	姓名或代表人姓名	住所	股数	股款	已缴股款	股款缴纳年月日	股份取得年月日	股款以外出资种类及价格或估价标准	责任	备注

两合公司设立登记呈请书式样

印　花

为呈请登记事窃商人　等现在　设立　两合公司兹依法呈请登记遵照公司法
第十四条规定将应行声请登记各事项逐一填载于后并依照公司登记规则 第二十三条规定加具各项文件随缴执照费
银　　　元(公司登记规则第十条第一项甲款规定)印花税银一元备文呈请
鉴核转呈

<table>
<tr><td colspan="6">实业部核准给照谨呈</td></tr>
<tr><td colspan="6">省　　厅
市　　局</td></tr>
<tr><td colspan="6"></td></tr>
<tr><td colspan="6">具呈人　　　两合公司</td></tr>
<tr><td colspan="6"></td></tr>
<tr><td colspan="6">无限责任股东(全体)</td></tr>
<tr><td colspan="6">附件　如股东中有未成年者并应加具公司登记规则第二十三条第二项规定之文件
如公司系因合并而设立呈请登记者并应加具公司登记规则第二十三条第三项规定之文件</td></tr>
<tr><td colspan="6">(一)公司章程</td></tr>
<tr><td colspan="6">(一)营业概算书</td></tr>
<tr><td colspan="6">(一)执照费</td></tr>
<tr><td colspan="6">(一)印花税银一元</td></tr>
<tr><td colspan="6">登记事项表</td></tr>
<tr><td colspan="3">公司名称</td><td colspan="3"></td></tr>
<tr><td colspan="3">所营事业</td><td colspan="3"></td></tr>
<tr><td colspan="3">出资总额</td><td colspan="3"></td></tr>
<tr><td colspan="3">本
支　店所在地</td><td colspan="3"></td></tr>
<tr><td rowspan="2">股东</td><td>姓名</td><td>住所</td><td>出资种类</td><td>价额或估价标准</td><td>有限责任或无限责任</td></tr>
<tr><td></td><td></td><td></td><td></td><td></td></tr>
<tr><td colspan="3">订立章程年月日</td><td colspan="3"></td></tr>
<tr><td colspan="3">代表公司之股东姓名</td><td colspan="3"></td></tr>
<tr><td colspan="3">解散之事由</td><td colspan="3">(未订定者免报)</td></tr>
<tr><td>备考</td><td colspan="5"></td></tr>
<tr><td colspan="6">中华民国　　　年　　月　　日</td></tr>
</table>

本店不在中华民国境内之公司设立第一支店登记呈请书式样

印　花

为呈请设立支店登记事窃商公司系　　地方　　公司分设中华民国境内之第一支店
兹遵照公司法施行法及公司登记规则各规定呈请登记理合拟具呈请书开列登记事项并检同应备文件随缴执照费
银　　　　　元印花税银一元呈请
鉴核转呈
实业部核准给照谨呈
省　　厅 市　　局
具　呈　人　　　　　　公　司
经　理
附件
(一)经理人国籍证明书正副本各一份
(一)公司章程正副本各一份
(一)领事证明书正副本各一份
(一)执照费
(一)印花税银一元
登记事项表

支店名称	
支店所在地	
经理人姓名籍贯年龄住所	
所营事业	
支店划有资本者其资本额	
本店名称	
本店所在地	

本店资本总额	
本店设立年月日	
本店执照号数	
备考	
中华民国　　年　月　日	

股份两合公司设立登记呈请书式样

印花

为呈请登记事窃商人　　等现在　　设立　　股份两合公司兹依法呈请登记遵照公司法第二百二十三条规定将应行声请登记各事项逐一填载于后并依照公司登记规则第三十九条规定加具各项文件随缴执照费银　　元(公司登记规则第十条第一项乙款规定)
印花税银一元备文呈请
鉴核转呈
实业部核准给照谨呈
省　　厅
市　　局
具呈人　股份两合公司
无限责任股东(全体)
监察人(全体)

<table>
<tr><td colspan="6">附　件</td></tr>
<tr><td colspan="6">(一)公司章程</td></tr>
<tr><td colspan="6">(一)股东名簿</td></tr>
<tr><td colspan="6">(一)创立会(或股东会)决议录</td></tr>
<tr><td colspan="6">(一)监察人依公司法第二百二十二条规定出具之调查报告书及其附属文件</td></tr>
<tr><td colspan="6">(一)营业概算书</td></tr>
<tr><td colspan="6">(一)依公司法施行法第二十三条规定呈准备案之证明文件</td></tr>
<tr><td colspan="6">(一)执照费</td></tr>
<tr><td colspan="6">(一)印花税银一元</td></tr>
<tr><td colspan="6">登记事项表</td></tr>
<tr><td colspan="2">公司名称</td><td colspan="4"></td></tr>
<tr><td colspan="2">所营事业</td><td colspan="4"></td></tr>
<tr><td colspan="2">资本总额及股份总数</td><td colspan="4"></td></tr>
<tr><td colspan="2">每股金额</td><td colspan="4"></td></tr>
<tr><td colspan="2">每股已缴金额</td><td colspan="4"></td></tr>
<tr><td colspan="2">本支店所在地</td><td colspan="4"></td></tr>
<tr><td colspan="2">公告方法</td><td colspan="4"></td></tr>
<tr><td rowspan="2">无限责任股东</td><td>姓名</td><td>住所</td><td>出资种类</td><td colspan="2">价格或估价标准</td></tr>
<tr><td colspan="5"></td></tr>
<tr><td colspan="2">代表公司之无限责任股东姓名</td><td colspan="4"></td></tr>
<tr><td colspan="2" rowspan="2">监察人姓名住所</td><td>姓名</td><td>住所</td><td>姓名</td><td>住所</td></tr>
<tr><td></td><td></td><td></td><td></td></tr>
<tr><td colspan="2">解散之事由</td><td colspan="4">(未订定者免报)</td></tr>
<tr><td colspan="2">备考</td><td colspan="4"></td></tr>
<tr><td colspan="6">中华民国　　　年　　月　　日</td></tr>
</table>

无限公司设立登记呈请书式样

印　花

为呈请登记事窃商人　　等现在　　设立　　无限公司兹依法呈请登记遵照公司法第十四条规定将应行声请登记各事项逐一填载于后并依照公司登记规则第二十三条规定加具各项文件随缴执照
费银　　　元（公司登记规则第十条第一项甲款规定）印花税银一元备文呈请
鉴核转呈
实业部核准给照谨呈
省　　厅 市　　局
具呈人　　　无限公司
股东（全体）
附件　如股东中有未成年者并应加具公司登记规则第二十三条第二项规定之文件 如公司系因合并而设立呈请登记者并应加具公司登记规则第二十三条第三项规定之文件
（一）公司章程
（一）营业概算书
（一）执照费
（一）印花税银一元
登记事项表

公　司　名　称	
所　营　事　业	
出　资　总　额	

<table>
<tr><td colspan="2">本
支 店所在地</td><td colspan="4"></td></tr>
<tr><td rowspan="2">股
东</td><td>姓　名</td><td>住　所</td><td>出资种类</td><td colspan="2">价额或估价标准</td></tr>
<tr><td colspan="5"></td></tr>
<tr><td colspan="2">订立章程年月日</td><td colspan="4"></td></tr>
<tr><td colspan="2">代表公司之股东姓名</td><td colspan="4"></td></tr>
<tr><td colspan="2">解散之事由</td><td colspan="4">（未订定者免报）</td></tr>
<tr><td>备
考</td><td colspan="5"></td></tr>
<tr><td colspan="6">中华民国　　年　月　日</td></tr>
</table>

公司添设支店登记呈请书式样

印　花

<table>
<tr><td colspan="2">呈为添设支店呈请登记事窃　　等集合资银　　元于　　地方设立　　　公司曾经呈准登记在案现于　　　地方添设支店兹依法呈请登记遵照公司法施行法第二十八条规定将声请登记事项详晰载明于后随缴执照费银十元印花税银一元备文呈请</td></tr>
<tr><td colspan="2">鉴核转呈</td></tr>
<tr><td colspan="2">实业部核准给照谨呈</td></tr>
<tr><td colspan="2">省　厅
市　局</td></tr>
<tr><td colspan="2">具呈人　　　公司</td></tr>
<tr><td colspan="2"></td></tr>
<tr><td colspan="2"></td></tr>
<tr><td colspan="2">登记事项表</td></tr>
<tr><td>支店名称</td><td></td></tr>
</table>

支 店 所 在 地	
支店经理人姓名籍贯年龄住所	
本 店 执 照 号 数	
本店登记执照所载事项	
备考	
中 华 民 国 年 月 日	

股份有限公司设立登记呈请书式样

印 花

为呈请登记事窃商人　　等现在　　设立　　股份有限公司兹依法呈请登记遵照公司法第一百零九条规定将应行声请登记各事项逐一填载于后并依照公司登记规则第二十九条规定加具各项文件随缴执照费银　　元（公司登记规则第十条第一项乙款规定）印花税银一元备文呈请
鉴核转呈
实业部核准给照谨呈
省　厅 市　局
具呈人　　　股份有限公司
董　事（全体）

监察人(全体)
附件 如公司系因合并而设立呈请登记者并应加具公司登记规则第二十三条第三项规定之文件如系发起人认足股份者免具下列第七第八两款文件发起人不自认足股份另行招募足额者免具下列第五第六两款文件
(一)公司章程
(一)股东名簿
(一)营业概算书
(一)依公司法施行法第二十三条规定呈准备案之证明文件
(一)选任董事监察人名单
(一)主管官署依公司法第九十一条规定出具之检查证书经裁减者并其判示
(一)创立会决议录
(一)董事及监察人或检查人依公司法第一百零三条规定出具之调查报告书及其附属文件
(一)执照费
(一)印花税银一元
登记事项表

公司名称	
所营事业	
资本总额及股份总数	
每股金额	
每股已缴金额	
本支店所在地	
公告方法	

董事姓名住所	姓名	住所	姓名	住所

<table>
<tr><td rowspan="2">监察人
姓　名
住　所</td><td>姓　　名</td><td>住　　所</td><td>姓　　名</td><td>住　　所</td></tr>
<tr><td></td><td></td><td></td><td></td></tr>
<tr><td>解散之
事由</td><td colspan="4">（未订定者免报）</td></tr>
<tr><td>备
考</td><td colspan="4"></td></tr>
<tr><td colspan="5">中　华　民　国　　　　年　　月　　日</td></tr>
</table>

公司注册簿式

无限公司注册簿式第一

<table>
<tr><td colspan="6">第　　　　　号</td></tr>
<tr><td>一</td><td>商号</td><td></td><td colspan="2">注册年月日及
注册官吏钤印</td><td>以上各项
民国　年　月　日注</td></tr>
<tr><td>二</td><td>本店地</td><td></td><td>八</td><td>解散事由及
年月日</td><td>民国　年　月　日注</td></tr>
<tr><td>三</td><td>支店地</td><td></td><td>九</td><td>清算人
姓名住址</td><td>民国　年　月　日注</td></tr>
<tr><td>四</td><td>营业</td><td></td><td>十</td><td>清算终结
年月日</td><td>民国　年　月　日注</td></tr>
<tr><td>五</td><td>设立年月日</td><td></td><td rowspan="4">备
考</td><td colspan="2" rowspan="4"></td></tr>
<tr><td>六</td><td>代表股东姓名</td><td></td></tr>
<tr><td>七</td><td>股东姓名住址出资
之种类及其价值</td><td></td></tr>
<tr><td>备考</td><td colspan="2"></td></tr>
<tr><td>变更</td><td colspan="2"></td><td>变更</td><td colspan="2"></td></tr>
</table>

无限公司注册簿式第二

第　　　　　号

<table>
<tr><td>一</td><td>商号</td><td></td><td>七</td><td>股东姓名出资及责任等</td><td>另详第　页</td></tr>
<tr><td>二</td><td>本店地</td><td></td><td colspan="2">注册年月日及注册官吏钤印</td><td>以上各项
民国　年　月　日注</td></tr>
<tr><td>三</td><td>支店地</td><td></td><td>八</td><td>解散事由及年月日</td><td>民国　年　月　日注</td></tr>
<tr><td>四</td><td>营业</td><td></td><td>九</td><td>清算人姓名住址</td><td>民国　年　月　日注</td></tr>
<tr><td>五</td><td>设立年月日</td><td></td><td>十</td><td>清算终结年月日</td><td>民国　年　月　日注</td></tr>
<tr><td>六</td><td colspan="2">代表股东姓名</td><td rowspan="2">变更</td><td colspan="2" rowspan="2"></td></tr>
<tr><td>备考</td><td colspan="2"></td></tr>
</table>

两合公司注册簿式第二之二

<table>
<tr><td colspan="4">第　　号</td></tr>
<tr><td>商　　号</td><td></td><td rowspan="2">变更</td><td rowspan="2"></td></tr>
<tr><td>股东姓名住址出资种类及其责任</td><td></td></tr>
</table>

<table>
<tr><td>股东姓名住址出资种类及其责任</td><td></td><td>变更</td><td></td></tr>
</table>

股份有限公司注册簿式第三

<table>
<tr><td colspan="6">第　　号</td></tr>
<tr><td>一</td><td>商号</td><td></td><td>一四</td><td>各份银数</td><td></td></tr>
<tr><td>二</td><td>本店地</td><td></td><td>一五</td><td>给息定率</td><td></td></tr>
<tr><td>三</td><td>支店地</td><td></td><td>一六</td><td>公司债偿还方法及其期限</td><td></td></tr>
<tr><td>四</td><td>营业</td><td></td><td colspan="2">注册年月日及注册官吏钤印</td><td>以上各项
民国　年　月　日注</td></tr>
</table>

五	设立年月日		一七	添募股本总数	
六	股份总数		一八	添募股本议决年月日	
七	每股银数		一九	各新股已缴银数	
八	各股已缴银数		二〇	优先股东之权利	
九	公告方法		注册年月日及注册官吏钤印		以上各项 民国　年　月　日注
一〇	董事姓名住址		二一	解散事由及其年月日	民国　年　月　日注
一一	监察人姓名住址		二二	清算人姓名住址	民国　年　月　日注
一二	开业以前分利定率		二三	清算终结年月日	民国　年　月　日注
注册年月日及注册官吏钤印		民国　年　月　日注	备考		
一三	公司债总数				
变更			变更		

股份两合公司注册簿式第四

第　　　号					
一	商号		一四	公司债总数	
二	本店地		注册年月日及注册官吏钤印		以上各项 民国　年　月　日注
三	支店地		一五	各份银数	
四	营业		一六	给息定率	
五	设立年月日		一七	公司债偿还方法及期限	以上各项 民国　年　月　日注
六	股份总数		注册年月日及注册官吏钤印		
七	每股银数		一八	添募股本总数	
八	各股已缴银数		一九	添募股本议决年月日	

九	公告方法		二〇	各股已缴银数	
一〇	代表股东姓名住址		二一	优先股东权利	
一一	监察人姓名住址		二二	解散事由及年月日	民国　年　月　日注
一二	无限责任股东姓名住址股份以外出资之种类及价值		二三	清算人姓名住址	民国　年　月　日注
一三	开业以前分利定率		二四	清算终结年月日	民国　年　月　日注
注册年月日及注册官吏钤印		以上各项 民国　年　月　日注	备考		
变更			变更		

公司注册簿另附简目簿式第五

各公司商号	注册簿册数	注册簿页数	注册簿号数	备　　考

商业注册簿式

商号注册簿式第一

第　　号				
一	商务		变更	
二	营业			
三	本店及支店地址			
四	行用商号之姓名住址			
注册年月日及注册官吏钤印		民国　年　月　日注	消灭	民国　年　月　日注
备考				

经理人注册簿式第二

<table>
<tr><td colspan="5">第　　　　号</td></tr>
<tr><td>一</td><td>经理人姓名住址</td><td></td><td rowspan="5">变更</td><td rowspan="5"></td></tr>
<tr><td>二</td><td>商业主人姓名住址</td><td></td></tr>
<tr><td>三</td><td>商业主人之营业</td><td></td></tr>
<tr><td>四</td><td>经理人所设商号</td><td></td></tr>
<tr><td>五</td><td>经理人设置之处</td><td></td></tr>
<tr><td colspan="2">注册年月日及
注册官吏钤印</td><td>民国　年　月　日注</td><td rowspan="2">消灭</td><td rowspan="2">民国　年　月　日注</td></tr>
<tr><td>备考</td><td colspan="2"></td></tr>
</table>

法定代理人营业注册簿式第三

<table>
<tr><td colspan="5">第　　　　号</td></tr>
<tr><td>一</td><td>法定代理人姓名住址</td><td></td><td rowspan="4">变更</td><td rowspan="4"></td></tr>
<tr><td>二</td><td>被代理人姓名住址</td><td></td></tr>
<tr><td>三</td><td>营　　　　业</td><td></td></tr>
<tr><td>四</td><td>本店及支店地址</td><td></td></tr>
<tr><td colspan="2">注册年月日及
注册官吏钤印</td><td>民国　年　月　日注</td><td rowspan="2">消灭</td><td rowspan="2">民国　年　月　日注</td></tr>
<tr><td>备考</td><td colspan="2"></td></tr>
</table>

未满二十岁者营业注册簿式第四

<table>
<tr><td colspan="5">第　　　　号</td></tr>
<tr><td>一</td><td>本人姓名住址</td><td></td><td rowspan="3">变更</td><td rowspan="3"></td></tr>
<tr><td>二</td><td>营　　　　业</td><td></td></tr>
<tr><td>三</td><td>本店及支店地址</td><td></td></tr>
<tr><td colspan="2">注册年月日及
注册官吏钤印</td><td></td><td></td><td></td></tr>
<tr><td>备考</td><td colspan="2"></td><td>消灭</td><td></td></tr>
</table>

商业注册簿另附简目簿式第五

各注册人姓名	注册簿册数	注册簿页数	注册簿号数	备　　考

商标注册书类 民国二十二年二月实业部商标局拟定并函达各机关（附各书式）

迳启者查新商标法业经国府明令公布施行细则亦经实业部订定于本年一月一日同日施行各在案兹将敝局印行之单行本十份函送贵府俾供查阅再商人对于商标注册每多不明手续敝局为力求商人明了起见爰将呈请简要办法编成注册须知并将各种呈请书状分别印就以便商人随时取用特各检附二十份并请查收倘有商人请领即希转发为荷此致

商标专用权创设呈请书（甲种）呈请前未经使用者

呈为专用商标恳请注册事窃　　拟以　　商标用于商标法施行细则第三十七条第　项　　类之　　商品理合检呈商标图样十纸及商标印板一枚依法呈请专用并依照商标法施行细则第三十五六条之规定缴纳注册费五十元公费五元又印花税一元即请

核准注册谨呈

商标局

商标着色图样十纸（如实际使用不用着色者即单送墨色图样）

印板一枚

注册费五十元

公费五元

印花税一元

文件　件

附件

此处贴印花税票一角

具呈人 姓名 年龄 籍贯 住址

代理人 姓名 住址

中　华　民　国　　　年　　月　　日　　　呈

商标专用权创设呈请书（乙种）呈请前业经使用者

呈为专用商标恳请注册事窃　　于　　年　月　日以　　商标用于商标法施行细则第三十七条第　　项　　类之　　商品理合检呈商

标图样十纸商标印板一枚及证明字据(或物件)依法呈请专用并依照商标法施行细则第三十五六条之规定缴纳注册费五十元公费五元又印花税一元即请
核准注册谨呈
商标局

此处贴 印花税 票一角	附件	商标图样十纸 印板一枚 注册费五十元 公费五元 印花税一元 证明字据　　件	具呈人 代理人	姓名 年龄 籍贯 住址 姓名 住址

中　华　民　国　　　　　年　　月　　日　　　　　　　　　　呈

商标专用权移转呈请书(因于继嗣之移转)

具呈人
关系人

呈为移转商标专用权恳请注册事窃　　　　　前以　　　　　商标用于商标法施行细则第三十七条第　　　项类之　　　商品呈准注册并奉给第　　号注册证在案现以　　　　　　前项商标并其营业移转于具呈人　　　　　专用理合附呈原注册证及关于继嗣之证明字据依法呈请移转并依商标法施行细则第三十五六条缴纳注册费二十元公费五元即请
核准注册谨呈
商标局

此处贴 印花税 票一角	附件	移转注册费二十元 公费五元 原注册证一纸 证明字据　　件	具呈人 代理人	姓名 年龄 籍贯 住址 姓名 住址

中　华　民　国　　　　　年　　月　　日　　　　　　　　　　呈

商标专用权移转呈请书(因于让与或其他事由之移转)

具呈人
关系人

呈为移转商标专用权恳请注册事窃　　于　　年　　月　　日奉准注册第　　号之商标现因　　　　事项拟将前项商标移转于具呈人　　　　专用理合附呈原注册证及关于移转之证明字据依法呈请移转并依商标法施行细则第三十五六条之规定缴纳注册费二十五元公费五元即请
核准注册谨呈
商标局

此处贴 印花税 票一角	附件	移转注册费二十五元 公费五元 原注册证一纸 证明文件　　件	具呈人 代理人	姓名 年龄 籍贯 住址 姓名 住址

中　华　民　国　　　　年　　月　　日　　　　　　　　　　呈

更换代理人呈请书

具呈人

呈为呈报更换代理人恳请

鉴核事窃　　　　　前以　　　　　商标用于商标法施行细则第三十七条第

项　　类商品曾选任为代理人为关于商标注册之一切程序现以　　　　　特

更换　　　　　为代理人理合呈请

鉴核施行谨呈

商标局

具呈人

中　华　民　国　　　　年　　月　　日　　　　　　　　　　呈

选任代理人注册呈请书

具呈人

呈为呈报选任代理人恳请

鉴核事窃　　　　　现拟以　　　　　商标用于商标法施行细则第三十七条第

项　　类之商品因　　或因特选任　　　　　为代理人所有关于商标之一切程序

均代表本人理合呈请注册即请

核准施行谨呈

商标局

具呈人　姓名
　　　　年龄
　　　　籍贯
　　　　住址

联合商标注册呈请书

呈为拟用商标恳请注册事窃

商标专用于商标法施行细则第三十七条第　　项　　类之　　　商品业于

年　　月　　日呈奉核准给照在案兹拟添用　　　　　商标作为业经注册

商标之联合商标理合附呈原注册证及图样十纸印板一枚依法呈请注册并依

商标法施行细则第三十五六条之规定缴纳注册费二十五元公费两元五角又印花税

一元即请

核准施行谨呈

商标局

此处贴 印花税 票一角	附件	商标图样十纸 印板一枚 注册费二十五元 公费二元五角 印花税一元 原注册证　　件 文件　　件	具呈人 代理人	姓名 年龄 籍贯 住址 姓名 住址

中　华　民　国　　　　年　　月　　日　　　　呈

商标注册须知(民国二十年二月)

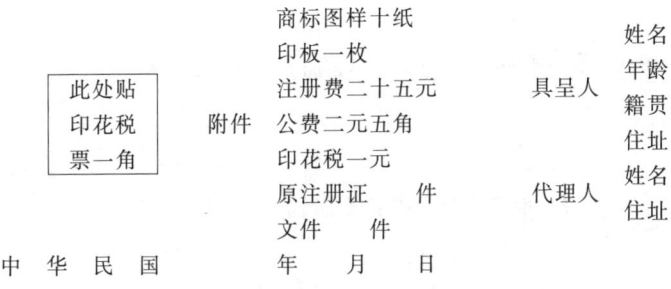

一　凡呈请商标注册者每一商标应缴商标图样十纸印板一枚注册费五十元公费五元印花税一元印板须同时随文呈局不得迟延另送商标图样及印板长及宽以公尺计不得过十三公分若实用彩色图样尺寸过大者应将该图样呈请备案同时将所制印板另印墨色图样十张随文呈局以便黏贴于审定书及注册证上

(十三公分宽)

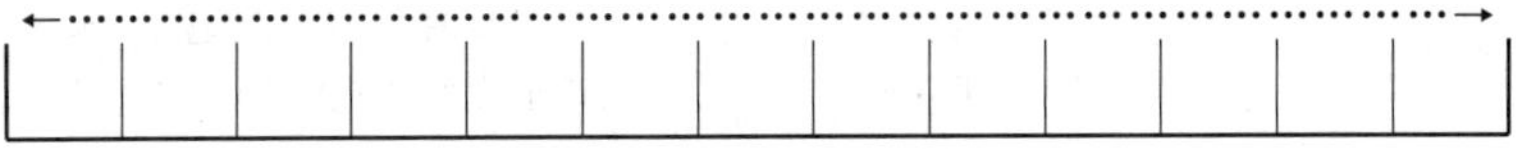

二　商标呈请注册及其他一切程序之呈请书须用正楷缮写不得草率涂抹以免错误原系外国文者应用华文译呈

三　凡外国人为关于商标之呈请或其他程序者应并呈国籍证明书如在中国境内无住所或营业所者应委托中国境内有住所或营业所者为代理人并附呈其代理权之证明字据

四　凡在中国有住所及营业所之中外商人可直接来局呈请商标注册不必委任代理人以期迅速而免周折如对于呈请手续不甚明了者亦可委任代理人代为呈请

五　呈请商标注册者如该商标于呈请前已经使用者应于呈请书内据实声明使用之年月日(可用本局所订商标专用权创设呈请书乙种格式)并附呈证明字据或物件

六　呈请商标注册者每一商标须缮呈请书一份不得于一呈内列举数种商标以清眉目呈请书式本局印有多种可向本局领用不另收费

七　每一呈文须贴印花税一角由呈请人自行黏贴印销每一注册证须贴印花税一元应于呈请时将该项印花随文呈局不得漏送以免本局批令补缴往返稽时

八　凡经本局核驳不准注册之商标除所缴公费外其各费及印花税费一概发还

九　凡经本局审查核驳之商标如表示不服请求再审查时应缴再审查公费十元

十　凡以广东注册商标呈请换证者每一商标应附缴印花税一元以备黏贴新证之用

十一　凡经核驳商标如不愿请求再审查者得更换商标另案呈请注册

十二　本须知所有未列事项均依照商标法及其施行细则所规定办理

矿业登记册式 民国二十年四月四日部令公布

矿业登记册式样（附说明）

式样第一号

国营矿业登记册第　　册

(甲)国营矿业权事项		(乙)国营矿业权附属事项	
纪次	纪　　要	纪次	纪　　要
第一次	实业部在某县某地设定国营矿业权计矿区面积若干公亩经令知某年月日呈报行政院备案此记 登记员某人（盖章）　年　月　日	第一次	实业部于某年月日将甲款第一次登记之国营矿业权出租与某人扣至某年月日期满此记 登记员某人（盖章）　年　月　日
第二次	本款第一次之登记其矿区面积增（或减或增减）为若干公亩经实业部于某年月日令知此记 登记员某人（盖章）　年　月　日	第二次	本款第一次之登记经实业部于某年月日令知业因期满销灭此记 登记员某人（盖章）　年　月　日
		第三次	甲款第二次国营矿业权奉实业部令知经组织某公司于某年月日成立此记 登记员某人（盖章）　年　月　日
补正			

国营矿业权登记册第　　号

式样第二号

矿业登记册探字第　　册

(甲)矿业权事项		(乙)矿业权附属事项	
纪次	纪　　要	纪次	纪　　要

第一次	某人呈请在某县某地设定某矿矿业权计矿区面积若干公亩经实业部于某年月日核准扣至某年月日期满此记 登记员某人（盖章） 年 月 日	第一次	甲款第一次登记之合办人为某某经于某年月日呈明此记 登记员某人（盖章） 年 月 日
补正			

矿业登记册探字第　　号

式样第三号

矿业登记册　采字第　　册

(甲)矿业权事项		(乙)国营矿业权附属事项		(丙)矿业权抵押事项	
纪次	纪　　要	纪次	纪　　要	纪次	纪　　要
第一次	某人呈请在某县某地设定某矿业权计矿区面积若干公亩经实业部于某年月日核准扣至某年月日期满此记 登记员某人（盖章） 年 月 日	第一次	甲款第一次登记之合办人为某某经于年月日呈明此记 登记员某人（盖章） 年 月 日	第一次	某人呈请将甲款第二次登记之矿业权抵押于某人计债权金额若干经实业部于某年月日核准此记 登记员某人（盖章） 年 月 日
第二次	本款第一次之登记某矿区面积增（或减或增减）为若干公亩经实业部于某年月日核准此记 登记员某人（盖章） 年 月 日				
补正					

矿业权登记册　采字第　　号

式样第四号

小矿业登记册 第 册

(甲)小矿业权事项		(乙)小矿业权附属事项		(丙)小矿业权抵押事项	
纪次	纪 要	纪次	纪 要	纪次	纪 要
第一次	某人呈请在某县某地设定某矿业权计矿区面积若干公亩经本厅于某年月日核准扣至某年月日期满此记 登记员某人(盖章) 年 月 日	第一次	甲款第一次登记之合办人为某某经于年月日呈明此记 登记员某人(盖章) 年 月 日	第一次	某人呈请将甲款第二次登记之矿业权抵押于某人计债权金额若干经于某年月日核准此记 登记员某人(盖章) 年 月 日
第二次	本款第一次之登记某矿区面积增(或减或增减)为若干公亩经本厅于某年月日核准此记 登记员某人(盖章) 年 月 日				
补正					

小矿业登记册第 号

附说明

一 省主管官署应备置探矿登记册采矿登记册国营矿业登记册小矿业登记册

二 每种登记册以一百页为限每页为一号登记一矿业权

三 遇登记册每号之一栏或数栏无余白可继续记载时应制同样新册以同一页号与连续纪次记载之

四 各登记册纪次栏记载之次数应自第一次起各自为序

五 登记册纪要栏应比照所举记事各例记载之如有下列各项情事之一或其他重要事项时应一并记载

(一) 有矿业法第三十一条第二十八条及第六十二条规定矿区重复情事时其重复之关系及限制

(二) 矿区因分割而为数矿业权设立之登记时除就原登记下侧为设立矿业权之登记外应另编新号为其他矿业权之登记并各记载其设立之原因

（三）矿区合并而为矿业权设立之登记时除就其中一矿业权原登记下侧为设定之登记外应同时于其他矿业权为消灭之登记并分别记载其设立与消灭之原因

（四）以数矿业权为一抵押权经登记后如其中一矿业权为抵押权消灭之登记时应于各关系之矿业权分别记载其原因

（五）因矿业法第四十五条之承诺再为抵押设立之登记时应分别记载其原因

（六）以数矿业权为一抵押权经登记后如其中一矿业权因矿业法第四十一条第三款之情事而撤销不能拍卖时应记载其对于各关系矿业权新发生之关系

（七）因矿业权拍定为矿业权移转之登记时除就原矿业登记下侧为移转之登记外应同时对于原抵押权记载其消灭之原因

（八）矿业权为抵押设立之登记后如再为矿业权移转之登记其抵押或同时消灭或随同移转应分别记载

六　登记时如有重要附件者应于登记后随将登记册号数及年月日一并注明于附件

七　登记之事项如有错误或遗漏应于补正栏分别补正

八　省营或县营矿业之登记适用式样第二第三两号

九　登记事项之词句务求简明如有添注涂改应由登记人盖章以昭慎重

十　纪要栏记载登记事项如呈请人姓名或名称呈请事项及年月日原核准机关及年月日或判决机关及年月日之类

十一　矿业权事项之纪要栏应将矿区面积矿质种类及期满年月日一并列入

十二　矿业权抵押事项之纪要栏应将债权价格及抵押权之目的物一并列入

十三　纪要栏登记事项如与前次登记事项有关应注明原登记某类次数

十四　每次登记后由登记员签名盖章其余白应分别划纵线以示区别

渔业登记册式

面样式

某 行 政 官 署

某（省）（县）（区）渔业登记册

第　　　册

注意

（一）第二号至第四号册面中行文字式样如下

入渔登记册

合办渔业人名册

共同入渔人名册

（二）用本国毛边纸印刷

（三）第一号册纵三十五公分横六十公分第二号至第四号册纵三十公分横五十公分

（四）登记时须书正楷

第一号样式

登记号数	标示号数	标示栏	事项号数	甲种事项栏	事项号数	乙种事项栏	事项号数	丙种事项栏

第二号样式

入渔登记号数	渔业册专用渔业登记号数	标示号数	标示栏	事项号数	事项栏

第三号样式

号数	渔业册登记号数	代表人栏	合办渔业人栏	备考

第四号样式

号数	入渔册登记号数	渔业册专用渔业登记号数	代表人栏	共同入渔业栏	备考

⊙渔业册分渔业权登记册及入渔权登记册二项渔业权登记册依第一号样式编制入渔权登记册依第二号样式编制合办渔业权人名册依第三号样式编制共同入渔权人名册依第四号样式编制

种畜场请求种畜配种书类

请求配种书式

呈为请求配种事窃畜主某饲有牝牛（或牝羊）（或牝猪）若干头查与种畜配种规则第六条规定各项相合兹拟请求交配理合先行呈请指定日期以便牵引牝牛（或牝羊）（或牝猪）到场听候检查谨呈
农矿部直辖〇〇种畜场场长
　　　　　　　　　籍贯年岁职业住址　畜主某谨呈　　押
中　华　民　国　　　年　　月　　日

配种合格证明书式

为发给配种合格证明书事案据畜主某呈称有牝牛（或牝羊）（或牝猪）若干头请求配种前来兹经本场检查认为合格发给证书仰即遵照种畜配种规则第九条所规定期间内牵引该牝畜到场交配逾期无效切勿延误此证
　　　　　　　　　　上给某畜主牧执
　　　　　　　　　农矿部直辖　种畜场场长　印
中　华　民　国　　　年　　月　　日发

请求继续配种书式

呈为请求继续配种事窃畜主某有牝牛（或牝羊）（或牝猪）若干头曾蒙贵场分别检查交配在案惟某号牝畜经第一次配种后尚未受胎兹拟遵照种畜配种规则第十三条规定期限请求继续交配并恳指定日期以便牵引该牝畜到场听候办理谨呈
农矿部直辖　　　种畜场场长
　　　　　　　　　　　　　　　畜主某谨呈　　押
中　华　民　国　　　年　　月　　日发

检查延期通知书式

为通知事据畜主某呈称拟将所有牝牛（或牝羊）（或牝猪）若干头请求配种业经本场指定交配日期指示在案兹因有种畜配种规则第十四条第〇项规定之情事发生自应延期检查一俟该项情事消灭再由本场通知送查仰即知照此示
　　　　　　　　　　上给畜主某知悉
　　　　　　　　　农矿部直辖　种畜场场长　印
中　华　民　国　　　年　　月　　日发

配种延期通知书式

为通知事查畜主某所有之牝牛（或牝羊）（或牝猪）若干头前经本场准许送配并给与配种合格证书在案兹因有种畜配种规则第十四条第　　项之情事发生理合将配种日期延长一俟该项情事消灭再由本场通知送配仰即知照此示

上给畜主某知悉

农矿部直辖　　种畜场场长　印

中　华　民　国　　　　　年　　月　　日发

请求延长(检查)(配种)期书式

呈为延长(检查)(配种)日期事窃畜主某所有牝牛（或牝羊）（或牝猪）若干头曾经具呈请求交配当蒙批准并示期检查在案兹因发生种畜配种规则第十四条第　　项所规定之情事理应遵例据实呈报敬恳准予延长(检查)(配种)日期实为公便谨呈

农矿部直辖　　种畜场场长

畜主某谨呈　　押

中　华　民　国　　　　　年　　月　　日发

延期后示期送(检查)(配种)通知书式

为通知事查畜主某所有牝牛（或牝羊）（或牝猪）若干头请求(检查)(配种)当因有种畜配种规则第十四条第　　项规定之情事发生曾经本场发给通知延期在案兹查该项情事确已消灭自应再行通知该畜主准予某月某日牵引该牝畜到场(检查)(配种)仰即知照此示

上给畜主某知悉

农矿部直辖　　种畜场场长　印

中　华　民　国　　　　　年　　月　　日发

血统登录簿样式

牛（或羊）（或猪）血统登录簿			
种　　类			
父系名号		母系名号	
仔畜名号		性　　别	

毛色		特征	
交配日期		预定生产日期	
生产日期		妊娠日期	
畜主姓名		地址	

血统证明书式

为发给证明书事查畜主某所有牝牛(或牝羊)(或牝猪)若干头前经本场分别检查与某种牡畜交配在案今该牝畜已产仔若干头牵引到场经本场检查无异特给血统证明书一纸为据此证

上给畜主某收执

农矿部直辖　　种畜场场长　印

中华民国　　年　月　日发

报告牝畜产前转卖书式

呈为报告牝畜产前转卖事窃畜主某所有牝牛(或牝羊)(或牝猪)若干头曾蒙贵场分别检查交配在案今某愿将某号有孕未产之该畜于某月某日转卖与某地某人理合遵照规则第二十条第一项所规定呈报存案谨呈

农矿部直辖　　种畜场场长

畜主某谨呈　押

中华民国　　年　月　日发

报告牝畜产前病毙书式

呈为报告牝畜产前病毙事窃畜主某所有牝牛(或牝羊)(或牝猪)若干头曾蒙贵场分别检查交配在案今某号牝畜于产前某年某月某日因某种病或他项事故倒毙理合遵照规则第二十条第二项所规定呈报备案谨呈

农矿部直辖　　种畜场场长

畜主某谨呈　押

中华民国　　年　月　日发

报告牝(羊)(牛)(猪)产生仔畜书式

呈为报告牝(羊)(牛)(猪)产生仔畜事窃畜主某所有牝牛(或牝羊)(或牝猪)若干头曾蒙贵场分别检查交配在案兹于某年某月某日产生仔畜(牝)(牡)犊毛系(何)色(或产仔羊牡若干头牝若干头)(或产仔猪牡若干头牝若干头)理合遵照规则第二十条第三项所规定呈报备案谨呈

农矿部直辖　　　　种畜场场长

　　　　　　　　　　　　　　　　　　畜主某谨呈　　押

中　华　民　国　　　　　年　　月　　日

报告仔畜因难产致毙书式

呈为报告牝(牛)(羊)(猪)因难产致毙仔畜事窃畜主某所有牝牛(或牝羊)(或牝猪)若干头曾蒙贵场分别检查交配在案兹因某号牝(牛)(羊)(猪)于某年某月某日因难产毙死仔畜(牝)(牡)若干头理合遵照规则第二十条第四项所规定呈报备案谨呈

农矿部直辖　　　　种畜场场长

　　　　　　　　　　　　　　　　　　畜主某谨呈　　押

中　华　民　国　　　　　年　　月　　日

报告仔畜病毙书式

呈为报告仔畜病毙事窃畜主某所有某号牝牛(或牝羊)(或牝猪)曾蒙贵场分别检查交配并于某年某月某日产生仔畜(牝)(牡)若干头前已呈报在案兹于某年某月某日因(某事由)毙死(牝)(牡)若干头理合遵照规则第二十条第五项所规定呈

报备案谨呈

农矿部直辖　　　　种畜场场长

　　　　　　　　　　　　　　　　　　畜主某谨呈　　押

中　华　民　国　　　　　年　　月　　日

报告仔畜转卖书式

呈为报告转卖仔畜事窃畜主某今于某年某月某日将(某)血统牝畜所产之(牝)(牡)犊若干头(或牝牡仔羊若干头)(或牝牡仔猪若干头)转卖于某地方某人计价每头(牝)(牡)犊(或仔羊)(或仔猪)现洋若干元整理合遵照规则第二十条第六项所规定呈报备案谨呈

农矿部直辖　　　　种畜场场长

　　　　　　　　　　　　　　　　　　畜主某谨呈　　押

中　华　民　国　　　　　年　　月　　日

报告购买仔畜书式

呈为报告购买仔畜事窃畜主某今于某年某月某日由某地方某人购到(某)血统牝畜所产之(牝)(牡)犊(或牝牡仔羊)(或(牝)(牡)仔猪)若干头言明每头(牝)(牡)犊(或牝牡仔羊)(或牝牡仔猪)价格若干元整理合遵照规则第二十条第七项所规定呈报备案谨呈

农矿部直辖　　　　种畜场场长

　　　　　　　　　　　　　　　　　　畜主某谨呈　　押

中　华　民　国　　　　　年　　月　　日

向实业部具呈时所补具之保结式

呈为补具铺保事窃　　　　　　为　　　　　　事
曾于　　　　　年　　　　月　　　　日具呈
钧部在案兹遵章取具铺保呈请
核准受理谨呈
实业部

　　　　　　　　　　　　年　龄
　　　　　　　　具呈人　籍　贯
　　　　　　　　　　　　职　业
　　　　　　　　　　　　所在地
　　　　　　　　铺　保
　　　　　　　　　　　　经理人

中　华　民　国　　　　年　　　月　　　日呈

⊙凡人民对于实业部有所请求或陈述得具呈听候核办具呈时须取具铺保其于具呈末具铺保者得由实业部收发处通知具呈人另文补具上即补具铺保之保结式

（庚）交通

目　次

船舶检查章程附表

船舶检查手续费表

轮船

检查种类＼总吨数		二十吨以上五十吨未满	五十吨以上百吨未满	百吨以上三百吨未满	三百吨以上五百吨未满	五百吨以上千吨未满	千吨以上三千吨未满	三千吨以上六千吨未满	六千吨以上一万吨未满	一万吨以上
特别检查	旅客船	六〇元	九〇元	一五〇元	二二五元	三〇〇元	四五〇元	七五〇元	一〇五〇元	一五〇〇元
	非旅客船	四二元	六三元	一〇五元	一五七元	二一〇元	三一五元	五二五元	七三五元	一〇五〇元
制造中之特别检查	旅客船	九〇元	一三五元	二二五元	三三八元	四五〇元	六七五元	二二五元	一五七五元	二二五〇元
	非旅客船	六三元	九五元	一五七元	二三七元	三一五元	四七三元	七八八元	二〇二元	二七五元
定期检查	旅客船	四〇元	六〇元	一〇〇元	一五〇元	二〇〇元	三〇〇元	五〇〇元	七〇〇元	一〇〇〇元
	非旅客船	二八元	四二元	七〇元	一〇五元	一四〇元	二一〇元	三五〇元	四九〇元	七〇〇元
临时检查	临检一次	二〇元		四〇元		八〇元			一六〇元	

帆船

检查种类＼总吨数	二百担以上五百担未满	五百担以上一千担未满	一千担以上二千担未满	二千担以上五千担未满	五千担以上
特别检查	一二元	一八元	三〇元	四五元	六〇元
制造中之特别检查	一八元	二七元	四五元	六八元	九〇元
定期检查	八元	一二元	二〇元	三〇元	四〇元
临时检查	八元			一六元	

第一号书式

航政局为发给船舶临时检查单事查船业经照章施行临时检查合格合行发给船舶临时检查单黏附于原检查证书以资证明须至单者

船舶临时检查单

船名	
本船号数	
原检查证书号数	
原检查机关	
检查原因	
检查部分	
检查结果	
船舶所有人	

航政局

中华民国　　年　　月　　日

第　　号

……第……号……

船舶临时检查单缴查	船名		检查原因	
	本船号数		检查部分	
	原检查证书号数		检查结果	
	原检查机关		船舶所有人	
	中华民国　　年　　月　　日第　　号			

……第……号……

船舶临时检查单存根	船名		检查原因	
	本船号数		检查部分	
	原检查证书号数		检查结果	
	原检查机关		船舶所有人	
	中华民国　　年　　月　　日第　　号			

第二号书式

船舶通航证书

为发给船舶通航证书事兹据

声请发给　　　　　　　　　航通航证书等情核与

交通部船舶检查章程第三十一条之规定尚无不合应准填发证书一纸为证须至证书者

舰名		
船舶所有人	姓名	
	住所	
航路规定		
航行期间		
准否搭载旅客		
准否载运货物		
乘客定额	一等室	
	二等室	
	三等室	
证书有效期间		

中　华　民　国　　　　　　年　　　　月　　　　日

上证书　给　　收执

第　　　　号

第四号书式

临时乘客定额证书

为发给临时乘客定额证书事兹据

声称　　　　　　　　船现因临时搭载多数　　自　　港至

港呈请发给临时乘客定额证书等情本局查核尚无不合应准依照

交通部船舶检查章程第四十七条之规定填发临时乘客定额证书一纸为证须至证书者

船名		
船舶所有人		
航路		
乘客定额	总额	
	细别	
证书有效期间		

中　华　民　国　　　　　　年　　　　月　　　　日

上证书　给　　收执

第　　　　号

第三号书式

乘客定额证书

为发给乘客定额证书事查　　　　　船业经检查合格准予搭载旅客　　名合行填发证书一纸为证如有逾额载客情事定予严惩须至证书者

船名			
船舶国籍			
船籍港			
总吨数			
登记吨数			
航路规定			
乘客定额	房舱名		
	上舱名	上舱舱面　　　名	
	中舱名	中舱舱面　　　名	
	下舱名	下舱舱面　　　名	
救生器具	舢板总计容积	救命圈	
	救生艇总计容积	救命带	
	救生排总计容积	救火器	
		篮火号	
船舶所有人			
船　　长			
证书有效期间			

中　华　民　国　　　　年　　　月　　　日

上证书　给　　收执

第　　　号

船舶丈量章程表格

附表一

轮船丈量手续费表

总吨数	丈量费	总吨数	丈量费
二十吨以上五十吨未满	二十元	二千吨以上三千吨未满	一百元
五十吨以上百吨未满	三十元	三千吨以上四千吨未满	一百二十元
百吨以上三百吨未满	四十元	四千吨以上六千吨未满	一百四十元
三百吨以上五百吨未满	五十元	六千吨以上八千吨未满	一百六十元
五百吨以上千吨未满	六十元	八千吨以上一万吨未满	一百八十元
千吨以上二千吨未满	八十元		

一万吨以上每二千吨加二十元其尾数未满二千吨者以二千吨计以担数表示容量之船舶以十担作一吨计算

附表二

帆船丈量手续费表

担数	丈量费	担数	丈量费
二百担以上五百担未满	十元	三千担以上五千担未满	二十五元
五百担以上千担未满	十五元	五千担以上万担未满	三十元
千担以上三千担未满	二十元	万担以上	四十元

附书式三

船舶吨位复量单

船名……………………………………………………单号……………

船舶证书号数…………………………………发给地点……………………

原tape丈量地点………………………………………原丈量日期……年……月……日

丈量员姓名…………………………………………职位……………………

该船原丈量时依照＿＿＿＿＿＿＿＿＿＿＿＿＿＿章程办理

备考…………………………………………………………………………

……………………………………………………………………………………

……………………………………………………………………………………

……………………………………………………………………………………

	原量吨数	复量吨数
下舱吨位		
上舱吨位		
总吨数		
减除船员及驾驶所用地位之吨位		
帆船登记吨数		
减除推进器所用地位之吨位		
轮船登记吨数		

航政局局长……………………

船舶丈量员……………………

中华民国　　年　　月　　日

（辛）司法

目　　次

第九号

第十号

第十一号

第十二号

第十三号

第十四号

第十五号

司法官由京赴任暨调任转任由所在地方赴任程限表

各本省境内司法官赴任程限表

司法行政统计年表

法院职员在职年限表

法院职员薪津表

法院职员受惩戒处分表

法院推事成绩表(一)

法院推事成绩表(二)

法院检察官成绩表

未设立地方法院之各县司法事务成绩表

未设立地方法院之各县一览表

司法经费收入支出四柱表

律师公会设置一览表

律师登录及受罚戒人数表

监狱经费收入支出四柱表

监房工场设置数目表

监狱设立地点及职员薪津表

监狱职员在职年限表

监狱职员任用资格表

监狱职员奖惩表

看守所设立地点及职员俸津表

看守所职员任用资格表

看守所职员在职年限表

看守所职员奖惩表

刑事统计年表

侦查事件年表

刑事第一审案件年表
刑事案件自诉年表
刑事第二审案件年表一
刑事第二审案件年表二
刑事第二审案件年表三
刑事第三审案件年表一
刑事第三审案件年表二
刑事第三审案件年表三
刑事抗告案件年表
刑事覆判案件年表一
刑事覆判案件年表二
刑事再审案件年表一
刑事再审案件年表二
刑事缓刑案件年表
附带民事诉讼案件年表
罚金执行统计年表
死刑徒刑拘役执行统计年表
刑事确定案件被告人年表一
刑事确定案件被告人年表二
刑事确定案件被告人年表三
刑事确定案件被告人年表四
刑事确定案件被告人年表五
覆准死刑人数年表

监狱统计年表

入监出监人数表
本年新受徒刑拘役执行人犯表一
本年新受徒刑拘役执行人犯表二
犯罪度数表
在监人犯疾病死亡表(一)
在监人犯疾病死亡表(二)
假释及撤销假释人数表
监狱作业表
监狱教育调查表

　监狱教诲调查表
民事报告书式
　民事执行报告书
　民事执行未结案件表
　民事涉外案件报告书

法人登记簿册格式

<table>
<tr><td>此栏应记明某法院登记处</td><td>第　　册

法　　人　〔此处盖高等法院印〕登　　记　　簿

民　国　　年　　月　　日开始登记
民　国　　年　　月　　日登记完满</td></tr>
</table>

<table>
<tr><td>本册除目录共计　　　　页

高等法院院长某　〔名章〕</td></tr>
</table>

第　册法人登记簿目录

<table>
<tr><td rowspan="2">法人之名称</td><td rowspan="2">法人之种类</td><td rowspan="2">登记年月日</td><td colspan="3">登　记　簿</td><td rowspan="2">备考</td></tr>
<tr><td>页数</td><td>登记号数</td><td>继续用纸号数</td></tr>
<tr><td>南京医院</td><td>社团</td><td></td><td></td><td></td><td></td><td></td></tr>
<tr><td></td><td></td><td></td><td></td><td></td><td></td><td></td></tr>
<tr><td></td><td></td><td></td><td></td><td></td><td></td><td></td></tr>
<tr><td></td><td></td><td></td><td></td><td></td><td></td><td></td></tr>
</table>

<table>
<tr><td>登记号数</td><td colspan="2">登记年月日及登记官吏印</td><td>自第一栏至第八栏
民国　年　月　日登记
登记处主任○○○〔名章〕</td><td>八</td><td>董事之姓名及住所</td><td>赵光义南京国府街二号
钱世忠南京大夫第二号</td></tr>
<tr><td rowspan="5">第

号</td><td>一</td><td>名称</td><td>私立南京医院</td><td rowspan="3">九</td><td rowspan="3">解散之原因及年月日</td><td rowspan="3">民国十九年三月一日撤销设立之许可
民国十九年三月五日登记
登记处主任王仁〔名章〕</td></tr>
<tr><td>二</td><td>事务所</td><td>第一事务所○○○
第二事务所○○○</td></tr>
<tr><td>三</td><td>目的</td><td>贫民治疗</td></tr>
<tr><td>四</td><td>设立许可之年月日</td><td>民国十八年十月十四日</td><td rowspan="2"></td><td rowspan="2">清算人之姓名住所</td><td rowspan="2">陈建忠南京大夫第三号
民国十九年三月五日登记
登记处主任王仁〔名章〕</td></tr>
<tr><td>五</td><td>存立时期</td><td></td></tr>
</table>

	六	财产总额	洋十万元	附记		
	七	出资方法	南京国府街一号张义建筑医院价五万元南京大夫第一号李忠出资十万元			

变更	董事钱世忠于民国十九年二月一日死亡 上民国十九年二月五日登记 登记处主任王仁 名章	变更	

此栏应记明某法院登记处	第　　册 法　　人　　登　（此处盖记法院印）　记　　收　　件　　簿 民　　国　　　年　　　月　　　日

收件年月日	收件号数	法人名称	声请人姓名	声请事项	附付数目	备考

此栏应记明某法院登记处	第　　册 法　　人　　登　（此处盖记法院印）　记　　收　件　存　根　册 民　　国　　　年　　　月　　　日

<table>
<tr><td rowspan="6">文件收据</td><td>收据号数</td><td>第　　号</td><td>法人之名称</td><td></td></tr>
<tr><td>声请人姓名</td><td></td><td>收件年月日时</td><td>年　月　日　时</td></tr>
<tr><td>声请事项</td><td colspan="3"></td></tr>
<tr><td>收受文件及件数</td><td colspan="3"></td></tr>
<tr><td colspan="4">民国　　年　　月　　日
○○法院登记员某 [名章]</td></tr>
</table>

……………………………字　第…………………号……………………………

<table>
<tr><td rowspan="6">文件收据存根</td><td>收据号数</td><td>第　　号</td><td>法人之名称</td><td></td></tr>
<tr><td>声请人姓名</td><td></td><td>收件年月日时</td><td>年　月　日　时</td></tr>
<tr><td>声请事项</td><td colspan="3"></td></tr>
<tr><td>收受文件及件数</td><td colspan="3"></td></tr>
<tr><td colspan="4">民国　　年　　月　　日
○○法院登记员某 [名章]</td></tr>
</table>

<table>
<tr><td>此栏应记明某法院登记处</td><td>第　　册

法　　人　　登　[此处盖记法院印]　证　书　存　根　册

民　　国　　　年　　　月　　　日</td></tr>
</table>

法人登记证书(登记簿第　　册　　第　　页第　　号)	
法人名称及事务所	
声请人姓名职务年岁住所	
声请登记年月日	
登记事项	
登记年月日	

上证明登记完竣
民国　　年　　月　　日　　　○○法院登记处主任○○○　名章

……………………证字第……………………………号……………………………

法人登记证书存根	
法人名称及事务所	
登记事项	
证书发给年月日	
公告年月日及方法	
登记簿册数页数	
民国　　年　　月　　日　　　○○法院登记处主任○○○　名章	

此栏应记明某法院登记处	第　　册 法　人　登　［此处盖记法院印］　收　费　簿 民　国　　年　　月　　日

收件年月日	收件号数	法人名称	纳费人姓名	声请事项	收费数额	备考

此栏应记明某法院登记处	第 册 法 人 登 〔此处盖记 法院印〕 费收据存根簿 民 国 年 月 日

法人登记费收据	收据号数	纳费人姓名	法人名称	声请事项	收费数额	备 考
	第 号					
	民国 年 月 日 ○○法院登记员某 名章					

……………………字 第……………………号……………………

法人登记费收据存根	收据号数	纳费人姓名	法人名称	声请事项	收费数额	备 考
	第 号					
	民国 年 月 日 ○○法院登记员某 名章					

此栏应记明某法院登记处	第 册 法 人 登 〔此处盖记 法院印〕 阅览 钞录 簿 民 国 年 月 日

声请人姓名	收件年月日	法人名称	阅览或发给年月日	登记簿阅览或抄发		收费数目	备考
				册数	页数		

此栏应记明某法院登记处	第　　册 法　　人　　登　　（此处盖记法院印）　　印　　鉴　　簿 民　　国　　　　年　　　　月　　　　日

法人名称 声请人姓名住所 印　　　　鉴 法人登记簿第　　册第　　页	法人名称 声请人姓名住所 印　　　　鉴 法人登记簿第　　册第　　页
法人名称 声请人姓名住所 印　　　　鉴 法人登记簿第　　册第　　页	法人名称 声请人姓名住所 印　　　　鉴 法人登记簿第　　册第　　页
法人名称 声请人姓名住所 印　　　　鉴 法人登记簿第　　册第　　页	法人名称 声请人姓名住所 印　　　　鉴 法人登记簿第　　册第　　页

说　明

一　法人登记簿内所填格式系按照每一法人自其成立日起至解散日止一切登记事项分别填载查照民法总则关于法人登记各条文及登记簿格式内所载年月日细加玩索自可明了至其关于董事代表权之限制清算之终结等类均可于附记栏内

记明

二 法人登记事件无多与不动产登记繁简各异故所定簿册亦有不同分言如下

甲 法人登记簿在首页附载目录一纸无庸另立目录簿

乙 阅览与抄录合为一簿不必分制惟抄录字数应于备考栏内记明

丙 登记公告方法及年月日证书发给之年月日应于登记证书存根内详细记明不必另立簿册

丁 每一登记之法人应照登记簿所载事项另写副本连同声请书类异议或抗告及裁决书类并各种附件照旧式编卷方法编为一个卷宗以便保存而资查考与不动产登记之将声请书类及异议抗告等书类各别分为数档者不同

三 声请书用纸应与登记簿用纸宽长相等可由各该管法院制定发售其填写格式另以部令定之

附训令

为令遵事查法人登记规则业经本部制定公布并通饬施行各在案兹依该项规则第二条之规定制定法人登记簿册格式八种随文颁发仰即依式印发转饬所属遵照该项规则第二十六条及第二十七条各规定分别办理仍将奉到日期具报备查此令

律师名簿程式

姓名		籍贯	
		住所	
		年岁	
		资格	
登录号数			
登录年月日			
律师证书号数			
律师公会加入年月日			
事务所			
惩戒			
备考			

⊙司法行政部及各省高等法院均应置备律师名簿

报部之民事判决书之卷面格式

某年某月某日受理	审理几次	某年某月某日判决	有无上诉	已未确定	主任推事或承办员姓名

判决确定后应执行案件须记明已未执行但高等法院审理者略	诉讼费用若干曾否交纳未交纳者须记明其理由

上判决（摘叙案由）

⊙高等以下法院及各县司法机关应将下列各案件之判决正本按月报部备案（1）债权及物权案件其讼争金额价额在二十元以上者（2）人事诉讼案件（3）原被两造或一造为法人或团体者

不动产登记报告书式

<table>
<tr><td colspan="3">不动产登记报告书</td><td colspan="3">○○○○法院登记处
○○年○○月</td></tr>
<tr><td>声请人姓名</td><td>登记标的</td><td>不动产价值若干</td><td>登记收费若干</td><td>登记已未办结</td><td>备　　考</td></tr>
<tr><td></td><td></td><td></td><td></td><td></td><td></td></tr>
<tr><td></td><td></td><td></td><td></td><td></td><td></td></tr>
<tr><td></td><td></td><td></td><td></td><td></td><td></td></tr>
<tr><td colspan="6">附　注
○○○○法院不动产登记处主任○○○印</td></tr>
<tr><td colspan="6">一　此报告书应于翌月初旬呈由该管高等法院送部</td></tr>
<tr><td colspan="6">二　登记标的栏内应记明为土地或房屋并其权利种类</td></tr>
<tr><td colspan="6">三　登记尚未办结之件应将未结原因于备考栏内记明</td></tr>
<tr><td colspan="6">四　每月不动产登记旧管新收已结未结各件数及所收登记费总数应于附注栏内记明</td></tr>
<tr><td colspan="6">五　各登记处关于不动产登记事项从前未经报部者应将近三年登记总件数及收费总数截至奉令日止于附注栏内记明其已经报部者亦应截至奉令日止记明逐年收费总数以资衔接</td></tr>
<tr><td colspan="6">中 华 民 国　　　年　　　月　　　日</td></tr>
</table>

⊙在土地法未施行前凡关于不动产之登记其呈报司法行政部之报告书均应由法院各登记处依照上式按月填报

假释证书式

<table>
<tr><td>假释证书
姓　名
年　　　　月　　　　日生</td></tr>
</table>

原　　籍	省　县　镇　乡
假释后之住址	省　县　镇　乡
罪　　名	
刑名刑期	
中华民国	年　月　日执行开始
中华民国	年　月　日刑期终了
假释期间	自中华民国　年　月　日起 至中华民国　年　月　日止
须于中华民国	年　月　日到达于居住地
	监狱典狱长
记事及公安局官吏钤印	

注意　旧监狱用时应将典狱长三字改填管狱员

反省人期满出院清册格式

某某省反省人期满出院清册

姓名	年龄	籍贯	原业	案情摘要	原判刑期及经过期间	入院年月日	实施训育年月日	反省期满年月日	反省期内思想行状	评判结果

自新证书式样

某某反省院自新证书存根	反省人　年　岁　省　县人 现在 上反省人反省期满业经本院第　次评判委员会议决准予出院除发给自新证书外合留此根存查 中华民国　年　月　日

证　　字　　第　　号

某某反省院自新证书

反省人　　　年　　　　岁　　　　省　　　　县人

上反省人反省期满经本院第　　　　　　　次评判

委员会议决准予出院合依反省院条例第六条第二项之规定给以自新证书

此证

院长

中 华 民 国　　　　年　　　　月　　　　日

贴　照　相　片

注意：(一)本证书内院长应署名盖章　(一)本证书应用本国纸印刷

各县监身分簿身历表行状录

⊙各省高等法院应翻印如下簿表录纸格大小须与原式一律每县寄发二份一存县政府备查一饬该监狱照办务须详晰记载以便考查

身分簿

<table>
<tr><td colspan="3">身　分　簿</td><td colspan="3">监　狱</td></tr>
<tr><td colspan="3">管　狱　员</td><td colspan="3">主　管　人</td></tr>
<tr><td>入监年月日</td><td></td><td rowspan="6">姓
名</td><td rowspan="6"></td><td>籍　贯</td><td></td></tr>
<tr><td>判决罪名</td><td></td><td>现住地</td><td></td></tr>
<tr><td>刑名刑期</td><td></td><td>职　业</td><td></td></tr>
<tr><td>决判机关</td><td></td><td>身　分</td><td></td></tr>
<tr><td>刑期起算日</td><td></td><td>年　龄</td><td></td></tr>
<tr><td>刑期终结月日</td><td></td><td></td><td></td></tr>
<tr><td>刑期过半月日</td><td></td><td colspan="2">称呼号数</td><td colspan="2">第　　号</td></tr>
<tr><td>刑期算入拘留日数</td><td></td><td colspan="2">收监号数</td><td colspan="2">第　　号</td></tr>
<tr><td>前　　科</td><td></td><td colspan="2">出监年月日及事由</td><td colspan="2"></td></tr>
<tr><td>备
考</td><td colspan="5"></td></tr>
<tr><td colspan="6">编订目录
一　执行书判决书
二　身历表
三　行状录</td></tr>
</table>

身历表

第一	姓名及年龄职业	
第二	本籍地	
第三	出生地	
第四	现住地	
第五	出生别	
第六	父母之姓名年龄存亡配偶及子孙之存亡长男女之年龄	

第七	祖父母伯叔父母兄弟姊妹并同在一户籍内之亲族姓名及其存亡	
第八	生育关系	
第九	财产关系	
第十	一家之生活状态	
第十一	宗教及教育之程度	
第十二	前科	
第十三	嗜好	
第十四	本人之性质素行及本人对于家族并近邻之感情	
第十五	父母兄弟配偶之素行	
第十六	家庭之良否	
第十七	一家与亲族故旧及近邻之交际状况	
第十八	近邻对于其家之品评	
第十九	出狱后之居住地及承受人之姓名职业年龄并居住地	
第二十	其他参考事项	

身历表用例

一 姓名及年龄职业　职业指逮捕以前之职业若有数种时则以何业兼何业记载之

二 本籍地　记载何省何县城内何街门牌几号或何乡何村之类若寄籍时应附记其寄籍处所

三 出生地　记载何省何县城内何街门牌几号或何乡何村之类

四 现住地　记载何省何县城内何街门牌几号或何乡何村之类若系寄留者应附记其寄留何家

五 出生别及与户主之关系　出生别分嫡出庶出私生三种如系弃儿或喑哑者不能分别时须附记其理由并记载该犯与其户主之关系如该犯自为户主时应记明入监后何人继其为户主

六 父母　此项当区别本生父母养父母继父母如为养父母或继父母时应附记本生父母之姓名及存亡并所以从养父母或继父母之故　配偶须记载其姓名若死亡或离别时应记其大要并死亡离别之年月再婚者当附记前后配偶者之姓名及死亡离别之大要　子孙　须分记男女姓名嫡出庶出私生及其存亡

七 兄弟姊妹　兄弟姊妹如入赘出嫁时当记载何家并其居住地其独立而成一家者

当记载其居住地及职业

八　生育　该犯由所生父母抚养抑非由所生父母抚养须详细载明

九　财产　财产分为有资产稍有资产无资产赤贫四种并附记其生活程度为上等中等下等最下等

十　一家之生活状态　此项应据实在状况记载之如父为农母为机织兄及妹佣工之类

十一　宗教　此项应记载信奉何教如佛道回耶之类　教育　此项须区为高等中等小学及有其相当之教育或识字不识字等分别记载之并附记修习之校名塾名习专门之技术者当揭载其名称

十二　前科　前犯之事由刑名刑期与检举审判执行之处所均须载明

十三　嗜好　如嗜好鸦片者当记载何岁吸食瘾量若干因何吸食曾否戒断又嗜好饮酒者须记载常饮或偶饮饮量若干有无酒癖及酒癖有无矫正之希望之类

十四　第十四项以下以监狱确认之事项详细记载之有疑义时函请公安局或自治团体调查之其他各项亦同

行状录

<table>
<tr><td colspan="4">行状录　自中华民国　年　月　日
　　　　至中华民国　年　月　日</td><td colspan="2">号数
姓名</td><td></td></tr>
<tr><td>对于教诲教育之观念</td><td colspan="6"></td></tr>
<tr><td>关于卫生之观念</td><td colspan="6"></td></tr>
<tr><td>关于作业之观念</td><td colspan="6"></td></tr>
<tr><td>对于官吏之言行</td><td colspan="6"></td></tr>
<tr><td>对于同监者之言行</td><td colspan="6"></td></tr>
<tr><td>对于亲属故旧之感情</td><td colspan="6"></td></tr>
<tr><td>赏罚之有无及其情状</td><td colspan="6"></td></tr>
<tr><td>物品之整否</td><td colspan="6"></td></tr>
<tr><td>其他特别事项</td><td colspan="6"></td></tr>
<tr><td>查　定</td><td>行状　善良
良
普通
不良</td><td>有
改悔之状稍有
无</td><td colspan="2">再犯之处　有
无</td><td>盖印</td><td></td></tr>
<tr><td>审查年月日</td><td colspan="6">中　华　民　国　　年　　月　　日</td></tr>
</table>

行状录用例

一 本表于该犯入狱后每六个月审查一次

二 审查须由监狱各官吏会议决定之

三 议决之结果即为具体的方法填载之例如下

一 关于教诲教育之观念 教诲应审查其感想如何是否服膺教育应审查其有无进步喜阅何种书籍记载之

二 关于卫生之观念 此项应审查其于饮食服被沐浴监房等是否注意一身能否清洁记载之

三 关于作业之观念 此项应审查其制品精粗竣工迟速进境有无以及成品材料之管理是否注意有无以其作业为将来生计之观念等记载之

四 对于官吏之言行 此项应审查其言语动作是否谨慎有无骄慢粗暴之情形能否服从官吏之命令等记载之

五 对于同监者之言行 此项应审查其是否和睦有无争闹通谋及不正行为或能劝善规过及发掘阴谋等记载之

六 对于亲属故旧之感情 此项应审查其书信具何意味接见现何状况以及书信接见之疏密平时有无思念情形之流露等记载之

七 赏罚之有无及其情状 此项应将该犯因何事由受何赏罚及执行年月日并执行后有无感奋或愧悔心之表见记载之

八 物品之整否 此项应审查其对于一切物品使用保存是否注意如或毁坏有无嫁祸于人或故意湮灭其迹等记载之

九 其他特别事项 前列各项外该犯一切言行凡足为行刑上之参考者分别记载之

十 查定一栏行状分善良良普通不良四等查定属于何等则填何字样如属善良则填善良字样不良则填不良字样余可类推又盖印栏内凡例会议者均须盖印

看守所人相表式

<table>
<tr><td colspan="3">人　相　表</td><td>号数
姓名</td><td></td><td rowspan="2"></td><td rowspan="2">五
指</td><td rowspan="2"></td></tr>
<tr><td colspan="2">身长及体格</td><td colspan="3"></td></tr>
<tr><td>发</td><td></td><td>眼</td><td colspan="2"></td><td rowspan="4"></td><td rowspan="2">四
指</td><td rowspan="2"></td></tr>
<tr><td>眉</td><td></td><td>齿</td><td colspan="2"></td></tr>
<tr><td>须</td><td></td><td>鼻</td><td colspan="2"></td><td rowspan="2">三
指</td><td rowspan="2"></td></tr>
<tr><td>髯</td><td></td><td>口</td><td colspan="2"></td></tr>
</table>

<table>
<tr><td>额</td><td></td><td>耳</td><td></td><td rowspan="2"></td><td rowspan="2">二指</td><td rowspan="2"></td></tr>
<tr><td>腮</td><td></td><td>面色容貌</td><td></td></tr>
<tr><td colspan="2">斑痕及其他特征</td><td colspan="2"></td><td></td><td>大指</td><td></td></tr>
<tr><td colspan="2" rowspan="2">此处贴正面影片</td><td colspan="2" rowspan="2">此处贴侧面影片</td><td rowspan="2">指　　纹</td><td colspan="2">左　　手</td></tr>
<tr><td colspan="2">右　　手</td></tr>
</table>

⊙凡看守所羁押人犯均须妥印指纹并摄二寸正面侧面影片各三份分贴人相表内一存该所备查一送法院查考一于判决有罪后附送监狱验收

看守所被告人发受书信簿及被告人接见簿格式

被告人接见簿							
许	否	年月日	接见事由	谈话要领	接见者之姓名住所职业及与被告人之关系	被告人之种别及姓名	备考

看守所被告人发受书信簿							
许	否	年月日	被告人姓名及案由	发信及受信	书信摘要	受信发信者之姓名及与被告人之关系	备考
		年月日					
		年月日					
		年月日					

视察监所报告单式

视察某	监　狱 报告单 看守所	（此单每两月报告一次）

谨将　　　年　　　月份视察情形开单呈请

鉴核

某院检察处某检察官某印

某省某县政府视察员某印

计开

（一）人犯数目

甲 定额　乙 实数

（二）建筑

甲 人犯房间是否敷用　乙 屋宇有无损坏

（三）卫生

甲 衣被　乙 饮食　丙 卧处　丁 医药　戊 沐浴　己 运动　庚 厕所或便桶　辛污洁　壬 病犯数目　癸 两月内死亡　人犯数目

（四）作业

甲 基金　乙 人数　丙 种类　丁 收入　戊 成品有无积滞　己 赏与金

（五）教诲

（六）教育

（七）人犯请求事项及处置方法

（八）有无应改良之处及其意见

备　　考	

⊙凡属法院监所应由检察处派检察官各县监所由县政府派视察员每两月前往监所详细视察将视察情形按照上单格式记载明白每两月终报由该管长官转呈司法行政部考核

县监所职员成绩报告表

<table>
<tr><td>官署</td><td colspan="3"></td><td colspan="2"></td></tr>
<tr><td rowspan="2">姓名</td><td rowspan="2"></td><td>别号</td><td></td><td rowspan="2">曾否受过
何种奖罚</td><td rowspan="2"></td></tr>
<tr><td>性别</td><td></td></tr>
<tr><td>年龄</td><td colspan="3"></td><td>性　行</td><td></td></tr>
<tr><td>籍贯</td><td colspan="3"></td><td>体　格</td><td></td></tr>
<tr><td>现职及等级</td><td colspan="3"></td><td rowspan="6">平时成绩</td><td rowspan="6"></td></tr>
<tr><td>担任事务</td><td colspan="3"></td></tr>
<tr><td>任职年月</td><td colspan="3"></td></tr>
<tr><td>现支月俸</td><td colspan="3"></td></tr>
<tr><td>入党年月</td><td colspan="3"></td></tr>
<tr><td>铨叙部甄别审查
合格证书号数</td><td colspan="3"></td></tr>
</table>

<table>
<tr><td rowspan="4">资格</td><td>学历</td><td></td><td>考语</td><td colspan="3"></td></tr>
<tr><td rowspan="2">经历</td><td rowspan="2"></td><td>等别</td><td colspan="3"></td></tr>
<tr><td>核考
长官</td><td>职衔</td><td>签名</td><td>盖印</td></tr>
<tr><td>著述</td><td></td><td colspan="4">中华民国　　年　　月　　日评定</td></tr>
<tr><td colspan="2">监狱科
意　见</td><td colspan="5">中 华 民 国　　年　　月　　日核定</td></tr>
</table>

县监所职员成绩报告表说明

县监所职员平时成绩应就下列事项详细叙述

一　关于监所法令之遵守情形

一　关于监所各种建筑物及所属国有财产之整理保管情形

一　关于监所经费之收支保管情形

一　关于人犯之戒护情形

一　关于人犯精神改善及职业训练之实施情形

一　关于人犯健康状态及卫生事项之设施情形

一　关于出狱人保护之注意情形

一　其他关于各该员主管事项

推检考绩表造报及保管规则 民国二十二年十月六日司法行政部公布

一 高等法院推检考绩表由高法院院长及首席检察官分别填报高等分院地方法院地方分院暨所属地方庭或分庭并县法院推检考绩表由各该法院院长及首席检察官填载呈由高等法院转报高等分院地方法院地方分院县法院院长及首席检察官考绩表其前幅各栏由各该院长首席检察官自行填载后幅各栏由高等法院院长首席检察官于核转时填载之

一 本表限每年度终了后二个月内造齐送部其经由高等法院核转者应于年度终了后一个月内呈送该院

一 高等分院地方法院地方分院及县法院填载各表高等法院院长首席检察官于核转时得就表内加签意见

一 每员填表一页其用纸尺寸(全面直长公尺三寸二分横宽五寸八分边线直长二寸四分五横宽四寸六分四)及各栏大小均照颁发样式不得稍有变更

一 推事考绩表第一表式适用于高等法院高等分院第二表式适用于地方法院地方分院及县法院检察官成绩表式适用于高等以下各级法院表式中承办案件栏所列某类案件如为某法院所无者造表时得将该目删除

一 本表式于候补推检及承办案件之学习推检亦适用之

一 对于院长庭长亦用推事考绩表式院长是否兼充庭长及庭长属于民庭或刑庭应记明于职别栏推事所办者为民事或刑事抑或民刑兼办亦应分别记明

一 本年在职起讫月日栏如该员全年在职应记明全年字样非全年则记明起讫月日

一 承办案件栏之配受总数除记载本年度新配受之案件外并应列入上年度未结案件其行合议审判者只于主任推事名下计算件数如系重大案件由数检察官共同办理者各以一件计算此外关于计算件数应依照民刑案件编号计数规程并参照民刑案件统计年表及月报表造报规则办理

一 院长及首席检察官办理行政事务如特有可纪者得记载于承办案件栏之备考格内若不敷书写时得用另纸记载黏于本栏

一 操守栏得填载简明考语如“可信”“难信”“尚无可议”“未曾被人指摘”之类设曾经被控有案或有足以认其操守谨严之特别事实应详细记明

一 表列人员之性情行状凡特有可纪者如“心思细密”“才气发皇”“寡言”“喜与人争”之类记载于性行栏其有特殊之嗜好或平日行动有异于常人就中如与同僚以外多交际往来者应详细记明其情形

一 学识栏文理法学根底及常识三项均应分列甲乙丙丁四等填载其外国文项下应记明为何国非其程度能随意读外国法律书籍为该长官所深知者不录

一 办事成绩栏应就其办理审判检察或司法行政等事务之优劣分列甲乙丙丁四等填载

一 勤慎栏应记载其是否常守办公时间及请假之多寡与事由

一 该长官考察表列人员之性格才能认为尤适于任推事或检察官或二者均所优为又或认为胜任庭长或法院长官者应记载于堪胜任务栏如尚无正确认识可暂从略

一　表列人员如于本年度曾受惩戒或警告者应将其事由记明于曾受处分栏

一　本人愿望栏以与本栏大小相同之另纸由本人自行填写凡愿以推事改检察官或检察官改推事及愿迁转何职改调何地均可随意记载其只求迁职而不择地或只求易地而甘于降职者亦可记明本人书就签名后应送由该长官黏贴于本栏其有不愿填载者听

一　本表后幅各栏院本人愿望外由长官亲笔填写其非亲笔者应由该长官于各栏记事以后盖章高等分院地方法院地方分院及县法院填载各表由高等法院院长首席检察官加签意见时亦同

一　呈送本表应用密呈表内所载事项经手人员不得泄露

各法院送部之推检考绩表应特备一橱存储之并于总务司第一科科员中指定一人任编存保管之责除长官调阅外不得授与任何人阅视或将所载事项告知

附各法院推检考绩表格式

<table>
<tr><td colspan="8">推事考绩表　　（一）　　年度　　法院</td></tr>
<tr><td rowspan="3">姓名</td><td rowspan="3"></td><td rowspan="11">承办案件</td><td>案件种类</td><td>配受总数</td><td>已结</td><td>未结</td><td>备考</td></tr>
<tr><td>第一审案件</td><td></td><td></td><td></td><td rowspan="10"></td></tr>
<tr><td>第二审案件</td><td></td><td></td><td></td></tr>
<tr><td rowspan="3">职别</td><td rowspan="3"></td><td>第三审案件</td><td></td><td></td><td></td></tr>
<tr><td>抗告案件</td><td></td><td></td><td></td></tr>
<tr><td>再审案件</td><td></td><td></td><td></td></tr>
<tr><td rowspan="5">本年在职起讫月日</td><td rowspan="5"></td><td>覆判案件</td><td></td><td></td><td></td></tr>
<tr><td>假扣押假处分</td><td></td><td></td><td></td></tr>
<tr><td>附带民事诉讼</td><td></td><td></td><td></td></tr>
<tr><td>其他案件</td><td></td><td></td><td></td></tr>
<tr><td>合计</td><td></td><td></td><td></td></tr>
<tr><td colspan="2">操　守</td><td colspan="6"></td></tr>
<tr><td colspan="2">性　行</td><td colspan="6"></td></tr>
<tr><td rowspan="2">学识</td><td>文　理</td><td colspan="3"></td><td>法学根底</td><td colspan="2"></td></tr>
<tr><td>常　识</td><td colspan="3"></td><td>外国文</td><td colspan="2"></td></tr>
<tr><td colspan="2">办　事　成　绩</td><td colspan="6"></td></tr>
</table>

勤 惰	
曾受处分	
堪胜任务	
本人愿望	
备 考	

<table>
<tr><td colspan="8">推事考绩表 （二） 年度 法院</td></tr>
<tr><td rowspan="3">姓名</td><td rowspan="3"></td><td rowspan="13">承办案件</td><td>案件种类</td><td>配受总数</td><td>已结</td><td>未结</td><td>备考</td></tr>
<tr><td>第一审案件</td><td></td><td></td><td></td><td rowspan="12"></td></tr>
<tr><td>第二审案件</td><td></td><td></td><td></td></tr>
<tr><td rowspan="4">职别</td><td rowspan="4"></td><td>抗告案件</td><td></td><td></td><td></td></tr>
<tr><td>再审案件</td><td></td><td></td><td></td></tr>
<tr><td>督促程序</td><td></td><td></td><td></td></tr>
<tr><td>保全程序</td><td></td><td></td><td></td></tr>
<tr><td rowspan="6">本年在职起讫月日</td><td rowspan="6"></td><td>调解事件</td><td></td><td></td><td></td></tr>
<tr><td>强制执行</td><td></td><td></td><td></td></tr>
<tr><td>破产事件</td><td></td><td></td><td></td></tr>
<tr><td>附带民事诉讼</td><td></td><td></td><td></td></tr>
<tr><td>其他事件</td><td></td><td></td><td></td></tr>
<tr><td>合计</td><td></td><td></td><td></td></tr>
<tr><td colspan="2">操 守</td><td colspan="6"></td></tr>
<tr><td colspan="2">性 行</td><td colspan="6"></td></tr>
<tr><td rowspan="2">学识</td><td>文 理</td><td colspan="2"></td><td colspan="2">法学根底</td><td colspan="2"></td></tr>
<tr><td>常 识</td><td colspan="2"></td><td colspan="2">外国文</td><td colspan="2"></td></tr>
<tr><td colspan="2">办事成绩</td><td colspan="6"></td></tr>
<tr><td colspan="2">勤 惰</td><td colspan="6"></td></tr>
</table>

曾受处分	
堪胜任务	
本人愿望	
备考	

<table>
<tr><td colspan="9">检察官考绩表　　　　年度　　　　法院</td></tr>
<tr><td rowspan="4">姓名</td><td rowspan="4"></td><td rowspan="14">承办案件</td><td colspan="2">案件种类</td><td>配受总数</td><td>已结</td><td>未结</td><td>备考</td></tr>
<tr><td rowspan="3">侦查事件</td><td>起诉</td><td></td><td></td><td></td><td rowspan="13"></td></tr>
<tr><td>不起诉</td><td></td><td></td><td></td></tr>
<tr><td>其他</td><td></td><td></td><td></td></tr>
<tr><td rowspan="4">职别</td><td rowspan="4"></td><td colspan="2">第二审案件</td><td></td><td></td><td></td></tr>
<tr><td colspan="2">第三审案件</td><td></td><td></td><td></td></tr>
<tr><td colspan="2">覆判案件</td><td></td><td></td><td></td></tr>
<tr><td colspan="2">再议事件</td><td></td><td></td><td></td></tr>
<tr><td rowspan="6">本年在职起讫月日</td><td rowspan="6"></td><td colspan="2">声请再审</td><td></td><td></td><td></td></tr>
<tr><td colspan="2">参与自诉事件</td><td></td><td></td><td></td></tr>
<tr><td colspan="2">相验事件</td><td></td><td></td><td></td></tr>
<tr><td colspan="2">指挥执行</td><td></td><td></td><td></td></tr>
<tr><td colspan="2">其他事件</td><td></td><td></td><td></td></tr>
<tr><td colspan="2">合计</td><td></td><td></td><td></td></tr>
<tr><td colspan="2">操守</td><td colspan="7"></td></tr>
<tr><td colspan="2">性行</td><td colspan="7"></td></tr>
<tr><td rowspan="2">学识</td><td>文理</td><td colspan="4"></td><td colspan="2">法学根底</td><td></td></tr>
<tr><td>常识</td><td colspan="4"></td><td colspan="2">外国文</td><td></td></tr>
<tr><td colspan="2">办事成绩</td><td colspan="7"></td></tr>
<tr><td colspan="2">勤惰</td><td colspan="7"></td></tr>
</table>

曾受处分	
堪胜任务	
本人愿望	
备考	

各级警察机关拘留各项簿册格式

第一号

收发文件簿								某拘留所
日 月	收或发	号数	文件别	附件	摘由	发处	收处	备考

第二号

检查簿								某拘留所
所长		所官		主任				
年	月	日	午	时	分			
监视官	检查者	入所之检查		在所之检查				
		人犯姓名	有无携带违禁物品	室别	室内是否洒扫周到	被褥及其他常置器具是否整洁	有无其他异状	

第三号

勤务时间配置簿 年 月 日							某拘留所
时间别 姓名别 勤务别	昼间			夜间			备考
	七至十一	十一至三	三至七	七至十一	十一至三	三至七	
附记							

第四号

看守报告书	某拘留所
某拘留所看守报告书　　年　月　日	
事实及意见	判　定

第五号

被拘留人名籍簿												某拘留所
姓名	案由	性别	年龄	籍贯	住所	职业	入所日期	判罚日数	出所日期	移送日期	拘押日数	备考
							月　日	月　日	月　日	月　日	月　日	

第六号

中华民国年

被拘留人入所出所簿						某拘留所
姓名	案由	入所		出所		备考
		月 日	原因	月 日	原因	

第七号

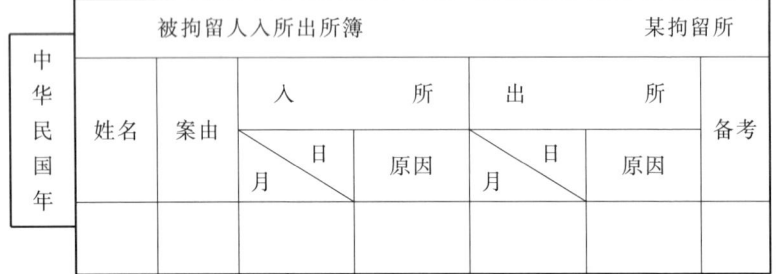

被拘留人提讯出入簿					某拘留所
月 日	姓名	提讯			备考
		机关	事由	时间	

第八号

第　页

被拘留人财物收发保管簿									某拘留所
姓名	案由	月　日		财物名称	件数	月　日		主管长官盖章	附记
		入所	出所			收管	发还		

第九号

第　号

被拘留人发受书信簿								某拘留所
发　受年月日	发　信或受信	号数	摘要	受信发信者之姓名及本人之关系	书信不许发受之原因	发还之年月日	主管长官盖章	附记

第十号

被拘留人接见簿						某拘留所
日／月	被拘留人姓名					备　考
		姓　名	性　别	关　系	住　址	

第十一号

被拘留人惩罚簿								某拘留所
姓名	案由	室别	惩罚事由	惩罚种别	执行始日	执行终日	主管长官盖章	备考

第十二号

<table>
<tr><td colspan="11">被拘留人疾病医治死亡簿　　　　某拘留所</td></tr>
<tr><td rowspan="2">姓名</td><td rowspan="2">案由</td><td rowspan="2">性别</td><td rowspan="2">年龄</td><td rowspan="2">患病名称</td><td rowspan="2">病势及处治方法</td><td colspan="2">日期</td><td colspan="2">死亡</td><td rowspan="2">尸体之处置</td><td rowspan="2">备考</td></tr>
<tr><td>起病</td><td>病愈</td><td>日期</td><td>场所</td></tr>
<tr><td></td><td></td><td></td><td></td><td></td><td></td><td></td><td></td><td></td><td></td><td></td><td></td></tr>
</table>

第十三号

<table>
<tr><td colspan="6">被拘留人在所日数簿　　　　某拘留所</td></tr>
<tr><td rowspan="2">姓　名</td><td rowspan="2">案　由</td><td colspan="2">日　期</td><td rowspan="2">在所日数</td><td rowspan="2">附　记</td></tr>
<tr><td>入　所</td><td>出　所</td></tr>
<tr><td></td><td></td><td>月　日</td><td>月　日</td><td></td><td></td></tr>
</table>

第十四号

<table>
<tr><td colspan="4">某拘留所拘留人数日报簿　　　　某拘留所</td></tr>
<tr><td colspan="2">月日
四柱清册</td><td colspan="2">在所人四柱人数日报簿　　　　中华民国　　年　　月　　日</td></tr>
<tr><td rowspan="6">旧管</td><td rowspan="2">判罚</td><td>男</td><td>名</td></tr>
<tr><td>女</td><td>口</td></tr>
<tr><td rowspan="2">待送</td><td>男</td><td>名</td></tr>
<tr><td>女</td><td>口</td></tr>
<tr><td rowspan="2">寄押</td><td>男</td><td>名</td></tr>
<tr><td>女</td><td>口</td></tr>
<tr><td rowspan="6">新收</td><td rowspan="2">判罚</td><td>男</td><td>名</td></tr>
<tr><td>女</td><td>口</td></tr>
<tr><td rowspan="2">待送</td><td>男</td><td>名</td></tr>
<tr><td>女</td><td>口</td></tr>
<tr><td rowspan="2">寄押</td><td>男</td><td>名</td></tr>
<tr><td>女</td><td>口</td></tr>
</table>

开除	判罚	男	名
		女	口
	待送	男	名
		女	口
	寄押	男	名
		女	口
实在	判罚	男	名
		女	口
	待送	男	名
		女	口
	寄押	男	名
		女	口
总计			名口

第十五号

某拘留所拘押人犯日数月报表						中华民国 年 月 日		
案由	性别	姓名	年龄	籍贯	职业	判罚日数	拘留日数	备考
人数合计	男							
	女							
附记	此表须按月送呈内政部查核							

说明 前项各级警察机关拘留所各项簿册格式共计十五种其直栏长度均为二十二公分“第六第九号二种格式内上冒之月日及号数一栏除外”至横宽及栏数多寡应视其性质各为伸缩惟以使用便利填载敷用为准不必拘泥

⊙上表格均为拘留所规则内所规定者

司法官由京赴任暨调任转任由所在地方赴任程限表

民国十七年六月十五日前司法部公布

十九年二月二十四日司法行政部修正公布同日施行

京	苏	赣	皖	浙	鄂	湘	闽	奥	桂	滇	黔	川	康	鲁	豫	晋	陕	甘	青	宁	新	燕	热	察	绥	黑	吉	辽	
	十五	二十	三十	二十	二五	五十	二五	三十	六十	八十	八十	五五	七十	二十	二五	三十	四十	七十	九十	七十	百五十	二五	三五	三十	三五	四十	三五	三十	京
		二十	二十	二十	二五	三十	二五	三十	六十	八十	八十	五五	七十	二十	二五	三十	四十	七十	九十	七十	百五十	二五	三五	三十	三五	四十	三五	三十	苏
			二十	二五	二十	三十	三五	三五	六五	八五	八五	五五	七十	三五	三十	三五	四五	七十	八五	七十	百五十五	二五	四五	四十	四五	五十	四五	四十	赣
				二五	二十	三十	三五	三五	六五	八十	八十	五五	七十	二十	二十	二五	四十	七十	八十	六五	百五十	二五	三五	三十	三五	四十	三五	三十	皖
					二五	三五	二十	二五	六五	八十	八五	六十	七五	二五	三十	三十	四五	七十	八五	七十	百五十五	二五	四十	三五	四十	四十	三五	三十	浙
						二十	三五	四十	六五	八十	六十	五十	六五	二五	二十	二五	三五	六十	八十	六五	百五十	二五	三五	三五	四十	四十	三五	三十	鄂
							四十	四五	五十	八五	五十	五五	七十	三五	二五	二五	四十	六五	八十	七十	百六十	三五	四五	四十	四五	五十	四五	四十	湘
								二十	五十	九十	九十	六十	八十	三十	三五	三五	四五	七十	一百	八十	百八十	三十	四五	四十	四五	四五	四十	三五	闽
									二五	八十	九五	六五	八五	三十	三五	三五	五十	七五	百〇五	八五	百八十	三十	四五	四十	四五	四五	四十	三五	粤
										六十	五十	八十	九五	六十	六十	六十	九十	一百	百十五	九五	百八十	六十	七十	六五	七十	七五	七十	六五	桂
											五十	七十	七十	九五	八十	一百	百一十	百一十	百三十	百一十	二百	一百	百一十	百〇五	百一十	百一十	百一十	四〇五	滇
												七十	七五	九五	八十	一百	九五	百一十	百一十五	百一十	百九十	一百	百一十	百〇五	百一十	百一十	百一十	四〇五	黔
													三十	六十	五五	六十	五十	八十	八十	八十	百四十	六十	七十	六五	七十	七五	七十	六五	川
														六五	七十	七五	七十	九五	九五	九五	百六十	七十	九十	八十	八五	九十	八五	八十	康
															二十	二十	四十	七十	八十	六五	百五十	二十	三五	二五	三十	三五	三十	二五	鲁
																五十	三十	六五	八五	六五	百四十五	二十	三五	二五	三十	三五	三十	二五	豫
																	三五	六五	八五	六五	百四十五	二十	三五	二十	二五	三五	三十	二五	晋
																		四五	六十	四五	百一十	四十	五十	四五	五十	五五	五十	四五	陕
																			三五	二十	八十	七十	八十	五五	五十	八五	八十	七五	甘
																				三五	八十	八五	九五	七五	七十	百〇五	一百	九五	青
																					八十	六五	六五	四五	四十	八十	七五	七十	宁
																						百六十	百七十	百五十五	百五十	百七十五	百七十	百六十五	新
																							二十	二十	二五	三十	二五	二十	燕
																								二五	三十	四五	四十	三五	热
																									二十	四十	三五	三十	察
																										四五	四十	三五	绥
																											二十	二五	黑
																												二十	吉
																													辽

各本省境内司法官赴任程限表		
附郭地方	十五日	
距省百里以上	三十日	
距省五百里以上	四十日	如交通便利地方限三十日
距省千里以上	六十日	同　　上

司法行政统计年表

各法院设置一览表																	年度				
法院别	设立地点	管辖区域	庭数				员数													民事执行处	登记处
			民事		刑事																
			合议	简易	合议	简易	庭长	推事	候补推事	学习推事	首席检察官	检察官	候补检察官	学习检察官	书记官长	主任书记官	书记官	候补书记官	学习书记官		
备考																					

法院职员在职年限表												年度			
职别	员数	在职年限										出身资格		
		一年未满	一年以上	二年以上	三年以上	四年以上	五年以上	六年以上	七年以上	八年以上	九年以上	十年以上	国内法校毕业	日本法校毕业	欧美法校毕业
院长															
庭长															
首席检察官															
推事															
检察官															
候补推事															
候补检察官															

书记官长															
主任书记官															
书记官															
候补书记官															
学习书记官															
合计															
备考															

法院职员薪津表 年度 某法院									
职别	员数	薪 津							
		司法官		书记官		候补及学习推检		候补及学习书记官	
		简任	荐任	荐任	委任	候补	学习	候补	学习
		一级 二级 三级 四级 五级 六级 七级	一级 二级 三级 四级 五级 六级 七级 八级 九级 十级 十一级 十二级 十三级	一级 二级 三级 四级 五级 六级 七级 八级 九级 十级 十一级	一级 二级 三级 四级 五级 六级 七级 八级 九级 十级 十一级 十一级 十二级	一级 二级 三级 四级 五级 六级	一级 二级 三级 四级	一级 二级 三级	一级 二级
院长									
首席检察官									
庭长									
推事									
候补推事									
学习推事									
检察官									
候补检察官									
学习检察官									
书记官长									

主任书记官		
书记官		
候补书记官		
学习书记官		
合计		

法院职员受惩戒处分表　　　　年度　　　　某法院

职别	惩戒理由								惩戒处分										敬告		备考
	司法官					书记官			司法官				书记官								
	姓名	违背职务	废弛职务	有失职务上威信之行为	有恶劣之嗜好	违背誓词	违背职务	废弛职务	免职	降等	停职	申诫	褫职	降等	减俸	停职	记过	申诫	废弛或侵越职务	行止不检	
院长																					
首席检察官																					
庭长																					
推事																					
候补推事																					
学习推事																					
检察官																					
候补检察官																					
学习检察官																					
书记官长																					
主任书记官																					
书记官																					
候补书记官																					
学习书记官																					
合计																					

法院推事成绩表（一）

职别	姓名	配受总数	已结							未结	已结第一审案件中						已结第二审案件中						已结覆判案件中					其他裁决（裁定）案件					说明
			第一审案件	第二审案件	第三审案件	覆判审件	依惩治盗匪暂行条例办理之盗匪案件	其他裁决（裁定）案件	计		提起上诉者	上诉结果				至本年度终上诉审尚未判决者	提起上诉者	上诉结果				至本年度终上诉审尚未判决者	提起上诉者	上诉结果			至本年度终尚未判决者	提起抗告	抗告结果			至本年度终抗告审尚未裁定（裁决）者	
												驳斥（驳回）上诉	废弃（撤销）原判	变更原判	其他			驳斥（驳回）上诉	废弃（撤销）原判	变更原判	其他			驳回上诉	撤销原判	其他			驳斥（驳回）抗告	废弃（撤销）原裁定（裁决）	其他		
民庭庭长																																	
民庭推事																																	
同上																																	
同上																																	
同上																																	
刑庭庭长																																	
刑庭推事																																	
同上																																	
同上																																	
同上																																	
备考																																	

法院推事成绩表（二）

年度　　某地方法院

职别	姓名	配受总数	已结						未结	已结第一审案件中						已结第二审案件中						已结盗匪案件中					其他裁决（裁定）案件中					说明
			第一审案件	第二审案件	依惩治盗匪暂行条例办理之盗匪案件	其他裁决（裁定）案件	民事执行事件	计		提起上诉者	上诉结果				至本年度终上诉审尚未判决者原判经第二审废弃（撤销）或变更而第三审仍予维持者	提起上诉者	上诉结果				至本年度终上诉审尚未判决者	因有疑误而经再审会审或覆审者	再审会审或覆审结果			至本年度终尚未判决者	提起抗告者	抗告结果			至本年度终抗告审尚未裁定（裁决）者	
											驳斥（驳回）上诉	废弃（撤销）原判	变更原判	其他			驳斥（驳回）上诉	废弃（撤销）原判	变更原判	其他			并无错误照原判执行者	确有错误而改判者	其他			驳斥（驳回）抗告	废弃（撤销）原裁定（裁决）	其他		
民庭庭长																																
民庭推事																																
同上																																
刑庭庭长																																
刑庭推事																																
同上																																
备考																																

法院检察官成绩表

年度　　　　某高等地方法院

职别	姓名	配受总数	已终局											未结局莅庭事件	已终局起诉事件中					已终局第二审案件中					已终局第三审案件中					已终局抗告事件中					已终局再审事件中					其他处分事件中由本管长官依职权而为撤销或更正之处分者	说明
			侦查事件			第二审案件	第三审案件	抗告事件	再审事件	覆判事件	指挥执行事件	其他处分案件	计		判决与起诉文相合者	起诉结果			至本年度终尚未判决者	由检察官上诉者	上诉结果			至本年度终上诉审尚未判决者	由检察官上诉者	上诉结果			至本年度终上诉审尚未判决者	由检察官提起者	抗告结果			至本年度终抗告审尚未决定者	由检察官请求者	再审结果			至本年度终尚未裁定者		
			起诉	不起诉	其他											原检察官上诉	原检察官未上诉	其他			驳斥上诉	撤销原判	其他			驳回上诉	撤销原判	其他			驳回抗告	撤销原裁定	其他			驳斥再审	开始再审	其他			
首席检察官																																									
检察官																																									
同上																																									
同上																																									
同上																																									
备考																																									

县别	职别	姓名	受理总数	已结								未结	已结民刑第一审案件中						已结第一审刑事事件中						已结覆审案件中					已结邻县第二审案件中						已结盗匪案件中					批谕裁决(裁定)事件中					说明
				民刑第一审案件	覆判裁定发回覆审案件	邻县上诉案件	依惩治盗匪暂行条例办理之盗匪案件	批谕(裁决)(裁定)事件	执行事件	其他处分事件	计		提起上诉者	上诉结果●				至本年度终上诉审尚未判决者原判经第二审废弃(撤销)或变更而第三审仍予维持者	未经上诉案件送高等法院覆判者	覆判结果				至本年度终覆判审尚未裁判者	提起上诉者	上诉结果			至本年度终上诉审尚未判决者	提起上诉者	上诉结果				至本年度终上诉审尚未判决者	因有疑误而经再审会审或覆审者	再审会审或覆审结果			至本年度终尚未判决者	提起抗告者	告抗结果			至本年度终抗告审尚未裁决(裁定)者	
														驳斥(驳回)上诉	废弃(撤销)原判	变更原判	其他			核准	为覆审之裁定	为更正之判决	其他			驳回上诉	撤销原判	其他			驳斥(驳回)上诉	废弃(撤销)原判	变更原判	其他			并无错误照原判执行者	确有错误而改判者	其他			维持原批谕(裁决裁定)者	废弃(撤销)原批谕(裁决裁定)者	其他		
某县																																														
某县																																														
某县																																														
某县																																														
某县																																														
备考																																														

未设立地方法院之各县一览表　　省　　年度

别县	司法机关	职员员数									备考
		推事	首席检察官	检察官	司法委员	审判官	承审员	书记官长	书记官	书记员	

司法经费收入支出四柱表　　年度　　某法院

<table>
<tr><td colspan="3">旧管</td><td></td></tr>
<tr><td rowspan="24">新收</td><td colspan="2">预算收入</td><td></td></tr>
<tr><td rowspan="11">状纸收入</td><td>诉状</td><td></td></tr>
<tr><td>辩诉状</td><td></td></tr>
<tr><td>上诉状</td><td></td></tr>
<tr><td>抗告状</td><td></td></tr>
<tr><td>委任状</td><td></td></tr>
<tr><td>限状</td><td></td></tr>
<tr><td>交状</td><td></td></tr>
<tr><td>领状</td><td></td></tr>
<tr><td>保状</td><td></td></tr>
<tr><td>结状</td><td></td></tr>
<tr><td>和解状</td><td></td></tr>
<tr><td rowspan="9">印纸收入</td><td>审判费</td><td></td></tr>
<tr><td>执行费</td><td></td></tr>
<tr><td>送达费</td><td></td></tr>
<tr><td>钞录费</td><td></td></tr>
<tr><td>翻译费</td><td></td></tr>
<tr><td>登记费</td><td></td></tr>
<tr><td>登录费</td><td></td></tr>
<tr><td>罚金</td><td></td></tr>
<tr><td>罚锾</td><td></td></tr>
<tr><td colspan="2">其他收入</td><td></td></tr>
<tr><td colspan="2">合计</td><td></td></tr>
</table>

总计		
开支	薪俸	
	津贴	
	工资	
	办公费	
	解部	
	其他	
	合计	
实在		

律师公会设置一览表　　　　年度

名称	设立地点	会员人数	备考

律师登录及受惩戒人数表　　　　年度

月别	登录人数	撤销登录人数	受惩戒人数	惩戒理由		惩戒处分			备考
				违反律师章程	违反律师公会章程	训戒	停职	除名	
一月									
二月									
三月									
四月									
五月									
六月									

七月									
八月									
九月									
十月									
十一月									
十二月									
合　计									

监狱经费收入支出四柱表　　年度　　某监狱		
旧管		
本年内收入	经常费	
	作业	
	废料售出	
	合计	
本年内支出	薪俸	
	工资	
	囚粮	
	办公费	
	特别支出	
	杂支	
	合计	
实在		
备考		

监房工场设置数目表　　年度　　监狱

监房	男监	杂居	三人	
			五人	
		独居	昼间	
			夜间	
	女监	杂居	三人	
			五人	
		独居	昼间	
			夜间	
	病监	杂居		
		独居		
工场总数				
本监可容纳人数				
本监现容纳人数				
备考				

监狱设立地点及职员薪津表　　年度

监狱名称	设立地点

职别	员数	薪津																														
		荐任											委任													委任待遇						
		一级	二级	三级	四级	五级	六级	七级	八级	九级	十级	十一级	一级	二级	三级	四级	五级	六级	七级	八级	九级	十级	十一级	十二级	十三级	一级	二级	三级	四级	五级	六级	七级
典狱长																																
分监长																																

主任看守长																																
看守长																																
候补看守长																																
教诲师																																
教师																																
医士																																
药剂师																																
合计																																

监狱职员在职年限表　　　　年度　　　　某监狱

职员别	员数	在职年限										
		一年未满	一年以上	二年以上	三年以上	四年以上	五年以上	六年以上	七年以上	八年以上	九年以上	十年以上
典狱长												
分监长												
主任看守长												
看守长												
候补看守长												
教诲师												
教师												
医士												
药剂师												

合计												
备考												

监狱职员任用资格表　　　　年度　　　　某监狱

职别	员数	任用资格									
		具有监所职员任用章程第二条第一款之资格者	具有监所职员任用章程第二条第二款之资格者	具有监所职员任用章程第三条第一款之资格者	具有监所职员任用章程第三条第二款之资格者	具有监所职员任用章程第三条第三款之资格者	具有监所职员任用章程第三条第四款之资格者	具有监所职员任用章程第三条第五款之资格者	具有监所职员任用章程第三条第六款之资格者	在师范学校或中学校毕业或同等学力文理优长善于讲演者	在专门技术学校毕业或有同等学术富有经验者
典狱长											
分监长											
主任看守长											
看守长											
候补看守长											
教诲师											
教师											
医士											
药剂师											
合计											
备考											

监狱职员奖惩表　　年度　　某监狱

职别	姓别	奖					励	惩													戒
		进级	年功加俸	加给津贴	记功	记名升用	计	扣俸	记大过	记过	儆告	移付惩戒									
												惩戒理由			惩戒处分						
												违背誓词	违背职务	废弛职务	褫职	降等	减俸	停职	记过	申诫	计
监狱长																					
分监长																					
主任看守长																					
看守长																					
候补看守长																					
教诲师																					
教师																					
医士																					
药剂师																					
合计																					
备考																					

看守所设立地点及职员俸津表　　年度

看守所名称	设立地点

职别	员数	薪																			津
		委												任	委任待遇						
		一级	二级	三级	四级	五级	六级	七级	八级	九级	十级	十一级	十二级	十三级	一级	二级	三级	四级	五级	六级	七级
所长																					

所　　官																					
候补所官																					
医　　士																					
药剂师																					
其　　他																					
合　　计																					
备　　考																					

看守所职员任用资格表　　　　年度　　　　看守所

职别	员数	任用资格								
		具有监所职员任用章程第二条第一款之资格者	具有监所职员任用章程第二条第二款之资格者	具有监所职员任用章程第三条第一款之资格者	具有监所职员任用章程第三条第二款之资格者	具有监所职员任用章程第三条第三款之资格者	具有监所职员任用章程第三条第四款之资格者	具有监所职员任用章程第三条第五款之资格者	具有监所职员任用章程第三条第六款之资格者	在各专门技术学校毕业或有同等学术富有经验者
所长										
所官										
候补所官										
医士										
药剂师										
其他										
合计										
备考										

看守所职员在职年限表　　　　年度　　　　看守所

职别	员数	在职年限										
		一年未满	一年以上	二年以上	三年以上	四年以上	五年以上	六年以上	七年以上	八年以上	九年以上	十年以上
所长												

所官												
候补所官												
医士												
药剂师												
其他												
合计												
备考												

看守所职员奖惩表 年度 某看守所																					
职别	姓名	奖励						惩戒													
												移付惩戒									
												惩戒理由			惩戒处分						
		进级	年功加俸	加给津贴	记功	记名升用	计	扣俸	记大过	记过	儆告	违背誓词	违背职务	废弛职务	褫职	降等	减俸	停职	记过	申诫	计
所长																					
所官																					
候补所官																					
医士																					
药剂师																					
其他																					
合计																					
备考																					

⊙司法行政统计年表应由高等法院院长及首席检察官分别造送并转饬所属各法监所兼理司法事务之县政府县司法公署县法院依式填载呈由该法院汇齐送部（送部期限以翌年二月末日为限）

刑事统计年表

侦查事件年表										年度											
罪名	受理件数									终结											未结
	旧受	新受区别								合计	起诉	不起诉							移送他管	计	
		由于告诉	由于告发	由于自首	由于请求	由于他法院检察官移送	由于司法警检官移送	其他	计			起诉权已消灭者	犯罪嫌疑不足者	行为不成犯罪者	法律应免除其刑者	对于被告无审判权者	具有刑诉法第二四五条各款情形者	其他			
合计																					
备考																					

刑事第一审案件年表								年度			
罪名	受理件数			终结							未结
	旧受	新受	计	科刑	无罪	免诉	不受理	管辖错误	其他	计	
合计											

备考											

刑事案件自诉年表 年度

罪名	受理件数			终结								未结	自诉人之区别					计
						判决												
	旧受	新受	计	驳回	撤回	科刑	无罪	不受理	免诉	其他	计		被告人	法定代理人	保佐人	配偶	亲属	

刑事第二审案件年表一 年度

罪名	受理件数			终结						未结	新受件数内上诉声明人之区别							
				判决														
	旧受	新受	计	撤销原判决	驳回上诉	计	撤回上诉	其他	计		检察官	被告	自诉人	法定代理人	保佐人	配偶	原审辩护人	原审代理人

合计																		
备考																		

刑事第二审案件年表二　　　　年度

原审审法院	受理件数			终结						未结	新受件数内上诉声明人之区别							
	旧受	新受	计	判决			撤回上诉	其他	计		检察官	被告	自诉人	法定代理人	保佐人	配偶	原审辩护人	原审代理人
				撤销原判决	驳回上诉	计												
合计																		
备考																		

刑事第二审案件年表三　　　　年度

原审判法院	撤销件数	撤销之理由				
		上诉有理由	上诉无理由而原判决不当	原审判决谕知不受理系不当	原审判决谕知管辖错误系不当	原审判为管辖错误之判决系不当

合计						
备考						

刑事第三审案件年表一																年度		
罪名	受理件数			终结						未结	新受件数内上诉声明人之区别							
				判决			撤回上诉	其他	计									
	旧受	新受	计	撤销原判决	驳回上诉	计					检察官	被告	自诉人	法定代理人	保佐人	配偶	原审辩护人	原审代理人
合计																		
备考																		

刑事第三审案件年表二																年度		
原审判法院	受理件数			终结						未结	新受件数内上诉声明人之区别							
				判决			撤回上诉	其他	合计									
	旧受	新受	计	撤销原判决	驳回上诉	计					检察官	被告	自诉人	法定代理人	保佐人	配偶	原审辩护人	原审代理人

合计																		
备考																		

刑事第三审案件年表三　　　　　　　　　年度

原审判法院	撤销件数	撤销之理由						
		违背法令者	应谕知免诉或不受理者	判受后刑罚有废止变更或免除者	谕知管辖错误系不当者	谕知不受理系不当者	未为管辖错误之判决系不当者	其他
合计								
备考								

刑事抗告案件年表　　　　　　　　　年度

原审判法院	受理件数			终结						未结
	旧受	新受	计	裁定			撤回抗告	其他	计	
				撤销原裁定	驳回抗告	计				

合计										
备考										

刑事覆判案件年表一								年度			
罪名	受理件数			终结							未结
					覆审裁定						
	旧受	新受	计	核准	发回原审县政府县司法公署或县法院覆审	提审	指定推事莅审	更正	其他	计	
合计											
备考											

刑事覆判案件年表二								年度			
罪名	受理件数			终结							未结
					覆审裁定						
	旧受	新受	计	核准	发回原审县政府县司法公署或县法院覆审	提审	指定推事莅审	更正	其他	计	

合计											
备考											

刑事再审案件年表一　　　　年度

原审判法院	受理件数			终结					未结
	旧受	新受	计	驳回	更审	撤回	其他	计	
合计									
备考									

刑事再审案件年表二　　　　年度

原审判法院	提起再审之理由														
	为受刑人利益提起者						计	为受刑人或被告人不利益提起者						计	合计
	刑诉第四四一条第一款	刑诉第四四一条第二款	刑诉第四四一条第三款	刑诉第四四一条第四款	刑诉第四四一条第五款	刑诉第四四一条第六款		刑诉第四四一条第一款	刑诉第四四一条第二款	刑诉第四四一条第三款	刑诉第四四一条第六款	刑诉第四四二条第二款	刑诉第四四二条第三款		

合计															
备考															

刑事缓刑案件年表　　　　　　年度

罪名	缓刑之人数	曾否受刑		现科刑名					缓刑期间				撤销缓刑之宣告	
		未曾受拘役以上刑之宣告者	前受拘役以上刑之宣告执行完毕或免除后三年以内未曾受拘役以上刑之宣告者	徒刑			拘役	罚金	五年	四年以上	三年以上	二年以上	缓刑期内更犯罪受有期徒刑以上刑之宣告者	在缓刑期内发觉前犯他罪曾受有期徒刑以上刑之宣告者
				二年	一年以上	二月以上								
合计														
备考														

附带民事诉讼案件年表　　　　　　年度

诉讼之目的	受理件数			终					结	未结
	旧受	新受	计	胜诉		败诉	舍弃或和解	其他	计	
				全部	几部					
追还脏物										
赔偿损害										

恢复名誉										
其　他										
合　计										
备　考										

罚金执行统计年表

执行法院	人数及金额	总数			执行						未执行	不纳罚金易监禁者				
		上年未执行案件	本年度之执行命令案件	计	完纳全额者	数部		全未完纳者	消灭	嘱托他法院或他公署征收		一年以下	九月以下	六月以下	三月以下	一月以下
						纳	不纳									
	人数															
	金额															
备考																

死刑徒刑拘役执行统计年表　　　　年度

执行法院	总数			执行				消灭	停止执行	未执行
	上年未执行案件	本年度之执行命令案件	计	死刑	徒刑		拘役			
					无期	有期				
合计										
备考										

刑事确定案件被告人年表一　　年度

罪名	男女别	总数	刑名																				
			死刑	无期徒刑	有期徒刑									拘役	罚金								
					十五年以上	十年以上	七年以上	五年以上	三年以上	一年以上	六月以上	二月以上	计		二千元以上	一千元以上	五百元以上	三百元以上	一百元以上	五十元以上	十元以上	一元以上	计
	男																						
	女																						
	男																						
	女																						
	男																						
	女																						
合计	男																						
	女																						
备考																							

刑事确定案件被告人年表二　　年度

罪名	男女别	总数	加重						免除						减轻															
			累犯不同一或不同款之罪一次	累犯不同一或不同款之罪二次以上	累犯同一或同款之罪一次	累犯同一或同款之罪二次以上	其他	计	中止	未遂	防卫行为过当	救护行为过当	其他	计	自首	中止	未遂	从犯	防卫行为过当	救护行为过当	不知法令	喑哑	心神耗弱	酗酒非出故意	十三岁以上十六岁未满	八十岁以上	其他	计	酌减	合计
	男																													
	女																													
	男																													
	女																													

	男																													
	女																													
合计	男																													
	女																													
备考																														

刑事确定案件被告人年表三												年度
罪名	男女别	总数	年龄									
			十三岁以上十六岁未满	十六岁以上	二十岁以上	三十岁以上	四十岁以上	五十岁以上	六十岁以上	七十岁以上	八十岁以上	未详
	男											
	女											
	男											
	女											
	男											
	女											
合计	男											
	女											
备考												

刑事确定案件被告人年表四																							年度
罪名	男女别	总数	职业												资产				生计				
			农业	工业	商业	牧畜	交通业	渔猎	公务	自由业	雇佣业	其他	无职业	未详	有资产	稍有资产	无资产	未详	奢侈生活	普通生活	质朴生活	贫困生活	未详
	男																						
	女																						
	男																						
	女																						

	男																						
	女																						
合计	男																						
	女																						
备考																							

刑事确定案件被告人年表五　　　　年度

罪名	男女别	总数	教育程度					家庭状况								
			受高等教育者	受普通教育者	能识字写字者	全无教育者	未详	未婚者		配偶者		离婚者		鳏寡者		未详
								有父母	无父母	有子	无子	有子	无子	有子	无子	
	男															
	女															
	男															
	女															
	男															
	女															
合计	男															
	女															
备考																

覆准死刑人数年表　　　　年度

罪名	覆准年月	执行年月	备考

⊙刑事统计年表由各级法院暨检察处分别审检部分依式编制报部核办分院分庭简易庭须呈由该本院汇报(最高法院年表格式由最高法院处定之)填报期限以翌年二月末日为限

监狱统计年表

入监出监人数表			年度	某监狱
出入别		男女别	人	数
上年留监		男		
		女		
本年内入监	新受徒刑拘役之执行	男		
		女		
	假释撤销	男		
		女		
	缓刑撤销	男		
		女		
	停止执行事实消灭	男		
		女		
	受死刑之宣告	男		
		女		
	罚金易科监禁	男		
		女		
	其他	男		
		女		
	合计	男		
		女		

本年内出监	死刑之执行	男	
		女	
	刑期执行完毕	男	
		女	
	停止刑之执行	男	
		女	
	假释	男	
		女	
	判决撤销	男	
		女	
	死亡	男	
		女	
	逃走	男	
		女	
	赦免	男	
		女	
	其他	男	
		女	
	合计	男	
		女	
本年末日在监		男	
		女	
一日平均		男	
		女	
备考			

本年新受徒刑拘役执行人犯表(一)　　年度　　某监狱

罪名	男女别	总数	刑名										
			无期徒刑	有期徒刑									拘役
				十五年以上	十年以上	七年以上	五年以上	三年以上	一年以上	六月以上	二月未满	计	
	男												
	女												
	男												
	女												
	男												
	女												
合计	男												
	女												
备考													

本年新受徒刑拘役执行人犯表(二)　　年度　　某监狱

年龄	男女别	总数	刑名											
			无期徒刑	有期徒刑										拘役
				十五年以上	十年以上	七年以上	五年以上	三年以上	一年以上	六月以上	二月以上	二月未满	计	
十三岁以上	男													
	女													
十六岁以上	男													
	女													
二十岁以上	男													
	女													
二十五岁以上	男													
	女													

三十岁以上	男													
	女													
三十五岁以上	男													
	女													
四十岁以上	男													
	女													
五十岁以上	男													
	女													
六十岁以上	男													
	女													
七十岁以上	男													
	女													
八十岁以上	男													
	女													
合　计	男													
	女													
备考														

犯罪度数表					年份					某监狱				
犯罪度数	男女别	总数	职业											
			农业	工业	商业	牧畜	渔猎	交通业	公务	自由业	雇佣业	无业	未详	其他
初　犯	男													
	女													
累犯同一或同款之罪一次	男													
	女													
累犯同一或同款之罪二次以上	男													
	女													

累犯不同一或不同款之罪一次	男													
	女													
累犯不同一或不同款之罪二次以上	男													
	女													
合　计	男													
	女													
初犯与累犯百分比较数	初犯	男												
		女												
	初犯	男												
		女												
备　考														

在监人犯疾病死亡表(一)　　　　年度　　某监狱

年龄	男女别	总数	疾病	死亡			合计
				病死	变死	计	
十三岁未满	男						
	女						
十三岁以上	男						
	女						
十六岁以上	男						
	女						
二十岁以上	男						
	女						
二十五岁以上	男						
	女						
三十岁以上	男						
	女						

三十五岁以上	男						
	女						
四十岁以上	男						
	女						
五十岁以上	男						
	女						
六十岁以上	男						
	女						
七十岁以上	男						
	女						
八十岁以上	男						
	女						
合　　计	男						
	女						
备　　考							

在监人犯疾病死亡表(二)　　年度　　某监狱

病名	男女别	总数	一月		二月		三月		四月		五月		六月		七月		八月		九月		十月		十一月		十二月		计	
			患者	死亡	患者	死亡	患者	死亡	患者	死亡	患者	死亡	患者	死亡	患者	死亡	患者	死亡	患者	死亡	患者	死亡	患者	死亡	患者	死亡	患者	死亡
	男																											
	女																											
	男																											
	女																											
	男																											
	女																											
	男																											
	女																											

	男																											
	女																											
	男																											
	女																											
	男																											
	女																											
合计	男																											
	女																											
备考																												

假释及撤销假释人数表　　　　年表　　　　某监狱

罪名	假释人数							撤销假释人数		
	无期徒刑	有期徒刑						假释期内更犯罪受拘役以上之宣告者	犯假释管束规则者	计
		十五年以上	十三年以上	十年以上	七年以上	四年以上	计			
合计										
备考										

监狱作业表　　　　年度　　　　某监狱

作业别	男女别	作业人数	成品数
	男		
	女		

	男		
	女		
	男		
	女		
	男		
	女		
	男		
	女		
	男		
	女		
备考			

监狱教育调查表			年度	某监狱	
教师人数	被教育人数	每周教育时间	用书种数	成绩比较	
				能识字人数	能晓文义人数
备考					

监狱教诲调查表			年度	某监狱	
教诲师人数	被教诲人数	每周教诲时间	用书种类	成绩比较	
				能听受人数	能感受人数
备考					

⊙监狱统计年表应由各监狱依式编制呈由该监督法院检察处汇报(填报期限以翌年二月末日为限)

民事报告书式（三种）

管收民事被告报告书　○○年○月份	○○○○○法院 ○○县司法○○
旧管　名 新管　名	共计○○名
被管收人	
案由	
管收月日	
管收原因	
已经管收日数	
提讯次数及日数	
管收处所	
管收状况	
承办本案推事或审判员	
备考	

注意事项

一　被管收人一行应顶一格写余各低一格以清眉目

二　管收处所是否拥挤被管收人如有疾病是否经医诊治应于管收状况项下注明

三　凡因本案终结或因被管收人有相当保证而释放者应于备考项下注明

四　旧管新管人数只在首页记明余页毋须再填

民事执行报告书　○○年○月份	○○○○○法院 ○○县司法○○
债务人姓名及案由	
收案日期	
执行标的	
执行方法	
执行日期	
执行费用	
备考	

注意事项
一 本表所载案件之顺序以收案月日之先后为准
二 每一案债务人姓名一行应顶一格写其余皆低一格以清眉目
三 执行标的一行应记明应予执行之金额若干元及关于动产不动产或关于行为及不行为之执行
四 执行方法一行例如调查查封拍卖强制管理及第三债务人之转付命令或处过怠金之类应分别记明
五 执行费用一行应记明征收数目日期及征收方法
六 凡执行终结之件应于备考内记明
七 旧管新收件数应于末页填载并记明已结未结件数
八 执行案件若在百起以上其上月分已经报告之案件如至本月分尚未完结而执行情形较上月所报并无变更者可不再列报只附列一表于后备查(表式如后)
九 报告书用纸尺寸与诉讼用纸同

民事执行未结案件表 ○○年○月份 ○○○○○法院 ○○县司法○○

一 某某应偿还某某债务若干元一案	收案年月	执行未结之原因
一 某某应交某某某种物品一案		
以下例推		

以上共若干案其执行情形已于○○年○月分报告书内具报尚未完结其执行情形至本月并无变更合并陈明

民事涉外案件报告书 ○○年○月份

○○○○○法院
○○县司法○○

当事人姓名国籍	涉讼概要	受理年月日	征收讼费若干	裁判送达之月日及有无不服	未结之原因及进行程度	执行情形	备考

注意事项

一 讼费一栏所以测案情之大小如未收费应记明受救助之原因及诉讼标的价额为若干元

二 外人如要求观审及观审人员姓名身分与观审情形应于备考栏内记明未要求者不记

三 上诉机关查有由交涉员受理者此后如均由法院受理可从略

四 每月旧管新收已结未结件数应于报告书末填载确数

五 报告书用纸尺寸与诉讼用纸同每页每面至少须分别二案以上并应装订成册后附裁判书缮本或和解笔录

六 附有裁判书缮本及和解笔录者应于报告书末记明附送某某等案某种缮本或笔录若干件其缮本或笔录之书面与其他报部之裁判书面式样同

七 此项报告书应由各该管高等法院核转至民事涉外月报表专供统计之用应连同各诉讼月报由各法院迳行呈部

（壬）官等官俸

目 次

说明

一 本表俸额数字以元为单位

一 本表所定办事员包括特务员事务员译电员管卷员文牍员绘图员等

一 各县县长及其佐治人员其最低级俸得由各省政府按照各县情形在本表规定范围内斟酌拟定报由铨叙部备案

一 各市市长应叙级俸得由行政院或省政府按照各该市政府情形在本表规定范围内斟酌拟定报由铨叙部备案

一 省政府所属各厅其设有视察员及技正技士技佐者应由各该省政府比照科长科员叙俸报由铨叙部核定行之

一 各机关有依组织法设荐任及委任书记官其地位与各部会不同者比照科长科员叙俸报由铨叙部核定行之

一 各院会委员由各该机关酌拟级俸报由铨叙部核定行之

一 初任人员依照任用法第十二条第一项上半段之规定按本表各该官等之最低级俸叙起但递升官职者得视原俸之高下酌叙等级

一 非初任人员依照任用法第十二条第一项下半段之规定得按原级叙俸但不得超过本表各该官等之最高级俸

一 委任官之分三等者初任人员得分别就各该等之最低级叙俸

一 凡财政支绌及生活程度较低地方得由各该省市政府就各该地方财政状况依照本表所定等级酌拟俸额或减成支给并报铨叙部核定备案

一 各机关如有本表所举以外合于法定组织之公务员应由各该机关主管长官比照本表同等人员详拟应叙等级及应支俸给报由铨叙部核定行之

暂行文官官等官俸表

任别	级别	俸别	国民政府	五院及各部会	省政府及各厅	行政院及省政府所属市政府	县政府及各
特任		800	文官长 主计长	部长 委员长			
简任	一	680	局长；主计官 秘书	技监 署长 秘书长；次长 副委员长	省主席	市长	
	二	640			厅长 委员；秘书长		
	三	600	会计长 统计长 参事	厅长 司长 审计长；秘书参事技正			
	四	560					
	五	520		督学 编审 编修		秘书长 局长	
	六	490				参事	
	七	460					
	八	430					一等县长
荐任	一	400	秘书科长技师；统计主任会计主任	秘书科长编审技正；编审督学视察技士	秘书科长	秘书长 局长；市长；参事秘书科长	二等县长
	二	380					三等县长
	三	360	荐任科员				
	四	340					
	五	320		荐任科员			
	六	300					
	七	280					
	八	260					
	九	240					
	十	220					
	十一	200					
	十二	180					
委任	一	200	一等科员 技士 统计员 会计员	一等科员 技士	一等科员	一等科员；秘书 科长 局长	秘书科长局长
	二	180	一等书记官	一等技佐			
	三	160					
	四	140	二等科员 技士 统计员 会计员；一等办事员	一等书记官			县督学科员
	五	130		二等科员 技士			
	六	120	二等书记官	二等技佐	二等科员	二等科员	
	七	110	三等科员 技士 统计员 会计员				
	八	100		二等书记官；一等办事员	一等办事员	一等办事员	
	九	90	二等办事员	三等科员 技士			
	十	85	三等书记官	三等技佐			
	十一	80		二等办事员	三等科员；二等办事员	三等科员；二等办事员	
	十二	75		三等书记官			办事员
	十三	70	三等办事员				
	十四	65		三等办事员	三等办事员	三等办事员	
	十五	60					
	十六	55					

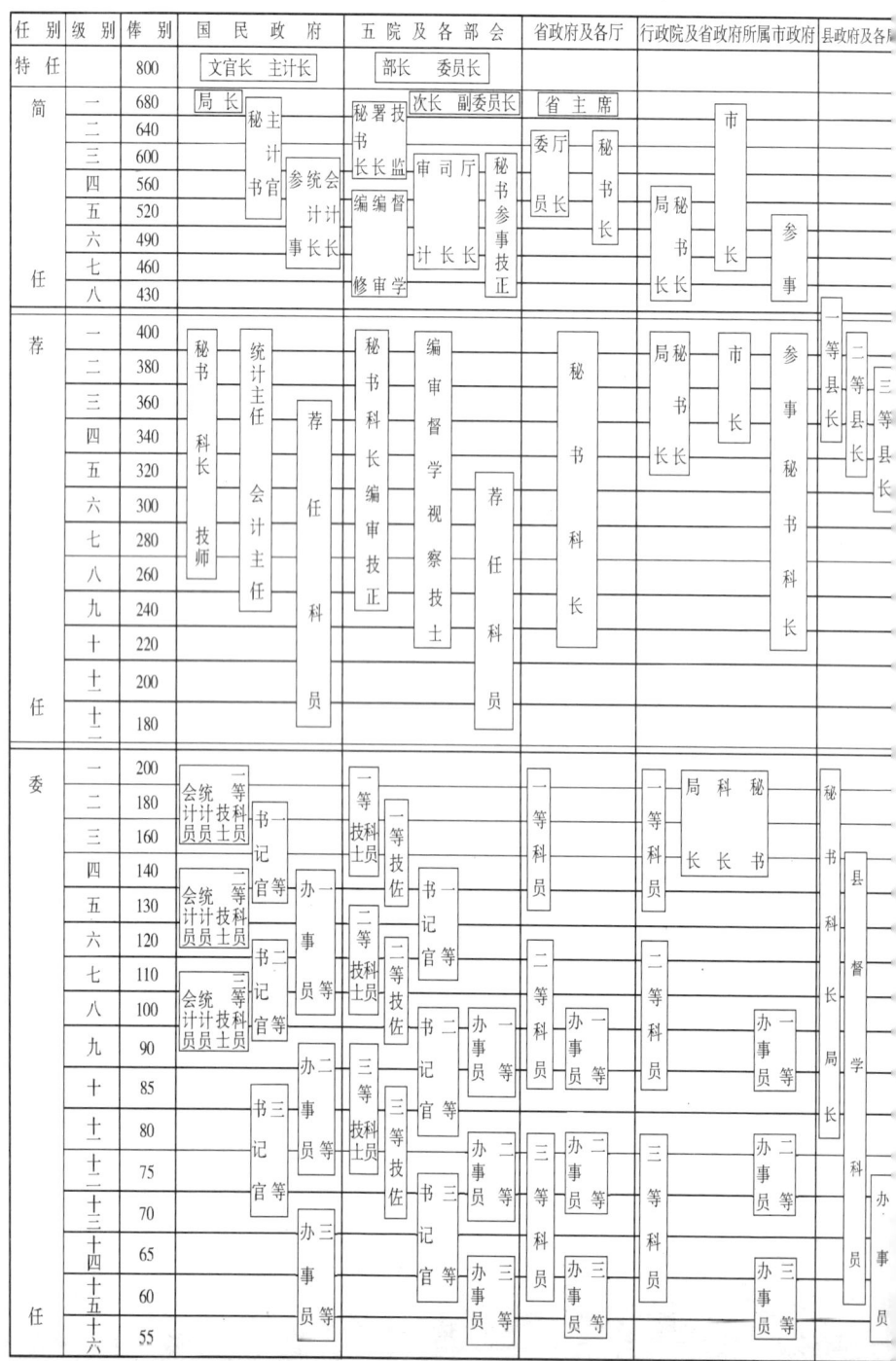

司法官官俸表

任别	级别	俸别	最高法院	高等法院	高等法院分院	地方法院	地方法院分院
特任		800	院长				
简任	一	675	首席检察官、庭长	院长			
简任	二	635	首席检察官、庭长	院长			
简任	三	595	首席检察官、庭长	院长			
简任	四	555	首席检察官、庭长、推事、检察官	院长			
简任	五	515	首席检察官、庭长、推事、检察官	院长			
简任	六	475	庭长、推事、检察官	院长			
简任	七	435	推事、检察官	院长			
荐任	一	400	推事、检察官	庭长、首席检察官、推事、检察官	院长、首席检察官、庭长、推事、检察官	院长、首席检察官	
荐任	二	380	推事、检察官	庭长、首席检察官、推事、检察官	院长、首席检察官、庭长、推事、检察官	院长、首席检察官	
荐任	三	360	推事、检察官	庭长、首席检察官、推事、检察官	院长、首席检察官、庭长、推事、检察官	院长、首席检察官、庭长	院长
荐任	四	340	推事、检察官	庭长、首席检察官、推事、检察官	院长、首席检察官、庭长、推事、检察官	院长、首席检察官、庭长	院长、首席检察官
荐任	五	320	推事、检察官	庭长、首席检察官、推事、检察官	院长、首席检察官、庭长、推事、检察官	院长、首席检察官、庭长	院长、首席检察官
荐任	六	300	推事、检察官	庭长、首席检察官、推事、检察官	院长、首席检察官、庭长、推事、检察官	院长、首席检察官、庭长、推事、检察官	院长、首席检察官、庭长、推事、检察官
荐任	七	280		庭长、推事、检察官	院长、首席检察官、庭长、推事、检察官	院长、首席检察官、庭长、推事、检察官	院长、首席检察官、庭长、推事、检察官
荐任	八	260		庭长、推事、检察官	院长、首席检察官、庭长、推事、检察官	院长、首席检察官、庭长、推事、检察官	院长、首席检察官、庭长、推事、检察官
荐任	九	240		推事、检察官	首席检察官、庭长、推事、检察官	首席检察官、庭长、推事、检察官	院长、首席检察官、庭长、推事、检察官
荐任	十	220		推事、检察官	庭长、推事、检察官	庭长、推事、检察官	院长、首席检察官、庭长、推事、检察官
荐任	十一	200		推事、检察官	庭长、推事、检察官	庭长、推事、检察官	院长、首席检察官、庭长、推事、检察官
荐任	十二	180				推事、检察官	首席检察官、庭长、推事、检察官
荐任	十三	160				推事、检察官	庭长、推事、检察官

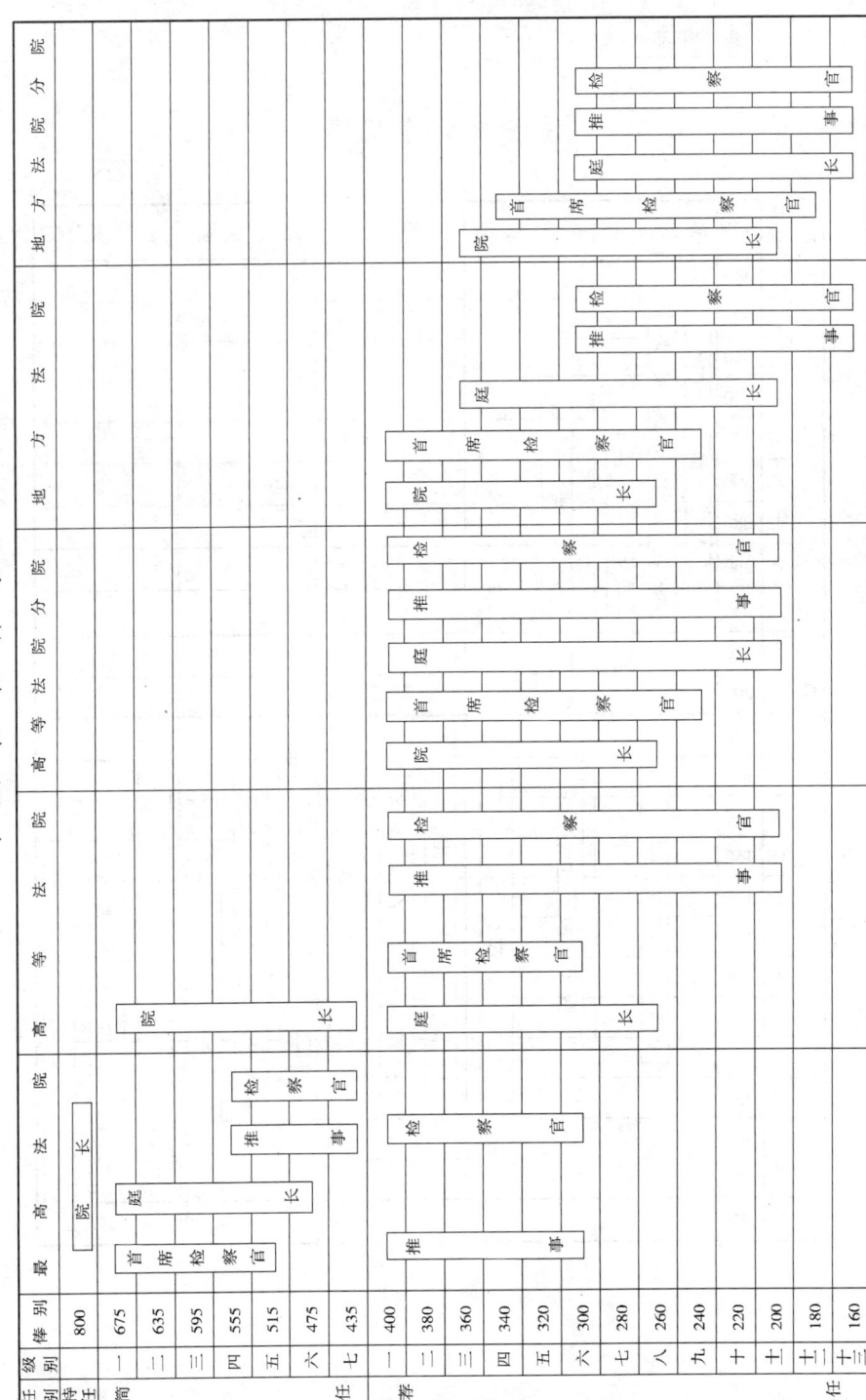

法院书记官官俸表

任别	级别	俸别	最高法院	高等法院	高等法院分院	地方法院	地方法院分院
荐	一	400	书				
	二	380	检				
	三	360	记 察				
	四	340	署				
	五	320	官 主 书	书			
	六	300	任				
	七	280	长 书	记			
	八	260	记 记				
	九	240	官	官			
	十	220					
	十一	220	官	长			
任	十二	200					
委	一	180	书	检 书	书	书	书
	二	170		察	检	检	
	三	160		处	察	察	
	四	150		主	记 处	记 处	检
	五	140	记	任	主 书	主 书	记 察 书
	六	130		书 记	官 任	官 任	处
	七	120		记	书	书	主
	八	110	官	官			任
	九	100			长 记 记	长 记 记	官 记
	十	90			官	官	书
	十一	80					记
	十二	70		官			长 官
任	十三	60			官	官	官

监所职员官俸表

任别	级别	俸别	甲种新典狱			乙种新监狱			法院看守所	
荐任	一	400	典狱长							
荐任	二	380	典狱长							
荐任	三	360	典狱长							
荐任	四	340	典狱长							
荐任	五	320	典狱长							
荐任	六	300	典狱长							
荐任	七	280	典狱长							
荐任	八	260	典狱长							
荐任	九	240	典狱长							
荐任	十	220	典狱长							
荐任	十一	200	典狱长							
委任	一	180	分监长	主科看守长		典狱长			所长	
委任	二	170	分监长	主科看守长		典狱长			所长	
委任	三	160	分监长	主科看守长		典狱长			所长	
委任	四	150	分监长	主科看守长		典狱长			所长	
委任	五	140	分监长	主科看守长	看守长	典狱长	分监长		所长	
委任	六	130	分监长	主科看守长	看守长	典狱长	分监长	主科看守长	所长	所官
委任	七	120	分监长	主科看守长	看守长	典狱长	分监长	主科看守长	所长	所官
委任	八	110	分监长	主科看守长	看守长	典狱长	分监长	主科看守长	所长	所官
委任	九	100		主科看守长	看守长		分监长	主科看守长	所长	所官
委任	十	90		主科看守长	看守长		分监长	主科看守长		所官
委任	十一	80		主科看守长	看守长		分监长	主科看守长		所官
委任	十二	70			看守长		分监长	主科看守长		所官
委任	十三	60								

警察官官等表　民国十七年十一月十日内政部公布

任别／等别／级别	简任				荐任					委任						
	一等		二等		三等			四等		五等			六等		七等	
	一级	二级	三级	四级	一级	二级	三级	四级	五级	一级	二级	三级	四级	五级	六级	七级
特别市公安局			局长				督察长 技术官 秘书科长	分局长			督察员 技术员 科员			分局局员	巡官	
省会公安局						局长				督察长技术官 秘书科长分局长			督察员技术员科员 分局局员		巡官	
普通市公安局						局长				督察长 技术官 秘书科长 分局长			督察员技术员科员 分局局员		巡官	
县公安局										局长			科长 分局长		分局科员 局员 巡官	
附记	查现今警察制度正在改进时代将来首都公安或另有规定故本表简任一等一二两级暂行从缺以为将来地步及警察长官有特殊绩者奖进之需															

警察官俸给表 民国十七年十一月十日内政部公布

级别＼任别	简任	荐任	委任
第一级	五八〇元	三四〇元	一五〇元
第二级	五二〇元	三〇〇元	一三〇元
第三级	四六〇元	二六〇元	一一〇元
第四级	四〇〇元	二二〇元	九〇元
第五级		一八〇元	七〇元
第六级			五〇元
第七级			三〇元

外交官领事官官俸表 民国十九年十二月二十七日国府核准

	特任	简任		荐任					委任		
俸给	八〇〇	六〇〇	五六〇	三七〇	三四〇	三一〇	二八〇	二五〇	二〇〇	一八〇	一六〇
勤俸	一.六〇〇	一.二〇〇	一.一六〇	七四〇	六八〇	六二〇	五六〇	五〇〇	四〇〇	三六〇	三二〇
总计	二.四〇〇	一.八〇〇	一.六八〇	一.一一〇	一.〇二〇	九三〇	八四〇	七五〇	六〇〇	五四〇	四八〇
	大使	一级	二级	一级	二级	三级	四级	五级	一级	二级	三级
		公使	公使	一等秘书	一等秘书	二等秘书	三等秘书	随员	主事	主事	主事
			参事	总领事	总领事	领事	副领事	随习领事			
			专任代办		二等秘书	副领馆副领事	随员	通商事务员			
					领事	副领事	通商事务员				
					副领馆副领事						

乙　部

世界法家人名录

世界法家人名辭典

謝冠生

＊谢冠生(1897—1971)，浙江嵊县人。1914 年入商务印书馆编辑《辞源》、《中国地名大词典》，1922 年赴法国巴黎大学获法学博士学位，1927 年任外交部条约委员会委员兼国立中央大学法律系主任，1929 年任司法院秘书长，1934 年 10 月任司法行政部次长，1937 年 8 月任司法行政部部长，1948 年任公务员惩戒委员会委员长。

序　一

社会演变，法制精进，其推动之原因维何？原有唯物与唯心二说。前者以法制之演进，为基于社会经济之变动，后者则归功于人类精神之创造。

夫社会之经济关系，为社会构造之基础，固能成为法制发达之原因。但其发达也，初非随经济关系之变动，而为自然之演进者，实亦赖伟大之人为努力有以致之。然则古今来之伟大法律家，其在法制史上之创造活动，又乌能漠视耶？美国学者庞德(R. Pound)氏云：无巴平利安(Papinianus 170—228)及阿尔比安(D. Ulpianus 170—9)等，则不得有罗马法，无格鲁秋(Hugo Grotius 1583—1645)则不得有国际法。无波提挨(R. J. Pothier 1699—1772)则不得有法兰西法，无萨文宜(F. K. V. Savigny 1779—1861)则不得有德意志法，无米恰尔(W. Mitchell 1844—?)则不得有美国宪法之司法优越权。其於伟大法律家在法制史上之勋绩，可谓极尽其推崇之能事矣。

彭君素夫，手编古今法家之言行著述，都为一卷，颜曰世界法家人名辞典。俾读者了然于法制所以演进之故，其用意殆与庞氏不约而同欤！

中华民国二十四年(1935年)三月一日

江陵张知本序*

于上海

---

* 张知本(1881—1976)，湖北江陵人。13岁考中秀才，1900年官费留学日本法政大学。1905年加入同盟会，任武昌法政学堂和法官养成所监督、教席。1911年10月，任湖北军政府司法部长，协助宋教人起草《鄂州临时约法》。出任江汉大学校长，武昌中华大学、上海法政大学、湖北法科大学教授、校长。1933年任宪法草案委员会副委员长，主持起草民国宪法。1936年任北平朝阳大学校长，次年任司法院秘书长，1942年任行政法院院长。1949年去中国台湾，曾任“总统府国策顾问”、“宪法学会理事长”等。

序　　二

研律之程功有三：裁勘樊然不齐之学说，审其指归，一也。择一穷源，必使义不他淆，理无所阂，二也。本旧知以定新知，立说喻人，三也。夫为学而能跻于析理明道，斯免于凿九仞亏一篑之讥矣。然法籍浩浩若江海，苟昧于往哲之思想派别，则虽广心博惊，终于言庞意歧，而无所成就。此非博览之有害于研律也，特无术以赴鹄耳。彭子素夫，惄焉忧之，爰于课暇，手辑法家之言行著述，多至六百余人，都为一卷，锓版行世。读其书者，庶能于众说纠纷抵牾之中，自择师资，以跂于析理明道之哉。若以考订之学目之，则失编者之旨矣。

民国二十四年(1935 年)春

刘志敭序

于国立北京大学

自　序

二十世纪,法律学在社会科学中,独立成一科学,蔚为灿烂庄严之观者,其原因虽有多端,而古今东西之法学家,呕心血,绞脑汁,腐精淬神,垂之竹帛,要为其直接原因之一,可断言也。

粤稽世界自有史以来,以迄于今日,各国法学名家,纷然辈出,其在法学史上所开拓之领域,与其所残留之遗绩,今犹岿然如鲁殿灵光。兹可约略述之。

(1)希腊哲学时代

希腊时代,欧洲文明,开始萌芽,本无所谓具体法学(Jurisprudence),惟当时之哲学家柏拉图(Plato 427—347 B.C.)氏,著国家论,描写乌托邦之理想,主张以"正义"(justice, gerechtigheit),为一切现实法之标准,是即后世法学之权舆。但当时希腊内部各邦,亦编有多种法律,在斯马达(Sparta)则有来克古士(Lycurgus)王所编订的来克古士法,在雅典(Athen)则有德累科(Draco)所编订的德拉可法,及梭伦(Solon)所编订的梭伦法。

(2)罗马法学时代

希腊衰微,罗马代兴,其法家乃将希腊哲学所有关于法律基本的思想,致诸实用。但罗马初仅适用习惯法,无所谓成文法典。至纪元前四五一年,始制定十二铜表法(Law of twelve tables),是为有成文法之嚆矢。无何,五大法家——巴平利安(Papinianus)、阿尔比安(Ulpianus)、该雅斯(Gaius)、保卢斯(Paulus)及摩德斯体奴斯(Modestinus)等出,专任修改编纂法律的任务,罗马法遂渐增完备,至查斯大帝(Justinianus 527—565)出,遂得集其大成,制成一完备罗马法典(Corpus juris cirilis),永为后世私法之祖。其后罗马衰亡,后起之意大利,当十二世纪之顷,仍墨守罗马旧法,设博罗尼亚学校,专门从事注释之研究。后世所谓注释学派,即胚胎于是。此派之巨子,为阿左(Azo 1150—1230)、阿库尔西乌斯(Acursius〔拉〕1182—1260)及一儿纳立士(Jrnerius 1055—1130)等。

(3)现代法学时代

自十八世纪法学开端,以迄于今日,为法学最发扬茂盛时期,又可分为四个阶段。即:

(甲)自然法学派

原来罗马法典制定完备以后,当时之教皇君主,利用此为统治工具,教会势力的专横,封建制度的束缚,交相煎迫,造成政治上极黑暗时代,用是一般自然法论者,遂根据人类本性天然的法则,高唱自由平等,反抗暴君等议论,对于欧洲中世纪的宗教改革,以及文艺复兴,予以极大贡献,是谓个人自觉时代,无何,北美合众国独立,法兰西大革命完成,遂得采自由平等原则以为立法之基础矣。此自然法学派,又得分为康德以前的自然法学派;及康德以后的自然法学派二种。前之代表者,为荷兰格鲁秋(Grotius, Hugo 1583—1645),德之阿尔特星(Althusius 1557—1638),英之霍布斯(Hobbes Thomas 1588—1679),陆克(Looke, John 1632—1704)及瑞士之卢梭(Reusseou jean Joeque 1712—1778)是;后之代表者,则为德之康德(Kant, J. 1724—1804),斐希特(Fichte, J. G. 1762—1814)及法之伯菩赛累(Beaussire E. 1824—1889)是。

(乙)十九世纪各派

(a)历史法学派

历史法学派,在十九世纪为最先成立,其原因以自然法学派运动成功以后,欧陆各国法典,相继完成,对于适用上不免有削足适履之讥,所以历史法学家应运而兴。他们认法律为一种物件,在长期以内,可以慢慢长成,不能以人为强造成功,故主张服从民族习惯,缓制法典,是为本派之特色。代表此派者,又可分为德国学派及英国学派二种,前者例如来布尼兹(Leibnitz 1646—1716)、萨文宜(Savigny, K. F. V. 1779—1861)是;后者如享利门(Sir Henry Main 1822—1888)是。

(b)分析法学派

自然法学派,中衰以后,在欧洲大陆中,遂有历史与玄学两派出现,而在英格兰一隅,则有所谓分析法学派发生,其为反对自然法学派则一。所谓分析法学派,即一班功利主义者,就现实具体的法律现象,分析解剖,藉以认识其各规定各条项之意义关系,并承认国家既成法典,有绝对的效力。所谓“恶法亦法”,即此派表示维护法律之态度也。代表此派之健将,为英之培根(Bacon, F. 1561—1626)、黑石(Blackstone, W. 1723—1780)、边沁(Bentham, J. 1748—1832)及奥斯丁(Austin, J. 1790—1859)等是。

(c)比较法学派

比较法学,为代表近代学者研究的倾向。较之历史法学派,仅以一民族过去化石般的法制史为其研究之对象,其范围已迥然大异,盖历史法学派,以竖的时间为其研究的对象;而此则以横的空间为其研究之对象;来布尼兹氏所谓“搜集各国法律,为之对照类别,以描出法律之全图”者,即此派研究之方向与目的也。代表此派之健将,在法则为孟德斯鸠(Montesquieu 1689—1755)、罗干(Roguin 1900—?)及拉姆伯尔特(Lambert)等是。在德则为巴科芬(Bachofen 1815—1887)、波斯特(Post 1839—1895)、科勒(Kohler 1849—1919)。在英则为西门(Simons)等是。

(丙)社会法学派

十九世纪各宗法学,概以法律本身为基本,藉以造成一个法律科学,例如分析法学派,本于演绎方法以解决方案,固不免引起后世“概念法学”(Jurisprudence of conceptions)之讥,即历史法学派,与比较法学派,因研究传统法律,及探讨各国成文法典,要亦不能脱离概念法学之窠臼,是过去各种方法之中,无一方法可以完全自足,因之十九世纪末之社会法学派即所谓自由法学派,遂应运而生。所谓社会法学派之内容,即以法律,为社会法则,法律现象,为社会现象,换言之,即以社会利益为前提,进而研究法律之活用,如法典不完备时,得由法官自由立法以救济之,所谓目的法学是也。此学派,又得分为:(1)人群功利学派,此派与分析法学派相联属,不过更进而试验法律之实际效用,代表此派之领袖,为德之耶隣(Ihering, rudolf von 1818—

1892)氏。(2)新康德学派，此派系因哲学派之所建树，而赓续前功。其方法即为哲学的与社会学的一种混合方法，其代表之者，则为德之斯塔姆勒(Stammler, Rudolf 1856—?)氏。(3)新黑格尔学派，此派所用方法，即于哲学之外，加入历史，换言之，即以十九世纪历史法学派所已成就者为基础，进而加以研究，以求出立法者之所有意志是。其代表之者，则为德之科勒(Kohler, Josef 1849—1919)氏。(4)自然法学派之复活，其研究方法，即根据一个社会互助之原理，藉以创立实验的自然法律学说是。其代表之者，以先则为法之孔德(A Comte 1798—1857)。现在则为执尼(Geny Francois 1861—?)及狄骥(Duguit Lion 1859—?)诸氏，德之歧尔克(Gierke 1841—1921)、利斯特(Liszt 1851—1919)，奥之挨尔利(Ehrlick, 1862—1922)，以及美之庞德(R. pound. 1878—?)诸氏皆属之。

(丁)经济的注释法派

此派是以唯物史观的方法来研究社会变迁，以经济组织为社会构造基础，而社会上的一切政治、法律、道德、艺术的现象，均为社会上层意识。其目的要在铲除资本主义的经济组织，消灭人间一切阶级特权，即由人权平等，而再进于经济的平等新阶段是。此派思想，不啻对过去资本主义所建筑法律之壁垒，投以巨大之炸弹也。其代表之者，则为马克思(Karl Marx 1818—1883)、列宁(Lenin 1870—1924)诸氏。

东方日本，进化较挽、对于法律学，虽无特殊创获，独立形成一派，然日本民族，善于模仿，广吸东西各国之文明，咀嚼融化，藉以形成日本独特之文明，是其所长。故自明治维新之始，至明治末年，可以名之曰：注释法学派盛行时代，其代表之者，则为梅谦次郎，冈松参太郎，中岛玉吉，川名兼四郎，石坂音四郎，及横田秀雄诸氏是。自大正初年，至大正十年顷，则为历史法学派盛行时代。其代表之者，则为穗积陈重，富井政章，穗积重远，末弘严太郎诸氏是。自大正十年后，以迄于现在，则为倾向社会法学派时代。其代表之人物，则为冈村司，牧野英一，高柳贤三，小野清一郎，平野义太郎，及泷川幸辰诸子皆是。

我国当春秋战国时，诸子争鸣，法家亦应时而起，管商申韩尹文尸佼慎到之俦，其诠释法理，昌言法治，固已达于极盛时代，汉代以还因统一儒术，耻言法治，而法因以凌替。然自清季变法以来，选派学生赴东西洋肄习法学，人才间出，硕彦朋兴，法家著述，亦复汗牛充栋，不但可以颉颃东邻；即方之欧美，要亦未遑多让，吾民族之复兴，或将基于此欤？

综上所述，足征法律学为法学家创造之产儿；而时代背景，又为孕育法家之母体，例如在君主压迫之下，则产生自然派法学家；在资本主义垄断之下，则产生社会法学家，或经济注释的法学家，二者互为因果，毫发不爽。次就国别言之，罗马为私法之鼻祖；日耳曼为公法之源泉，英人崇尚功利主义，故分析法学派，独擅盛誉；法人倾心于比较法学，故公法学独优；德人偏重历史法学，故私法学，得以造极登峰。尤足征空间环境所形成之民族特性，与法律学，有不可分离之密切关系，此尤编者综合比较之收获，而足引为私慰者也。

本书因阐明上述因果关系，而为编纂，其方法以时代为经，以国别为纬，以其人之经历及著述为空时两间活动之中心。搜集古今中外之法学家，共得六百余人。生平活动，历历如绘，言论思想，具见端倪，读者得此一编，不但足为涵养德性人格之圭臬，即考订其遗著，研究其学术思想，作为法家学案读，亦无不可。吾先哲有云："以铜为鉴，可以正衣冠；以人为鉴，可以明得失"，区区之意，盖在于是，固不仅资博闻已也。

顾编纂史传，考订遗著，兹事体大，非一朝一夕所能奏功，编者以课余编辑此书，时间有限，搜集未周，沧海遗珠，势所难免。只有俟之将来之补充，尚希海内法家学者，有以进而教之。

中华民国二十四年(1935 年)暮春
彭时自识*
于江苏上海第一特区地方法院

---

* 编者彭时，字素夫，安徽人。日本明治大学法学士，曾为国立北平大学法学院讲师，在朝阳学院教授民法概论。资料来源：《朝阳学院概览》，中华民国二十二年七月，北京档案馆 Q4，548。

凡　例

一　人名排列顺序，依国别；各国复依出生年代先后定之。

二　本书内容，以介绍中外古今各法家之人格及其学术经验为骨干。故除记述其个人之诞生年代，国别，等历略外，并述其学说主张及举出其重要著作。

三　本书所收录之人物，不限于法学家，凡于立法及司法各方面卓著劳绩之人，均行罗致。故概括名之曰法家。

四　普通作史传或事略，必待其人已死始收录之，本书尤注重近代法学之变迁演进，故除本国部分，恐采访未周，取舍失衡，暂行删略外，不问其人存殁，均采摭之。

五　书中人名排列次序，悉以汉文为主。非汉文各国之人名，概取译名。惟另于译名之下，附注原文。

六　外国文字之译音，除在本国已通行者，如培根，亨利门，格鲁秋之类，概从旧译外，其余一切人名译音，概依商务印书馆出版之标准汉译外国人名地名表，及综合英汉大辞典下册附录之古今地名人名译音，以昭划一。

七　凡欧美法家，恐译名不正确，悉存原名，并按 A. B. C. 次序列一西文人名索引表于后，以供读者检查之便。

八　世界法家，指不胜屈，若搜罗靡遗，势有不能，故本书先择名国最著名之法家介绍之。不备之处，容待再版时搜录补充之。

九　编者搜辑世界著名法家肖像百余副，精印插入，以副读者兴趣。

十　本书编纂，除参考德文法学家人名录(*Namen von Jurisprudenz*)，英文世界人名录(*Who's Who in World*)，日文日本大博士录法学之部，思想家人名辞典，西洋人名辞典(岩波)，社会科学大辞典(日本改造社编)，社会科学辞典(杉森孝次郎主编)，法律大辞书(渡边万藏著)，日本人名大辞典，及中文中国人名大辞典(商务)，现代外国人名辞典(商务)，思想家大辞典(世界书局)，法律大辞典(大东书局)，等辞书外，旁及其他法学家专著及中外杂志不下百余种之多，种类浩繁，不及备载。读者谅之。

目　次

以国别分类	新译名	
一　阿拉伯		
穆罕默德		387
二　犹太		
摩西		387
三　巴比伦		
哈谟拉彼	汉谟拉比	388
四　希腊		
梭伦		389
柏拉图		389
德累科	德拉科	390
来克古士	莱克格斯	390
五　罗马		
凯撒		391
该雅斯	盖厄斯	391
阿尔比安		391
保卢斯		391
巴平利安		391
摩德斯体奴斯	莫德斯廷奴斯	391
莎比奴斯		391
塞耳苏士	塞尔索士	391
克雷门斯	克莱门斯	392
阿夫立乌士	奥卢士	392
阿利斯塔		392
马塞拉斯		392
黑尔摩格尼阿奴斯	赫莫杰尼奴斯	392
蒲罗克鲁		392
君士坦都		392

八 美国

九　德国

拉姆普累赫特	兰普雷希特	440
基普		440
胡塞尔		440
斯泰恩	施泰因	440
普拉斯	普罗伊斯	441
海内克齐乌斯	海内克丘斯	441
菩恩哈克		441
卢密林	吕梅林	441
佛尔夫	沃尔夫	441
俾尔曼	比尔曼	442
累开尔特		442
克拉斯		442
伯乐尔慈哈逸曼		442
平得尔	宾德尔	442
拉斯克		442
马尔	迈尔	442
康托洛威茨	坎托罗维奇	443
拉得布鲁喜	拉德布鲁赫	443
班格	邦	443
亚历山大·爱德华		443
克利格斯曼		443
拔德(博士)	巴特	443
胡塞尔·革哈特	胡塞尔·格哈德	443
骚厄	绍尔	444
若斯特罗	雅斯特罗	444
丹兹		444
彪罗	比罗	444
塞刻	泽克	444
麦格尔		445
布勒德	布雷特	445
海德尔	海因德尔	445

十 墺国

松能腓尔斯	索南费尔德	445
什墨林格		445
翁格	翁格尔	445
古姆普罗维赤	贡普罗维奇	445
门革	门格	446
乌尔曼		446

哲利内克	耶利内克	446
格罗	格罗斯	448
挨尔利赫	埃尔利希	448
累纳	伦纳	448
师班	施潘	448
克尔岑	凯尔森	449

十一 法国

菩马那		449
阿尔查提	博马努瓦	449
都谟兰	迪穆兰	449
苏阿楞		450
达尔干特累		450
叩乍斯	屈雅斯	450
培加特	贝戈	450
多诺		450
巴斯基挨	帕基耶	450
菩丹	博丹	450
拉塞尔		451
挨卢特	艾罗	451
哥德夫拉	戈德弗鲁瓦	451
萨尔美喜阿斯	萨尔马修斯	451
贞提利斯		451
沙尔蒙德	沙尔蒙	451
科尔伯特	科尔贝	451
多马		452
阿该索	阿盖索	452
部海	布耶	452
菩利那		452
孟德斯鸠		452
福禄特尔	伏尔泰	453
佛林		453
波提挨	波蒂埃	453
马布利		453
弥拉波	米拉博	454
图利挨	图利耶	454
拿破仑		454
德曼泰	德芒特	454
都班	迪潘	455

如尔同	怒尔当	455
丹敦	丹东	455
特罗普兰格		455
达罗兹	达洛	455
孔德	孔泰	455
俄托蓝	奥尔托兰	455
得摩罗培	德莫隆布	455
蓬特		456
蒲鲁东		456
马开德	马尔卡代	456
赛蒙	西蒙	456
菩赛累	博西尔	456
挨克斯曼		456
浦耶	普耶	456
布瓦索那德	保阿索纳特	456
都克拉		457
德马诗		457
加拉德		457
摩利尼尔	莫利尼耶	458
都克海姆	迪尔凯姆,涂尔干	458
热尼		458
累峰	勒翁	458
霸当		458
部夫纳尔		458
格拉桑	格拉松	458
勒诺	雷诺	458
塔德	塔尔德	459
拉卡莎尼		459
而多尔诺		459
柏提云	贝蒂荣	459
塞利勒		460
狄骥		460
密拉德	米亚尔	461
海美	艾姆	461
加空	加尔松	461
罗干	罗甘	461
卢克斯	鲁	461
普拉谑尔	里佩尔	461
利伯		461

普罗阿尔		461
法布累	瓦布尔	461
维达尔		462
叩诗	屈什	462
拉姆伯尔特	朗贝尔	462

十二　比利时

托利桑	特尼森	462
爱弥尔	埃米尔	462
普林斯	普林茨	462
马哈因	马莱因	462
科兰		462

十三　意大利

厄尼利阿斯		463
阿左	阿佐	463
阿库尔西乌斯		463
奥歧努斯		463
巴尔托卢		463
马基阿未利	马基亚韦利	463
格尼查尔提尼		463
贞提利	真蒂利	464
那塔尔	纳塔莱	464
培卡利阿	贝卡利亚	464
罗马诺西		465
曼契尼	曼奇尼	465
拉姆布拉索	兰布罗萨	465
发尼尼	瓦尼尼	465
斐利	费里	466
柏累尼		466
格罗巴利	格罗帕利	466
维克基奥	韦基奥	466
米西利	韦切利	466
加罗法罗	加罗法洛	466
利维	莱维	466
科勒甲尼		467

十四　荷兰

格鲁秋	格老秀斯，格劳秀士，格劳秀斯	467

十九 中国

一　阿拉伯

穆罕默德 Mohammed　第七世纪顷穆氏于第七世纪，生于阿拉伯，反抗阿伯人之传统宗教，提倡道德一神教，极得阿拉伯人之信仰，著可兰(*Coran*)经典，阿人视为生活规则，大有助于法律之效力，氏尝谓“从事祈祷，聚学千人，不如法律家一人之得力”。其尊崇法律之思想，可以想见。(回回法系)

穆罕默德 Mohammed
(亚拉比亚法)

二　犹太

摩西 Moses(德文英文) Moïse(法文)　当纪元前第十二世纪至第五纪旧约全书

内,所载摩西五书(即创世纪、出埃及纪、利未纪、民纪、教略申命纪)为犹太教之发源。其中最重要者,为摩西十诫,因当时埃及王肆行暴虐,民不堪命。摩西乃假托神意,救之于锡兰山上,授以经典,藉以限制君权。与方今国家之需要宪法,同一用意。(犹太法)

摩 西
Moses(德英) Moïse(法)

三 巴比伦

哈谟拉彼 Hammurapi 据旧约全书,哈谟拉彼氏,纪元前约二千二百五十年顷,为古文明国巴比伦之国王,在位五十年,平定四夷,励精图治,振兴农业及商业,设金融机关,凿运河,筑都市,建设寺院,遂致国运昌隆,最后主张编纂法典,名之曰:哈谟拉彼法典。约距今四千年以前,实世界最古之法典,先于摩挐凡一千年,先于索伦法典,凡千六百五十年,先于罗马十二铜表(Lex XII Tabularum)

凡一千八百年。其法典之成文,除去前后文计二百八十二条,为民法刑法及官吏法,就中民法占大部分,涉及社会百般事物,极为详细。

［注］十二铜表法:(1)提传,(2)审问,(3)责偿,(4)家长权,(5)遗产继承及监护,(6)所有权及占有,(7)家宅及土地,(8)私犯法,(9)公法,(10)宗教法,(11)最初之五标追补,(12)最后之五标追补。

四　希腊

梭伦 Solon 640—559 B.C.　梭伦于纪元前六四〇年顷,生于希腊之雅典,为当时七贤人中最优之立法家,系王族 Kodrss 氏之孙,Exacestides 氏之子,少因贫经商,旋得资、即折节读书,遍交当时知名之学者,当纪元前六百年顷,以戡定希腊内乱之功,五九四年被选为执政官,氏察人民疾苦,断行社会政策,同时在政治上,废止门阀政治,而实行富人政治(Timocracy),即实行因财产之多寡,而给与以政治上权利义务之制度也。又氏以制度上家长权之横暴禁绝奢侈起见,复从事经济制度之整备,但因施行富人政治之结果,将人民分为四种阶级,贫民不能专政,因之不平之声渐起,氏因非难,即放弃其政治生涯,旅行国内,纪元五五九年,因不遇,死于客中。

梭伦 Solon
(希腊法)

柏拉图 Plato 427—347 B.C.　希腊雅典之哲学家。苏格拉底之弟子,著国家论描写乌托邦(Utopia)之思想,为图此思想之实行,故以国民教育为其唯一之任务,氏生平虽未直接与于法律事业,然间接影响于后世公法极大。

柏拉图 Plato 427—347B. C.

德累科 Draco 希腊雅典之立法家。主张严刑峻法，虽盗路旁一果物，亦须处以死刑，人间何以严酷，氏答云："轻刑以死刑为相当，吾舍此实无适当之刑罚也。"亦云酷矣。故后人谓其法非以墨书，而以血书者，血书之名始此。

来克古士 Lycurgus B. C. 八三〇年顷，希腊时斯巴达之立法家。其生平及家系未详，若据斯密斯(Smith)之说，大约为斯巴达(Sparta)之王族，因遭逢国家乱离，巡游埃及印度等处，得以广求世界知识，归国后，改良国政，制定法律(希腊法)，其尚武教育法，尤为成就斯巴达霸业之基因。

来克古士 Lycurgus
(希腊法)

五 罗马

凯撒 Caser Gulius B. C. 100—A. D. 44　凯撒生于罗马贵族。自幼即努力修养铸成为典型之军人及政治家，同时兼为立法家，诗人，历史及文学家，每一家均占有相当地位，其掌握罗马之主权时，事实上宛然一独裁之君主，后遭反对党之嫉视，于元老院之议场被暗杀。

【著书】克利俄战斗记

该雅斯 Gaius 130—185　罗马皇帝特窝辍夕乌士二世敕五大法家之人也。于罗马教授法学，终身从事学术之研究著述，不求闻达于宦途，氏著法学教典四卷。其后四二五年因之有法律学校创立，至五二三年，尤其大帝之钦定法学教典提要公布，颇见重于教科书。然本书埋没不显于世者，盖千有余年，至一八一六年，德之罗马历史学者尼布尔，旅行于意大利于一寺院中发现之，经罗马法学者鉴定后，更为德国描写，即今日所传之该雅斯法学教典也。(罗马法)

阿尔比安 Ulpianus Damitinus　罗马之敕许法学家。初有志于法家，出仕罗马法官之书记，后受知于大法学家，巴千利安，遂渐次荣达，为最高司法官之一，兼任近卫都督军职，氏生平著书达三十种之多，在查斯大帝之法学汇纂上，揭载其法学说之拔萃二四六题，占全书三分之一，但除法范各论一部以外，余悉数散佚不传。

保卢斯 Poulus　罗马之法学家。第三世纪人，生死年月不明。初为巴平利安之辅佐官，后为评议员，最后为大法官，平生著书达三百十九种。又著释书有八十六种之多，今皆散佚不传。

巴平利安 Papinionus 170—228　巴氏为罗马五大法家之一。

摩德斯体奴斯 Modestinus　摩氏为罗马五大法家之一。按五大法家即，(1)该雅斯，(2)阿尔比安，(3)保卢斯，(4)巴平利安，(5)摩德斯体奴斯等是。

莎比奴斯 Sabinus, Masurius　六四年顷死，罗马帝政时代之法学家。氏在当时，承加必托(Capito)之后，任法律学校校长，声名藉著，所谓加必托之学派，后世称为莎比奴斯学派(Sabiniani)，著有市民法论三卷(*De Jure Civile*)，行于世。

塞耳苏士 Celsus, Publius Juventius 六七顷——一三〇顷　罗马帝政时代之法学家。法学家 Juventius Celsus 之子，哈督利阿奴士帝之枢密顾问官，一二九年，曾二度任统领，同年因彼之名公布最有名之元老令 *Senatusconsultum Juventianum*。

【著书】*Digesta* 三二卷，*Quaestiones. Epistulae* 以及 *Commentarü* 查帝学说汇

集，曾引用之。

克雷门斯 Clemens, Terentius　罗马帝政时代(一六一顷)之法学家。其生平所著之 *Juliaet papia poppaea* 为关于继承之名著，查帝著学说汇集时，曾屡屡引用之。

阿夫立乌士 Ofilius, Aulus　罗马共和制末期之法学家。其著书亘于罗马市民之总部门。凯撒氏抱罗马法之法典化，其所有学说汇集作制之计画，均基于氏之暗示。此种埋葬于暗中之计画，至六百年后，因查帝出，始得以表现。

阿利斯塔 Arista, Titius 一〇五以后死　罗马帝政时代之法学家。平生对于拉伯阿撒比奴斯及卡夕乌斯之著书，加以注释，后查帝编纂学说汇集屡屡征引，其内容丰富，可以概见。

马塞拉斯 Marcellus, Lucius Ulpius 一六六以后死　罗马帝政时代之法学家。为当时罗马皇帝之顾问官，又任班诺尼亚(Pannonia)地方之副总督，著作 *Digesta*(三一卷)以及关于 *Ad leges*, *Responsea* 等查帝之学说汇集，亦屡屡征用之。

黑尔摩格尼阿奴斯 Hermogenianus　四世纪之罗马法学家。亦即 *Codex Hermogenianus* 之著者。著书 *Juris epistomae*，查帝学说汇集，曾屡次引用之。

蒲罗克鲁 Proclus, Sempronius　罗马帝政时代之法学家。德伯力乌斯帝时人，当时在法学界，声名藉甚，人呼为蒲罗克鲁斯学派(Procliani)。所著 *Epistalae* 一书，查帝学说汇纂，常引用之。

君士坦都 Constantius　君氏为罗马之立法家。有石像可证。

君士坦都 Constantius

(罗马法)

查斯丁尼安大帝 Justinianus 482—565 查氏为罗马法创始之一人。先是氏出身于勃尔阿利亚地方农民之家，为一农人子，因其叔父查斯丁尼安由将军登王位，氏为其嗣子，遂得继承官爵，及柄政以后，励精图治，治绩大著，最后乃延揽法学家，编纂罗马法典，即名之为查斯丁尼安法典，其内容分为三部：第一部，法学阶梯（*Justitutiones*）计四卷。第二部，法学汇纂（*Digesta*）计五十卷。第三部，法令类典（*Codes*），供初学教科之用，旋查帝崩，复颁布一种新敕令，一名之曰新法典（*Novellae Contitutiones*），并前三部总称之曰国法大全（*Corpus Juris Civitis*）。四部合计三千卷，三百万行，此法典至今犹为世界文明诸国法律之典型，真统一世界不朽之业也。

查斯丁尼安大帝像
（罗马法）

特利菩尼安 Tribonianus B. C. 五四五年死　罗马帝政时代之法学家。生平曾任查斯大帝之近卫都督，查斯大帝法典，系完成氏一人之手，盖罗马市民法典约分三部：第一部法学阶梯（*Justitutiones*）四卷；第二部学说汇集（*Digestae*）五十卷；第三部敕令集（*Codex*）十二卷。此外尚有新敕令集（*Novellae*）之编纂，氏以所有丰富之文库，与博学明彻之罗马法学的知识，对于查斯大帝事业之完成，贡献极大，惜以后对于民众聚敛，激起民众反感，查斯大帝为镇压计，始将氏免职云。

狄奥多西 Zheodosius II 408—450　东罗马阿尔帝之王子，制定法制汇纂称为法典。（罗马法）

六　印度

摩拏 Manu 纪元前二千年顷　摩氏生平不详，史称摩拏为天神所降。其法典出于神授，婆罗门教即以此法典为基础，世称为摩拏法典（*Code Manu*），其内容分四个阶级，即以：(1)僧侣（波罗门 Brahma），(2)武士（刹帝利 Kshatriya），(3)庶民（毗舍 Banga），(4)奴隶（普陀罗）者是也。

阿恩（Ain）国王　当纪元前二五〇年顷，阿恩国王皈依佛法，基于佛教宗旨，颁布敕令数十种，遂构成达摩法典之体系，以为宗教上及道德上准则。于是婆罗门教上之阶级制度，遂为之打破云。

七　英国

摩尔 More, Sir Thomas 1478—1535　摩氏于一四七八年生于英之伦敦。十五岁时为大僧正摩顿（Moton）氏之小姓，因此得入牛津大学（Oxford）习法律，拉丁语，及希腊语等，少壮当选议员，因要求王女成婚仪式之减少，触亨利七世怒，置之闲散，至亨利八世即位，机会成熟，遂任司法显职，同时于一五二三年为下议院议长，同一五二九年因衔英法同盟之使命，出使驻于甘勃莱（Canbrai），一五三四年，亨利八世王与皇后洒丽离婚，另娶宫女阿门博悦（Ame Boleyru），氏非之，又投狱一年，且洒丽离婚问题，亨利八世破罗马法皇之门，而自任英国教会会长，氏极力反对，遂宣告死刑，一五三五年，遂莞尔而登断头台矣。氏之代表著述为一五一六年拉丁语发表之乌托邦（*Utopia Nuspuom*）。各国均有译本，本书内容，在描写乌托邦岛内一切最完美之诸制度，及其生活状况，而对于当时社会相之全体加以冷酷之讽刺，谓其言论为社会主义之酵母，并以促进社会政策之重视，与夫无产政党之抬头，非无故也。

布卡南 Buchanan, Gearge 1506—1582 英国苏格兰之法学家。

【著书】苏格兰人之统治权。

柯刻 Cocker, Sir Edward 1552—1634 英国之法学家。爱丁堡大学(Edingburgh U.)毕业。一五九四年任总检察长，一六一三年间，任裁判长(Chief justice)后当选为下议院议员，二八年所刊行之 *Institutes* 至一世纪半以后，始由黑石(Blackstone)氏之著书，为之发表。又著普通法(*Comman Law*)一书，擅英法最高之权威。

和加 Hooker, Richard 1553—1600 英国法理学家。卒业于牛津大学，即在母校任教师，其后听了德莱华斯(Woster Trauace)底反对，监督政治论，努力于教会政治的究研，辞职于一僻村波斯康，执笔于其教会制度论，他的学说，将法分神法，自然法，人法，三种。神法为神底行动，至高至善，永远不易；自然法为自然运行的法则；人法乃有理性人类，为相约增进其幸福，而作成的社会组织法。人法更分国法，国际法，教会法三种。同时他以为人性是善，为要避去自各的斗争，实现个人间的平等，人们乃由于各自的和解与盟约，建立了一个政府与以权力，大家都服从它，于是国家乃发生。可是统治者，必须由神所直接任命，或由全体人民所承认。国际法，是为全体人类的幸福与和平而相提携，各个国家，亦如国民一般，必须守着相互间的盟约。

培根 Bacon, Francis 1561—1626 培氏生于政治家之家庭，授以政治家之教育。初入爱丁保大学(Edingburgh)潜心研究，在学生时代，即知学问有革新之必要，卒业后任驻法外交官，多年不遇，至十七世纪查姆斯一世时，突被重用，任总检察长，枢密顾问官，高等法院院长等职。然氏可以蒙人格的非难者。无他，即彼仅持世俗的政治家之一面，在政治生活时，仍继续从事哲学上之研究，而为近代思想一大渊源，据氏之研究，中世学问，须为全部的革新，以故孜孜不倦，努力著述，若一六二〇年所公布之新组织(*Novum orgamon*)，一八二三年之学问之价值与增进(*De degnitateet augmentis scientiarum*)等，均属革新思想之结晶，氏之研究对象为：(一)诸学之综观，(二)方法论，(三)自然史，(四)现实之哲学的认识之四种。由此部分，而企图革新(instauratio magna)。其态度，得就知即力(scientia estpatentia)一语表示之。然所谓知之本质，应解为本体的目的之知识。而对抗从来观想的学问；又以求知为寻求物质幸福之手段。而脱离唯心论的神秘见解。以蔚成经验的功利主义的近代思想的渊丛。又氏有所谓"因服从而征服自然"(natura parendo vincitur)，开自然科学研究之途，因征服自然而得到认识自然之方法论的归纳法，建设近代科学之基础，与此相并的，为近代思想之一大潮流，笛卡儿氏之唯心论的思想，在实际生活上根本为之震撼。以此便可以觇氏之思想在学术上价值矣。

培根 Francis Bacon

霍布斯 Hobbes, Thomas 1588—1679 英国之哲学家及法理学家。生于马姆斯柏利(Malmesbury),入牛津大学习数学及哲学,旋因充贵族家庭教师,常旅行于大陆,得交当世英豪学者。无何,当清教徒革命之际,避地于巴黎,任皇太子查理斯二世师傅,后太子即位,得王之年金,专力从事于著述,殁时已九一岁矣。氏之思想根底,为唯物主义,机械主义与感觉主义,其意以为认识之渊源为感觉,感觉之唯一对象为物体,然物体分自然的物体,与人工的物体二种,人工物体之最重要者为国家,因之哲学,以前者为对象的为自然或理论哲学,以后者为对象的,为国家或实践哲学,自然的物体,因物理的自然力集合之作用而生,国家则因人间之意思力,而生自然的秩序,因防止自然界之斗争,而有安全的处置;国家则为防止个人意思之冲突,而有保安制度,因此类比,则知自然与国家之区别极微,当氏之世,国家为有机体之说,容有非难者,而氏则为自然法学者著名之一人。以契约为出发点。其契约说之要旨,谓:人间非如蜂蚁之屯聚;盖因共同利益而为社会的结合者。诚以在自然状态,各人因有平等自由权,得任意为所欲为,因之各人对各人之争斗,靡有宁已,旋因根本之冲动,不能达自己之生存目的,遂脱离战争状态而入于治安状态,抛弃各人之平等自由权;个人相约服从个人之集团,此为设定契约国家说,然个人须绝对服从国家主权,不仅不能反抗,且为防止私利,以保持统一计,并须具充分极强之权力,由此观之,彼由人民主权说出发,而达到君主专制之结论,故人以最理论的最矛盾的思想家称之。盖氏尝慨本国因革命而陷于混乱,主张"暴政优于无政府"之论,实无足怪。

【著书】(一)市民论(*De Cive* 1642)。(二)人性论(*Huiman Nature* 1650)。(三)

国家论(*Leuiathan* 1651)。(四)哲学导论(*Elementorum Philosophie*),(1)法人论 *De corpare* 1655,(2) *De Homine* 1659 等。

霍布斯 Thomas Hobbes

塞尔顿 Selden, John 1584—1654 英之法学家。十六岁入牛津大学,毕业后为法官。擅长文学,著书甚多。

塞尔顿 John Selden (英)

索基 Zouche, Richard 1590—1661 英国之法学家，兼司法官。初为一地主之子，肄业于牛津大学，一六一九年任私法教授，再度被推为国会议员，从一六二九年至一六三三年止，参与立法事业，一六四一年任行政法院院长。

菲尔美 Filmer, Robert ? —1658 英之自然法学派法学家。

【著书】家族父权论（一六八〇）。

陆克 Locke, John 1632—1704 英国经验论之创始者。入牛津大学，先修医学，后研究哲学，因受胜利王威廉（William the Conqueror）之知遇，得地位于宫廷，旋因宿疴辞职，著书中之最有名而能影响于法学者，则为民政两论（一六八〇年）等。（自然法学派）

格兰维尔 Glanvill, Joseph 1636—1680 英之法学家。久任宫中牧师之职，注意知识之进步，与法律之随时演进。

【著书】英国之法律及习惯论。

罕得维赫 Handwiche, Phillip York earl of 英国之法学家。终身任推事职务，著有甚多模范判例行世。

哈彻松 Hutcheson, Francis 1694—1747 英之爱尔兰人，格拉斯哥大学（Glasgow, U.）教授，属于功利法学派。著书二种，仅及法理学范围。

墨累 Murray, William 1705—1793 英国有名之推事。以功叙伯爵，边沁氏曾作诗表示崇拜，为法律史上有名之逸话。

黑石 Blackstone, William 1723—1780 英之自然法学派及分析法学派。牛津大学出身之法学博士，后即担任同大学之法理学讲座，并为爱丁保大学校长，著有“英法注释书”行世。

黑石 William Blackstone

司徒挨尔 Stowell, Load 1745—1836　英国著名之法官，兼法学家。初为海运业者之子，学于牛津大学，卒业后任同大学古代史教授，旋被举为海事法院推事，其生平所亲写之著名判决例，浩瀚山积，至今尚留于英之法界。

司徒挨尔 Load Stowell

边沁 Bentham Jeremy 1748—1832　边氏生于伦敦富裕之法律家庭。初于牛津大学，习法律，卒业后业律师，无何，废止职务，委身于哲学，及社会科学之研究，性恬静淡泊，不喜交游，终身度其清淡的学术生活，享年八十有四。氏著述达六十三卷之多，其匿名处女作《政府论片》（*A fragment on government*）于一七七六年发表。其名著《关于道德及立法诸原理论》（*An introduction to the principles of moral and legislation*）于一七八九年出版。其思想对于社会之影响极大，简直支配十九世纪之中叶，一八二五年至一八七〇年人呼为边沁主义时代，盖纪实也。氏之主义为个人主义功利主义。此二主义之思想为英国近代社会思想之主轴，氏即此思想之代表，因氏出，始对于全社会科学之基础学，予以组织的说明，氏之功利原理（the principles of utility），以为人间之行为在图加人民之幸福，而非减少人间之幸福，其原理不以个人行为妥当；而以政府之有方策为妥当，然社会为个人之总和，所谓全体社会，非独立而存在，乃系由个人而成立之拟制团体。社会之幸福，要不外各个人幸福之总和。故社会幸福，为最大多数之最大幸福。所谓社会问题者，即依照最大多数之最大幸福之规准而判断之，总之边沁氏，以功利原理，为社会诸科学之基础。其对于法律学，与以民主主义，与自由契约之理论，对于经济学尤坚持自由主义，氏非经济学者，而为一法学者与哲学者，然氏之思想，却为经济学不可缺之思想，亦云伟矣。氏又著高利贷辩护论（一七八五）一书最有名。

边沁　Jeremy Bentham

厄斯金 Ersking, Thomas Lord 1750—1823　英国之法律家。业律师，贵族出身，当法国革命后，英国受其影响，施行反动政治之际，氏抛弃其律师职务。至一七九二年，任"rights of man"之主笔彭恩（T. Paine）氏之辩护。九四年，因当时提倡社会改革家哈德（T. Hardy）及突克（H. Tooke）二氏将被处极刑，氏则震其悬河之辩，竭力为其辩护，卒得为之免除死刑。氏之名亦从此大震，一七八三——一八〇六年之际，被选为下院议员，属于反政府之自由派，一八〇六年，荣任男爵，同年，任大法官，翌年，退职，著有《近代法国战争因果关系之一考察》（*A View of the Causes and Consequences of the Present War with France*），重印达四十八版之多。

司各脱 Scott, John 1st Earl of Eldon 1751—1838　英国之法律家。牛津大学校出身。旋入法曹，从事法官生活，正当法国革命之际，人心动摇，氏努力取缔革命思想。一八〇一年，成为大法官。二一年，授伯爵。

克利斯盛 Christion Edward 1758—1823　英之分析法学家。其生平唯一事业，在订止黑石（Blackstone）之名著，曾著《英吉利法诠释》一书，刊行五十五版之多，极为学者所欢迎。

阿保特 Abbott, Charles 1762—1832　英国之法律学家，同时亦为著名法官。系理发匠之子，其先修业备尝辛苦，旋宅身实业，至一八一六年，始任法官，至一八一八年，得爵士之称号，后为高等法院之审判长，又列贵族院之议席，曾著关于商船及水手之法律一书行世。

奥士丁 Austin, John 1790—1859　奥氏为十九世纪半，确立英国分析法学之法学者。初为军人，未几任为法官，一八二六年，担任法理学之讲座于伦敦大学，是时为自然法学说正旺盛时代，氏极端主张现实法学，遂成为分析法大家。其著书有：(1)法理学范围论（*The Province of jurisprudence determined*），(2)法理学讲义（*Lectures on Jurisprudence*），(3)德国刑法解释等数种。而尤以法理学讲义一书，号称渊博，为后世分析法理学派之祖。该书在奥氏生前并未出版，至今得以流传于学界，而裨益于吾人者，乃氏殁后其尊夫人塞拉氏千辛万苦之赐也。考塞拉夫人(Sarah Austin 1793—1862)于一七九三年生于英国讷立溪(Narwich)州之名家“德悦”家。性情温顺，丽质天成，复因涵育于严肃家庭教育之下，学问优美，精通古文学，及近世语，一千八百二十年，(按夫人年二十七岁)奥氏与之结婚后，夫人则专心尽瘁家政，得暇则从事迻译古典，或德法书中有名之历史诗文，故成于夫人手中之名著，约有数种，名妇学者，夫人殆兼有之矣。然塞拉夫人之功绩之最伟大，裨益于人类，则为奥氏整理遗稿一事。当一千八百六十七年八月十二日之太晤士新闻记，塞拉夫人之死，中有云：“夫人年龄已高，仍能与病苦战斗，将此法理学上之大产物，公之于世，吾人对夫人不得不表示深厚之感谢，夫人此举，不啻为其夫树立高贵之纪念碑也云云。”观此数语，则夫人之立志生涯，可谓概括靡遗，加之夫人题于其夫遗著上之序文，足称绝代名文，至今读之，犹令人感激涕零。世人每以此序文比之中土之诸葛孔明出师表，而有所谓“读出师表而不泣者非忠臣，读塞拉夫人之序文而不感叹咽泣者，非真学者，”之评语。则其文之内容与价值，可以想见矣。先是，塞拉夫人与奥士丁结婚后，居于英伦之皇后街(Queen Square)，无意中得与有名的边沁(Bentham)及哲姆斯密尔(James Mill)两大家隔邻相望，无何，奥氏夫妻遂得与此二硕学，及哲姆斯密尔之子约翰斯丢阿特密尔(John Stuart Mill)等往来，订为莫逆交，后来奥氏及其夫人往往采边沁之实利主义(Utilitarianism)为其法理学之根底，要即受此时交游之影响。其他当时英伦之学者，慕塞拉夫人之才学，莫不以一睹夫人之丰采为快，泰晤士新闻，曾谓塞拉夫人为当时有名之文学者，然其性情极贞顺恭谦，息影韬光，杜门谢客，而且家非素封，居室简陋，尤不愿与当代显宦交游，然夫人之居室虽陋，而伦敦之贵显富豪，所不能罗致的当代之名流学者，反为会合之中心。不求友而友自至，所谓“桃李不言，下自成蹊”者非耶。一千八百二十六年，伦敦大学创立，初设法理学之讲座，敦聘笃学之奥士丁氏担任，奥氏为一慎重之研究者，故于其讲授未开始以前，思欲一调查德国诸大学之法学教授法，以资参考，遂与塞拉夫人同赴德国，然夫人因其著述被译为德文，早已蜚声于德国学界。故甫抵德国时，即有历史家尼布尔(Niebuhr)，文学家什雷该尔(Schlegel)，哲学史家布朗提斯

(Brandis),爱国诗人阿伦特(Arndt),考古学家未尔刻(Welcker),罗马法学家马开尔德(Mackeldey),国际法学家黑夫得尔等,先后来访,因得尽交其举国之名流硕学,与奥士丁调查上以极大之便利。奥氏与塞拉夫人,逗留德国年余,对于法律之研究法及教授法,调查详尽即遄返故国,而立于伦敦大学之讲坛。以倾其多年蕴蓄之学力矣。当奥士丁初登讲坛时,学生济济一堂,旋因其学理之卓越,与夫著述之周密,终非一般学生所能了解,听讲之人,遂随讲义之进行而减少,至于最后,教室渐感寂寞,不过仅剩十余名之高才生而已,谚所谓"大声不入俚耳"者此物此志也。故结果其听讲之少数学生,均为后来名动世界之大学者,所谓非伟人不能知伟人,若前述约翰,斯丢阿特密尔,即其中最后听讲之一人也。再说塞拉夫人之序文,叙述其亡夫之性行,谓其思想之高洁,蕴蓄之远深,以及其好学笃志种种美德;复出之以高洁,婉丽之笔;淡雅端庄之词,真可谓情文兼至的绝构,令人读之,不禁肃然起敬。为之洒一滴同情之泪,或竟为之一读三叹,拍案叫绝,今举一例,以概其余,塞拉夫人谓奥士丁负不羁之才。怀抱利器。终其身不得售,予对世间,对于夫,毫无怨尤。以其学识之伟大,优于世俗人所尊重之冠冕爵位万倍。屈此伸彼,亦复何患,况曩时于承诺订婚之函中,对于不希望人世之高贵荣达,已明白表示之矣。其文章尤千古不磨之名文也。其次,对于出版其夫遗书之事,亦复多方考虑,恩至义尽,彼尝以为奥士丁倾多年之心血,以从事著作大业,未成,而中道夭殂,时引为悲痛,对于是否出版问题,常憧憧往来于其胸中,盖奥士丁平生丁宁周密之性质,为夫人之所熟知,此时若将其不完全之草稿,遽以问世,恐弃对夫敬顺之义务,若委自己之余生。以完成夫之遗业,固属无上之至乐;然求自己之安慰,更恐违反夫之遗志,如斯烦闷之结果,不觉欲将夫之事业,与白骨长埋,然反覆思之,使伟人之事业,湮灭不彰,又恐违反对人类之义务。且亡夫之著述,虽形式体裁不甚整备,然其学说之确乎不拔,早为举世之所公认,如此反覆考虑之结果,遂容纳其亡夫友人及门弟子等之劝告,决意将其遗稿出版。同时整理遗稿之责任,究须何人担任,亦须事先决定,盖奥氏既为一非常致密之思想家,其所撰拟之草稿,不知经几度之修改,不仅每页有甚多之追加抹消,或插入;而且有甚多表示的连络之符号,或引甚多纵横转置之线,开卷展读,大有令人五色目迷之概,又奥士丁之癖性,欲以甚新之理论,深入于读者之脑筋,故对于一事不厌反覆思之,又有采用甚多意大利(Italic)字形之弊,任整理编纂之任者,固须有非常之学问与手段,然苟不熟知奥氏之思想性癖,仍不足以胜任愉快,塞拉夫人自身本不愿任此重任,彼以夫之重复删改繁杂之稿,不知如何惨淡经营以成之,若删改时,终非衷心之所能忍,其所以守自己之职分者,非受束缚,要出于敬顺之义务也,出版之事既决,奥氏之友人及门弟子等,均劝夫人当校正之任,夫人亦不辞劳瘁。摇神腐精,朝夕不倦,无何,而奥士丁照耀千秋之名著,法理学讲义,遂呱呱诞生于人间矣。予故曰:"奥士丁之名著,得以流传于学界者,塞拉夫人之赐也。"

克罗夫顿 Crofton, Walter 1815—1897　英国之监狱改良家。先入陆军学校,一八四五年任大尉,五四——六二年,任爱尔兰之监狱局长。六五——六八年,任英格兰地方之监狱局长。七七——七八年,任行刑局长。八一年,由军籍退职，氏平生将爱尔兰原有制度，改为累进制度，于囚人之释放前，先许其半自由的生活，以渐渐养成囚人之社会应化力。此点为其在行刑史上莫大之功绩。

马科利 Macauly, Thomas Balington 1800—1839 英国法学家。以制定印度法律作成英帝国之基础，其功绩至为显著。马氏不仅为一法学家，并兼为一政治家及评论家。其著作中，如英国史一书，世称为不朽之名作云。

弥尔 Mill, John Stuart 1806—1873 英国之功利法学家。为究斯密尔氏之子，其成就得力于家庭教育者居多。一八二三年起，任职于伦敦之东印度公司，赓二三年之久。一八五六年以后，即杜门隐居，以从事研究及著述终其身。

【著书】(1)论理构成论(一八四三)，(2)经济学原理(一八四八)，(3)自由论(一八五六)，(4)功利主义(一八六三)等。

亨利门 Maine, Sir Henry James Summer 1822—1888 英国之法学者。生于英格兰。一八四四年卒业于剑桥大学(Cambridge)，翌年任同大学一部分之学监，一八四七年担任同大学民法钦定讲座之教授，一八五四年退任，自一八六二年至一八六九年止，以最高政府法律委员之资格，驻于印度，归国之同年(即一八六九年)任牛津大学比较法学教授，翌年任印度事务大臣审议会会员，一八七八年任国际法教授，一八八八年卒，享年六六岁。氏平生对于古代法之研究，具有最高之权威，其研究方法，历史的与比较的方法同时并用。对于希腊印度罗马英国等的古代法，莫不溯其渊源，以求发现法律现象之共通要素。观于氏绩学有方，则知氏之所以伟大，非偶然矣。

【著书】(1)古代法(*Ancient Law* 1861)，(2)东西村落共产制(*Village Communities in the East and West* 1871)，(3)古代制史(*The Early History of Institutions* 1875)，(4)古代法制与习惯(*Early Law and Custom* 1883)，(5)平民政府(*Papular Goverment* 1885)，(6)国际公法(*International Law* l888)等六种。就中古代法一书，阐明由身分进于契约(*from status to contract*)之原理。尤为法学上不朽之名著。

利克 Leake, Stephen Martin 1826—? 英国之法学家。生平任法官，有令名，曾著诉讼先例(一八六〇)，又与卜尔忻氏共著之契约法两种。

韦斯特拉开 Westlake, John 1828—1913 英国敕封状师法学博士，一八七四年，被补敕状师，又举为林确尔法学院之评议员，一八七七年得爱丁堡大学之名誉法学博士，其后历任国会议员，国际法协会会员，国际社会改进学会之外事书记官，大学国际法学教授等职。一八八九年，于海牙条约之下，设立国际仲裁裁判所，被任为该裁判所之委员。

【著书】(1)国际私法论(一名法律抵触论)(一八五八年)，(2)国际法原理(一八九四年)等。

斯托克 Stock, Whitley 1828—1908 英国法律学家。生于都伯林。一八六二年至印度，任印度法律委员会委员长，为印度现行民法刑法的编辑者。

史梯芬 Stephen Sir James 1829—1894　英国刑法学家。生于伦敦。大学毕业后，即任裁判官，案牍之暇，从事印度法典之编纂。

【著书】(1)英吉利刑法概论，(2)英吉利刑法史及刑法论等。

戴雪 Dicey, Albert Venn 1835—1922　英之公法学家。少就学于牛津大学之柏林阿尔学院(Ballial college)，一八六三年取得律师资格，一八八二年起，至一八九〇年止，任牛津大学之英法教授(vinerian professor of English Law)，教法律学，后渡美，于普林斯吞(Princeton)大学，讲十九世纪之英国立法史，与舆论之关系，当一八八五年至一八八六年之交，爱尔兰自治问题沸腾，氏则著《自治反对论》(*England's case against home rule* 1866)，以努力于公正稳健舆论之指导。次著《宪法论入门》(*Introduction to the study of the law of the constitution* 1885)，对于公法，贡献极大，又受威尔逊(Wilson, Sir Holand)及史梯芬(Stephen, liste)之影响，而著《十九世纪之英国的法律与舆论之关系》(*Lectures on the relation between law and public opinion in England during nineteenth century* 1905)，为从事法制史及立法史上之研究。内容说明十九世纪英国之社会环境，社会思想，舆论，立法等关系，至为详尽。其他与累特(Rait Roberts)合著之英苏合盟论(*Thoughts on the union between England and Scotland*)，亦付梓行世。

荷尔 Hall, William Edward 1835—1894　英吉利之国际法学家，林港法学院教授。

【著书】(1)军队组织改良策(一八六七年)，(2)中立国之权利义务(一八七四年)，(3)国际法(一八八六年)等。

布赖斯 Bryce James 1838—1922　英之法律家兼政治家。先任牛津大学民法教授，一八八〇年以后于议会占一席，最后为格兰斯顿内阁之一阁员，极关心于大学改善问题，及东洋问题。氏尝谓：研究法学，有四种方法，即(1)为玄学方法(metaphysical method)，(2)为历史方法(historical method)，(3)为分析方法(analytical method)，(4)为比较方法(comparative method)，曾著神圣罗马帝国亚美利加共和国体，及近世民主政治等。

克拉克 Clarke, Sir Edward George 1841—?　英国法律家。一八四一年生于伦敦，为一宝石商之子。一八八〇年任保守党议员，一八八六年至一八九二年，任副检察长，以及其他官职。一八八六年叙爵士。

柏该 Bergue, Sir Heny 1842—1909　英国著作权法之学家。卒业于于伦敦大学。入外交部，历任条约局长，及通商局长三十年。其间一八八六年之缔结万国著作权保护同盟条约，氏为英国委员，崭然露头角。退职后，尽力于英国著作者协会之事业，并为会长。

安松 Anson, Sir William Regnell 1843—?　英国之私法学家。先在牛津大学修法学，一八六九年以后业律师，旋任牛津大学副学长。

【著书】(1)英国契约法，(2)关于契约代理原论，(3)契约法论，(4)英国契约原论,(5)宪法及习惯法等。

濮洛克 Pollock, Sir Frederick 1845—? 英国法学家。一八四五年生于伦敦。一八七一充当律师,一八八三年任伦敦大学联合大学教授。一八八四——一八九〇任牛津大学教授。与麦特兰(T. W. Maitland,1850—1906)合著《英国法律史》(*History of English law*)(1898; 2thed. 1923),为英法历史基础的著作。其他《侵权行为法》(*The Law of Torts*)(1887; 12thed. 1923),《契约法原论》(*Principles of Contract*)(9, ed. 1921),及关于法律哲学,政治学,重要的著述极多。

达尔林 Darling, Charles John 1849—? 英国法律家兼诗人。一八四九年生。七四年充律师,一八八八年至一八九七年为国会议员,九七年任高等法院刑事裁判所推事,二四年列贵族,他又是一个诗人,有数卷诗集行世。

阿莫尔黎 Amulree, Sir William 1850—? 英国法律家,官吏。一八五〇年当律师,一九二〇年任创设的工业法庭第一届议长,特许法委员会议长。以关于商事法著名。一九三〇年九月继故汤姆斯(Thomas)之后,任航空部长,二九年列于贵族。

麦特兰 Maitland, Tréderie-William 1850—1906 英国之法学家及法制史家,平生业律师。一八八四年,被任为剑桥大学法律学教授。一八九三年,与濮洛克(Pollock)合著英国法律史(*History of English Law*),为英国法律历史界有数之名著。

班克斯 Banks Sir John Eldon 1854—1940 英国法律家。一八五四年生。学于伊吞及牛津,一八七八年充律师,一九〇一年任皇家律师,一〇年任推事,一九一五——一九二七年任最高法院推事。

勃伦腓特烈 Bourne, Sir Frederick Samuel Angustus 1854—1940 英国司法官,探险家。一八五四年生。一八七三年供职陆军部,七六年(光绪二年)到我国作领事,一八八五——一八八六年从事东京国境探险,一八九六至一八九七年为探险队长,从上海溯江至于重庆,更经成都、云南、贵阳、广西达于广东,一八九八年在朝鲜、上海等任高等法院法官,后升任为威海卫之高等法院审判长,一九一五年,退官归英。主要著作,为 *Reports of the mission to China of the blackburh chamber of commerce* 等书。

希利 Healy, Timothy Michael 1855—? 爱尔兰法律家,及政治家。一八五五年生。业律师,一八八〇年当选国会议员,一九二二年至二七年任爱尔兰自由邦初次的总督。著有 *Stolen Watersv*, *A Word for Ire. Land*, *Loyalty plus murder*, *Why Ireland is not free*, *The great fraud of Ulster*, *The planters progress*, *Leadersland letters of my Day* (1928)等。

美利发雷 Merrivale, Henry Edward duke 1855—? 英国法律家。一八五五年生。初充西部新闻记者,后为律师,特以为陪审官著名。一九〇〇年,当选国会议员。一九一六——一九一八年,任爱尔兰总督。一八年任高等法院推事。

一九年任遗嘱执行，离婚，及海事裁判所所长，二五年列贵族。

累丁格 Reading, Rufus Daniel Isaacs 1st marquess of 1860—?　英国之行政家，及法律家。生于伦敦。一八八七年业律师，九八年任女王附状师，一九〇四年任自由党之议员，一〇年任检察官，旋任总检察长，一三年任最高法院院长。二一——二六年，任印度总督，一四年进男爵，循序累进，至二六年，即成为侯爵，三一年麦克唐纳内阁任内，氏代表自由党任外交总长。

汉华士 Hanworth, Ernest Murruy Pollock 1861—?　英国法律家。有名的法律家之子，一八六一年生。一八八五年充律师，一九〇五年任皇家律师，大战中就任贸易局长，及其他要职。一七年封爵士，一九一〇年——二三年为国会议员，一九二一年任检察次长，二一——二三年任检察总长，二二年列枢府，二六年入贵族，一九二三年以后，任大理院纪录股推事，著有 *Lord Chief Baron Pollock* (1912)。

布伦斯保 Blanesburgh, Robert younger 1861—?　英国法律家。一八六一年生。学于牛津，业律师，一九一五年任推事，二三年任高等法院推事，一九二五年，巴黎赔款问题会议，任英国代表，为失业保险制定委员会议长。

俾隆 Biron, Sir Chartres 1863—?　英国法律家。一八六三年生。一八八六年充律师，二〇年继迪金生之后，任伦敦市警察裁判所推事，二〇年封爵士，有 *Baron and Chalmers on Extradition*, *Sir, Said Dr. Johnson*, *Pious Opinions* 等著作。

亚尔涅斯 Alness Robert Munro 1869—?　英国法律家。一八六九年生。曾作律师，一九一〇年任自由党国会议员。三年后，任爱斯葵内阁枢府顾问官，二二年任苏格兰法院副院长。三〇年发表他的回想录。

休沃特 Hewart, Gordon 1870—?　英国法律家。一八七〇年生于拍立(Bury)。始为新闻记者，一九〇二年充律师，一二年任皇家律师，一三年当选自由党国会议员，一六年任联立内阁司法部长。二二年任最高法院院长，列贵族，著有新专制主义(一九二九)。

海尔珊 Hailsham, Douglas Megarel 1872—?　英国法律家。一八七二年生。肄业伊吞，一九〇二年执行律师业，一七年任皇室律师，二二年当选保守党国会议员，就任检察总长，二八年任大法官，封男爵，九年去官升爵。

西门 Simon, Sir John (Allsebrook) 1873—?　英国法律家，政治家。一八七三年生。一八八九年充当律师，一九〇三年任阿拉斯加(Alaska)境界裁定问题的英国委员，八年任皇家律师，一九〇六至一九一八年及二二年以来，任自由党国会议员，一〇年任检察次长，叙爵士，一三年任检察总长，一五年任联立内阁内政部长，一六年以反对征兵强制而辞职。二七年任宪法会议议长。三〇年发表报告。三〇年一〇月为R百一号案件审查员。一九三一年秋麦唐纳混合内阁成立，氏代表自由党，就任外交部长。一九三三年，偕麦唐纳同抵巴黎，与法国当局协商洛桑会议问题。著有关于罢工之三讲演（*Three speeches on the general strike*

1926)；关于印度两种播音讲话（*Two broadcast talks on India* 1930）；评论（*comments and criticisms* 1930）等书。

马克密兰 MacMillan 1873—？ 英国法律家。一八七三年生。爱丁堡及格拉斯哥大学卒业，一八九七年充律师，为苏格兰法律界之重镇。二五年任煤矿委员会会长，及其他委员会会长。一九二四年，任苏格兰检察官，三十年，任最高法院推事，终身贵族。

瓦林敦 Warington 1875—？ 英国法学家。学于剑桥，一八七五年充律师，其后二十年，任皇家律师，一九一三年任特许法官。一五年任高等法院推事。二四——二六年任最高法院推事。二六年列贵族。

伯克斯顿·查理 Buxton Charles Roden 1875—？ 英国律师。一八七五年生。曾作他父亲（南澳大利亚总督）的私人秘书。大战中带政治的使命，到匈牙利，遭暗杀而负伤，战后从事于德国儿童保护事业，著书甚多。

因斯基普 Inskip, Sir Thomas Walker Hobart 1876—？ 英国法律家。一八七六年生。肄业剑桥大学，充律师，大战中任皇家律师，服务海军部，一八年当选国会议员。二二年任保守党内阁检察次长，二八年任检察总长。

阿特金松 Atkinson, E. Tindal 1878—？ 英国法官。一八七八年生。一九〇二年开始执行律师事务。关于刑事案件，积有多年经验。一九年出席平和会议，任航空专门委员。二九年任骚斯宁特的法院推事，三〇年任检察长。

哈斯丁斯 Hastings, Sir Patrich 1880—？ 英国法学家。一八八〇年生，初学法律于察忒豪斯（Charterhouse），次服军役，其后充律师，二二——二三年当选工党国会议员。二四年任第一次工党内阁的司法总长。

美利曼 Merriman, Sir(Frand)Boyd 1880—？ 英国法律家。一八八〇年生。律师开业后，参加大战，一七年任代理高级副官。二〇——二八年任威根（Wigan）市法院推事。二四年以后，为下院议员。二八年任检察次长，列爵士。

兰格吞 Langton, Sir George Philip 1881—？ 英国法家。一八八一年生。爱尔兰人，学于牛津大学，一九〇五年充律师，一九一四年入炮兵队充下士，参加大战，一九二五年任皇家律师，三十年任高等法院推事。

柏克特 Birkett(William)Norman 1883—？ 英国法官。一八八三年生于阿尔味斯吞（Ulverston）。学于剑桥。一九一三年，开始业律师，二四年任皇家律师。二三——二四年，当选自由党国会议员，二九年再当选。

高维特 Jowitt, Sir William Allen 1885—？ 英国法律家。一八八五年生。学于牛津。一九〇九年充律师，二二年任皇家律师。当选自由党国会议员。后转入工党。二九年任第二次工党内阁司法部长。混合内阁依然联任。

克利普斯 Cripps, Sir Stafford 1913—？ 英国法律家。帕摩耳（C. A. C. Parmoor）男爵的儿子，一九一三年执行律师业务。二七年任皇家律师。制定关于赔偿法，及宗教法的法律。一九三〇年至一九三一年八月，任副检察长。一九三一年当选工会议员。

八　美国

华盛顿 Washington, George 1732—1799　美国第一任大总统。二二岁时为与英国及坎拿大之佛兰西军作战，因殊勋补大佐，旋退伍，后当独立之役，与英军战于各地，卒使英国承认其独立。制定宪法，成立共和国。负众望，曾两次被选为大总统。迨至三次选举时，辞退其候补，开后世以极好之惯例。其后归卧乡里，对国民述告别之辞，更谆谆尊重司法权，铸成美国司法权优越之基础。

肯特 Kent, James 1763—1847　北美合众国之法律学家。一七六三年生于纽约州。经代议士，下级及上级司法官，而成为纽约大法官。一八四七年逝世。

【著书】阿美利加法注释。

惠吞 Wheaton, Henry 1785—1848　美之国际法学家。一七八五年生于美之卜罗威顿斯(Providence)城。长习法律于卜城学校，卒业后，即留学于伦敦及巴黎。一八一二年在纽约执行律师职务。同年创办判例日报，名曰国家律师（*Avocat National*），一八一五年任海商法庭之推事。一八二七年任华盛顿高等法院顾问。一八三五年受命为美国驻柏林之全权公使。一八四五年归国，继续任哈佛大学法律教授达三年之久。

【著书】(1)海上俘虏及俘获品汇报（*Digest of the Law of Maritime Captures and Prizes* 1815），(2)国际法大纲（*Elements of International Law* 1836），(3)国际法史（*History of the Law of Nations* 1845）等。

飞尔德 Field, David Dudley 1805—1894　美国之法学家。生于可纳岐阿州。一八二八年业律师于纽约，渡欧，研究英国法院组织以及法国与其他各国之法典。确信美国普通法之统一与法典化之必要。依氏之理想，四八年施行之纽约州之民事诉讼法典，须使之实现。二年之后氏当尽力编纂一完全之民刑诉讼法典。又热心从事国际法典之编纂，并作成草案，以供法学家之研究。

摩尔根 Morgan, Lewis Henry 1818—1881　一八一八年生于纽约州之奥洛拉(Aurora)城。初习法律，无何任纽约州会之议员，上院议员，更任合众国学士院会员，晚年乃专致力于学术之研究。以社会学者人类学者之资格，研究亲属关系与家庭制度。氏从事于伊洛克(Iroquois)族中生活之实地研究。四十年如一日，据氏意伊洛族内之特殊亲属体系为，合众国未开族之所同，而与实际现行亲属制度矛盾。当集团盛行时代，氏族内禁止结婚，允许与同一民族之他民族结婚。并承认父权制度之前阶段，为母权制度。氏之研究，对于马克思昂格思之学说，影响甚大。昂格思之亲族私有权与国家之起源（*der ursprung der familie, des privateigentums uud des staats*），不过将摩氏书之内容附加研究耳。

【著书】古代社会（*Ancient Society or researches in the lines of human progress from savagery through barbarism to civilization* 1877 London），曾译为德文（*Die urgesellshchft, untersuchungen über den Fortschritt der menschheit aus der wildheit durch die barbarei zur zivilization Stuttgart* 1897）。其他名著则为伊罗夸同盟（*The league of the Iroquois* 1851），人类血统之体系（*Systems of consanguinity and affinity of the human family* 1869），美国土人之家族及其生活（*The house and house-life of the American aborigines* 1881）以及（*The American Beaver and his works* 1868）等，一八八一年十二月十七日病卒。

惠勒 Wheeler, Albert Sproull 1832—1905　美国之法学家。生于纽约州。一八五五至一八六八年任母校之语言学教授。六五年改业律师。六八——七〇年任哥伦比亚大学（Columbia U.）之古典语学教授。七六年任耶鲁大学（Yale U.）教授。讲罗马法学终其身。为十九世纪美国之最大罗马法学权威者。

华德 Ward, Frand 1841—1918　美国之社会学家。先学于华盛顿大学，初学地质学，及生物学，后渐倾向社会学之研究，费十五年之精力，成立《社会动学》，（一八八三年）一书，树立社会学之体系。世人至仰为心理社会学之鼻祖。一九〇六年为普林斯吞大学教授，平生著书，除社会动学以外，有《社会学概论》（一八九八年），《纯正社会学》（一九〇三年），《应用社会学》（一九〇六年）等。

荷姆斯 Holmes, Oliver Wendell 1841—?　美国法律家。一八四一年生于波士顿（Boston）。曾出征南北战争，为陆军中校。一八六六年肄业哈佛大学（Harvard U.），修法律，充律师，任母校宪法及法律哲学讲师甚久。其所持法理学之意见，以社会生活为基调，八二年任法律教授，同年任马萨诸塞高等法院推事。其判词识见卓越，文章优美，有超群拔萃之观。著有习惯法（*The Common Law* 1881），法学论丛（*Collected Legal Papers* 1920），荷姆推事关于判决上不同之意见（*Dissenting Opinions of Mr. Justice Holmes* 1929）等书。

该利 Gary, Elbert Henry 1846—1927　美国之法律家，事业家。生于伊利诺州。一八六八年卒业于芝加哥之法律学校，从事法律事务，八二年被选为地方法院推事。九二年任芝加哥之律师协会会长。九八年共同钢铁公司成立，氏任该公司董事长。一九〇四年将卡诺公司合并组织美国钢铁公司，氏任业务执行委员会会长。力图改善劳工生活，以致伟大规模之经营得以成功，均得力于氏之指导。一九一四年大战勃发之际，氏滞在巴黎，组织欧美人救护委员会，氏任会长。

忒利 Terry, Henry Taylor 1847—1921　美国之法律学家。一八六九年毕业于耶鲁（Yale）大学，七二年业律师，七六年（即日本明治九年）被聘为日本开成法律学校之教师，明治一七年归国。翌年再业律师，至九四年（明治二七年）再来日本，任东京帝国大学教师,一九一二年(明治四五年)辞职,仅任名誉教师职务。氏先后客日本数十年,专心讲学,对于日本法学,贡献甚多,至今日本学者犹称赞不置。

【著书】法之第一原理(*First Principles of Law* 1879),英美法之指导原理(*Leading Principles of Anglo-American Law* 1884),以及普通法上之一个根本条约(*An Elementary Treatise on the Common Law*, 1895; 9th ed. 1929)。

夫拉息克斯 Wlassics, Julius 1852—? 美国政治家及法律家。一八八二年任上议院议长,行政法院院长。一八九一年任下议院议员,一八九五年以后,数次参加各内阁,一九〇五年两任大学教授。一九一七年封男爵。后为上院议员,旋被选为议长,为有名的法律学家。关于刑法,国家法及国际法,有极好的著作。

威格摩尔 Wigmore, John Henry 1863—? 美国法学家。一八六三年生于圣佛兰斯哥。在哈佛(Harvard)大学修法律学。后在波士顿充律师,一八八九——一八九二年到日本,在庆应义塾讲英国法,一面研究日本法律,在日发表古代日本土地法及地方制度(Notes on land tenure and local institutions in old Japan 1890),研究古代日本私法之资料(Materials for the study of private law in old Japan 1892)。归国后九三年,任芝加哥西北(Northwestern)大学教授。一八九〇年——一八九二年任法学部长,为证据法大家,著有普通法之证据制度(*System of evidence at common law* 1905),又为法律学的研究,而著有过去现在以及将来之法律问题(*Problems of law past present and future* 1920)最后发表比较法学之大著世界法概观(*Panorama of the worlds legal systems* 3 vols 1928),与庞德(R. pound)共为现代美国法学之重镇。

霍克 Hawke, Sir John Anthony 1869—? 美国法律家。一八六九年生。学于牛津,以优等卒业,九二年业律师,一九一三年任皇家律师,及威尔士王子检察长,普利穆斯(plymouth)记录推事,一九二八年任高等法院推事,二四——二八年,任保守党国会议员。

林塞·卞雅明 Lindesay, Benjamin Barr 1869—? 美国的推事,著述家。一八六九年生。卒业公学校,九四年充律师,九九年历任但维尔(Denver)的公众保护官,行政官,科罗拉多(Colorado)少年审判所的推事,一九〇〇年任但维尔少年审判所推事,二七年辞职。他是少年审判所制度的首创者,为少年犯罪底研究家。尤以所谓友爱结婚底提倡者著名。著有少年问题,科罗拉多的全权支配,近代青年之反抗,友爱结婚等。

蓝格德尔 Langdell, Chrislapher 1870—? 美国之法学家。哈巴督大学卒业后,即业律师于纽约市,一八七一年,因挨利俄特(Eliat)总长之推荐,担任母校之法律讲座。改革法律教授法,废除从前之讲义式,及教科书式,而采用判例式,至今犹为美国各大学所采用。且社会法家庞德等继承其余绪,势力益振。曾著契约法判例选([illegible]八七[illegible]年),为美国判例集之嚆矢。

米恰尔 Mitchell, Williamd 1844—?　美国法律家。一八七四年生。明尼苏达(Minnesota)大学卒业,业律师。旋任陆军法官,一九二五年在柯立芝之下任司法次长。二七年辞职,二九年三月胡佛大总统任,为司法总长。对于美国之宪法,贡献极多。

庞德 Pound, Rascoe 1878—?　现代美国之法理学家。哈佛大学校教授,居世界社会法学之重镇,其学问方法,在反对德国纯粹概念的伦理的思索,而移于经验的实际的立场。以历史的社会的认识作基础,而从事于法理学之探讨。若以旧派之概念法学对照观之,则庞氏逖乎远矣!

【著书】(1)普通法之精神(*Spirit of the Common Law* 1921),(2)法理学提要(*An Introduction to the Philosophy of Law* 1922),(3)法制史详说(*Interpretations of Legal History*, 1923),(4)法律与道德(*Law and Morals* 1924),(5)美国刑事上的正义(*Criminal Justice in America*, 1930),(6)法律哲学,(7)法律史观,(8)社会法学等。

九　德国

累普高 Repgow, Eike von 1209—?　德国之法律家。属于注释学派,当法皇古列角立九世完成法皇令集之顷,氏则搜集撒克逊尼亚之习惯法,以平易之文章及形式表示之,即名之为普通撒克逊尼亚民族之习惯法(*Sachsenspiegel*),此书与*Spiegel deutscher volk* 及*Schwabenspiegel* 等,同为研究日耳曼古法之重要资料。

萨西乌斯 Zasius, Ulrich 原来之 Zasi 或 Zesy 1461—1536　德国之法律学家,人文主义家。一五〇六年夫赖堡(Fribourg)大学教授,为近世法律学之树立者,又为罗马法之学家。对于日耳曼固有习惯法部分,尤其是对于实际上之效用部分,曾详加论列云。

米星格尔 Mynsinger, Joachim 1514—1588　德国之法学家。瑞士之贵族出身。学于丢平根及夫赖堡等大学,一五三五——四八年,任夫赖堡大学教授,五五——七三年出仕,从事于政治活动,其最注意之事业,为禁止迫害新教徒,改良刑法及税法,并确立警察制度等事。

阿尔特星 Althnsins, Johonnes 1557—1638　德国法学家。以著国家论知名,属于自然法学派。

伯梭尔 Besald Christoph 1577—1638　德国之法律学家,兼经济学家。生平任各大学教授,并任奥国之枢密顾问官,奉重商主义,以贷货币之取利为正当。

空林 Conring, Hermann 1606—1681　德国之法学家,人呼为日耳曼法制史之父。一六四五年，关于日耳曼法渊源之大著“*De arigine juris germanici liber unus*”一书，公刊行世。氏意以为德之普通法，系继受罗马法，然其所以发生法之效力者，不仅继受查帝法典，而实因其与德之思想拥抱变形之故。故德之法学，非徒因袭而实与以国民的基础。

浦芬多夫 Puffendorf, Samuel von 1632—1694 自然法的国际法之祖。氏本为 Lulheran 教派牧师之子，一六七三年一月八日，生于撒克逊国之 Darf Chemnitz 初受基督教教育，预备修神学，旋因当地流行独断的教义(Dogmatic doctrine)，与异教排斥(Intolerance)之思想，故改习语言学，哲学，历史及法律学。氏常自谓生平得力于霍布斯(Thomas Hobbes 1588—1679)者甚多。一六五六年，移居伊耶拿，先从政治学家淮该尔(Erhord Weigel 1625—1699)教授起，以次受法国哲学家笛卡尔(Rene Descartes 1569—1650)之哲学及其论证的推理法(Demonstrations methods of ratiocination)之指导，以应用于道德论及法律论。一六五八年之初，氏任驻于丹麦之瑞典公使克瓦特(P. J. Coyct)氏之家庭教师，当时瑞典国王续行对丹麦扩张势力之政策，强订罗斯克尔(Treaty of Roeskild)条约，无何再起战争，丹麦人主张对瑞典公使采报复手段，克瓦特氏逃走。第二公使俾尔克(Steno Bielke)及其他随员，均被逮捕下狱。氏在狱八月，常沉思法律之基础及制裁。一六六〇年，于荷兰得克瓦特之许，复归后著《一般法律学要论》(*Elementorum jurisprudentiae uniuersolis libri III* 1660)于海牙出版，博得多数人欢迎。一六六一年，任海德尔堡大学之自然法及国际法教授。是时欧洲诸国尚无此讲座，乃为氏初次创设，此在法学史上足资纪念之一事也。一六六七年，所著日耳曼帝国(De Statu imperiigermanici 1667)之短篇论文出版。颇影响于日耳曼帝国之政策，欧洲各国争相转译。氏在哈逸大学得与多数第一流人物接触，其中若霸纳堡(Boineburg)即系推奖为政治家之一人(并对氏之著述提供多数资料)。然因氏书出版而论争起。氏不得已即赴瑞典，任卢多大学教授。曾发表多数之学术的论文(*Dissertationes academicae*)，一六七二年出版。其名著自然法及贫民法(*De iure natural et gentium*)于一六七三年出版。其人类及市民之职务(*De officüs hominis et civis* 1673)后著，欧洲各国争相转译，俄彼得大帝(Peter the Great 1682—1725 在位)亦令译为俄文。此书受瑞典大学教授牧师，及日耳曼之多数神学家攻击，以为使自然与神学分离，实属不埒事实。然氏对之恰如“攀上之猬”(Erio Scandica 1676)，仍勇往而不之顾。一六七七年，氏赴斯托克贺尔姆，适当罗斯利乌斯(Johannes Loccerrius—1677)死后，氏即被任为王室史料编纂官。同时兼任大臣，及枢密顾问官。如是者凡十年，旋又将其所著对于市民生活基督教之习惯(*De habitu christianae religionis ad uitom civilem* 1687)一书，锓版行世。氏晚年仍绩学不倦。从事关于宗教及政治的多数论战之著述。例如其死后出版之神教法并新教之赞否(1695)，即其论著中之一种也。一六九四年，由瑞典王查尔斯第十一世(一六六〇——一六九七年在位)赐以男爵。同年十月二六日逝世。葬于柏林之圣可拉斯寺院中。

浦芬多夫（德）Samuel von Pufendorf 1632—1694

科克最宜 Cocceji, Heinrich Freiherr von 1644—1719 德国之民法学家。先学于莱一顿，旋为各大学教授。一七一三年受男爵。

【著书】民法原理（一六九五）构成一甚长法律之原书。

来布尼兹 Gottfried Wilhelm Leibnitz 1646—1716

来布尼兹 Leibnitz, Gottfried Wilhelm 1646—1716　德国之历史法学及比较法学之开山祖师。生而颖异，博闻强记，古今靡有匹俦。不仅精通法学，即对于哲学理学医学神学，以及政治学等，靡不通其蕴奥，英王威利三世为氏取一浑名曰："步行辞书"(Walking Dictionary)，以故英德俄诸王均赠以终身年金，以优遇此硕学。氏于十二岁时，赴来比锡(Leipzig)大学，请求受法学博士学位之试验，该校当局以其未成年见拒，氏笑曰："年龄与学识有何关系？"因去而赴挨尔夫特(Erfurt)大学，提出论文一篇，题曰：法学教习新论(Methodi Nouae Discendae Docendaeque, Jurisprudentiac 1667)，虽不过区区一小册，然其内容，则作出法学上一新时期之编论，第十六世纪以降之法学革命，彼于百年以前之著述，早已预言之矣。氏之言曰："各国之法律，有内史及外史之别，历史法学，应列为法学中之特别一科。"又曰："余依上帝之冥助，搜集古今各国之法律，将其法规对照类别，以描出法律之全图(*Theatrum Legale*)，当期诸异日。"足征氏在学术上之抱负矣。后世称历史法学之始祖，辄称萨文宜，而称比较法学之始祖，则曰孟德斯鸠，氏则兼二氏之长，而为其开山祖师。其伟大曷可限量哉。氏又著新人间悟性论(一七〇四)。

拜页 Beyer, Gearg 1665—1714　德国之法学家。出于托西乌斯(Thomasius)之门下，以日耳曼法编为大学讲义，要以氏为开山祖师，氏意欲将日耳曼法之体系，从罗马法继受法分离独立，毕生精力，尽瘁于斯。以后日耳曼法得成一独立体系者，氏之研究，与有力焉。其讲义案(*Delineatio juris Germanicii ad fundamenta sua revocati*)，一七一八年出版。

康德 Kant, Immanuel 1724—1804　德之哲学家兼法理学家。穷年研究学问，孜孜不倦。由讲师至教授，努力著作，终身不娶。著作极多，关于法学者，则有法律学原理一书。

康　德

Immanuel Kant 1724—1804

斐希特 Fichte Johann Gattliele 1762—1814　德之“自然法学派”之法理学家。为柏林(Berlin)大学创设之一人，初任同大学教授。第一次互选为柏林大学学长。

【著书】自然法原理(一七九六)。

胡哥 Hugo, Gustau Wilhelm 1764—1844　德之历史派之法理学家。

撒斐特·约翰 Seuffert, Joham, Adam 1764—1857　德国之法学家。平生任大学教授，兼任高等法院推事。

【著书】法院组织法。

巴格 Earg, Gunter Heinrich von 1765—1843　德国之法律学家。平生任宫中法律顾问官，及国务大臣。

【著书】道德与政治的关系及国家学的研究等。

黑智尔 Hegel, Gearg Wilhelm Friedrich 1770—1830　德国新康德派之法理学家。任柏林大学教授，终其身。

【著书】(1)精神现实论(一八〇六)，(2)论理学(一八一二)，(3)哲学总论摘要(一八一七)，(4)法律哲学概论(一八二一)等。

提菩 Thibaut, Anton Friedrich Lustos 1772—1840　德国民法学家。于一七七二年一月四日，生于德之哈摩尔恩(Homeln)。其家族系宗教改革时亡命于德之一族。母 Ulrike Antomette Grupen 氏，为德之法学家兼论说家 Christion Ulrich Grupen 氏之女。氏初习森林科，同时习法律(一七九二——一七九三年间)。并在基尔(Kiel)大学，亲听康德(Kant)讲学。最后于一七九五年一月(或为一七九六年?)以提出 De genvina juris personarum et rerum indare verogue huins divisionis pretio① 论文，得法学博士。无何，被任为教授，一七九八年，任非正式教授(Auszerardentlicher Prof.)。一八〇一年，始得任正教授(Ordentlicher Prof.)。其次一八〇二年，转伊纳(Iena)大学。此时为完成氏之主要著作德国之普通法(*System des pandektenrechts*)旋与基尔大学教授 Ehler 之女结婚。一八〇六年起，讲学于海德尔堡(Herdelberg)大学，成绩卓著。因此即长此代表该大学列席于巴登洲之议院。一八三四年为联邦仲裁裁判法院之一员，一八四〇年三月二

---

① 对于身分法及财产法之纯粹特质及其真的价值，氏为近世德国法律学者建设者之一人，为生来具实地经验之民法家。虽非历史学派，然亦不轻蔑法律史，而抛弃法律哲学之基础。氏又富于民族思想，常欲藉法律之力，以达到民族之统一。曾著德国一般民法典之必要(*Ueher die nothwendigkeit eines allgemeinen hürgerlichen Beathts für Deutschland* 1814)一书。即可以表现依法律统一民族之思想。同时柏林大学教授萨文宜，氏著立法及法学上现时之要务(*Beruf unserer zeit für gesetzgehung und rechtswissenschaft* 1814)一书，主张法律由民族之确信而生。以对抗之，此为德国立法历史上有名之法典论争也。虽氏之说未行，然与萨氏之说，实负有同等之价值。又氏受多方面之教育，并通晓文学及音乐。曾著对于音乐之清纯一文，并搜集音乐史上之贵重资料，置于王立巴次尔之图书馆中，对于音乐之贡献极大。

八日卒。

【著书】(1)百科全书与方法论(*Emzyklopadie undmethodologic Altona* 1797)。(2)特别的未遂犯部分之法律学说(*versucke uher einzelne teil der theorie des rechts Hamhurg* 1802)。(3)关于占有与时效(*Uber Besitz und uerjahrung jona* 1803)。(4)民法学者的论文(*civilistische Abhandlungen Heidelhery* 1814)等,及其他散见于杂志中之论文甚多。

夫利斯 Frisse, Jocole Friedrich 1773—1843 德国法理学家。平生任教授之职。

【著书】哲学的法律论(一八〇三)。

培尔 Behr, Wilhelm Joseph 1775—1851 德国法律学家。曾在夫赖堡大学任教授二十五年,后入国会,唱立宪主义触政府之怒,因而免职被禁锢。一八四八年大赦后,再为国会议员,著书有一般国家学说底体系等。

福儿巴哈 Feuerbach, Paul Jolonn Arselm von 1775—1833 德国之刑法学家。一七七五年,生于德国之伊岩纳地方。于同地之大学修法律,即从事著述。一七九六年,著自然批判一书,大获声誉更著一般刑法讲义为新严肃派巨擘。一八一三年至一八二五年,著陪审法论,反对陪审制度。一八一四年后,并任司法官。一八三三年逝世。

谢林 Schelling, Friedrich Wilhelm Joseph 1775—1854 德国之社会法学家。其平生著述,多与哲学及宗教有关。

赫柏特 Herbert, Johann Friedrich 1776—1841 德国自然法学派之法理学家。

萨文宜 Savigny Friedrich Karl von 1779—1861 德国历史法学派之开山祖师。于一七七九年二月二一日诞生。其家庭亦为宗教改革当时亡命之一贵族。祖父曾为某内阁大臣,父 Christion Karl ludrig von Savigny,曾为参政官(regierungsrot),并为阿伯尔诸侯之代理人。其母 Henriette philipine Groos,亦心境藻洒之妇人。惟氏不幸,至十三岁,即失怙恃(父母同时逝世)。受扶养于监护人,父之友人,并较远亲族之家。至十六岁,初习法律于马尔堡(Marbaurg)(一七九五)此地属于优美法派(Die elegante pasitiue rechtscshule)之所居,因此遂使氏趋向于罗马法,且对于氏后来代表的大著中世罗马法之历史,与以极大之刺戟。(观氏于其所著之序文中,感谢先师便可推知)。一七九六年冬,氏学于夫斯发尔特(Greifswald)大学,一七九七年冬,再归于马尔堡大学,直至一七九九年七月止,其次一年,旅行于德之各联邦,其旅行时之通信,至今犹保存(Vgl, Stall; Friedrich Karl von Savignys sachisische studienreise 1799 bis 1800, Leipzip 1891)。氏卒业于马尔堡大学,于一八〇〇年得法律博士。其论文为关于犯罪形式的竞合(De concursu delidtorum formali),旋任同大学之私讲师,讲刑法。最初即得良好评判。无何,转任民法。氏编述德国普通法最后之十篇,专心于占有理论之研究。至一八〇三年之初,占有权论出版,此堂堂四九五页之论文,实将历史的系统的理论上罗马法之渊源,依据立法并实际之变更而为区别。同时使实际与学理结合。以明快之说明,与优丽之文章,两两相俟,遂开法律学上之新机轴。此书一出,声名大著。遂一跃而列于第一流民法学家。一八〇三年冬,即任母校之非正式教授。一八〇四年四月十七日,氏因与布楞塔诺(Kunigund Brentano)结婚,得与小说家克雷门(Clemens)之妻妹伯培提那(Bettina)及女流诗人干达乐德(Karoline von Gunderode)等相识。同时其妻布楞氏,性格要素,亦无间然,故氏精神快乐,无何,氏为搜集法律史之材料起见,以为有数年研究旅行之必要(氏于一八〇四年赴巴黎)。乃辞退海德尔堡大学之聘,因旅行,故得与德普通法之创始者海逸士(Heise)及提善氏同处一地。至一八〇八年,受巴一尔政府招聘,任夫朗开夫特(Francfant)大学教授,当时刑法学家,腓弗巴哈(Feuerhoch)以及将来立法问题之反对者,工恩纳(Gonner)氏,均执教鞭于此。氏居此二年,努力关于究学的生活,兴味极浓。(此段生活,见于氏妻伯德一拿氏函札中所引证),一八一〇年春,柏林大学创立,招氏担任罗马法讲席,氏之声名,早有定评。因此得与该大学知名之士相侪伍,啧啧有声。当同大学最初校长选举之际,氏曾发表一"告德国国民"一演说词,起而与当时之哲学家斐希特(Fichte)争此位置,卒以少数之差而失败。又以对于大学教育,与斐希特氏意见不合,遂辞去。然氏因国王之特别信任,卒于一八一二年四月一六日,就柏林大学校长之职。至一八一四年,提善氏之反驳文出(见前),氏为维护历史学派起见,乃将其所作对于立法及法学之现代使命一书出版。一八一五年,确立《历史法学杂志》(*Zeitschrift für geschichtliche Rechts wissenchaft*)之基础。其初发行者,为 Eichhorn 及 Goschen 等。同年氏之主著中世纪罗马法之历史第一卷出版。此书至一八三一年止,共出五卷,其第一部,叙述罗马注释派学者(Glossator)厄尼利阿斯(Irnerius)以前六世纪历史的发展之结果。其第二部则叙述厄尼利阿斯后亘四世纪罗马法参考书之历史。一八一六年,尼布尔(Niebuhr)氏,于威阿洛那地方发现罗马法学家赅雅斯法典之写本。此种对学问上有重大意义之发现,一般学者均认为依据历史法学派之勃兴,以及对法源之探究之意义上,殊有至大关系。但一八一八年芙萼氏有言:"若无萨文宜氏,此法典之发见,仍无意义。"其推崇萨氏,可谓无以复加矣。氏因此感激,于芙萼氏五十年博士祝贺论文中,发表其一七八八年五月一〇日之论文"尼布尔传并贵族之法律史"之两论文。至一八四〇年,于法曹界之惊异与欢喜中,其现代罗马法体系之最初三卷出版。于其序文中,仍再三表示拥护历史法学派,并热心主张论理与实际有统一之必要。一八四一年,其残余之二卷出版。至一八四二年,萨氏之学生威廉四世(Friederich Wilhelm IV)特为氏设立关于立法改正官职。因此,氏遂辞去其教授职务,而度其六年间之司法大臣生活。氏任职时,对司法,多所改革。一八四七年现代罗马法体系从六卷至十卷出版。内容仍为叙述罗马法历史之一部。直至一八六一年十月二五日,氏毕生幸福且收获甚多之生涯,方始告终。据耶陵氏云:氏平生生涯,甚多可以与其同巷而居之哥德氏比较其伟大可以想见。氏殁后,由法学界同人,决议设立一纪念萨氏之财团,即名"萨文宜财团"(Savigny stiftung)。一八六三年设立,系以计画促进关于法律学问上的劳作为目的云。

萨 文 宜

Friedrich Karl von Savigny

爱黑豪恩 Eichhorn, Karl Friedrich 1781—1854 德国历史法学派之法学家。(历史法学派)

密忒迈厄 Mittermaier, Carl Joseph Anton 1781—1867 德国近世之法律学家,尤以继承法著名。父为药剂师,早时受伯父之教化,十六岁入来比锡大学之法科。卒业后,即执教鞭于母校,一八一九年,转班堡(Bamberg)大学,一八二一年,任海德尔堡大学教授,担任德国私法刑法及刑事诉讼之讲座。

格利姆·耶可布 Grimm, Jakob 1785—1863 德国之历史法学派之法学家。(历史法学派)

格利姆·威廉 Grimm, Wilhelm 1786—1859 德国历史法学派之法学家。(历史法学派)

毛勒(第一) Maurer, Gearg Ludwig, Ritter von 1790—1872 德国之法制史学家。学于德国海德尔堡大学,一八一八年任慈乌高等法院推事。二六年任牟尼克(Municn)大学之德国私法及法制史之教授。其所著希腊民族在公安上、寺院上、以及私法上之关系(*Das griechische Volk in Öffentlicher, Kirchlicher und privatre chtlicher Beziehung*, 3 Bde., 1835)为人种学上重要之作品。四七年任外交总长及司法总长。氏为日耳曼法制史家，同时对于马克思共产体，亦有深刻研究，给与后世以甚大之启蒙。

【主著】德国人民最初居留以来共产情形之研究（*Untersuchungen über das Gemeindliche Leben der Deütschen seit ihrer ersten niederlassung in Deutschland* 12 Bde.，1854—71）。

柏特曼·荷尔惠克 Bethmann Hollweg，Maritz August von 1795—1877　德国之私法学家，政治家。为一银行家之子，平生受萨文宜之影响甚大。一八二〇年任柏林大学之员外教授。二三年同大学正教授。二七年，即任同大学总长（时年仅二三岁）。二九年调班堡大学，此时与卜尔交游甚深，四二年仍留任。一八四〇年，旅行瑞士及意大利。四五年任普鲁士之国会议员。遂来柏林，旋任为立法委员。五三年，任同国第二院副议长。五八年，任教育部部长。六二年俾士麦内阁成立，遂辞职，以后则专心从事著述。所著德国民事诉讼法之史的发展（*Der Zivilprozess des gemeinen rechts in geschichtlicher Entwicklung*，6 Bde.，1846—74）一书，惜未完成。氏之学问生涯，系从事于民事诉讼法之历史的研究，以成就前人未开拓之大业。其愿宏其功伟矣。

【著书】上记之外，有 *Versuch über einzalne teile der theare des zivilprozesses*，1827，*Die Gerich tsuerfassung und der des simkenden römischen reichs*，1834 等。

发黑泰尔 Wächtel，Karl Geargvon 1797—1880　德国之法学家。生于马尔巴哈，一八二二年任丢平根大学法律教授。三九——四八年任代议院议长。五一年任高等法院院长。五二年以来，任来比锡大学教授。其学风在立于实际的见地，以构成法律上之理论，为其特色。

【主著】*Handbuch des im Königreiche Württemberg geltenden，Privatrechts*，2 Bde.，1839—51，*Handbuch des Känigreiche Sächsischen und thüringschen Privatrechts*，3 Bde.，1856—58。

干斯 Gans，Eduard 1798—1838　德国之法学家。生于柏林之犹太人家。一八一六年学于柏林大学。一八年慕黑智尔之为人，暂时游学于海德尔堡大学。受黑智尔之影响甚深。二〇年就任于柏林大学。二五年任员外教授。二八年任法律学校之正教授。氏因出于黑智尔之门下，对于历史的法律学派，本黑智尔之立场，始终加以攻击与批评。

【主著】继承法之史的发达（*Das Erbrecht in weltgeschichtlicher Entwicklung*，1823—24）。

惟尔达 Wilda，Wilhelm Fduard 1800—1854　德国之法学家。于大学校卒业后，即业律师。一八三一年任哈勒大学员外教授。四二年任普勒斯拉大学正教授。四八年以该大学立宪中央协会长之资格，热心参加当时之立宪运动，因遭失败，复入于研究生活。五四年就任基尔大学，同年逝世。

【主著】*Strafrecht der Germanen*（1842）一书，就最古日耳曼之刑法，与种种社会关系加研究，足称古典权威的著述。

斯塔尔 Stahl, Friedrich Julius 1802—1861 德国之法理学家。一八四〇年德国柏林大学之法理学教授。又为德国议会第一院反动派领袖,主张皇帝神权说。

【主著】法理哲学(1830—7),清教国家(1847 年)等。

基尔克曼 Kirchmann, Julius von 1802—1848 德国之法理学家。初为司法官,旋因思想而去官。后为普鲁士议会议员,兼进步党首领。平生研究学问,主张采合理的经验论及权力说。氏著书甚多,关于法律者,则为法律及道德之根本概念。

阿伦兹 Arndts, Ludwiy 1803—1872 德国著名之法学家。初修业于柏林等各大学,后为牟尼克大学教授。又为民法法典编纂委员会编纂委员。至一八五五年,任班堡大学罗马法教授,并为奥之上院议员及学士院会员。

【著述】有法律辞书及方法论,遗嘱论,民法论纂等。

叔尔测·德里支 Schultze Delitzsch, Frang Herman 1805—1883 德国 Schuze Delitzch 信用合伙创设之最有名者。法学精深,曾任司法官,及德国下议院议员,平生对经济立法,尤其是合伙制度,特别努力云。

托尔 Thar, Johann Heinrich 1807—1884 德国之商法学家。

【著书】商法,德国私法,一般德国商法编纂史等。

阿楞斯 Ahrens, Heinrich 1808—1874 德国之法学家。一八三一年,氏以参加当地之暴动,遁于比利时及法国。三三年入巴黎大学,讲德国哲学史。三四年任普林塞尔大学哲学教授。四八年由乡里选为议员,遂归祖国。五〇年任格莱慈大学哲学及法学教授。六〇年转国法学教授。著自然法教程(*cours de droit naturel*)一书,自然法之色彩甚强,含有社会政策的要素。诸国争相转译,氏自己曾手译为德文。

柏塞勒 Beseler, Gearg 1809—1888 德国之法学家,政治家。学于基尔及牟尼克二大学。一八三一年于基尔当律师。当时因对德曼尔克国王拒绝服从之宣誓,遂不得达其目的。三三年就任基尔大学校长,因政府之妨害未果。旋就任于哥廷根(Goettingne)大学。同时与格李门兄弟,得尔,塔尔曼交游,遂发生政治关系。三十五年,任巴得蓬(Paderbarn)大学教授。四〇年移于格兰大学。无何被选为人民代表,参加夫兰恩客国民会议。与塔尔曼,威一士等形成右翼之中心。四九——五二年,任普鲁士参议院之议员,又任议会中之刑法编纂委员长。对于五一之刑法编纂,颇有重大贡献。五九年任柏林大学教授。七四——八一年,成为德之帝国议会议员。七五年以来,又入普鲁士之上院。八二——八七年任该院副议长。其所著(*über die Lehre von d. Erbverträgen*)(3 Bde. 1835—40),(*System des gemeinen deutschen Privatrechts*)(3 Bde. 1847—55)系基于日耳曼之立场书之,至关重要。又"民族与司法"(*Valks recht und juristenrecht* 1843,)则明显批评历史法学派。氏以为德国继受罗马法,为德国之不幸。极力主张研究德国本国法,给与基尔克以甚大之影响。

最拉 Zeller, Edward 1814—1908　德之哲学家(即法理学家)。平生任柏林大学教授。其哲学以内外之经验为基础,归纳演译两法并用。主张观念论与实在论之调和,其学说影响于法理极大。故言法学者多祖之。

斯坦因 Stein, Larenz von 1815—1890　德国之科学家,近世行政法学创始之一人。维也纳大学教授。氏之思想一般受黑智尔之影响,保持其哲学的见地,并本此以解释政治学及法律学。其在巴黎时,多交接社会主义者,因此对于社会学,甚有研究,给与近世社会主义的社会学甚多之影响。

【主著】(1)现时法国的社会主义及其共产主义,(2)经济学教科书,(3)行政法论(一八五六——一八六八年),(4)国民经济学之领域问题等。

巴科芬 Bochofen Johann Jocoh 1815—1887　德国法制史家,比较法学之创设者。于一八一五年十二月二二日生于德之巴德蓬。一八四一年,任巴德蓬大学教授,一八四二年辞职。以后二三年间,任巴德之高等法院院长,无何辞去,仍继续自己之研究,氏著书甚多,其最有名者,为一八六一年出版,一八九七年再版之母权论(*Das Mutter Recht, Eine Untersuchung Üher Die Gynäkokratie Der Alten Welt Nack Threr Religiösen Und Rechlichen Natar*)。是其内容叙述:(1)人类最初无规律之性交(Hetärismus);(2)因认识正确父亲之困难,而承认母系;(3)因女性尊严之结果,实行女子政治制度(Gynäkokratie);(4)以后则成立一夫一妻制度。氏因欲贯其主义,故从古典之中搜集无数先例。初用德文著书,一般人不能了解,以后声名渐著,人始推为家族制度之历史的研究之开山祖师。一八八七年逝世,其著书为法制史,尤其是关于罗马之法律史。

【主著】(1)*Die Lex Boconia Und Die Mit Thr Zusammenhängenden Rechtsinstitute*, 1843.(2)*Das Nexum, Die Negi Und Die Lex Petillia*, 1843.(3)罗马质权(*Das Rämische Pfandrecht* Bd. 1. 1847),(4)*Ausgewëblte Lehren Des Römischen Ziuilrechts* 1849,次关于文明史的 *Versuch Üher Die Grabersymbabik Der Alten* 1859;*Das Lykische Volk ,Und Seine Bedeutung für Die Entuwicklung Des Altertum* 1862 等。

格奈斯特 Gneist, Rudolf von 1816—1895　德国之公法学家。一八一六年生于柏林。初业律师,后任柏林大学教授。主讲宪法及行政法,尤其特别研究英国宪法,后任推事二年,晚年为某亲王教官,授爵位。

【著书】(1)英国宪法,(2)英国自治论,(3)英国行政法论,(4)英国宪法史,(5)英国国会史等。

哈尔秀纳尔 Hälschner, Augo Philipp Emgmant 1816—1895　德国之刑法学家,迈恩(Mayence)大学教授。

【著书】(1)普鲁士刑法论(一八六八),(2)刑法典进化论(一八七〇),(3)不法行为论(一八六九),(4)普通德国刑法(一八八一)等。

温特雪得 Windscheid, Berunhalt Joseph 1817—1892　德国罗马法学家之泰斗。一八三八年博士试验及第,以后曾历任各大学罗马法及诉讼法教授。一八七〇年德帝国民法修正完结之际，曾充修正委员，民法上请求权之观念，为氏所发明。

【著书】(1)罗马法教科书(一八六二年至七〇年)，(2)关于法律行为之无效的法法主义(一八四七年)，(3)关于条件的罗马法主义(一八五〇年)，(4)关于罗马法之诉讼(一八五六年)等。

马克思 Marx，Karl 1818—1883　科学社会主义之建设者。德国人，生于靠近法国的德黎尔地方。父亲是改宗的犹太人，一个抱着自由思想的法官。母亲是一个温情主义者，家庭中教育程度颇高。初在波昂大学习法律，继转入柏林大学。对于历史及哲学，颇有趣味。颇受黑格尔的影响。一八四一年卒业，得博士学位。氏富于革命性。当时的普鲁士政府，不能允许他自由活动，想作哲学教授，不成。一八四二年加入极端自由民主派的莱茵新闻(*Rheinische zeitung*)，不久被政府压迫停刊。一八四三年，与燕尼(Jenny)女士结婚。同赴巴黎，因得许多社会主义学者往来。与法国普鲁东，德国的亡命客哈伊涅，鲁格等，讨论社会主义上的问题。鲁格系办德国年报，被政府所驱逐。这时乃与马克思在巴黎合办德国年报(*Deutschfranzösische jahrbucher*)，恩格尔曾在这报上投稿，发行二期后，因受政府禁止刊行，便纠合同志发行杂志前进(*vorwört*)。一八四四年，恩格尔自孟彻斯德来会，遂为终身至友。一八四五年，法政府受德国示意，不许马克思留住巴黎。氏乃往比利时，不鲁舍尔，旋与恩格尔赴伦敦。一八四七年各国社会主义者在伦敦组织共产党同盟(Communist League)。氏和恩格尔亦加入，被推为起草同盟底纲领，即在次年发表共产党宣言(*Manifesto of Communist Party*)，成为后世共产党指导之纲领。是年，法国大革命发生，他曾往巴黎，不久返国，续办新莱茵新闻(*Neue Rheinische Zeitung*)，一年后又被迫停刊赴巴黎，复被逐，又赴伦敦。自此即久住伦敦，从事学说的整理。努力著作。氏生活甚苦，仅恃投稿于纽约德黎明报(*New York tribune*)得稿费以为活。一八六九年以后，得恩格尔每年三百五十镑的馈赠，才得安心研究。一八五九年，发表经济学批判。一八六七年，发表资本论第一卷，资本论第二第三两卷，系死后由恩格尔整理，在一八八五年一八九五年出版。剩余价值学说史，亦于此时成稿。死后经恩格尔整理而发行。一八六四年九月，在伦敦产生了一个"国际劳动者协会"(International Workingmen's Association)，即今日所称的"第一国际"。马克思在开幕时致开会辞，以后即为该会的指导者。但其后因无政府主义者，巴枯宁等的意见不同，经过十二年后，卒于一八七六年解散。一八七一年，法国巴黎公社成立时，马克思曾亲往指导。失败后仍回伦敦。以后所著的法国的革命(*The Civil War in France*)，即为记述并批评巴黎公社的著作。马克思集科学社会主义之大成，开从来空想的社会主义，无政府主义，民主主义的思想，分析经济的发展，对资本主义社会底必然倒坏，与以科学的根据；对无产阶级的兴起，与以科学的组织，为今日社会主义的根据。他底学说重心，在哲学上为"唯物论辩证法"，在经济上，为"唯物史观"，"剩余价值说"，"资本集积论"，"阶级斗争说"。恩格尔称马克思唯物史观与剩余价值，为该氏二大发明。唯物辩证法(die materialistische dialektik)，唱自黑格尔,他谓思想的久永法则,是由正反合三个过程而进。现实生于观念,因而现实亦跟此法则演进。但马克思恩格尔,却将"唯心的辩证法"改为"唯物论的辩证法",反对黑格尔所谓现实世界由观念创造出来之说。此种方法,从诸现象的不可分离的关联,从诸现象的全般的变动的状态中,去考察现象。同时只认自然是实在。人们的主观,不过是自然底一部分,一切认识,都是主观从外界的知觉而产生。所以我们底意识,系由外界存在而规定。唯物的辩证法,是矛盾内面

马　克　思

Karl Marx

发达的原则,是物质运动和变化的法则,是自然和社会里的变化和运动的法则。它底表现,是所谓思维底过程。唯物史观(die materialistische geschichtseuffassung),用唯物的辩证法,来考察社会,和历史的方法,叫作唯物史观。亦称"经济史观",氏以为生活资料底生产,和生产物品底交换,是一切社会组织底基础。社会变革与政治革命,其根本原因,由于生产与交换底不断变革,不是人类头脑中所思索出来的。马克思说:"人们在他们所生活的社会的生产上,有着一定必然的离他们意志,而独立的关系,这生产关系底总和,形成社会经济底构造,即亦形成了法制的政治的上层建筑。所依以树立和一定社会的意识形态,与他相适应的真实基础。物质的生活资料底生产方面,是决定社会的政治的以及精神的生活过程一般的条件。不是人类底意识,决定他们底存在。反是他们底社会底存在,决定了他们底意识。""社会的物质的生产力,在它底发达的一定阶段上,与从

来仅在内部活动的现在生产关系，或与仅在法制上表现着的所有关系发生了冲突，这种关系，便从生产力底发展形态，变成他自身的桎梏，于是社会革命底时代，就到来。随着经济基础底变动，巨大的上层建筑，全体就或急或缓地变革了。"剩余价值说（Mehrwerttheorie）：在资本主义制度下，劳动者，别无所有，必须将自己底劳动作为商品出卖，以易衣食。资本家为经营产业，亦必须向劳动者，购买劳动力，而付以一定之工资。劳动为得工资，则在一定时间内，替资本家工作，可是劳动者工作所得的生产物底价值总超过于他所得的工资。生产其工资所费的劳动，称为"必要劳动。"而超过此必要劳动所费的劳动，称为"剩余劳动"。由剩余劳动所产生的价值，例如工人每日工作八小时，若四小时工作所得的生产，即可抵偿其工资，则其余四小时工作所生的价值，即为剩余价值。资本集中说（Akkumulation theorïe）：产业中所生的剩余价值，由资本家用利息，利益，地租等名目取去，再将其中一部分，变为资本，从事生产，此新资本在生产中又生了剩余价值，而转变为资本，如此生生不息，资本遂逐渐增加，积聚于少数产业所有者之手中。在产业经营上，资本愈大，生产费愈低，即所得剩余价值愈多。再由自由竞争的法则，大产业必能吞并小产业，于是资本渐渐集中，产业亦渐渐集中，而资本家底数目，却渐渐少了。多数人必随归于无产阶级之列。阶级斗争说（Klassenkampfftheorie）：因为有掠夺剩余价值的事实在社会中存在着，社会中人们，必有一群是掠夺者，一群是被掠夺者，阶级即因此而成立。这种阶级，不论那一种社会中，都是存在的。不过其形态随各时代而不同。一时代的政治社会的组织，均为维持当时产业关系。亦即是维持此种阶级间的掠夺关系。这个时候，处于被掠夺的不利阶级，必然要来求社会政治底改革，而掠夺的有利阶级，必然要维持原状而反对革命。二个利益不同的阶级，最后遂不得不用猛力的斗争，以求得各自的胜利。此之谓阶级斗争。所以马克思和恩格尔说："一切历史都是阶级斗争史"，"自古以来的社会底历史，尽都在阶级底对峙之中而进行"，但社会进化底结果，将来社会主义的社会中，将为掠夺手段的生产手段，归为社会公有，有了经济上无产阶级区别的经济组织出现，人类中的阶级斗争，也就于此完结。所以说"今日资产阶级，与无产阶级的斗争，为人类历史中最后的阶级斗争。马克思上述学说，散见于他所著各书中，而资本论，集其大成，为其学说之总汇。他著作极多，现在各国多有马克思全集，（或与恩格尔合为一个全集）底发行，其最重要者如下：(1)哲学的贫困（*Misére de la Philosophie* 1847），此书为辩驳普鲁东底贫困的哲学（*Philosophie de la misére*）而作。(2)经济学批判（*Zur Kritik der politisechen okonomie* 1859），(3)资本论（*Das Kapital* 1867，1885，1895），(4)剩余价值学说史（*theorien über Mehrwert*，III，Bde.），(5)工钱劳动与资本（*Lohuarbeit und Kapital* 1848），(6)价值，价格及利润（*Value Price and Profit* 1865）。此外与恩格尔合著的有下列：(7)共产党宣言（*Manifesto of communist party* 1848），其内容为：(一)废止土地私有。(二)改良进款税。(三)废止遗传的权利。(四)没收逃亡和反抗者财产。(五)开设国家银行，专利全国生产。(六)交通国有。(七)发展国有的生产事业。(八)强制劳动。(九)联络农工业。(十)实行义务教育，废止童工。(8)神圣家族（*Die Heilige Fanilie*）等。

柏纳尔 Berner, Albert Friedrick 1818—1907　德国刑法学家。柏林大学毕业，即执同大学教鞭。

【著书】(1)刑事责任论之根据(一八四四)，(2)德国刑法教科书(一八五七)，(3)死刑废止论(一八六一)，(4)紧急状态论(一八六一)，(5)一七五一年至现在之刑事之法(一八六七)等。

耶陵 Ihering, Rudolf von 1818—1892　十九世纪后半德国之自由法学者。其功与十九世纪前半之 Savigny 相当。其在学生时代，受 Puchta 书之启发，对于法学，初识端倪。在 Giessen 教授十五年(一八五二——六八)，为其精进时期，其主著 *Geist des Rämischen rechts* 即成于此时。一八六八转提林根(Dillingen)大学，生活至乐。一八七二年，退于哥庭根(Goettingue)大学，毕生致力于著作。其所编讲义，思想横溢，足以鼓舞听众。演习时，扩其纵横应用之才。普通历史家，仅叙述法制表面之变化。认为不满足，必须论述历史背后的动力之国民生活的要求。并由此生活要求之变化，以观察历史之发展。故谓氏为历史家，毋宁谓为史论家为适当。氏解释罗马法之态度，乃将继受之罗马法，以期适合于新生活之要求，并非仅在作无味之考据。又因受英国功利主义之影响，以为法之任务，专在于利益之保护，故人呼之为“利益法学”。要之当十九世纪末叶，罗马法科学极

耶　陵

Rudolf von Ihering

盛一时，德之历史学派，亦奉为圭臬，其内容非偏于理想，即成为糟粕，氏独创社会功利主义，以为研究法学，须打破玄渺哲学及破碎史学之方法，而依据人类社会实际情形以建筑法律之基础，始能达到乐利之鹄的，推倒个人乐利主义 individualismus 的残垒，而建立目的法学——利益法学之反旗。氏可谓跸路褴褛，富于创造性之人物也。

【著书】耶氏生平著书甚多，其中：(1)罗马法精神论(*Geist des römischen rechts* 3. teil 1 Abt)，(2)权利斗争(*Kampf ums recht*, 1872)，(3)法律目的论(*Der Zweck im recht*, 1877—1883)，(4)罗马法发达史(*Entwicklungsgeschichted römrechts*, 1894)，(5)占有意思论等数种，最为著名。

哈姆斯 Harms, Friedrich 1819—1880 德国柏林大学教授，终其身度学者生活。

【著书】(1)国家论(一八六五年)，(2)法理学概论(一八八九)。

罕恩 Hahn, Friedrich 1823—1897 德国之商法学家，即德国旧商法之编纂者，平生任大学教授及最高法院推事。

【著书】(1)罗马法主义日耳曼法主义之具体的一致，(2)一般德国商法之注释书等。

该尔柏 Gerber, Karl Friedrich Wilhelm von 1832—1891 德国之法学家。学于来比锡及海德尔堡两大学，一八四七年，任挨尔兰根(Erlangen)大学教授，五七——六一年，任德国一般商法典编纂会议之威尔德地方代表。六二年任爱厄尼(Iena)大学教授，六三年转来比锡大学，六五——六六年任该大学之总长。七一年，任撒克逊之教育总长，九一年任首相，即死于任中，氏初立于私法学之立场，曾公布德国私法制度(System des deutschen Privatrechts 1848—49)，旋转于公法，对于国家权力机关，国家意志之发表形式，以及关于公权保护之根本的研究，先后发表，藉以确立德国国法学之基础。

【著书】公法学(*Über äffeutliche rechte* 1852)，德国国法制度要纲(*Grundzüge eines systems des deutschen Staatsrechts* 1865)等。

毛勒(第二) Maurer, Konrad von 1823—1902 德国之法学家。毛勒(第一)之子。学于柏林牟尼克等大学，一八四六年任牟尼克大学讲师，五五——九三年，充德国法制史教授。氏平生除五八年赴爱逸斯兰顿为研究旅行。七五年赴苦立斯基为讲演旅行以外，毕生埋头研究，为德国法制史大家，尤其是对于斯安其拿法制史之研究，划一纪元。

【主著】基督教挪威干部之改革(*Die Bekehrung desnarwegischen stammes zum christentum*, 2 Bde., 1855—56)及古代北方法律史讲义(*Varlesungen über altnardiche Rechtsgeschichte* 5 Bde., 1907—10)。

普兰克 Planck, G. 1824—1910 一八二四年六月二四日，生于哈诺巴王国，为德国有名之民事诉讼法学家。Julius Wilhelm von Planck 之从兄弟。于一八四六年(二十二岁)，初为初级法院之事务见习(Amtsanditar)。一八五九年辞职。至一八六三年，任地方法院推事(时三十九岁)，一八六八年，升高等法院推事(四十四岁)。

氏为实务法律家，努力法律之运用，经二十余年，即声名啧啧。一八七一年秋（按氏时四十七岁），于普鲁士司法大臣 Leonhard 氏监督之下，被任为德国民事诉讼法起草委员之一。从一八七二年起，此造诣甚深之法律实务家，又开始努力运用立法事业矣。一八七四年六月（时五十岁），德国组织民法草案委员会，委员共十一人，氏为委员之一。该民法亲属编及其草案理由书，即成于氏之手。当德国民法起草委员会成立前后二十余年，委员不知几经更易，独氏始终一贯，当编纂之冲，或以私人资格，努力草案之援护，或以政府委员资格，立于草案辨明之要路。德国民法法典之完成，氏有不可磨灭之伟绩焉，当民法第一草案公布时，对之攻击者，几如雨下，就中尤以柏林大学教授 Gierke 氏为之魁。氏以如何之锐锋当之，观于其所著对德国民法典设计之批评（Zur Kritik des Entnwuris emes hürgerlichen Gesetzbuch für dos

普　兰　克

Planck, G.

Duetsche Reich）（in Archiu für die civilistische Proxis 75）之论文，即可知之。德人谓氏之名与民法结合为一，而宓尔曼（Biermann）氏，则誉氏为德之民法创造者，洵非过言。氏与普通法家异其趣者，即对于政治活动，亦尝参加，一八五二年至一八五五年兼任哈诺巴王国之议员，一八五五年，因反对哈诺巴首相宪法改正之议，为刑事被告人。一八六七年（四十三岁），为德国国民党（Deutscher Nationaluerlin）创立之一人，同年为普鲁士众议院议员，旋因眼病辞职，翌年遂失明，乃绝意于政治，而倾其全力于法律学界。以是推知，氏之从事编纂民法之大业，当在失明以后。当氏之声名大噪以后，一八七七年丢平根（Tubingen）大学，授氏 Honoris causa 之

doctor Juris，一八八九年，哥庭根大学又推氏为名誉教授(honoral professor)。常由从者导氏入讲坛，讲授民法。辄指摘法典之正条数条而批评其得失，听者为之惊叹不置。氏生平著书甚多，其著作有名者，则为：(1)民法法典(*Bürgerliches Gestzbuch*)，(2)妇权论(*Stellung der Fraueu*)。按民法法典一书，为空前之大著，系氏与当时之法学家合著，其第一卷总则篇；第二卷最初之六章；第三卷第三章，第二节及第五节，第五章第一节，第三节，则成于氏之手云。

恩德曼 Endemann Wihelm 1825—1899　德国之商法学家。一八六二年，任爱厄尼(Iena)大学教授，后被举为民事诉讼法起草委员，又被选为国会议员。

【著书】(1)德国商法论，(2)民法法典研究等。

柏利 Bury，Moximilian von 1825—1902　德国之刑法学家。终身任检察官，及大理院评定官。

【著书】(1)共犯及教唆论(一八六九)，(2)因果关系与其责任(一八七三)，(3)因果关系与刑法之关系(一八八五)等。

希弗金 Sieveking Ernst Friedrich 1827—1909　德国之海商法学家。最初业律师，又任市参事会员，自一八七七年起，终身任高等法院院长。当一八八九年，华盛顿开“国际海事会议”，氏代表德国出席，一八九〇年以后，数次出席于国际法协会，多所尽力。又一八九七年，创立国际海法会议，得列国之协助。至一九〇七年止，共开七次国际会议。云著书甚多，均关于海商法者。

培刻 Bekker，E. I. 1827—1916　德国之罗马法学家。平生历任各大学教授。

【著书】近世罗马法提要(一八八六——一八八九)。

荷尔曾多夫 Holtzendorff，Franz von 1829—1889　德国之刑法学家。一八六一年，任柏林大学之员外教授，七三年转牟尼克大学教授，旋因研究刑事及刑法起见，并遍欧洲视察，其著述不仅限于刑法，并遍及于国际法方面。又当德国法律家会议时，氏曾尽力于女子在社会上地位之改善。创刊关于德国立法行政及司法之年鉴(*Dasjahrbuch für Gesezgebung*，*Verwaltung und Rechtspflege des Deutschen Reiches*)等。又“依照字母顺序及体系编制法学百科全书”(*Encyklopädie der rechtswissenschaft in systematischer und alphabetischer Bearbeitung* 2 tle. In 3 Bdn.，1870—71)等。

邓恩堡 Dernburg，Heinrich 1829—1907　德国之民法学家。一八五一年时，年二三岁，即试补大学教授。一八五五年任瑞士某大学正教授。一八六六年即兼任普国贵族议员。一八六七年被聘为柏林大学之罗马法及普国私法之教授，同时任贵族议员，平生在职五十余年，著书甚多。

【著书】(1)赔偿论(一八五四)，(2)质权论(一八六〇——六四)，(3)法学通论(一八六九)，(4)普鲁士私法教科书(一八七一——八〇)，(5)普鲁士王国监护法(一八七五)，(6)普鲁士抵押权法(一八七)，(7)德帝国及普鲁士民法(一八九八——

一九〇五)。就中德帝国及普民法一书尤为阐明德现行民法法理一大杰作。

哥儿德斯密特 Goldshmid Levin 1829—1897　德国之哲学家。以通晓商法理论及实际著名。

【著书】(1)商法教科书,(2)法学百科辞书等。

赖克 Reincke, otto 1830—1905　德国法院推事。先是一八六四年业律师,获令名,一八七九年从事法院编制法之改正,同时入司法部为柏林地方法院院长。一九〇五年卒,年七四岁。

【著书】(1)民事诉讼法注释(一九〇五年五版),(2)德帝国宪法,(3)普鲁士普通法(一八八〇第一版,九四年第五版)等。

利格尔斯柏格尔 Regelsberger, Ferdinand 1830—1910　德国之私法学家。二十六岁即试补挨尔兰根大学教授,一八六二年,更升为同大学之员外教授。翌年为正教授。复为提林根(Dillingen)大学所聘。一八八四年以来,十七年间,均为哥庭根大学之私法教授。又以任提林根之民法杂志编辑主任著闻。

【著书】(1)质权论(一八六八年),(2)巴伊阿尔抵押权法(一八七四——一八七七),(3)关于商行为一般之原则(一八九二年),(4)私法瞥见(一八九二年)等。

斐丁 Fitting, Hermann Heinrich 1831—?　德国诉讼法及罗马法之学家。

【著书】(1)连带债务之性质,(2)立证责任之基础,(3)帝国民事诉讼法,(4)帝国破产法、波罗尼亚学派之起源等。

司托布 Stobbe, Johann Ernst otto 1831—1887　德国之私法学家。先修法律学于刻尼克堡(Koemgsberg)大学,一八五六年任同大学教授。七二年转来比锡大学,从事法源详细的研究,以植法学之基础。为将德国私法学成为科学的组织之一人。与德国法学界以重大之影响。

【主著】德国法源史(*Geschichte der deutschen rechtsquellen*, 1860—64)及德国私法教科书(*Handbuch des deutschen Privatrechts*. 5 Bde., 1871—85)。

雷俾恩 Lehbein, Hugo 1833—1906　德国大理院第一民庭推事,精通普鲁士普通法,尤长于适用,有法界泰斗之称。

【著书】(1)普鲁士普通法(与列英克氏共著),(2)高等法院判决,(3)新民法注释,(4)关于票据法及票据诉讼等。

培楞 Behrend, Jokoh Friedrich 1833—1906　德国大理院推事,兼任各大学教授。平生精通德法及普鲁士法及商法等,对于商法造诣甚深。

【著书】商法教科书。

黑克尔 Haeckel, Frnst 1834—?　德之进化论之哲学家。同时亦为一社会法学家。

【著书】不可思议之生命(一九〇四)。

培克曼 Beckmann, Auguste 1835—1907　德国柏林大学毕业。平生历执教鞭于诸大学。

【著书】(1)罗马法上之嫁资制度,(2)德国普通法上之买卖。

撒斐特赫尔曼 Seuffert Hermann 1836—1890 德国之刑法学家。历任各大学校教授。

【著书】现今之刑事政策。

巴尔 Bar, karl Ludwig 1836—1913 德国近代之国际私法学家,万国国际学会会员。一九一三年卒,年七十七,博学多识,所治涉及于法学之全体,造诣甚深。

【著书】(1)国际法与刑法(一八六二),(2)国际私法之理论与实际(一八八九),(3)国际私法与刑法教科书(一八九二),(4)国际商法等。

麦尔克 Merkel, Adolf 1836—1896 德国之刑法学家。一八七四年任斯特拉斯堡(Strasbourg)大学校教授。氏否定从来为刑法基础的自由思想,故不以刑罚为反社会的事实,以及对于犯罪为反动。氏盖从法定论的见地一使应报思想与目的刑相结合。所著法律的百科全书(*Jurislische Enzyklopädie*, 1885)以及 *Hinterlassene Fragmente und gesammelte Abhandlungen* 3 Bde., 1898—99 等书,在法律哲学史上,所以说明从十九世纪历史的定法主义,入于所谓一般法学之必要,颇负盛誉。

【主著】德国刑法教科书(*Lehrbuch des deutschen Straftechts*, 1889)及犯罪与刑法之理论(*Die Lehre vom Verbrechen u. Strafe*, 1912 与 Liebmann 共著)。

夫利特柏格 Friedberg, Emil Albert 1837—1907 德国寺院法专家。终身任教授,学识博大。凡寺院法,国法,国际法,德国私法,德国法史,商法,票据法及海法等,均有讲义,不过专门致力者,则为寺院法耳。

【著书】(1)对于国家教会之界限(一八六一),(2)结婚沿革论(一八六五),(3)新旧寺院法论(一八九七)等。

波斯特 Posth, Albert Hermann 1839—1895 德国之比较法学家。

【著书】(1)阿非利加法学论(*Afrikamische Jurisprudenz* 1887),(2)人种法律学原论(*Grundriss der ethnologischen Jurisprudenz* 1893—95)等。

布拉内尔 Brunner, Heinrich 1840—1915 德国法制史之泰斗。平生历任各大学教授,又为法典调查委员,考订法制,蔚为专著。对于德国德法界之功绩甚大。

【著书】(1)德国法制史(一八九二),(2)德国及法国法制史之研究(一八九四),(3)英国法源史概论等。

俾尔林 Bierling, G. 1841—? 德国之法学家。从抽象的法律论而入于社会法之学家。

【著书】法律原则论(一八九四)。

卡尔平丁 Karb Binding, 1841—1919 德国近代伟大刑法家之一人。一八四一年六月四日诞生,一九一九年逝世,享年七九岁。氏在德国刑法界,为旧派理论之健将,关于德国刑法改正运动,学者有所争论,实际不啻氏与利斯特之争。所谓学派之争是也。利斯特所主张者,为实证的、发生的及社会学的。而氏之立场,则为论理的、纯法律的,其所谓论理的,即其规范说是也。其所谓纯法律的,即其分析的方法是也。学术竞争,相反相成。氏能卓然独立一派,亦云伟矣。

【著书】(1)规范论(*Die Normen und ihre uhertretung*),(2)刑法论(*Handhuch des Strafrechts*),及(3)现代科学上之刑法问题(*Das problem des strofe in der heutigen wissenschoft*)等。

歧尔克 Gierke, otto Frioabick von 1841—1921 歧氏,一八四一年一月十一日生于德国,父为政治家,因母氏出于齐泰尔曼之家。故氏与挨恩斯特齐泰尔曼(Ernst Xitelmann)属从兄弟之列,因其诞生之当时,一般人只知盲目崇拜古典的罗马法学,所谓德国固有法的观念,纯粹返于罗马法的概念。就法律学言之,可以说便是历史派罗马法学的跳梁时代。一八四六年,氏方六龄,德人举行德国法律学家(Germanist)大会,对历史派罗马法学,初开战幕,氏随德法律学之勃兴以俱长。氏平生常云:"舍斗争无生活"(Ohne Kampf Kein leben)不啻为自己写照。氏因为生在这种学问斗争的环境,所以便成为造就他将来成为德国法律学家骁将的基因。一八五七年,氏甫十七岁,开始肄习法律,初入柏林大学,仅一学期,即转学海德尔堡大学。过三学期,复转回柏林大学,当受培塞勒(Beseler)教授之指导,遂得以发挥其卓越之才能,一八六〇年以拉丁语撰卒业论文,得法学博士,时年仅十九岁。大学卒业后,氏初业律师,同时开始彼之生涯事业,著手于德国团体法之研究。一八六五年,试补司法官,翌年普奥战争起,亲赴前线参与战争。歧氏为一私学法家,一八六七年任柏林大学私法讲师,开始撰对于公私法关系之讲义。对于公法私法之分界线,从中以十字切断之;而另划社会法与个人法之新的分野。公法私法之关系上新的理论,遂得以展开。故氏所著私法论第一卷,第四节,与他一般私法学者之著书不同。不过阐明公法私法之理论已耳。一八六八年,氏之研究,遂渐得结果。氏之毕生事业,德国团体法(*Das deutsche genossenschaftsrecht*)第一卷出版时,年仅二十七岁。即发刊此庞大的处女作品。其狂喜可想而知。至于作品大旨远从游牧时代日耳曼民族之血族团体起,叙述共产村落之成立,及其内容,详论其团体的性质,与对于土地之法律关系后,徐徐至于崩溃,又述中世土地支配成立之经过,将人民团体分为空间的地域的团体与资本的利益的团体。前者为政治团体,由地方团体发展至国家。而后者则为自由组合之团体,从人民组合发展至股份公司。篇幅达千余页之多。虽在法源之取舍选择上,思索容有不充分之处;从团体的立场言之,当然为唯一的德国法制史之大著。一八七一年,氏任柏林大学助教授,学界均以最有望之人物目之。同年十二月底,继任 Stad 教授以后,任布勒斯大学正教授,历十三年之久。实其研究时代,其最初之事业,既为关于德国法制史研究丛书之发刊。近已达百三十册以上。为研究德法不可缺之参考丛书。在研究丛书中,亦属模范。一八七三年,氏又公布德国团体法第二卷,详论日耳曼之法的观念,权利主体之观念,物之观念,团体之观念,团体的权利关系,且阐明其与罗马思想之基本的差异。氏之团体法论及法人论之基础,即因此书以筑成。研究典型法及自然法论之歧尔克氏,将其属于公法方面之著书，继续公布，即氏于一八七四年，公布其大著，国家法之根本概念及新的国家法之学说者是。一八八〇年，又将其所著单行论文，自然法的国家学说之发达出版，其内容系以基于自然的国家契约说及国民的主体为其中心意义。一八八二年，氏就布勒斯大学校长职时，讲演自然法及德国法（Matur recht und deutsches recht），足以窥氏对于法之本质目的内容基础的见解。歧氏自刊行其团体法第一卷及第二卷，发表其德国之团体及其法律思想之发展史的研究后，遂转其研究之方向，埋头从事希腊及罗马之国家论与法人论的研究。意以为研究中世的典型法及自然法的团体法论，不能不溯源于希腊及罗马之团体论；如何经基督教教理而变化，如何加以修正，至中世典型法及自然法之团体论如何形成，均须加以彻底的观察。故从发刊法国团体第二卷时起，经过八年，始于一八八一年，出版第三卷，此书内容，首述希腊哲学上的国家论，更将罗马法制史分为受基督教时代及未受基督教时代之二期，藉以明罗马法上之国家论及法人论；又一面叙述前期及后期注释家时代之变迁，同时叙述罗马法人论如何被德国继受，均甚详尽；总之第三卷，可以认为系氏研究达于最高潮的巨作。无论为公法学或私法学，均为不可少的基本文献。一八八四年，氏由布勒斯大学，转任海德尔堡大学教授，同时又赍氏学问上一极大之转机。既以法制史家之资格而活动之歧氏，乃转而开始从事民法之研究。氏仍本其以德国法学家的资格，与罗马法学家相战之意趣；乃转以民法学家的资格，与民法上个人主义的思想及形式的概念主义相搏战。氏之武器，不待言，当然为研究发展史的德国团体法之实证的理论。以此氏实证的理论，打倒萨文宜以来之法人拟制说。一八八七年，氏刊行其团体理论及判例（*Die genosscnschafrsthearic und Deutsche rechtsprechung*）以图团体构造论之基础的理论之展开。当时适值柏林大学教授伯泽逝世，后任人选，虽有索门（Sohm）与氏对抗，然卒因众议一致，氏遂得以民法大家之资格，衣锦而还于故乡矣，氏在柏林大学，从一八八七年起至一九二一年止，经六十七学期之久，中间曾任校长二次；我先哲所谓“学而不厌，诲人不倦”者非耶？当德民法第一草案完成时，氏又发表其尖锐的批评及狮子吼之论文，以此草案全为罗马法，而蔑视德国各洲法的规定，吾人若读其德国民法及德国法第一草案之第一章，诚不能不为之大感动。该草案卒于民法编纂之第二读会加以修正，氏之力也。一八八九年，氏公布其第一草案中人之团体及财产之概念，亦系对第一草案之批评，又氏于一九〇二年所出版非法人团体，亦系补充民法之缺陷——对于形式主义之非难。同年氏就校长职之际，于讲演人的结合体之本质（Das wiesen der menschlichen verbande）上，详论团体论的中心思想，法人之组织的实在说。一九〇二年，氏于柏林大学设立纪念日，讲演历史法学派与德国法学家（Die historische Rechtsschule und die germanisten），高唱历史法学的法之基础本质及目的，亦须加以哲学思想的补充。一九二三年，氏更出版德国团体法第四卷，其内容，记述国家及团体之理论史，至第十七世纪之中叶止；对于自然法论，不过仅及于十九世纪之初期而已。因之氏更著第五卷，叙述十九世纪以后之国家及团体之理论史。然人生有限，氏之无限研究，终被阻止，洵可惜矣。歧氏自转向民法致力以来，其功绩亦极伟大。一八八九年，发表其私法之社会的任务（Soziale aufgobe des privatrechte)，对于民法之方法论，与以甚多革新之点。一八九五年，发表德国私法(*Deutsches privatrecht*)第一卷，将全体系分为个人法与团体法，统一各法域内所生之一切的法律关系。确比他著，放一异彩。一九〇五年，发表德国私法第二卷，为物权法；同时氏为著作德国私法第三卷债权法起见，发表甚多之研究论文。其主要者，例如：(1)债务与责任，(2)继承债务与责任上财产扣押之效力，(3)雇佣契约之起源，(4)继续的债务关系等是。尤其是对以后二论文，颠覆从来之学说，足为证实的理论之展开。德私法第三卷债权法，于一九一七年发表以后，本拟继续著作亲属继承之身分法，吾人于氏所著团体法第一卷团体理论中之合理的组合之理论中，又于德国私法第一卷——德国之私法要论之理论中，得窥氏对于亲属继承研究之一端。然卒为生命不许，此二大著，卒未成功，吾人不胜为法学界惋惜也！最后氏于一九一七年发表其法律与道德(Recht und sittlichkeit logos VI. Heft 3)之一有名论文，关于法律之本质及目的，为理论的展开，于时氏已达七十六岁之高龄矣。在此安静环境中，氏本于快乐中送其余生，然不幸战争之惨祸发生，(即一九一四年欧洲大战)以其富于爱国热情，虽忍其极度之困苦与缺乏，然一见祖国现象，不胜咽其悲酸之泪——卒于一九二一年十月十日白露之秋，永远与人世长辞矣！氏平生致力于学问，达五十年，在此五十年中，其所发表之研究，近一万页之多，吾人欲理解其思想，实非易事，要之氏为一私法学家同时为一伟大之公法学家；为日耳曼法之大家，同时为罗马法之大家。氏不仅为史的事实之罗列者，对史的事实发展，关于法之本质及目的，常以法理的考察补充整理之，以求将来之发展。故氏为法制史家，然不仅为事实的记述者，而欲从历史的素材中吸取生活实证的理论，氏为一现行法规之解释家，然不仅法律技术家，而其议论，常为发展史的基础。又氏为一法理学家，然不仅形式的体系之作制者，而欲将自己之法理的思想适用于法律领域中之具体的课题，氏无论对于法人论，或自然法论，均不仅以为思索的评论之对象，而欲努力将其理论的体系，依历史的背景，植其基础。歧氏于其学问生涯中所斗争之点，即法律学上抽象的个人主义，与形式的概念主义是。所谓个人主义之法律，欲使法之理念溶解于其内容上之利用的观念——或使之消失于其作用上之力的观念中，以此利用与力(Mutzen und mecht)之观念，破坏法之本质及目的，故氏不惜与之搏战而摧毁之。又形式的概念法学，对于定义(Definition)与真实观念(Realer Begiff)不设何等区别，因之对理论的结论与内容的把握，同一看待，由形式的正当，得以引出实质的真理；因为重形式的分析的理论之结果，把握法的思想之实质的可能性，完全消失，法律学遂全转为法律的技术化。法律技术，对于基本问题，不但毫无援助，而且对于潜在泼溂现实生活中之活的法律理论一种科学的认识之道，全被阻断。故氏又不惜竭其全力以与之鏖战。在氏之意，欲以实质的实证理论(系从历史材料中所吸取者)代替枯死的形式——几何学的技术之图式，以流传的道德的团体主义代替抽象的利已的个人主义，无论氏之法史论，解释论，或彼之法理论，总之彼之研究中心对象，实基于团体法论者近是。团体法及以团体为中心而开展之理论，即歧氏法律学说之中心点，及其主要点也。近世大法学家麦特兰(Maitland)评之曰："歧氏之团体法论，有哲学的真，科学的正确法典及判例，有认为成法者，即在实际上，亦甚便宜”。又培罗儿兹黑曼(Berolzheimer)氏有云：“社会对于个人本位原子论的经济学之关系，等于歧氏团体法论，对于其以前之法律学的关系”。又兰芝堡(Landsberg)有云：“歧氏团体法之本质，以历史的及法律的材料之全部完全知识为基础，为任何人所不能否认，实为一新的世界”。观于诸学者之赞叹评论，益知歧氏在学术上之价值矣。综上所述，歧氏学问之中心点，为彼之团体法论，德国团体法四卷，前后亘四十五年，几为氏全部生涯之劳作。其他之著作及论文虽多，结果仍归于团体法论之圜周以内。无论氏之法人论，团体实在论，社会法论，权利能力之社团论，合手的组合论，均为团体法论构成之一部。“民法为国民精神的产物”此种法源，为氏之信条。亦即团体法研究之成果。法律与道德之共同支配域之承认。亦氏团体法论之当然的结果。氏平生曾几度所使用之“全体上之单一性与数多性之融和结合”为氏团体法论之指导概念，同时亦即为氏全法学的研究之程序。氏益从人间生活发展过程中所表现的具体的团体的研究，而作成人的结合之理念形态者也！因此吾以为以氏团体法论为中心而说明其思想，要不失为介绍歧氏学说一种最忠实的方法。

克拉斯诺巴尔斯基 Krasnopalski, D. von Haraz 1841—1908 德国之商法学家。一八八一年，任夫朗开(Francfort)大学教授。一九〇五年，兼宫中顾问官，最初研究票据法，后转攻一般私法学。对于私法中之撤销权，有深刻之研究。

麦尔 Meyer, Georg 1841—1900 德之国法学家。一八六八年任马尔堡(Marbourg)大学讲师。一八七二年，升任助教授。一八七五年，任正教授。其间曾任德帝国议会之代议士(一八八一——一八九〇)属于国民自由党，以活跃于政界。

【主著】(1)收用法(*Das Recht der Expropriation* 1868)，(2)北德联邦之特质(*Grundzüge des norddeutschen Bundesrechts* 1868)，(3)关于德宪法国法学的研究(*Stoatsrechtliche Erörterungen üher die deutsche Reichsverfassung* 1872)，(4)德国公法及国家学之研究(*Das studium des öffentlichen rechts und der Staatswissenschaften in Deutschland* 1875)，(5)德国行政法教科书(*Lehrbuch des deutschen veiwajtungsrechts* 1883)，(6)德国保护地域之国法上之地位(*Die Stoatsrechtliches Stellung der deutschen Schutzgebiete* 1888)，(7)对帝国立法上帝国机关之参与(*Der Anteil der Reichsorgane on der Reichsgesetzgebung* 1889)，(8)国家及既得权(*Der Staat und die erworbenen rechte* 1895)等。

索姆 Sohm, Rudolf 1841—1917 德国之私法学家。学于柏林大学及海德尔堡两大学，受未滋尔(Wetzell)及柏劳(Böhlau)学说之影响甚深。一八六六年任哥庭根大学讲师，七〇年任来比锡大学教授。七二年，转斯特拉斯堡等大学教授。

【著书】罗马法教科书(*institutionen des romischen rechts* 1883；17. A. 1923)，夫兰克时代法制史，尤其是关于该时代之法院组织法(*Die altfränkisohe reichs-u. Gerichtsverfassung* 1871)及寺院法(*Kirchenrecht*, 1923)为最有名。其思想属于当时国家社会主义(即讲坛社会主义)，曾因同盟工，提供十万马克以救济之。

恩内克乐斯 Enneccerus, Ludwig 1843—1928 近世德国民法之权威者(社会法学)。终身任教授。晚年柏林各大学争相延聘。氏不得已,乃轮流担任讲演,声誉炫赫,凌驾全欧。凡私法学界,每一谈及恩氏,无不表示高山仰止之思云。

德国民法学者恩内克乐斯博士
Dr. Ludwig Enneccerus

【著书】氏曾与基普(Kipp)及佛尔夫(Wolff)二氏合著民法原论一书,其总则编及债编,则成于氏手。(原名 *Lehrbuch des Bürgerlichen recht, Allgemeiner teil u. recht der Schulduerhältnisse*)。

瓦什 Wash, Adolf 1843—1926　德国民事诉讼法学家。一八五六年,从克尼黑大学受博士学位。旋为同大学讲师。其后历任丢平根(Tubingen)、班堡(Bamberg)诸大学之正教授。一八七五年,赴来比锡大学任教授,终其身。其间曾兼任来因地方法院民庭推事,又代表来比锡大学为撒喀逊王国上院议员。著书甚多,其最有名者,则为:(1)假扣押程序之史的发达,(2)德国民事诉讼法要论(一八八五年),(3)既判力论,(4)扣押程序法等。

该利斯 Gareis, Karl 1844—?　德国之私法学家。终身任教授事业。

【著书】(1)德国商法(出五版),(2)法学通论,(3)德国殖民法,(4)国际法之阶梯等。

斯托罗未尔 Stolowell, 1844—1914　德国之私法大家。一八六七年得博士学位。一八七七年任科隆(Cologen)大学助教授。一八八一年升正教授,且教且学,知识孟晋。至一八九二年秋,遂巍然为同大学法科之巨擘。一八九五年以来,任德国法曹会之常务委员。

【著书】(1)阿斯托利阿私法上之登记论(一八七五年),(2)不动产所有权论(一八七六年),(3)德国民法草案权利之移转与原因行为(一八八八年),(4)占有之继承(一八八五年),(5)继承法大要(一八九六年),(6)德国民法典之占有(一八九八年),(7)债务引受论(一九〇二),(8)相对的无效论(一九一一),(9)债务与责任(一九一四年)等。

俄尔斯豪孙 Olshausen, Justus 1844—? 德国之刑法学家。又为法官,转任于各地,历补最高法院推事,检察官总长,等要职。

【著书】(1)德国刑法典注释(一八七九),(2)刑事诉讼法改正意见(一八八五),(3)关于精神所有法规等。

亨雷 Henle, Wilhelm von 1846—1914 德国之司法官。纽累姆堡(Nuremberg)大学赠名誉博士学位。

【著书】(1)德国民法要览,(2)现行德帝国刑法典(一九〇三年),(3)监狱制度(一八八七),(4)土地竞卖规则(一八九七年)等。

柏克迈尔 Birkmeyer, Karl Friedrich 1847—1907 德国刑法学家、法理学家。一八七三年任俄斯那堡(Osnabrück)大学教授,后改任牟尼克大学教授,其著作有如下三种。(1)法律意义上的财产,(2)刑法上原因的观念,(3)刑法上的共犯等。

赫德 Herder, Edurard 1847—1910 德国之私法学家。生平历任各大学教授并校长,教授之学风,带一种特色而放异彩于学界者,即为伟大的抽象理论家。常利用其丰富的哲学思想,以演绎的论理法,阐明法律上之基础观念。讲学时,往往引起学界之注意。其钻研之结果,除专书外(见下),多著论文,散见于各杂志,其论文之主要者,则为民法总则编中之问题。尤其是关于意思表示错误,请求权,消灭时效等。吾人就此等著述观之,足征氏对于私法与诉讼法之接触点,尤加以特别之注意焉。

【著书】(1)罗马法上时之算定说(*Theorie der Zeitberechnung nach romischen recht*, 1873),(2)罗马法之婚姻(*Die romische Ehe*, 1874),(3)法及权利(*Objektiues und subjktiues reckt*, 1877),(4)罗马法制(*Institutionen des römischen rechts* 1 Aufi 1877, 3 Aufl, 1893),(5)罗马继承法史(*Beitröge zur Gesch-ichte des römischen Erbrechts*, 1881),(6)总则理论(*Audekten Allgemeine Lehren*, 1886—1891),(7)德国民法草案总则(*Zum Allgemeinen teil des Entwwefesemes*, B G B 1888),(8)罗马继承财产之地位(*Stellung des römischen Erben*, 1896),(9)德国民法总则注释(*Kommentar zum Allgemeine teil des* B G B 1900),(10)自然人及法人(*Natürliche umd juristischec personen*, 1906)。

阿伦特 Arndt, Adolf 1848—? 德国之宪法学家。初服务于高等矿山局,自一九〇〇年,始任国家学教授。

【著书】(1)普国矿山法注释书,(2)国家学教科书,(3)德帝国宪法注释书,(4)普鲁士王国宪法注释书,(5)德国帝国法规,(6)关于独立法并历史的批判法争论等。

科勒 Kohler, Joseph 1849—1919　德国之法理学家。一八四九年三月九日出生。历任推事,及大学教授,枢密顾问官等。生平对于法学,从法学纲要起,凡民法,

柏林大学教授科勒博士

商法,民事诉讼法,刑法,刑事诉讼法,国际法,以迄法律哲学止,钻研范围极广。对于著作权,特许权,意匠权法,与比较法学尤多致力,平日伏处刑法研究室(Kriminalistisches Seminar)异常忙碌,曾发行"比较法学杂志"。氏逝世后,德人有言:先生亡后,本诸知识(科学)创造与技术(艺术)创造以为世界之支配(Herrschaft der menschheit über die welt durch Erkenntnis Schoffung und techuik)者,永无其人,其崇拜,可谓无以复加矣。

【著书】(1)中国刑法论,(2)法律哲学及经济哲学论集,(3)近世法律问题,(4)民法教科书,(5)民法论集,(6)法律学入门(一八八四),(7)德国刑法阶梯(一九一二),(8)现代文化法律与人格(一九一四),(9)回想录(一九二〇)等。

利斯特 Liszt, Franz von 1851—1919　德国之刑法学家。生于威恩,一八七九年二四岁,任科隆大学讲师,一八七九年,任歧星(Giessen)大学教授。一八八二年,任马尔堡大学教授。一八九九年,任柏林大学教授。其所经营之"刑法研究室",网罗世界著名典籍,勾稽比较,色色具备,其事业之最大且久者,则为"刑法

杂志”(*Zeitschrift für die gesamte Strafrechtsmissenschaft*)及“国际刑事学协会”(Internationale Kriminalistische Vereinigung union internationale de droit)。一八八九年,与哈默尔相谋,创立对于刑法革新之国际的运动,贡献极大。

【著书】(1)刑法的目的观念(*zweckgedanke im strafrecht*),(2)德国刑法教科书(一九二二年二四版),(3)国际法教科书,(4)刑法论文集(一九〇六)(*Straftechtl iche Aufsatze und vartrage*),(5)战争与和平之间以及现代之刑事之法(*Strafgesetz gehung der Gegenwart*)。又氏内外刑法比较(一九〇九)(*Vergleichende Darstellung des deutschen und auslandischen Strofrechts*)一书之完成,全得力于研究室之丰富资料云。

菲力克斯 Felix Meger 1851—1925　德国之私法学家(法学博士)。平生历任推事,以及私法学教授。于一八五四年,创设比较法学会,对于法学贡献甚大。

【著书】世界票据法(一九〇九),及再版世界票据法(一九一三年)等。

哀伦堡 Ehrenberg, Viktar 1851—1929　德国之私法学家。一八八二年任因哥培斯特(Ingolstadt),八八年刻尼克堡,一九一一——二二年来比锡各大学校教授。一九一三年以来,刊行商法总论教科书。

【主著】*Beschränkte Haftung des Schuldners nach See u. Handelsrecht* 1880. *Die Verantwartlichkeit der Versicherungsgellschaften etc.*, 1929. *Versicherungsrecht*, Bd. I, 1893.

齐诺德曼 Zinotelmann Erust 1852—?　德国法学家。一八五二年生。于民法,国际法,法理学等造诣很深,尤其是法律现象的心理学的分析。著有国际私法。

列蒙恩 Lehmann, Heinrich otto 1853—1904　德国之商法学家。

【著书】(1)战时禁制品论,(2)德国票据法教科书,(3)对于有价证券之理论,(4)德国私法要论,(5)民法教科书等。

勒恩荷姆 Loenhalm, L. S. 1854—?　德国人。学于来比锡及哈雷(Halle)大学,旋充任司法官,一八八九年(即明治二二年)东来日本,被聘为德国协会学校之法律学教师,九〇年任东京帝国大学教师,继续在职二一年。一九一一年(明治四四年)满期解雇,对于日本之民商法及刑法,有甚多之德文或英文著述,颇享盛名。

科萨克 Cosack, Komrad 1855—?　德国著名私法学家。一八五五年,生于克尼细斯伯尔。平生任柏林诸大学教授。

【著书】(1)商法教科书(一八八八),(2)德国民法教科书(一八九七),(3)德国私法制度论(一八九七),(4)公法要论等。

斯特隆格 Strong, Joesf 1855—1919　德国商法学家。一九〇〇年以来,从事民法暨商法之研究,均有论述发表。

【著书】票据法论及票据法注释书二种。

拉特根 Rathgen, Karl 1855—?　德国之法律学家。一八八二——九〇(明治一五——二三)年,东渡日本。在东京帝国大学讲行政法及政治学。无何返德国,任马尔堡大学教授。

【主著】日本民族经济及国家岁计(*Japans Volkswirtschaft und Staatshaushalt*, 1891)以及日本人及其经济的发展(*Die japaner und ihre Wirtschaftliche Entwicklung*, 1905)等。

斯塔姆勒 Stammler, Rudolf 1856—?　德之法理学家。一八五六年一月十九日,生于德国之黑森。就学于歧星(Giessen)及来比锡两大学,卒业后,入司法官生活。一八八〇年,任来比锡大学讲师,嗣因来比锡大学及歧星大学而任哈雷大学教授。后转入柏林,以至于现在为新康德派法理学代表的学者。给现代法理学研究以甚大影响。一八八八年,著历史方法论(*Über die methade der geschichtlichen rechtsphilosophie*, Halle 1889)初对于历史法学派经验法学派,说明所谓批判的立场,其对于学界之功绩,乃一法律哲学之创造者,并革新者。其方法系对于康德所为而未果之法律领域,移入于批判的方法,而立于先验的立脚点,以建设批判的法律哲学。故对于方法的色彩,极为浓厚。氏之法律哲学,严格立于理论主义之上,世呼为纯粹法学(reine rechtslehre)。对于所谓被制约的法学,(bedingte rechtslehre)或技术的法学(technische rechtslehre)树立对一切法律秩序无制约的妥当思考方法,故就于法律质料(rechtsstoff)中之仅有被制约的意义者,悉舍弃之,而专图把握普通妥当的法律思想。氏定法律概念,谓"法律为自主的不可侵犯结合之意欲"同时并区别法律之概念(rechtshegriff)与法律之理念(rechtsidee),是其生平对哲学上最大贡献之一。法之概念,为一部分之表象(teiluarstellung)。氏以为吾人能将人间意欲之一种,与他种意欲加以区别,便为法之理念,即法律内容无制约的调和之观念。又氏以法之理念"内容变化之自然法"为正法(des rechtige recht)。氏向重视学说建设的方面,尤其是对于从来之法学说,加以透彻的批判。氏著作甚多,关于法律哲学上的主著为,(1)正法说(*Die Lahre von dem richtigen recht Berl*; 1902),(2)法律学原理(*Theorie der Rechtswissenschoft*, Halle,1911)等,此外又有近代法律及国家理论(rechts und Staatsheorien der neuezeit, 1917),法律与教会,社会主义与基督教,无政府主义论等。其他小著及论文,又其讲及论文,悉收于法律哲学论文讲演集二卷(*Rechtsphilosophische Abhandlungen und Varträge*, 2 Bde. 1925),又氏关于哲学,有统一的叙述者,如法律及法律学之本质(*Wesen der rechts und der rechtswissensehoft*, 2 Aufl; 1913),及法律哲学教科书(*Lehrbuch der rechtsphilosophie*, 1922)等,悉收于现代文化丛书中。又于 *Praktikum der rechtsphilosophie* 1925 外,复有若干关于罗马私法之著述。又日本方面译本,亦有数种:(1)恒藤恭批判的法律哲学之研究,(2)中曷慎一译法律及法律学之本质,(3)美浓部达吉斯塔门氏之法理学概论(法协三卷),(4)铃本义男斯塔教授近丛(志林二六卷),(5)田中耕太郎斯塔门氏之法律哲学论文讲演集及法律哲学演习(社会科学一卷),(6)南原繁译近世法学之思潮(国家三七卷),(7)堀真琴斯塔门氏之无政府主义论(社会科学二卷。)氏又为一社会哲学之批判者,曾将社会主义加以修正。氏所著依据唯物史观的法律与经济(*wirtschoft und recht nack der materialistischen geschichtsauffossung*, 1896)即系对唯物史观之批判。依氏之意见,以为唯物史观,对于经济的法律的发达,建设一个统一的方法或法则性,固属毫无缺点。然于社会的史的经验,不可避的因果系列之外,不忍其他方法存在,未免谬误。故氏说:马克斯所定立的经济和法律之进化的因果的实在关系,陷于论理的颠倒。经济和法律之关系,并非原因和结果底关系,而却是支配和被支配底关系;法律是支配经济的。他求社会之本质于规制,谓社会生活之轨道,先在规制,社会的诸事实,都生于其下的。观念、思想、欲望、努力等,都是社会的事实之结果;最后,规制的自身也变化了。而这轨道,当以非历史的理论来论证。他又说马克斯主义底因果论和目的论,是相矛盾的,而代之以社会目的论。此即氏树立所谓目的意识之理想主义之社会哲学之梗概也。对此方面,日本学者,亦有介绍,即(1)南亮三郎社会哲学与思想问题,(2)波多野鼎新康德派社会主义等。

【著书】(1)历史方法论(一八八九),(2)唯物史观的法律与经济(一八九六),(3)正法说(一九〇二),(4)法律学原理(一九一一),(5)法律及法律学之本质(一九一三),(6)近代法律及国家理论(一九一七),(7)法律哲学教科书(一九二二),(8)法律哲学论文讲演集(一九二五),等。

斯坦布 Stanb, Hermann 1856—1904　德国之商法学家。少家贫,不能入正式学校,一八八二年以后,以业律师得名。

【著书】(1)德国商法注释书,(2)票据法注释书,(3)有限责任公司法注释书(一九〇九年)等。

黑尔威格 Hellwig, Konrad 1856—1913　德国之诉讼法及私法学大家。平生历任各大学教授,一九一二年,受柏林大学之欢迎,声名藉著,与科勒(Kohler)教授相颉颃。

【著书】(1)让渡他人物之善意占有者的责任论(一八七八),(2)债权之质入及扣押(一八八四),(3)为第三者之契约(一八九九),(4)请求权与诉权(一九〇〇),(5)确定力的意义及主观的界限(一九〇一),(6)民事诉讼实习,(7)德国民事诉讼教科书(一九〇二——一九〇八),(8)诉权及诉得之权能(一九〇五),(9)溯及效之界限(一九〇七),(10)诉讼行为与法律行为(一九一〇),(11)德国民事诉讼法体系(一九〇二——一九一三年)等。

拉姆普累赫特 Lamprecht, Karl 1856—1915　德国之心理主义之历史哲学家。来比锡大学之历史教授。平生著书甚多,关于实用心理学方面,影响于法律研究极大。

基普 Kipp 1857—?　德国近世之民法学者。终身任教,现尚生存,氏与恩内克乐斯及佛尔夫氏共著民法原论一书,亲属编(*Familienrecht*)则由氏完成之。

胡塞尔 Husserl, Edmunn 1859—?　晚近德之唱现象论者。德国(法之现象学)之起,即氏与刺戟之力。

斯泰恩 Stein, Friedrich 1859—1923　德国之民事诉讼法学家。一八八七年，夫一布取一大学讲师。九〇年，哈雷大学助教授。九六年，同大学正教授。一九〇八年，任夫赖堡（*Fribourg*）大学正教授，担任民事诉讼法及刑法之讲座。

【著书】(1)德国民事诉讼法注释（一一版，一九一三年），(2)证书诉讼及为替（汇票）诉讼（一八八七年），(3)诉讼法入门诉讼纪录（一八九一年）、（二二版，一九二二年），(4)德国大学的裁判管辖权（一八九一年），(5)裁判官之私的知识（一八九三年），(6)权利保护之条件（一九〇三年），(7)司法改革论（一九〇七年），(8)司法与行政之界限及关系（一九一二年），(9)强制执行的基本问题（一九一三年），(10)民事诉讼法概论（一九二一年），其他论说，不遑枚举。

普拉斯 Preuss, Hugo 1860—1925　德国之公法学家。柏林大学出身之法学博士。一九一八年，德国革命起，制定宪法，氏为国民会议选举法之起草者。又新德意志共和国宪法之起草者。一九一九年，任内务总长。

【著书】领土团体之市坊村及国家（一八八九）。

海内克齐乌斯 Heineccius,〔德 Johann Gottieb Heinecke〕1861—1741　德国之法学家。二三年起即任哈雷等大学校教授。氏为罗马法学家，又为哲学的自然法论者。在德国法学界颇负盛名。

【著书】*Antiquitatum Romanorum jurisprudentiam jillustr. syntagna*, 1718. *Historia juris Civilis Romaniac Germanici*, 1733. *Elementa juris naturae et Gentium*, 1737 等。

菩恩哈克 Bornhak, Konrod 1861—?　德之国法学家。卒业于柏林大学。平生曾任推事。一八九二年以后，即任柏林大学教授。

【著书】(1)普鲁士行政法史，(2)普鲁士国法论，(3)德国劳动法等。

卢密林 Rümelin, Max von 1861—1931　德国法学家。一八六一年，生于司徒嘉德（Stuttgart）。为著名的统计学家古斯塔夫秦律梅林（Gustav von R.）之子，经济学家西摩勒尔（Schmoller）之甥。学法律学于柏林及来比锡。一八八六年，任波昂大学私讲师；后为哈雷助教授；九三——九五年，任教授；九六年以来，转杜平根大学终生在职；其间于一九〇六——〇七年，就任该校校长；一九三一年殁。其学问上之工作，非常之广且深，尤其于民法无过失损害赔偿责任之理论，于刑法相当因果关系之理论，其学说上贡献綦大。又关于法律哲学上法律意识，正义、衡平、习惯法等，都有细密的研究发表。

【主要著作】*Der Zufall im Recht* 1896. *Die Gründe der Schadenszurechnung und die Stellung des BGB. zur objektiven Schadenersatzpflicht*, 1896. *Die verwendung des kausalbegrife im strafund zivilrecht* 1900. *B. windscheid* 1907. *Das verschulden in straf-und zivilrecht*, 1909. *Schadenersatz opne verschulden* 1910. *Die Gerechügkeit* 1920. *Die Billigkeit im Recht* 1921. *Die Rechtsicherheit* 1924. *Die Gleichheit vor dem Gesetz*, 1928. *Die bindende kraft des Gewohuheitsrechts und ihre Begründung* 1929.

佛尔夫 Wolff 1862—?　德国近世民法大家。平生曾与恩内克乐斯及基普二氏，合著民法原论一书，物权(*Sachenrecht*)一部，则成于氏之手。

俾尔曼 Biermann, Johannes 1863—1915　德国之法学家。平生曾任柏林大学教授及讲师。一九一四年大战国开幕后，参与军事行政，大发其行政手腕，一九一五年战死，享年五二岁。

【著书】(1)警察与行政(一八九七年)，(2)德国登记法上之异议与假登记(一九〇一年)，(3)德国民法物权注释(二版，一九〇三年)，(4)德国之民法教科书(一九〇八年)。

累开尔特 Rechert, Heinrich 1863—?　德国之新康德派之哲学家，兼法理学家。平生任各大学教授，威德尔氏殁后，氏即袭任海德堡大学教授，其学说排斥经验主义及心理主义，而主张先验主义及论理主义。与威德尔同为巴德学派，称西南德国学派。

【著书】(1)认识之对象，(2)哲学体系，(3)文化科学与自然科学(一九一五年)，及其他关系法理学之著述不鲜。

克拉斯 Class, Heinrich 1868—?　德国律师，历史家。一八六八年生。一八九七年以后，从事泛德运动。以爱英哈德的化名，发表德国史，及论帝国改造的德皇史，很是有名。一九二六年春，办理叛逆罪案件。

伯乐尔慈哈逸曼 Berolzheimer, Fritz 1869—1920　德国之社会法学家。对于刑学及法律哲学有重大之贡献，氏与科勒(J.)同为新黑格尔学派之代表者。亦即机关杂志法律与经济哲学之文库(*Archiv für rechts-und Wirtschaftsphilosophie*)之创立者，氏视法律为文化现象，且为文化进展之原动力。用丰富之法制史及比较法制之材料说明之。氏对刑法，为一种报应刑之论者。

【著书】*Systeme für rechtsund wirtschaftsphilosophie*, 5 Bde., 1904 ff.(法律经济及哲学大系。)

平得尔 Binder, Julius　德国法学家。1870—?　一八七〇年，生于符次堡(Würzburg)，经挨尔兰根(Erlangen)、符次堡各大学教授；一九一九年，任哥丁弁大学民法及法律哲学教授。他在法律哲学上，是批判斯塔姆勒(R. Stammler)底理论，经斐希特(J. G. Fichte, 1762—1814)而求哲学基础于黑智儿之点，极负盛名。他排斥个人主义的思想，努力确立权力国家与文化国家之调和。主要著作为，法律哲学(*Philosophie des Rechts*, 1924)。

拉斯克 Lask, Emil 1875—1904　德国之法理学家。关于法理学，曾发表有力之论文。

马尔 Mayer, Max Ernst 1875—1923　生于德国犹太系之家庭，入柏林修一般哲学及国家哲学，得法学博士，至一九〇〇年，执教鞭于各大学，除欧战时参加战事外，终身任教职。

【著书】(1)刑法论(一九一五)，(2)法律哲学(一九二二)，又其论文：(1)刑法上之行为与结果间之因果关系(一八九八),(2)刑法上之有责行为与其种类(一九〇〇),(3)法律规范与文化规范(一九〇三)等最有名。

康托洛威茨 Kantorowicz, Hermann 1877—?　德国法律学家。一八七七年生。一九一三年后,为弗来堡大学刑法及法律哲学员外教授。〇六年,以 Gnaeus Flavins 底假名,发表法律学斗争(Der Kampf um die Rechtswissenschaft)与自由法运动以重大的刺激。所谓自由法(Freiss Recht)即道源于本书。氏主张不要拘泥裁判之法律的文字,要自由运动用以求适合于社会现实。其在法律学上,重视社会学的方法,提倡法律社会学之树立必要。其在政治上,是有名的亲英主义者。著有法律学及社会学(*Rechtswissenschaft und Soziologie*, 1911)。

拉得布鲁喜 Radbruch, Gustav 1878—?　德国社会法学家,政治家。一八七八年生。利斯特之门弟;又受哲学家拉斯克之影响。一九一〇及二六年以后,任海得堡大学教授;一九年,任基尔大学教授;二〇——二四年入国会,为社会民主党议员;二一年十月——二一年十一月,二三年八——十一月,任司法部长。于法律哲学,属西南德意志学派,把法律理想和政治理想结合,指示个人主义的,团体主义的及文化主义的价值体系之法律学上底归结。认此等价值之相对的妥当,结果树立任何价值体系以个人意思决定为断的主义的体系,其影响甚大。又为威马尔起草宪法;在司法部长任中,二二年,作刑法草案,为二五年刑法草案之基础。

【著书】*Grundzuge der Rechtsphilosophic* 1914. *Einfuhrung in die Rechtwissenschaft* 1910. *Kulturlehre des Sozialismus*, 1922 等。

班格 Bang, Dr., Jur, Paul 1879—?　德国萨克逊司法官。一八七九年生于迈仙(Meissen)。一九一一——一九一九年,任萨克逊政府司法长,为泛德运动的指导者。德国实业同盟(今之经济党)底创设并指导者。他对于赔偿金的支付,并道威斯计划,是激烈反对的。现任联邦议会议员(德意志国权人民党)。

亚历山大·爱德华 Alexander, Dr. Eduard 1881—?　德国法律家。业律师。一八八一年,生于厄森(Essen)。一九二八年任德意志共和帝国议会议员(共产党)。

克利格斯曼 Krigersmann, Nikolaus Herrmann Hartwig 1882—1914　德国之刑法学家。初入柏林基尔等各大学习法律。次则研究刑法实习。一九〇三年,受基尔大学之学位,毕业后,任各大学讲师及教授。专从事刑事法之理论的研究。欧洲大战勃发,氏因为预备少尉,被召集战死,著述未成,遽以身殉,诚刑法学界一极大损失。

拔德(博士) Badt, Dr. Hermann 1887—?　德国司法官。一八八七年生。大战后,入普鲁士内政部,任法制局长。一九二六年后,为联邦参议院的普鲁士的代表。一九二二——二六年普鲁士国会议员(社会民主党),犹太国复兴运动者(Zionism)。

胡塞尔·革哈特 Husserl, Gerhart 1893—? 德国罗马法及民法学家。一八九三年生。爱德曼福莎尔(E. Hussere)之子。在现象学的立场上,努力建树法理学(法律现象学)。

【主著】*Bechtskraft und Rechtsgeltung*, Bd. J., 1925.

骚厄 Sauer, W. 1900—? 普鲁士人。生平以教授讲学终其身。担任刑法及诉讼法之讲座。又为新康德派有名之法理学家。

【著书】(1)诉讼法原理(一九一九),(2)刑法原理(一九二一年),(3)法理的国家基本法(一九二三年)等。

若斯特罗 Jastrow I. 1900—? 德国之行政法学家。柏林大学出身,先任同大学讲师,现任柏林大学教授。

【著书】社会政策与行政学(一九〇二),为极有名之伟著。

丹兹 Danz, Erich ?—1914 德国之法官兼大学教授。一九一四卒。氏思想保守,不愧为一典型的实际法家。

【著书】法律行为之解释。

彪罗 Bülow, Oscar ?—1907 德国之诉讼法学家。近世之诉讼法,由氏开一新生面,其深刻之研究,可以想见。

【著书】诉讼抗辩及诉讼要件论。

塞刻 Secker ?—1924 德国柏林大学教授,为一质实的法律史家。氏以"罗马法之中世的发展",为其毕生研究之中心。其平生特色,主张多读书少著述。其研究学术,富于怀疑精神,对于一般通说,不轻置信。必一一求之于原史料,发见其真性后,始行采用。吾人观于氏所著之*Geschichte der heiden rechts im mitelalter*一书中,引用甚多德法意之最古记录,细细加以考证。或证通说之非,或补其所不足,殊非仅铺陈粗杂之材料而组成理论者可比。氏对于罗马法之渊源,无微不晓,对于根本法理如善驭者握马之缰,绚而自由驱使。与Kübler二人,为该雅斯之改版,足征氏对于罗马法源知识之横溢也。氏关于现行法论形成权之性质(Die gestaltungsrechte des hügerl rechts)固为世所周知,即关于教会法,亦有深刻之研究。惟氏与书店订立出版契约,印行中世罗马法史,未果而逝,实堪痛惜。考中世罗马法史。其外延的,则有扩张于日耳曼人间效力之历史,同时其内在的,则为巧于变化性以顺应中世纪情事,而通行之历史,关于斯法继受之贵重理论,与夫法之生成变化之原因,必有甚多有趣之秘密,潜藏其中,亦未可知。以萨文宜氏之锐感,夙夜钻研,乃完成其不朽之名著中世罗马法史六卷,自是而后,关于斯学之研究,迄鲜进步,哈尔巴恩氏所著*Das römische recht in den germanischen volksstaaten*,虽然忠实,惜非亘于中世罗马法史之全体。惟氏通晓中世纪之最古纪录,直凌驾萨文宜而上之,倘天假以年,使氏得以第一流坚实无比之手法,而究成此划世纪的中世罗马法史,或能颠覆萨氏之研究,亦未可知。乃大著未成,遂尔长逝,吾不禁为学术界痛也。氏书齐所藏典籍,六千卷之多,以罗马法、教会法及德国法之文献占多数,关于民法刑法宪法行政法及政治学等,亦复不少。死后以遗嘱卖给德国国立图书馆，或英美之大学图书馆，然结果为日本东北大学之文法学部所购得云。

麦格尔 Megger（二十世纪世初）　德国丢平根大学教授，新康德派之法学家。与师斯塔姆勒氏同采批评的主观主义。

【著书】法之存在与当为（一九二〇），阐明当为与存在有相依的密表关系，因存在而诱出当为，显然主张一元的立场。

布勒德 Bredt, Jon. Victor　普鲁士律学家。马尔堡（Marburg）大学国法学教授。为德国中产阶级经济党代表，入普鲁士议会。一九二四年，任联邦会议议员，曾一时任院内干事长。

海德尔 Heindl, R.（现代人）　德国现代刑法学家。著有刑事政策与指纹学一书。

十　墺国

松能腓尔斯 Sonnenfels, Joseph, Freiherr von 1732—1817　墺之刑法学家。初为军人，修法学于维也纳大学。一七六三年，任同大学之政治国学教授。七〇年任德国剧场检察官，及图书检阅委员。努力行刑制度之改革，并详论拷问制度之废止，以求其实现。无何，任法典编纂委员长。至约瑟二世，世称为启蒙政治之主要代表云。

【著作】关于废除拷问制（*Über Abschaffung der tartur*, 1775），国家行政教科书（*Handbuch der inner Staatsverwaltung*, 1798），警察原理（*Grundsätze der Polizei*），以及商业与财政（*Handlung und Finanz*, 3 tle. 1804）等。（全集）B Bde. ,1783—87.

什墨林格 Schmerling, Anton von 1806—1893　墺之法界闻名人。由一介书生，升任为墺帝国大臣，掌管内务及外务。一八四九年，任司法总长，主张采用陪审制度，旋退阁，专任最高法院院长。

翁格 Unger, Joseph 1828—1913　近代墺国法学大家。氏于一八五三年，任布曰库大学教授，二年后任维也纳法科大学教授，兼贵族院议员，一八七一年，去教职，任国务大臣，旋去阁，再从事学问研究，一八八一年为大理院长，其研究系采用历史的批判的方法，斥民法法典为枯槁的骸骨，专倾心于法律哲学之探讨。一九一三年死，享年八十五。

【著书】(1)墺国私法论纲要，(2)墺国私法论总则继承法三卷，(3)对于哈格里(音)问题之解决等。

古姆普罗维赤 Gumplowicz, Ludwiz 1838—1910　墺国之公法学家。氏由

公法之研究而入于社会学。代表社会学派以特有之阶级斗争说,发扬社会学史之色彩,不但为一公法学大家,而且在社会学上,划一新纪元。

【著书】(1)种族斗争论(一八八一),(2)社会学之基础,(3)社会学的国家观(一九〇一)等。

门革 Menger, Anton 1841—1906　澳人,生于 Galizien 之 Maniow,学于维也纳大学,一八七二年,任同大学民事诉讼法讲师。复由律师入于研究生活,一八七七至一八九九年止,均任教授之职,其间曾任法律系主任、校长,又与以宫中顾问及名誉教授之称号。氏对社会主义抱极深之同情,平生涉猎各国文献以明历史的发展,且力求积极的体系化,其著劳动收益权史论,则属于前者。新国家论,则属于后者。氏之理论的特色,在将从来专从事经济学之立场上所考察之社会主义,作为法律之理论。生存权之树立,即社会主义之目标。氏又以为向来的国家,为个人主义的实力国家。将来之理想社会,必名为民众的劳动国家。且深信法律有改革社会之能力,不必用流血的武力革命,即以法律的手段,便可达到此目的。但必须考察达到此目的所需要之方策。当一八八八年,德国民法第一草案发表,对于雇佣规定,本其社会法的见地,试行猛烈攻击(见民法与无产阶级一书),以促其修正,故世以社会法学家目之云。氏之理论,固多缺陷,然社会主义者一种简素的生活,与夫真挚学究态度,则为人所敬服也。

【主著】法律上全劳动契约之史的考察(*das rechtauf den vollen arbeistsvertrag in geschichtlicher dar stellung* 1886),民法与无产阶级(*das bürger liche recht und die besitezlasen Volksklassen* 1890),法律学之社会的使命(*Die soziolen Aufgahen der rechtsurissenschoft* 1895),新国家学(*Neue Staatslehre*),新风俗(*neue sittenlepre*),全民政策(*valkstepolitik*)等。

乌尔曼 Ulmann, Emanuel von 1842—1913　墺之 Bohmia 地方人,生平曾在各大学任刑法、刑事诉讼及国际法教授。

【著书】(1)窃盗之故意,(2)第十八世纪刑事制度之发达,(3)墺国及德国刑事诉讼法教科书,(4)国际法教科书,又参加最有名之德国及外国刑法比较论纂之编纂。

哲利内克 Jellinek, Georg 1851—1911　氏于一八五一年六月一六日,生于来比锡市。及长,习法学及哲学于维也纳大学,得博士,一八七四年,出仕于墺之行政部,越五年,辞去,复入于学者生活。一八七九年,任维也纳大学法科之讲师,一八八三年,任行政法之员外教授。先是一八七八年,氏之名著,从正义非正义与罚金上观察社会论理之重要一书出世,人皆认其有壮年学者之力量。次著国家契约之法律的性质(一八八〇),及国家结合之理论(一八八二)出,即获得自成一家之地位。其独立之不羁之论法,大为先辈所惊赏。在此时,又有墺地利—匈牙利与罗马尼牙之多脑河问题(一八八四),与"墺地利宪法裁判所论"(一八八五)等之短著出世,惟立法与命令(一八八七)一书,为一代之名著。当时学者之论公法者,靡不引用批评,几成为一时议论之中心。氏此时尚未达四十,既有如此杰作,其天赋才能之非凡,可以想见。然氏为犹太人所出,因种族关系,而不能得

哲利内克 Jellinek
Heidelbery 26. Wei 1909

志，久不获正教授之地位。乃于一八八九年，应瑞士巴阿列尔大学之聘，就正教授。至一八九一年，即回维也纳，任海德堡大学之正教授，前后亘二十年之久，当氏至该校之翌年，人皆评其为公法学划一转期。初出公权论，继出原始国家之理论（一八九三），人权宣言论（一八九五），关于国家拾零（一八九六），少数者之权利（一八九八），复数选举法及其效力（一九〇五），及宪法变化论（一九〇六）等有名之著述。虽不遑列举，然要皆对于公法学与以新生命，而示以新方向。换言之，即对于新时代之公法学，而与新的 Idea 者，近是。氏之著作，虽片言文字，均发表一家之见解，而含有一种创造性。而人权宣言论，少数者之权利，宪法变化论等数著，尤予世界公法学界以极大之影响。又名震一时之大著，近代国家法中之第一卷国家之一般理论，于一九〇〇年出版，一九〇五年再版，不仅博得法学界之赞赏，即哲学家亦皆倾向不置，公认为近代名著之一。氏立于海德堡大学讲坛二十余年，以亲切之教授，博得学生敬爱，自一九〇七年起至一九〇八年，遂被任为同大学之总长，其就职时，讲演新旧法之斗争（Kampf des alten mit neven recht）博得多数学生之倾注。总之，氏之著述言论，随处皆挟有新说，而足自成为一派也。氏精通历史哲学，并熟谙英美法，诸国宪法，其在海德堡大学所讲为，德国国法，德国行政法，国际法，一般国家论，政治学，法学通论等，涉及之范围甚广。氏为人精明勤恪，笃学不倦，接人则温厚廉让，惜积劳过度，早年逝世（仅六十岁），是公法学界之重大损失也。

【著书目录】(1)从正义非正义与罚金上观察社会论理之重要(*Die Sozialethische Bedeutung von recht, unrecht und strafe*),(2)国家契约之法律的性质(*Die rechtliche natur der staatswrträg* 1880),(3)国家结合之理论(*Lehre von den Staatuerhin dungen* 1882),(4)墺大利匈牙利及罗马尼亚之多脑河问题(*Oestereichungarn und rumänien in der donaufrage* 1884),(5)墺大利宪法裁判所论(*Verfassungs gerichtshaf für orsterreich* 1885),(6)立法与命令(*Gesetz und Ver-Ordnung* 1887),(7)公权论,(8)原始国家之理论(*Adam in Staatslehre* 1893),(9)人权宣言论(*Die Erkärung der Menschen-und Burgerrechte* 1895),(10)关于国家拾零(*Uber Staatsfrogmente* 1896),(11)少数者之权利(*Das recht der minoritäten* 1898),(12)复数选举法及其效力(*Das pluralwahlrecht und seine wirkungen* 1905),(13)宪法变化论(*Verfassungsänderung und Verfassungs wonderung* 1906),(14)国家论(*Allgemeine Staatslebre* 1900),按此书为近世国家法之一种。

格罗 Gross, Hans 1847—1915 墺国之犯罪学家。曾任普兰克大学教授,平生用的研究方法,将犯罪学整理为有系统之组织,于刑法学贡献甚大。又氏对于犯罪心理学,及犯罪人类学之研究,亦有不朽之价值。

【著书】预审推事必携(*Handbuch für untersuchungsrichter als Sytem der Kriminalistik*, 6 Aufl 1914, 2 Bde.),又犯罪心理学(*Kriminalpsyehalogie* 2, Aufl, 1905),犯罪人类学及刑法学杂志(*Archiu für Kriminalanthrapologie und Kriminalistik*)等。

挨尔利赫 Ehrlich, Eugen 1862—1922 挨氏为罗马尼亚之戚耶尔纳大学(欧洲大战后由墺割让于罗马尼亚之领土)教授。属于社会法学。氏在大学设法律研究室。作问题表,置诸大学之事务室,应于学生之要求与之,旋将学生之报告,积集,善善从长。与以批判,遂收美满效果。然因大战失职,浪游瑞士,颠沛游离,卒致穷饿以死,其创造事业,遂以废绝,今之言社会法学者,多祖述先生,而先生之结果如是。天之报施学者,为何如耶?

【著书】生平著书甚多,就中(1)社会学与法学(*Sociologie und Jurisprudenz*, 1903),(2)法家名理(*Die Juristische logik*, 1918),以及(3)孟德斯鸠与社会学的法学(*Mantesquieu and Sociological Jurisprudence*)等,尤称杰作。

累纳 Renner, Karl 1870—? 墺之政治家兼法学家。一九〇七年,任下议院议员,大战告终,旧帝国颠覆后,氏以社会民主主义者之资格入于国民议会,一八年,德国系之墺内阁成立,氏当指导之任,确定新国是。一九年曾任讲和条约之代表使节,旋任外交部总长。二〇年辞职,同年任国民议会议员。

【著书】私法制度及其社会的机能(*Die Rechstinstitute des Privatrechts und ihre soziale Funktion*, 1929),其大意即论所有权之社会的机能。换言之,即以说明资本主义社会私所有权之公法的性质,所谓社会化之过程是。

师班 Spann, Othmar 1878—? 墺国之社会学家。平生著书十余种,概属社会学上之业绩。对于法律学,无直接关系,不过因其研究之结果,间接予法律学上以重大影响而已。

克尔岑 Kelsen, Hans 1881—?　奥地利法律学家。一八八一年,生于布拉格。初为维也纳大学教授;一九三〇年,转任哥隆大学,为在法律学上所谓维也纳学派之领袖。在国法上,批判哲利内克(Jellinek)关于国家的二元论,其结论谓国家即法律。在法律哲学上,树立纯粹法学之概念,以为法律学只是研究当为之法的规范科学,那为社会的心理的事实之法,并非法律学之对象。使纯粹法学之思想,更加彻底,而以批判主权概念,大有贡献于国际法秩序之法的确立。更经他们弟韦得洛斯(Alfred Verdross 1890)等之发辉光大,给与国际法上以重要的影响。又他以为心理主义的实证主义,不能拿来阐明国家底本质及法律底本质,而在法理学上筑一个新的独自底立场。他说:"国家底本质,固然在强制秩序;但强制秩序怎样用法,还成为问题。"他又反对马克斯底国家榨取机关说,说:榨取以外,也有用着强制秩序的地方,那谓随着榨取废止,国家也消灭的马克斯主义,纯然变为无政府主义了。这个理论曾和同僚阿特勒(Adler)为激烈的辩论。一九一九年以后,刊行"*Zeitschrift für ofientliches Recht*",主要著作,为 *Hauptprobleme der Staatsrechtslehre*, 1911. *Das Problem der Souveranitat und die Theorie des Volkerrechts*, 1920. *Vom Wesen und wert der Demokratie*, 1920. *Der Soziologische und der Juristische Staatsbegrifr*, 1922. *Allgemeine Staatslehre*, 1925 等。

十一　法国

菩马那 Beaumanoir, P. 1247—1296　法国之法学家。其生平历任 Clarmont-en Beauvoisis 之贵族法官(bailli seigneurial), Seulis, Vermandois 等地之皇家法官(bailli rayal),以及 Saintonge 之高等裁判官(sénéchal)。其所著菩未斯之习惯(Cautumes de Beauvoisis)一书,实为不朽之名著。此外,菩氏兼长诗词,并出有诗集多种。

阿尔查提 Alciati, Andrea (意)(法 André Alciat)1492—1550　法国之法学家。在法学上为法国人文学派之树立者。生于意之亚尔柴梯(Alzate),一五一六年来法国,任阿威纽之法学校教授,以后相继任各大学校教授,遍交当世法界贤豪。氏不仅精通罗马法,并对于教会法,法国法,德国法及意大利法,均能通其奥窔。此外兼通文艺,其文章以简明透彻著称。著有 *Paradoxa*, *Praetermissa*, *Parerga*, *De Praesumptionibus*,以及优帝法典之注释等书。

都谟兰 Dumoulin, 1500—1566　法国之民法学家。平生主张打破封建制度断片的习惯法,非理性的习惯等并反对教会法,开自然法法学派之先声。为法国现代民法学之鼻祖。

【著书】巴黎习惯注释。

苏阿楞 Zouaren，(又 Duaren)Francois 1509—59　法国之法学家。初为巴黎大学教授，后博尔多大学教授，为人文学派之信奉者。对于巴尔托尔思之学派，加以根本的批评。

【著书】*De jure accrescendi*（一五五五）

达尔干特累 Dargantre，1519—1590　法国之法学家。生于法之维特累 Vitre 其著作之见重于法界者，为布勒塔尼习惯之注解（*Commentaire sur la Cautume de Bretagne*）一书，不仅内容丰富，而见解尤为卓越，此外又著布勒塔尼史（*Histoire de Bretagne*）一书，亦为不可多得之巨著。

叩乍斯 Cujas，Jocques 1522—1590　法国中世之法学家。亦云历史法学之创造者。平生景仰前贤，觔心法学，旁搜远摭，收获甚广，巍然于法学界，树立一重镇。然道高魔长，遭遇邅迍，后遍游意大利及其他各处，卒死客中，与奥之挨尔利赫罹同一运命。天之报施学者如此，予甚惑焉。

培加特 Bégot，Jean 1523—1572　法国之法学家，精通罗马法，曾任高等法院院长。

多诺 Doneau 1527—1591　法国罗马法之学家。

【著书】市民法注释(一八二八——一八三〇)，系涉于罗马法全体而为有系统的说明。

巴斯基挨 Pasquier，Stienne 1529—1615　法国之法学家。十七岁时即从名法学家 Hotman 习法学于巴黎，继又赴 Fautanse，亲授业于法学泰斗 Cujas 氏之门，遂得法学之门径。一五四九年于巴黎执行律师职务，旋即任巴黎法院之检察官。氏平生著作极多，如一六〇二年出版之(1)法律商榷(*Pourparler de La loi*)，(2)大学辩论集(*Plaidayer pour I'universite*)，(3)法制之解释(*Interpretation des Institutes*)，以及判例集等，均属有功法学之作。

菩丹 Bodin，Jean 1530—1596　法国人，生于安革尔(Angers)，习法学于陶雷(Taulouse)，后于巴黎任大理院之律师，氏以著述知名，得国王之宠，一五七六年以第三阶级代表者之资格，选出于三族会议，又为防止与新教徒之争，尽力于信仰之自由，氏之名著国家论六卷（*Six libres de la repuhlique*，1577)，在深研究保存国家之繁荣与安固的一般的条件，其主题之广泛，与取材之丰富，足与亚里斯多德之《政治学》与孟德斯鸠之《法之精神》相匹敌，英之法家 Pollock 评之曰："氏书创主权之原理为近世公法学之祖。今之公法学者，虽形式略异，殆全部摭拾氏之余绪，"其价值可以想见。然氏之本领，尤在于国法学，其意以为国家为家族及共有物，依主权而得正当之统治。并立主权为国家本质要素之学说。主权者依礼法与自然法之外，而毫无限制最高之权力也，又以主权之所有及运用为标准，而为国体及政体之分类。亦为氏之创意。又氏以君主独裁制为最良之组织。盖因鉴于宗教上之内乱不绝，痛感当时国情有统一政府之必要故也。又对于经济政策，亦甚致力。其著书，涉及于政治经济多方面。而关于法律者。则以(1)历史的研究法（*Methodus ad facilem historiarum Congnitionem*，1566)，(2)共和国论（*La Republique*，1576)等书为最著名。

拉塞尔 Loisel, Antoine 1536—1617　法国之法学家。为名法家拉索(Charles Loiseau, 1566—1627)之子，十七世纪巴黎高等法院律师中最著名之一人。

【著书】*Institute Cantumieres*, *Pasquier ou dialogue des avocats du Parlement de Paris*，前者因系集法国北方习惯法，最为著名。

挨卢特 Ayraut 1539—1601　法国之刑法学家。生于宗教战争之后，睹战争之惨虐，主张废止刑事裁判上之残酷的讯问程序，并就其规定形式，以立意见。

【著书】古代希腊罗马的裁判顺序形式程序及法国公诉之方式及惯行(一五九一)，甚有名。

哥德夫拉 Godefroy, Deuis (法文)(拉 Dionysius Gathofredus)1549—1621　法国之法学家。生于巴黎，因受犹太教之压迫，遁于日内瓦(Geniue)，所谓罗马法汇纂(Carpus Civilis juris)之名称即氏于一五八三年出版查帝法典之命名，后世遂沿用之。其子 jacques Godefroy(拉 jacobus Gathofredus, 1587—1652)著有德阿多夕乌士敕令集之注释一书。

萨尔美喜阿斯 Salmasius, Chaudins 1588—1653　法国之法律及经济学家。对于教会法学家之禁止利息说加以学理的反驳。其在利息学说上，贡献甚大。

【著书】(1)高利论，(2)信用论等。

贞提利斯 Gentilis, Alberies 1551—1608　法国之法学家。著书未详。

沙尔蒙德 Charmont, Joseph　法国新理想主义之法学家，属自然法学派。

【著书】自然法之复兴。

科尔伯特 Colbert, Jean Baptiste 1619—1683　法国路易第十四时代宰相。于当时之立法财政，卓著功绩。旋为司法卿某之协助，遂着手立法事业。

科尔伯特 Jean Baptiste
Colbert (法) 1619—1683

一六六七年之司法制度改革之民事敕令，一六六九年之水利及森林一般规定敕令，一六七〇年之刑事敕令，一六七三年之商事敕令，一六八一年之海事敕令，均于其手完成。可谓伟矣。

多马 Domat 1625—1696 法国路易第十四时代之法理学家。平生所著之自然顺序之民法（一六八九），法之司法卿大额慈索氏评为，系“从来民法中最秩序的整洁的民事界之全图”，其内容之整然有条理，可以概见。

阿该索 Aguesseau, Henri Français d' 1668—1751 法国之法律家。于路易十五世当国时，曾参与立法事业，以雄辩与廉洁著名。氏常留心国际法之研究，其意以为国家有所谓国民之法（drcit des gens），即不能不有诸国民间之法（droiit entre des gens），十九世纪，由“国际”（International）之用语，进而形成“国际法”（International Law）之用语，氏之精心研究，与有力焉。

部海 Bouhier 1673—1746 法国之民学家。成名甚早，十九岁时，即任底雄（Dijon）议政院顾问。三十岁为该院院长，对行政法有莫大贡献。且擅长文学。法国文学史上所记载之著名小学院（Le petite academie），即为氏所创立。

菩利那 Baulenois 1680—1762 法国之法学家。以研究“习惯法与成文法之抵触”著名。

【著书】（1）关于因法律与习惯法之抵触所生问题之论文（一七三二），（2）习惯法或成文法之人性及物性论（一七六六）等。

孟德斯鸠 Montesquieu, Charles Louis de Secondat, Baron de la Brède et de 1689—1755 法国政治哲学的著作家，亦为启蒙时期之历史法学派之法理学家。生于法国波尔多（Bardeaux）。平日独修法律，一七一四年任波尔多城高等法院推事。一六——二六年，任同法院院长。一六年其伯父死，因袭其后而得孟德斯鸠之名。二一年著柏萨诺人之书札（*Lettres Persanes*，2. vol.），一跃而享盛名。此书之要点在于本柏萨诺人之见解，以嘲笑法国当时之社会，政治及文化。庄谐杂奏，辄中肯綮。二六年以来，因为研究法律起见，历游德、匈、意、瑞士、荷兰诸国，复留英之伦敦二年。甚感英国宪法运用之妙。并搜集各种资料，为各国法制比较研究之准备。三四年归国，即从事研究与著述。与格尔德尔等共同介绍英人之思想于法国，三四年著“罗马盛衰原因论”（*Considérations sur le Causes de la grandeur des Romains et de le leur decadence*）。一七四八年著，法之精神（*De lésprit des lois*，2 vol.）一书，为治学数十年思想之结晶，各国争相转译。我国译为《法意》（商务印书馆出版）。此书内容，从法律，政治，宗教，军事，经济，风俗，习惯等多方面，以论列社会制度。彼以诸民族之法律制度，系由地方地理的条件，与民族社会的条件而道出。此种思想，与后世人类地理学派及社会学派以甚深之影响。然其在政治思想上最大之贡献即为立法，行政，及司法三权分立论之创立。在当时获得甚大之批评。无何，北美合众国制定宪法，即采为政制，又酿成法国革命之机运，又就确立自然法之点观之，对于经济学，亦有甚大贡献，即排斥重商主义而鼓吹自由主义，对于人口论则主张节欲，其学说又给与后世重农学派及正统学派以重大影响。

孟德斯鸠 Montesquieu
1689—1755

【著书】于上列著书以外，用 Charles d'Outrepout 之变名，有 *Dialogue de Sylia et d'Eucrate, et de Lysimaque* (1748)等。(全集)Parelle 编，8 vol.，(1826—27) *Hachette* 编，3 vol.，(1865) *Labaulaye* 编，7 vol.，(1875—79)

福禄特尔 Voltaire, F. M. A. 1694—1778　生于法国之贵族家庭。初笃学政治，宗教及哲学，造诣甚深，后至英，研究宪法制度。

【著书】犯罪及刑罚书注释(一七六六)，世称为新刑事学说之先驱者。

佛林 Volin　1695—?　法国之商法学家。生平充罗次喜阿尔海事法院之律师。

【著书】一六八〇年海事敕令新注释，系积四十年努力之结晶。

波提挨 Pothier, Robert Joseph 1699—1772　法国之民法学家。氏于法国民法典未成时，关于民法法规，从事搜集解释，成立民法及现行法制注释一书(一八四五——一八四八)。在学说上为法国民法统一之基础。其他所著：(1)船舶货借契约论(一七六七)，(2)海上保险契约及冒险贷借契约论(一七六七)等，亦甚知名。

马布利 Mably, G. B. A. 1709—1785　法国之公法学家。生平著据条约建设的欧洲公法(一七九四——一七九五),为诱导欧洲海战法规改正之名著。

弥拉波 Mirabeau, Honarl Gabriel Kiqueeti 1749—1791　法国之宪法家。曾游学英国,研究宪法政治,又赴柏林,视察结果,著普鲁士王国一书,其政治上之主义,赞成如英国之制限的王权,革命后之议会,主张秩序的改革。平生未展其抱负,齐志以没,悲夫!

图利挨 Toullier, Charles Bonaventure Marie 1752—1835　法国之法学家。学于英国,富于自由主义之趣味,革命后被任为推事。后辞职执律师职务,对于政治犯勇于辩护。一八〇六年任兰奴大学之法律学教授。一一年所著法国民法(*Droit Civil francais*)第一卷发表,此时年六十岁,以后每年续出一卷,共出至二十卷为止。

拿破仑 Napoleon, Bonoparte 1769—1821　拿氏英名盖世,称霸欧洲,占欧洲史英雄传极长之篇幅。此处仅就其编纂法典言之。拿氏于编纂法典时,常亲自出席于委员会,与法律专家上下其舌辩,其精到之议论,透彻之见识,屡屡惊倒列座,斯亦奇矣。其法典即名之曰拿破仑法典,集十八世纪自由思想之结晶,与古代罗马优斯大帝法典同享盛名。

拿破仑 Napoleon (法)

德曼泰 Demantes, Antoine-Marie 1783—1856　法国法学家。三十岁时,执行律师职务于巴黎,三十八岁时,任巴黎大学法学院教授。法国一八四八年之宪法会议及一八四九年之立法会议，氏均担任重要工作。其著作之重要者，则为民法分析讲义（*Cours Analytique de Code Civil*, 1855）一书。

都班 Dupin, André Marie jean Jacques 通称 Dupin ainé, 1783—1865 法国之法律家，政治家。初为律师，任巴黎律师会会长。一八三〇年革命后，任总检察长。路易夫林卜王下被选为下议院议员。四八年革命后，任立法议会之议员，五一年路易拿破仑施行苦迭打政治，罢免其总检察长职务。后路易称拿破仑三世，又将氏复职，故称氏为优越之法律家，毋宁称为无节操之政治家云。

如尔同 Jourdan, Athanase-Jeanliger 1791—1826 如氏先习法律于巴黎大学。一八一二年业律师，翌年，得学位，一八一九年，创刊"特米司"杂志，又调查法制史资料，成古法之搜录八卷。当时法国拿破仑法典出，学者惟知以解释赞美为能事。绝无有从事批评的研究者几有法典完备而法学沦亡之概。惟氏根据合理性主张自由研究，又注全力于判例之批评，及古法之搜录，若就今日观之，固无足异，然在当时，要亦划时代的思想也。

丹敦 Danton, Gearge Jacques 1794—? 丹氏为法国富有革命思想之法家。初业律师，为立法议会及国民集会之急先锋，大声喊叫革命，当大革命时，主张处路易第十六世之死刑甚力，革命成功后，被举为保安委员之一人，旋为司法总长。一七九四年四月，因遭反对党之魔手，被处死刑。

特罗普兰格 Troplang, R. T. 1795—1869 法国之法学家。由地方法院推事，升任大理院长，对于法学，经验宏富，造诣尤深。

【著书】民法注释（二七卷），其中以民法之逐条注释，称为名著。

达罗兹 Dalloz, Victar Alexis Désiré 1796—1869 法国之法律家。少年充当律师，颇负盛誉，三十岁（一八二五）成就达乐判例集一书，又创刊普通法，法之批评的与定期的汇集，以及立法主义（Jurisprudence gené-rale, recueil Periadique et critique de Jurisprudence, le lé-gislation et de doctrine）等。

孔德 Comte, Taidar Angust Marie Francais Xavier 1798—1857 法国社会法学的创设者。一八一六年以后，来巴黎各学校修生物学，及历史学，卒业后，宅身教育界，常为实验哲学之讲演，平生殚精竭虑，于社会之创造，其内容，影响于法律学说极大。（社会法学）

【著书】实证哲学（一八三〇——一八四二）最有名。

俄托蓝 Ortolan Louis Elzrar 1802—1873 十八世纪法国法律学家，任巴黎大学刑法教授。又关于罗马法，造诣亦深。

【著书】(1)刑法要论（一八五四——一八五六），(2)罗马法沿革论（一八二七），(3)罗马立法史（一八三四）等。

得摩罗培 Demolombe J. C. F. 1804—1888 法国某大学教授，兼业律师。

【著书】拿破仑法典论（三一卷）。

蓬特 Ponte, P. J. 1808—1887 法国之大理院推事。平生与马尔卡德(Marcade)创立法及判例杂志。又马尔卡德所著民法注释,殁时尚未脱稿,由氏继续完成,以此知名。

蒲鲁东 Proudhon, Joseph 1809—1865 法国无政府主义者,兼法理学家。幼时家庭极穷苦,八岁以后,即为牧童、印刷工人等谋生计。努力自修,得暇即入图书馆中读书,后得倍山桑市奖学金,得赴巴黎求学,研究政治经济学问,遂成一社会主义者。蒲氏虽非专攻法律,然因研究社会主义经济学,对于私人所有权制度,攻击不遗余力。氏尝谓"私有财产为盗赃"(La Propriete C'est le vol.),不啻为近日私法财产制度,投一巨大之炸弹。今日各国民法上之所有权,稍加限制,要皆受蒲氏学说之影响也。厥功伟矣。蒲氏生平著书甚多,其对法律有直接影响者,则为何谓财产(*Qu'est-ce que-la Propriete?*)一书。

马开德 Marcade, V. N. 1810—1854 法国之法学家。以业律师终身。

【著书】民法注释(共九卷,后四卷,氏殁后,由波特氏完成),又与波特氏协力创办立法及判例杂志,内容注重学说及判例之研究。对于法学界,贡献极大。

赛蒙 Simon, Zules François 1814—1890 法国有名之立法家。历任首相及教育部长。又任巴黎索尔博恩大学(Sarboune)哲学教授,又为立法议员,及宪法制定议员。

菩赛累 Beaussire, Emile 1824—1889 法国之法理学家。

【著书】法律原理(一八八八)一书行世。

挨克斯曼 Exmein, Adhemar ?—1913 法国之法制史家。巴黎法科大学(La Faculte de droit)教授,学士会会员,研究高等教育会议员,兼高等学术实施学校部长等职。不仅为法学界之权威,且在教育行政上之功绩,亦极伟大。

【著书】(1)法国法历史,(2)比较宪论等。

浦耶 Pouillet, Eugene ?—1904 法国智能权法之大家,平生业律师,手创万国著作权协会,一八九〇年以来身任会长,关于著作权之保护,国际条约之成立,得氏之助力甚多。其他对于特许、商标、意匠等重大事件莫不与氏有关。

布瓦索那德 Boisonade, Gustarus 1824—1910 法国之法学家。日本明治六年(一八七三),以政府名义,聘请氏为法律顾问。七年兼任日本司法省立法律学校教授(至明治二七年,始近法国)。垂二十余年,所成就人才甚众。当氏在日本时,为日本起草刑法及治罪法,刑事诉讼法(明治二三年),刑法(明治四一年)等,均先后颁布施行。又氏所起草之民法,尤为日本现行民法编纂之基础。氏诚不愧为日本明治维新初年立法界一恩人也。

布　瓦　索　那　德
Greis Lounde（法）

都克拉 Dueracq，Auguste，T.K. 1824—1913　法国人。一八一三年，巴黎大学法科卒业，法学士，翌年得博士，旋业律师，历任各大学助教及讲师，一八六三年，任行政法正教授，又任律师会长，更补法科大学校长，一八八一年被举为道德及政治学院之立法及判决部之通信员（Corrsespondent），同年又任巴黎大学教授。

【著书】（1）行政法讲义（一八六一），（2）公共建设物论（一八六五），（3）地方村制论（一八八六），（4）公法论（一八八七），（5）财政及币制史论等是。

德马诗 Demage，Charles-Gabriel-Edgar 1841—1929　法国之名律师。当法国第二次帝政倾覆时，以办理皇太子之讼案见重于当时，不畏强暴，保护人权。其法律上见解之卓越，殊非他人所能企及。以后在巴黎办理威尔逊案件，以及巴拿马之讼案等，其声名尤震动遐迩云。

加拉德 Garrard，Jean Rene 1849—1930　法国刑法学家。一八四九年生。生平曾任里昂大学院（I'Universitc de Lyon）院长，兼该校名誉教授。又任里昂高等法院 cours d'appel 法律顾问，并任国家学会通信员。加氏在刑法学上参酌实证学派、刑事政策学派之理论，对于最近法国刑法学，贡献甚多。一九三〇年逝世，其子彼尔格（Pierreg）继任里昂大学刑法教授，可谓能世其家学矣。

【著书】（1）刑法理论及其实用之研究（*Traite theorique et Pratique du Droit*

Penal Francais, 1889—94; 3, ed. 1913—24), (2) 刑事诉讼法理论及其实用 (*Traite Theorique et Pratique d'instruction Criminelle*, 1907—26), (3) 刑法要论 (*Precis de droit Criminel*, 24, ed. 1926)

摩利尼尔 Molinier, V. 1851—1904　法国刑法学家。生平任多罗司大学教授。著有刑法学概论一书。

都克海姆 Durkheim, Emile 1858—1917　法国刑法学之权威者。初任中学教员，继任大学讲师，至一八九六年，升任教授，一九〇六年，始为巴黎大学正教授，氏对于刑法上之见解，以犯罪系社会正当之现象，故对犯罪，抱一种乐观态度。氏之意以为社会进步极快，行为与社会进步不能相应，故认为犯罪：一方犯罪，一方为镇压之标准，故社会得遂其健全的发达。氏之见解，与一般认犯罪为社会病的现象者，可谓大相悬异矣。

【著书】分产论 (*de la division du travail sociol*, 1893), 社会学的方法论 (*Les regles de la methode sociologique*, 1897), 及宗教的生活之原始的形式 (*Les farmes elementaires de la vie religievse*, 1912)。

热尼 Geny, Francois 1861—?　法国之法学者。南锡(Nancy)大学教授。并兼任该校法学部长，现任名誉总长。为自由法运动之先驱者，同时对于法律哲学，则汲托密斯之流，擅自然法论之特长，在他的影响之下，南锡大学之法律哲学，极盛一时。

【著书】私法解释论 (*Methode d'interpretation et source en droit prive positif*, 2. ed. 1919), 以及私法之科学化及专门化 (*Science et technique en droit prive positif*, 1914—24) 等，均为内容丰富之佳构。

累峰 Revon, Michel 1867—?　法国之法学家。生于日内瓦。少入格尔诺勃尔大学(L'Universite de Grenoble)法科。因提出罗马法及法国法之论文，得受学位。任日内瓦大学助教授。八八(明治三三)年，受日本之聘，讲法学于东京帝国大学。旁兼日本司法省名誉顾问，对于日本之法学，裨益甚大。

【主著】日本文明史 (*Histoire de la Civilisation japanaise*, 1900)。

霸当 Beudant, C. 1889—1895　法国人。巴黎大学之民法教授，又为判例之研究家。

【著书】法国民法讲义 (一八九九——一九〇八)。

部夫纳尔 Bufnair, C. 1832—1908　法国之法学家。任巴黎大学教授。

【著书】所有权及契约 (一九〇〇)。

格拉桑 Glasson, Ernest 1839—1907　法国之法学家。执民法教鞭于巴黎大学，一八七一年以降，担任民事诉讼法之讲座，一八八二年，任法国学士院会员。

【著书】(1) 英国法制史, (2) 法国法制史, (3) 民事诉讼法论, (4) 强行执行论, (5) 法兰西法论, (6) 法兰西要论, (7) 巴黎法院论等。

勒诺 Renault, Lous 1843—1918　法国之国际法家。一八七二年，任巴黎大学法

科讲师，担任国际法讲座，又一九〇一年以来，被举为伦理学会、政治学会及法国学士会会员，此外又为外交部之法律顾问，兼名誉全权公使，处理甚多外交事件。

塔德 Tarde, Jeon Gahriel 1843—1904　法国人。平生久膺法曹，于法科方面，崇尚“意大利学派”。一八九四年移居巴黎，司犯罪统计于司法部，一九〇〇年死，毕生担任法兰西大学现代哲学之讲座。

【著书】(1)比较犯罪论(一八八六)，(2)刑事哲学(一八九〇)，(3)模仿律(一八九〇)，(4)刑事及社会研究(一八九二)，(5)法律变化论，(6)社会法则(一八九三——一八九四)等。

拉卡莎尼 Lacassxgne, Jean Alexandre Eugene 1843—1924　法国之法医学家。为军医学校出身，因提法医学之论文，得授博士学位，后为医科大学教授，更于一八八〇年，为里昂大学法医学教授，至一九一三年退隐时止，均在职，平生对于死刑与犯罪及其他刑事学，有著书，其贡献于学界极大者，则为刊行犯罪人类学杂志，发表其研究。

而多尔诺 Ltaurneau, Charles 1851—1902　法国之人种社会学家。生平为巴黎人类学会干事，约四〇年，历任会长及副会长等职。一九〇二年七一岁殁。

【著书】最有名者为：人类的社会学(一八八〇)，人种心理学(一九〇一)。虽为社会制度之研究，要亦为法学者之最好参考资料。

柏提云 Bertillon, Alphonse 1853—1914　法国个人识别法(Personen Identifikotion Identifikolion judicioire)，即人身测定法(Anthropometire, Korpermessung)之发明家。于一八五三年四月二二日，生于巴黎医学之家庭。自幼即研究医化学，一八七九年，于警察厅，任书记之职，氏之地位虽微，然以父兄均为学者，其环境充满统计及人类学之氛围气。故终诱起氏为伟大之发明。关于司法警察，有种种重要问题，第一知犯罪之状况，第二知犯人，第三追踪逮捕犯人，第四知犯人之同人性，所谓个人识别法，即在着眼于此四点以发现累犯。氏之发明要领，据其助手达维纳(David)氏云，约省三点：第一，人达于二十岁，其骨骼绝对不变；第二，人之骨骼相互比较全然不同；第三，骨骼某点之长幅，对于其生体之某程度上，得以确定的测定，由此出发点，将人身括为十一点，即为十七万七千百四十七之分类。分类问题告竣，则着手进行识别问题。其识别之方法：第一，人身测定法；第二，识别用摄影；第三，色合之检定法；第四，特征之举示，此四法中之第一法，为一八八一年所发明，一八八三年而大成，一八八五年至一九〇〇年，其第二法亦告成功，一八九三年，巴黎警察厅内，设个人识别署，即系采纳氏之主张。一八九五年，氏于从来方法之中，更加以指纹法，即为今人身测定法与指纹法并用之嚆矢。后来英之高尔吞(Dr. Galton)集指纹之大成，对指纹为弓状纹、涡状纹、蹄状纹等区别，要皆由氏启发之也。总之，氏所主张的科学的警察(Palice scientifique)，无论在学问上及实际上，均重视之，当时巴黎警察厅内，曾设一技术的警察厅学校(Ecole de police technique)，即由氏创立经营之，旋改称司法警察学校(Ecole de police judiciaire)，各国政府，均派遣学生至该校留学，声名之大，可以概见。日本刑法学家牧野英一博士有云："近世刑事学之趋势，由犯罪论而移于刑罚论；更由刑罚论，而进于采证论，盖以采证方法完备，则犯罪即可发现，犯罪镇压之效果，遂为之面目一新，"（同氏著《刑事学之新思潮与新刑法》第三版，九一页），盖柏氏者，即致力于科学之应用，以求刑法之进步者也。亦云伟矣。

塞利勒 Salille, Raymand 1855—1912 法国法学家。巴黎大学法科卒业后，即执教鞭于各大学，一八九五年，任巴黎大学教授，从事于刑法及民法之比较法学的研究，大博令名。一九〇五年以来，至死时止，均担任民事立法讲座。于教务之暇，兼任司法部之"立法顾问委员会"之会员及与"立法学协会"之创立。

【著书】(1)德民法草案债权总则论（一八九〇），(2)德民法第二草案债权总则之研究（一八九五），(3)德国民法人论（一九〇二），(4)美国家产制度（一八九五），(5)比较法论丛（一九〇七），(6)社会的犯罪研究（一八九八），(7)劳动灾害与民事责任（一八九七），(8)历史学派与自然法（一九〇二），及(9)法人论（一九一〇）等。

狄骥 Duguit, Lean 1859—1923 法国人，生于 Libourne(Gironde)地方。习法学于博尔多大学(L'Universite de Bordeaux)，一八八二年，得学位，一八九二年，任同大学之宪法及行政法教授。一九一九年，就同大学法学部部长。同时兼任养育院理事等之实务。平生努力学问，声名大噪，不但欧洲邻近诸国，即南北美及埃及等国，亦均敦请其讲演。氏对于法律学，采取实际主义一名"实证主义"(le pasitivis me)，凡不得经验之事，均所否定。氏以客观事实为法之基础。故亦呼为"唯物的连带主义"，又以所谓国家之意思或国家之法人格，不过一种拟制。氏意国家为强者与弱者之对立，不过被治者服从为政者之状态。然为政者，无所谓主权命令服从，仅限于合法的，氏以为由抽象的国家主权思想与个人自然权利的思想为基础之现行各法之个人主义的法律组织，已入于历史的自然的全部崩溃之过程，而代之以社会本位之实证的立场。氏完全为一唯物史观的社会进化论者。彼之私法变迁论及公法变迁论，即根据此种精神而成立。又氏观察社会，认为系社会连带。在社会连带下之当然法规，各人只有服从义务，而无所谓个人权利。又所谓自然权之观念，与国家主权，同为形而上之物，吾人如果协力于社会连带的义务，竭力奉公，则得有法的地位。总之，氏之学说，极为错综。大体言之，则为实证的社会法说。建立于实际主义基础之上的，则为社会本位的，连带事实的，与论法的，进化论的客观法的学说等，近是。氏之思想，一方系受康德实际主义之影响。同时不外渊源于德社会学的思想，而以之移于法律学，而确定所谓实证法学耳。又自实际观之，氏之思想，系对于法国国家主义及中央集权主义之一种反动。氏名虽高唱实际主义，然在实质上，却陷于理想主义——自然法说之矛盾，而不得一般学界之承认。然则法之社会化，法之实际主义化，直接间接，均有贡献，氏之著作甚多。兹列举数种如次。

【著书】(1)客观法与现实法（*L'État, le droit objectif et la lai positive*, 1901），(2)国家政府及执政者，（*L'État, les Gouvermonts et les agents*, 1903），(3)社会权利个人权利及国家变迁论（*Le droit social le droit individuel et les transformations de L'État*, 1911)，(4)私法变迁论(*Les transformations generales du Napoeon*, 1917)，(5)公法变迁论(*Les transformations du droit Constitutionnel* 1 ed. 1911，2 ed. 1921—25，3 ed. 1927)，(6)公法读本(*Leson de droit public general* 1926)。

密拉德 Millard, Alxandre 1859—?　法国社会出身之政治家，及法律家。生于一八五九年。长修法律学，并业律师，一八八五年，列席于急进社会主义之议会。旋主勒博阿报纸，以笔舌驰名于天下。一八九九年，入阁为商务大臣。无何，党之内部分离，彼在台阁，努力通过有利于劳动阶级之立法。后来因受社会主义团体之绝缘状，遂渐远于社会主义。一九一四年，入阁，为陆军大臣。振其辣腕。敢出兵于劳动争议。当欧洲战争之际，以陆军大臣资格，尽瘁于法国军国主义。一九二〇年起，至一九二四年止，为法国大总统。

海美 Haym, Henri 1879—1915　法国之民法学家。巴黎法科大学出身之法学博士，曾在某大学执教鞭，一九一二年，被日本聘请担任东京帝国大学法学部之法国民法讲座。次年为应教授资格试验归国，适值欧洲大战，以预备陆军中尉之故，被召集战死。

【著书】(1)社团与组合之交互范围(一九〇七)，(2)关于法人立法及判例之沿革的研究(一九一一)等二种。

加空 Garcon, Emile 1879—1922　法国之法学家。读书于霸提挨大学(L'Universite de Poitiers)，初任律师，一八七九年，任慈耶大学之刑法教授，九八年以后，转巴黎大学教授。其在职中，颇见重于法之法学界云。

【著书】刑法典之注释(*Code penal annate*, 1901—11)，又刑法(*Le droit penal*, 1922)。

罗干 Roguin 1900 顷　法国之比较法学家。

【著书】比较法学概论(*Traite de droit civil compare*, 1904)，对于法学上之贡献极大(比较法学)。

卢克斯 Roux, J. A.(现代人)　法国刑法学家。亚鲁塞斯大学刑法学教授。著有刑法学讲义二册，现主编法国刑法学杂志。时常发表其研究之积蕴，对于刑法学，贡献尤多。

普拉谑尔 Plonial, M.(现代人)　法国民法学家。现任巴黎大学名誉教授。与利伯(Ripert, G.)氏合著民法实用研究(*Traite Pratique De Droit Civil Francais*)一书，遐尔知名。

利伯 Ripert, G.(现代人)　法国民法学家。现任巴黎大学民法学教授。与普拉谑尔(M. Planiol)氏合著民法实用研究一书，极负盛名。

普罗阿尔 Proal, L.(现代人)　法国刑法学家。现任法国国家学会秘书，所著犯罪与刑法一书，于一八八六年得到国家预算资金。其内容之有价值，可想而知。

法布累 Vabre, H. Donnedieu de(现代人)　法国刑法学家，现任巴黎大学教授。

著有国际刑法学概论一书。

维达尔 Vidal, G.(现代人) 法国刑法学家。任都乐士大学(L'Universite de Toulouse)刑法学教授。兼任法国国家通信员。对于刑法学及监狱学贡献极大。所著刑法与监狱学概论一书,极负盛名。

叩诗 Cuche, P.(现代人) 法国监狱学家。现任该国格罗布大学(L'Unversite de Grenoble)教授。著有监狱学及其立法之研究(一九〇五)一书,为研究监狱学者必须参考之名著。

拉姆伯尔特 Lambert 历略不详。著比较法学机械论(*Fanetion du droit civil compare*, 1903)一书,极负盛名。

十二 比利时

托利桑 Thonissen, J. J. 1816—1891 比国历史学派之法学家。一八四八年,任路文大学(L'Universite de Louvoin)教授。一八八四年任比国内政总长。

【著书】(1)古代民族刑法史,(2)莎立民族法院组织法、刑法及其诉讼法等。

爱弥尔 Emile, de Lavaleye 1822—1883 比利时之法学家。先是氏于格恩大学修法律,及哲学,后又从事经济学之研究,博学能文,故其著书,涉及多方面。其所著所有权及其原始的状态论,颇蜚声于法学界。

普林斯 Prinz, adolphe 1845—1919 比利时之刑法学家,兼为社会政策。平生历任各大学教授,又与哈默尔,利斯特等三人,创立国际刑事学协会,对于刑法国际化之运动,有甚大之贡献。氏以为刑法之使命,在剥夺个人最小之法益,而收社会防卫最大之效果。其著社会防卫及刑法变迁一书,即系说明此中极大极小之关系云。

【著书】犯罪及镇压(*La criminalite et la repression* 1886),(2)刑事学及成法(*Science penale et droit positif* 1899),以及(3)社会防卫及刑法变迁(*La difense sociale et les transformations du droit penal* 1910)等。又主办刑法杂志(*Reune de droit penal et de crimionologie*)。

马哈因 Mahleim, Ernest A. J. 1865—? 比利时法律学家。曾任大学公法及社会科学教授。为劳动者法律保护,国际协会创设底一人。

【著书】比利时的商业政策等。

科兰 Corind, F.(现代人) 比国刑法学家。任列日(L'Universite de Liege)大学刑法教授。现与 Gilbert, H. 氏合编比国刑法与犯罪学杂志。

十三　意大利

厄尼利阿斯 Irnerius，又 Hirnerius；Warnerius；Guarnerius；Gernerius 1055—1130 顷　意大利之法学家。生于博罗尼亚。氏在法律学上，关于十二世纪罗马法之复兴，为所谓博罗尼亚学派——注释学派之树立者。一一一六——一八之顷，仕于神圣罗马皇帝亨利五世，法学之造诣极深。其门弟子尊之为法之灯台。

【著书】*quaestiones de juris subtilitatibus*，1081—82.

阿左 Azo，又 Azzo；(拉)Partius Azolinus 1150 顷—1230 顷　意大利之法学家。属于法学上所谓注释学派。为博罗尼亚法律学校教授中最杰出之人。因之当氏在时，该校之名，为大震。平生著述甚多，尤以罗马法提要（*Summa Codicis et institutionum*）一书为最著名。本书影响之大，及于全欧，当十三世纪时，英国谓为普通法之父。即黑石(Blackstone)氏之著书，亦常引用其语。

阿库尔西乌斯 Aecursius（拉），（伊 Francisco Accarso）1182 顷—1260 顷　意大利之法学家。出于阿左之门，亦属于所谓注释法学派。平生任博罗尼亚之教授，垂四十年。其注释书 *Glossa rodinaris*（又名 *Glossa magistralis*），除对于罗马查帝大法典，搜罗殆尽外，复加以己见，遂得集注释派之大成。其长子 Francisco Accarso(1225—93)，平生曾讲学于英之牛津大学，使英法得受罗马法之影响，亦能世其家学。

奥歧努斯 Auguinus 1228—1274　生平著高神学一书，主张宗教法学。

巴尔托卢 Bartolus 1313—1357　意大利之国际私法之创始者。二十一岁，得法学博士，为名教授。

【著书】有法学解说(一四七八)等数种。

马基阿未利 Machiavelli，Nicalo 1469—1527　意大利之国际法家。当一四九四年，内忧外患之交，国王蒙尘，有革命首领萨钵拿洛氏崛起，实行共和政治，氏则为其书记长官，掌外交之枢机，以权谋术数著名于列国之间，及一五一二年，国王再恢复王位，以谋逆之罪系狱，旋得释，遂专心从事著述，其学说排斥罗马教皇之教权及其他一切之权利。唱国家独立之尊严。对于近世法学，贡献极大。著书甚多，其尤脍炙人口者，则为论外交秘术的根本政策。

格尼查尔提尼 Gnicciardini，Francesco，1483—1540　意大利法家。二十二岁，即任大学之法律教授，旋业律师，政治家，管辖法王领之各地，晚年从一四九四年至一五三二年，专从事意大利历史详密之研究。

贞提利 Gentili, Alberico （意）（拉 Albericus Genoilis）1552—1608 意大利之法学家。生于阿恩柯那。于柏尔大学得私法学位。旋业律师。因为新教徒，被放逐，移居奥斯托利亚。更于一五八〇年渡英，八一年，讲学于牛津大学，博得一时之赞誉。八四年，著立法论（*De legationibus*），八七年，任牛津大学教授，编罗马法讲义。翌年，所著"De jure belli"（三卷，一五八八——八九）之第一卷发表。为近代国际法之创始者，人皆称为格鲁秋氏之先驱。死于伦敦。

那塔尔 Natale, Tomass 1733—1819 意大利 Sicily 岛之 Palermi 城人。专攻刑法，著书甚多，多独创之见。例如其所著——关于刑法之效果及必要政策的考察，攻击当时探查拷问死刑等之刑事制度。创立科学的刑事学之基础，功绩甚大。与 Beccaria（意人）同为意大利科学刑事学之开山祖师。但他主张犯罪，不仅精神的，而肉体的素质，尤其是基于头盖骨生理物质的现象，可谓破天荒的发现之新说。

培卡利阿 Beccaria, Marchese Cesare Bonesana de 1738—1794 意大利之法理学家，兼经济学家。精通法理学，及经济学，其识见卓拔一世，后为奥国之高官，鞅掌国务至二十余年之久。其间关于谷仓货币度量衡制度之报告，十进位法之采用，均有所尽力，彼对于法理学，反对刑论，详论刑法之改正。

培卡利亚（意）Cesare
Bonesana Beccaria 1738—1794

【著书】除关于反对死刑，著犯罪与刑罚一书外，又有经济要论一书行世。意人誉之为意大利刑法学之开山祖师。

罗马诺西 Romagnosi, Giovanni Domenico 1761—1835　意大利之法学家，兼哲学家。一八○二年，任巴尔默大学(Parme)之法学教授，旋因拿破仑之没落而去其位，一八○七年，任毕斯大学(Pise)教授。一八一七年，任米郎大学(Milen)教授。氏以社会为人间之自然状态，反对社会契约说，其在意大利为百科全书家的世界观的代表者。

【著书】(1)刑法之渊源(*Genesi del diritto denale*, 1786)，(2)公法学研究入门(*Introduzione allo studio del diritto publico unversale*, 1805)。

曼契尼 Mancini, Pasqualeslanislao 1817—1888　意大利之法学家。对于法理学，及国际法，告诉甚深。

拉姆布拉索 Lambrosa, Cesare 1836—1909　意大利之刑法学大家。生于意之威尼斯(Venise)。先入巴维阿(Pavia)等大学，肄习医学。一八五九年，为军医，服务于战地。一八六二年，为巴维阿大学之精神病理学教授。兼任百塞精神病院院长。旋转陀立纳 Tarino 大学，担任精神病理及法医学讲座。在氏以前，足称为意大利刑事学之开山祖师者，有培卡利阿(Beccaria, M. C. B. de)及那塔尔(Notal, T.)等，为意大利法学派吐气焰。至氏则创设刑事人类学，以促刑事学之革新。对于世界刑法学界贡献极大。平生著作等身，其最能耸动法律思想界者，则为犯罪人论一书。又为精神病刑事人类学刑事杂志经营之一人，且发表甚多之研究论文。

【著书】(1)精神病之临床研究(*Studu Clivici Sulle Malattie Mentali*, 1865)，(2)犯罪人论(*L'uoms Delinquente*, 1865)，(3)精神病的法医学(*La Medicina Legale Delle Alienazioni Mentali*, 1873)，(4)意大利犯罪的增加及其逮捕之方法(*Sull'incremento del Delitto in Italia e Sui Mezzi Per Arrestarlo*, 1879)，(5)自杀及犯罪的恋爱(*L'amore nel Suicidis e nel Delitto*, 1881)，(6)天才与变质(*Genio e Degenerazione*, 1894)，(7)癫狂与变态(*Pazzi e Anomali*, 1890)，(8)法医学讲义(*Lezioni di Medizina Legale*, 1886)，(9)法律及刑事人类学关系上之国事犯及革命，与 Laschi 氏共著(*Il Delitto Folitico e le Rivolutioni in Rapporto al Diritto all'antropalogia Criminele*, 1890)，(10)精神学及刑事人类学之最近的发见及适用(*Le piu Recenti Scoperte ed Apprecozioni Della Psichiatria ed Antropologia Criminele*, 1893)，(11)妇女犯人(*La Donna Delinquente*, 1893)，(12)无政府主义者(*De Anarchici*, 1894)，(13)精神病学之关系于天才(*L'uomo di Genio in Rapparto Alla Psichiatria*, 1889)，(14)关于天才的新研究(*Nuoui Studu Sul Genio*, 1902)等数种。

发尼尼 Vanini, Leilius 1855—?　意大利之社会学家，及法理学家。罗马大学教授。为意大利社会学者之开山祖师与法理学之权威。后受斯柏之影响，主张实际的法理学。

【著书】法理学讲义。

斐利 Ferri, Enrieo 1856—1929　意大利之刑法学家。一八七四年，入博罗尼阿大学，一八七八年，著可罚性之理论与自由意志，一八七八年至一八七九年，游法国，著法国犯罪学一书，无何，任博罗大学之刑法学教授。一八八二年，转喜耶纳大学，同年氏之有名著述犯罪社会学出版，一八八六年，被选为社会党之议员，遂入政治生活。一八九〇年，受皮撒大学之聘，再次，一九〇四年以来，任罗马大学教授，氏为刑法学中社会学派之创始者，旧派罗恩普洛溯氏，以为犯罪之原因，为物理的社会原因，加入于人类学的原因，重视犯罪与社会环境之因果关系。而氏则立于马克思及达尔文、斯宾塞尔等之唯物史观的进化论的立场，以应用之于犯罪学，然实际氏之唯物史观之理解，尚甚浅薄，若依氏之见解，以为“一国之经济条件，非决定政治的道德的及知的条件，及决定自体，及其他诸要素之结果。”氏以经济的社会原因，使之与他之原因并立，对于犯罪之社会性阶级性之本质，终究未能说明，故氏终止于一彻头彻尾社会党的右翼。

【主著】于上述以外，又有：(1)社会主义与犯罪性(一八八三)，(2)社会主义实证科学(一八九四)等。

柏累尼 Berrenni, Augustion 1859—?　意大利之犯罪学家，并兼通社会主义。生于一八五九年。为巴尔马大学之刑法及刑事诉讼法教授。又为意大利之上议员。采实证主义的刑法。

格罗巴利 Groppali, Alessondro 1874—?　意大利之法律学家。氏现任大学教授，属于实证学派者中之一人。著书甚多，属于法律者，则为社会学与法理学一种。

维克基奥 Vecchio, Georgio del 1878—?　意大利之法律哲学家。为比较法律历史学之建设者，又为新康德派之法理学者。故其法理学内容，具有极浓厚的理想主义，批判主义，人格主义的色彩。氏得博士学位后，更赴德国柏林大学，研究法律哲学，一九〇三年，历任其本国诸大学之教授。一九二〇年，任命为罗马大学之法律哲学教授。平生著书甚多，可以窥其根本之思想。

【著书】(1)法律概念之哲学的前提(一九〇五)，(2)自然法之概念与法之原则(一九〇八)，(3)对于世界比较法学之概念(一九〇九)，(4)法之概念(一九一三)，又平生主编一种杂志，为法律哲学国际评论。

米西利 Miceli, V.　意大利之法律哲学家。白儿卡大学之公法教授。平生研究论文，均发表于意大利(社会学杂志)。

加罗法罗 Garofalo, R.　意大利之犯罪学家。兼为裁判官，所著犯罪学，其内容分犯罪为“自然犯罪”与“人为犯罪”二部极著名。

利维 Levi, Alessandora　意大利之卡塔尼亚(Carania)大学法律哲学教授。对于威克学说之批评的观念论，本实证论的立场，相互抗争。就斯学之发达，甚有贡献。

【著书】为复活的法律形而上学(一九〇七年)及其他。

科勒甲尼 Calajanni　意大利之犯罪学家。初为犯罪人类学之信任者,后又服膺社会主义。著社会主义与犯罪社会学(*Sociolismse Sociologia Criminale*)一书,一反以前之态度,认犯罪为资本主义所必要的现象云。

十四　荷兰

格鲁秋 Grotius, Hugo 1583—1645　格氏为荷兰之国际公法大家。生于一千五百八十三年。自幼颖悟绝伦,有神童之目,九岁时,能以拉丁语作诗。举世惊叹。

格鲁秋 Hugo Grotius
1583—1645

十一岁,入大学,十五岁时,便能操觚著书。是年随荷兰公使赴法兰西,国王亨利第四世目此少年非凡之天才,大加激赏,授以黄金之颈饰,并曰:"此荷兰之大奇迹也"(Noila le Miracle de la Holland)。十六岁时,得法学博士学位。十七岁时,为律师,即振其悬河之雄辩于法庭。声名藉甚。年甫二十,即被举为荷兰政府之国史编纂官。二十四岁,即任荷兰之总检察官。其立身腾达之迅速,荷兰有史以

格鲁秋夫人玛丽亚

来，未之前闻。一千六百〇八年(著者按，氏年二十五岁)与玛丽亚女士(Maria von Reigesberg)结婚，女士不仅仪容绝丽，而且足才多智，宿慧天成，格氏得此良好配偶，不仅氏个人幸福，实与世界国际法起源史有重大之关系也，一千六百十三年，氏衔荷兰政府之命令，使于英，旋复归国，当时荷兰因为“阿尔马尼亚”教徒，与“角曼力斯托”教徒这纷争激烈，国内陷于混乱状态。先是，格鲁秋属于“阿尔马尼亚”派。当时荷兰总督莫理士公则属于“角曼力斯托”党。适居反对地位。莫理士不惜以兵力破坏宪法(Coup d’etat)，捕格鲁秋等反对党下狱，处以终身禁锢之刑。其财产悉被没收。格氏在幽闭中之食料，概由政府供给。粗粒恶食，仅足果腹。此时其贤夫人玛丽亚耻其夫受反对政敌总督府之供给。乃自己设法送入狱中，遂以渐显其捲舒危难之好身手矣。格鲁秋之监禁，最初甚严重，虽老年慈父，亦不许面会，其后玛丽亚夫人，恳请面会时，典狱官答以一度入狱。即不再出，汝愿与汝夫断送其一生，生涯于狱中乎。玛氏不稍踌躇，立即承认其条件，于是遂身入囹圄，甘与格氏共享铁窗风味。当时格鲁秋氏年仅三十六，即处以终身禁锢之刑，才人多厄，若在他人，必蒙莫大之失望，或者侘傺抑郁以死。此在中外历史，不乏其例。然格氏虽身在狱中，因受夫人玛丽亚之慰藉，与奖励，遂专心一意，潜思著述，以后并得典狱官之许可，由友人以书柜盛书入狱，每周交换出纳一次，衣服亦得送出浣濯，格氏之精神，得以稍慰。岁月迅速，玛丽亚夫人与其夫共度狱中生活，瞬经一年有半，在此长久之岁月中，得窥见不少脱走之机会。因为每周送出之柜，不是古本书籍，便为污秽衣类，初则狱吏尚开柜检查。积久生厌，遂漫不经意，而任其通过。玛丽夫人一日千秋之思所等待的逃走之机会，尔来愈见其成熟。乃劝其夫冒险脱狱。其方法，夫人欲乘监守兵之怠惰，将其夫隐匿于平日盛书籍之柜中而救出之。惟实行上，含有种种困难性与危险性。故反覆熟考而不敢轻于下手。盖在监守兵方面，平日虽怠惰。如此日偶有一兵卒，因一时之好奇心而揭开柜盖，则平日所千辛万苦处心积虑者，必至全归于泡影，加之其柜长三尺五寸许，仅能容身，从监至其友人处，路颇不近，格鲁秋不能不忍耐其穷屈之位置姿势。若运送人不知，倒置其柜，或者投而出之，则立刻有生命危险。又柜盖过于密闭时，亦易招窒息之祸。基此种种，故玛丽亚夫人，苦心熟虑之末，遂雇佣知心之忠婢与忠仆，告以密计，约其在城外接柜，立刻送于其友人之家。并于柜上穿甚多之细孔，藉以流通空气。又常请格氏入柜试验。部署既定，只待机会之到来。一日，典狱司令官，为公务旅行于他所。不啻天与以大好之机会。此时玛丽亚夫人声称夫罹传染病，以免监守兵出入其监房，且自己访司令官之妻，因为夫罹病气，乞将书送还友人，得其承诺。夫人因立归狱舍，依照平日预定之计划，使其夫潜入于柜中，即令监守兵，将柜运出。然监守兵之一人，讶其较平日稍重，乃发疑问之语曰：夫人得毋将“阿乐马尼亚”教徒，盛入其中乎？斯时也，实发觉之危机间不容发之一刹那也。若玛丽亚无相当之机智胆略以应付之，则文明世界之国际法观察家发达，或更迟数十年，亦未可知。然玛丽亚夫人，则声色自若，含笑以答之曰：“阿尔马尼亚”教徒之书籍耳。监守兵，因夫人漫不经意的答复，卒不开柜，照例将柜运出于城外。柜达城外后，忠仆等遵照夫人之命令，对于柜之搬运，放置，特别予以丁宁注意。而且舟车运送，殿堂迅速。无何，遂抵格氏友人之家。得以恢复自由之格鲁秋，立刻变装为炼瓦职工，持一挺之镘，而为亡命客。先赴“安多威府，”迨越国境时，即上书荷兰议会，诉其冤屈，辩明其脱狱之理由。且陈述身分，虽被祖国迫害，然爱国之心情，决不因之稍受影响。格氏越国境后，走法国，翌年，至法之首都巴黎，此千六百二十一年四月间事也。富有智慧之玛丽亚夫人，自夫脱狱后，仍留狱中，自仍伪以夫罹激烈之传染病为词，身入监守兵之室暂避，欲以绵延其发觉之时机。后来经过甚久之时间，屈指计程，夫君当已越国境，乃自首于典狱官。乞科以脱走夫之罪名。典狱官莫可如何，只得以玛丽亚为质而禁锢之。其意以为将玛丽亚代替格氏而系之狱。则格氏必牵情而有归狱之望。而熟知事经数月，荷兰议会议玛丽亚夫人之贞操，遂下令赦免。出狱后，立即奔赴巴黎，再慰藉其夫于穷乏艰苦之间，以奖励其著书之完成。当时法王路易第十三世怜格鲁秋之不遇，乃授年金三千佛郎。然又阻于国库，不能支给，故格氏夫妇仅依故乡亲友之馈送赠遗，以支持其困苦缺乏之生活。然格氏夫妇并不因此而稍屈其志，仍相敬如宾，互相砥砺，以完成著述。岁月浸久，格鲁秋之大才，遂渐为世人所公认。旋由宰相“达李基耳”之奏，请得支配年金之一部，物质生活，稍为舒适。其著述遂益加倍进步。迨年至一千六百二十五年，彼二十年前所企图的平战法规论（*De Jure Belli ac Paeis*）之大著述，遂得公刊行世。

【著书】(1)平战法规论（*De Jure Belli ac Paeis*），(2)自由海详论，(3)捕获法规论等。

斯彼那索 Spinozo, Baruch 1632—1677 荷兰之神意法学家。

平刻斯胡克 Bynkershoek, Cornelius von 1673—1743， 荷兰之国际公法大家。先修罗马法学，造诣甚深。毕业后，业律师。一七〇三年，任大理院推事；一七二四年，升任大理院院长。

平 刻 斯 胡 克

Cornelius von Bynkershoek

克拉拔 Krabbe 荷兰公法学家。担任来丁(Leyden)大学国法学讲席。他所著近世国家观，很有名于国际。

十五 西班牙

马利纳 Mariana, Juan de 1536—1624 西班牙自然法学派之法学家。于一五九九年，著君主论。

苏亚勒士 Suárez, Francisco 1548—1617 西班牙法理学家。哥印伯拉大学神学教授，他底主张，称自然法是根据于神意，而表示公正观念；万民法，是由于全人民底人类的判断而制定，是含着方便的规定。如后者承认前者所不认的奴隶制度，及私有财产制度，两法乃不相一致。国家的成立，是大众为欲其达到共同的目的而自发的团结起来。君主底权力，也由社会所给予。在本质上，君权是基于君主与国家底契约及协定，所以君主权，不得不限于协定范围内。

【著书】法律论。

罗曼罗 Romero Girón, Vicente 1835—1900　西班牙之法律家及政治家。一八六九年，入宪法制定议会，发起共和主义进步党，八二年，任司法部总长，为同国第一流之刑法学者。主张死刑废止，户籍役场之设立，以及宗教上凌辱之改革等。

十六　瑞士

卢梭 Rousseau, Jean Jacques 1712—1778　瑞士之自然法学派之法学家。一七四二年，为驻法国公使威讷甲之秘书，以后遂过其放浪生活。其著述中之人类不平等起源论（一七三三）及社会契约论（一七六二年），虽论政治，亦间接于法律有影响（民约论）（法兰西法）。十九世纪法兰西人各种法典之完成，均属鼓吹自由思想之结晶也。

卢　梭

Jean Jacques Rousseau

发泰尔 Vattel, Emmerich von 1714—1767　瑞士之法学家。初嗜哲学，卒业后，历任外交顾问，至一七六二年，入法院，终身以研究国际法著名。

【著书】国际法论（一七五八）。

布隆智利 Bluntschli，Fean-Gaspard 1808—1881 瑞士之法学家。一八〇八年，生于瑞士之槎锐士(Zurich)．曾任槎锐士大学法学教授。为自由保守联合党之领袖。继被选为议员，一八四八年赴德国，任米尼施(Munich)大学宪法讲师。一八六一年，任黑德保尔(Heibelberg)大学政治学教授。继又组织国际法国家学院，并自任院长两年(一八七五——一八七七)。

【著书】(1)法律学之新方法(*Les nouvelles mèthodes Juridiznes* 1862)，(2)公法史(*Histoire de droit Politizne* 1864)，(3)国际法典(*Le droit international Codifie* 1865)，(4)近代战争法(*Le droit moderne de la Juerre* 1866)，(5)政党之性质及其精神(*Caractère et esprit des partis politieves* 1869)，(6)近代国家之理论(*La thé arie de l'Stal moderue* 1875)，(7)国家法总论(*Allgemeines Staatsrecht* 1852)，(8)德国私法(*Deutsches Privatrecht* 1853)，(9)近代国际法(*Das Moderne Völkerrecht* 1868)。

卢绰内特 Ruchonnet，Louis ？—1893 瑞士人，二回联邦之大总统。一八八九年，关于债务诉追及有罪破产等，联邦法律之制定，甚与有力。一八九二年，氏见私法事业统一之机已成熟，即准备使胡柏(Huber)教授，当民法起草之大任。其时适值教授被伯恩大学招聘，完成瑞士私法论大著述之际，一时未能应允。后教授承受民法立案，氏已不见其完成而永眠。惜哉！

胡柏 Huber，Eugene 1849—？ 瑞士民法之起草人。初于柏林大学研究法学，后归瑞士，编瑞士私法讲义。身任大学教授及众议员。为法典讨论有力之发言者。自一八八六年起至一八九三年止之间，完成瑞士法史与制度，四卷，综合瑞士联邦之私法而解说其复杂内容。为瑞士民法事业准备的大著述也。其后历任司法要职，于教授及众议员以外，兼为海牙“仲裁法院”及国际法学会之一员。现在仍任国际私法法院之推事。

Eugene Huber

瑞士民法起草人胡柏博士

斯托士 Stooss, Carl 1849—?　瑞士之刑法学家。初为律师及审判长。一八八三年，任伯恩大学(L'Universite de Berne)之刑法教授。九六年转威恩，起草瑞士刑法草案，颇负盛名。瑞士自有刑法草案以来，悉待彼之协力。尤其是此第一次草案，被称为斯托士草案(Entwurf Strafrecht)，为各国刑法案之模范。八八年，创瑞士刑法杂志(*Zeitschrift fur Schweizer Straftecht*)，氏任编辑。其他尚有刑法教科书、论文等甚多之著述行世。

美丽 Meiler, Friedrich　?—1924　瑞士之国际私法学家。先是，氏学于柏林大学，归国后，除执教鞭及业律师外，曾任大理院长。又曾代表瑞士数次出席于海牙之国际会议，举实际之功绩。

【著书】(1)邮便局之责任(一八七七)，(2)电话法(一八八五)，(3)发明意匠之保护(一八七八)，(4)脚踏车法(一九〇一二——一九〇七)，(5)无线电信法(一九〇八)，(6)航空法(一九〇八——一九〇九)，(7)国际民法并商法之法典编纂(一八九一)，(8)国际私法之历史并体系(一八九二)，(9)国际民法并商法(一八九二)，(10)国际民事诉讼法(一九〇四)，(11)国际破产法教科书(一九〇九)，(12)比较法学提要(一八九八)等。

十七　苏俄

马尔顿斯 Martens, Frederis de, 1845—1909　马氏为俄国外交部之法律顾问。氏先修法律学于圣彼得堡大学。一八七一年，仅二六岁，即任同大学国际法教授候补。一八七三年，即升任正教授。在职三十年如一日，对于国际法上之公断主义，有莫大之贡献。世称为公断主义之倡导者。一八六八年以来，任俄外交部法律顾问，从事法律问题之调查，其后历次参与各种国际会议。声望卓著，其后曾任海牙常设仲裁法院之裁判官。

俄国外交省顾问马尔顿斯博士
M. Frederic de Martens
1845—1909

【著书】(1)战争中之私有财产(*Das Privateigentum Wahrend des Krieges*, 1869),(2)远东之领事制度与领事裁判权(*Das Konsularwesen und die Konsularjurisdiktion in Orient*, 1847),(3)国际法(*Volkerrecht*, 2 Bde., 1883—86),(4)中央亚细亚的英俄两国(*La Russie et l'Angleterre dans l'Asie Centrale Brussel*, 1879),等十余种。

司徒喜加 Stutchka, Piotr Ivanovitch 1865—1932 苏俄法学家、政治家。一八六五年生。利弗利央极农民之子。卒业于彼得堡大学后,以新闻记者参与民主主义的运动。一八九七被捕,处流刑五年。一九〇三——六年,为律师,在拉脱维亚社会民主党干部活动;七年,移往彼得堡。十一月革命后,任最初的司法人民委员长。一九年,为拉脱维亚苏维埃政府首领。二三年,任联邦最高裁判所长。为共产主义学院法案及国家理论部之创始者,于苏维埃法及苏维埃裁判组织之建设,有很大的功绩。著有阶级法及阶级司法,苏维埃宪法入门等书,被翻译介绍各国语。一九三二年一月逝世。

维诺克洛夫 Winokurov Alexander Nikolaevich 1869—944 苏俄最高法院院长。一八六九年生。一八九三年,参加最初的莫斯科社会民主党组织。九五年被逮捕,放逐东部西伯利亚,处了五年间的流刑。一九〇八年,从事列宁格勒工会运动。一九一三年,充布尔扎维派机关报保险问题的编纂委员,和真理编辑同人,在这时被逮三次。十一月革命后,参加劳动人民委员会,一八年,推选为社会保险人民委员会长。自二四年一月,才任现职。

列宁 Lenin, Nikolai 1870—1924 苏俄共产主义底建设者,苏维埃社会主义国家底导师。本名乌里亚纳夫(Uladimir llyitch Ulianoff),生于伏尔加河流域的辛俾尔斯克地方,其父曾任辛俾尔斯克政务厅参事官。得了贵族称号。其兄亚力山大为一虚无主义者,因刺俄皇亚力山大三世被杀。列宁卒业于辛俾尔斯克中学后,入喀山大学,次年,以其兄刺俄皇故被开除,此时他已认识了不少革命家,研究社会科学,成为一马克思主义者。一八九一年入彼得格勒大学习法律经济,以至卒业,一八九三年,组织劳动者解放斗争同盟,组织了最初的劳动者同盟罢工。在彼得格勒极力活动,受政府之注意。一八九五年,被捕流戍于东部西伯利亚三年,这时他努力于读书著作,俄国资本主义的发展即是流戍中所著。一九〇〇年归来,即赴西欧与蒲列哈纳夫、莫尔托夫等发刊杂志,火花(*Iskra*),与当时输入俄国的"修正主义者""经济主义者"相论争。火花为俄国社会民主党底机关报,他们伸其政治斗争手段于劳动者之间,做了俄国社会主义运动之中心地。一九〇三年,社会民主党第二回大会中,发生了冲突,列宁为布尔塞维克派(多数派)领袖,与莫尔托夫、普列哈纳夫等孟雪纳克派(少数派)相分裂。火花落于孟雪纳克派手中。列宁乃创刊前进(*Fupelyod*),竭力攻击改良主义派,妥协派。他所著的进一步退二步,即系攻击孟雪纳克派。一九〇五年,第一次革命发生,列宁秘密回国,提出了"劳动者苏维埃政权"的口号。指挥革命失败后,又亡命于外国。此后数年,转徙于各地。参加各种国际会议。从事于斗争,一方面仍指挥俄国革命。在此反动时期中,孟雪维克派主张停止秘密活动,而由合法手段以改善劳动者生活。发生了清算主义。列宁极力与之对抗，说明革命底必然性。欧战发生以后，第二国际干部均背叛了革命，变成爱国主义者，赞成战争。列宁坚持其非

Nikolai Lenin 1870—1924

战主义，纠合李卜克内西，卢森堡，拉达克，齐纳维埃夫等，举行梅华尔特等国际非战会议，一九一七年三月革命发生，列宁与其他同志，于四月初，回彼得格勒。在劳农兵间，宣言革命理论。反对克伦斯基政府继续战争的政策。大唱将政权移归于劳农兵苏维埃之手。克伦斯基压迫布尔塞维克派甚烈，列宁再亡命于芬兰，至十月间，革命形势益急。列宁主张即时爆发无产阶级的革命。因共产党中央委员，尚在犹豫，他仍秘密驰回莫斯科，于十月二十七日，召集会议，决定了即时发动。于十月三日开会，定于七日晨起事。于是震动全世界的十月革命，便在莫斯科产生了。社会主义国家苏维埃政府成立以后，列宁当选为人民委员会议员会议主席，革命的次日，苏维埃即在列宁指导下宣布了停止对德战争，土地法令及其他重要法令。自一九一七年革命底当初，至一九二四年止，是苏维埃政府最困难的时代。内外危害，一齐加来。在外有各帝国主义国家的经济封锁，及武力干涉。在内有资产阶级，皇党，及孟雪维克派无政府主义者之反抗与阴谋，此外尚有破坏不堪的产业及一九二二年遍全国的饥馑，列宁均能应付得宜，一一战胜之。赤军编成以后，苏维埃政府乃扫荡了白军，及各帝国主义军队，站立于巩固之基础，而开始于社会主义之建设。一九一九年，发动组织第三国际，联合世界革命份子，及政党，于一个旗帜中，世界革命，便在列宁底统率下，伸展其势力。

列宁始终站在马克思主义理论上，发挥其政治的天才。率领同志，在革命道上走。革命前与修正主义，孟雪维克的斗争，没有一日停止；革命以后，一九一八年，对德议和之普莱斯德会议时，共产党内左派受蒲哈林，拉达克，科伦泰等竭力反对，骂为屈伏于帝国主义。甚至欲逮捕他，而列宁却能胜过他们的幼稚病而得多数底拥护，解决了国家重大困难。一九二一年，宣布新经济政策，党内左派之科伦泰托洛茨基等，竭力反对。列宁又能以其理论胜过之，建立国家底新途径，他实是共产主义之最伟大之指导者。苏维埃政府之建设者。不幸在革命以后，列宁以过度劳苦，身体渐就衰弱，于一九一八年，两次遇刺受伤，便常在病中。一九二四年一月二十一日，列宁遂在静养地莫斯科郊外郭尔克村长逝。列宁一生革命的主张与学说，是“共产主义”。即帝国主义时代的马克思主义，亦称为列宁主义(Leninism)。马克思生于革命之前，那时帝国主义底特质及其崩坏的现象，尚未显明，他为无产阶级革命底准备，说明了革命的理论是即社会主义，亦即马克斯主义。到列宁时候，帝国主义，已至末日，无产阶级底革命，很占势力。列宁继续马克思主义，以之解释新起的帝国主义现象，以之应付于实际的无产阶级革命策略上，乃成为列宁主义。大战以前的马克思主义，称“社会主义”。党称“社会党”。大战既起以后的马克思主义，称为“共产主义”，即列宁主义。党称“共产党”，据斯达林所说：“列宁主义，是帝国主义及无产阶级革命时代之马克思主义，是一般无产阶级革命的理论，与战术，尤其是无产阶级独裁的理论，与武术。”列宁主义所增加于马克思主义的，最重要的，有三方面。第一，是帝国主义的理论，帝国主义的发生，在二十世纪，才达其极。列宁解释帝国主义，为资本主义之最后阶段，因它包含有三个矛盾，必然要溃灭，而终结了资本主义。这三个矛盾是，劳资间的冲突，各种金融团帝国主义者间的冲突，宗主国与保护国及殖民地间的冲突。第二，是无产阶级，革命战略上的理论。在这方面，列宁阐明了农民问题，民族问题，殖民地国民解放运动之意义等的理论即无产阶级，在其革命上，除有了世界的阶级的联合外，农民在无产阶级革命时，必然能拥护无产阶级政权。无产阶级，为保持其革命底胜利，亦必须得农民的同情与拥护。殖民地国民运动的兴起，可以阻止帝国主义的对外发展，间接使帝国主义，至于灭亡。故殖民地的国民运动，系援助无产阶级革命，同时制帝国主义之死命。第三方面，为无产阶级独裁的政治理论。马克思说：从资本的社会组织，到共产的社会组织，有一个政治的过渡期。即无产阶级革命的独裁政治。列宁以为无产阶级独裁政治，有二个理由。一是阶级斗争上之理由，即以政治权力，防压反革命，摧毁资产阶级的社会组织，与社会势力，克服资产阶级的意识；二是生产上的理由，即以统一的集中的国家力量，以整理经济，社会化生产机关，经过这种无产阶级独裁政治的过渡后，然后国家消灭，共产主义的社会，方能出现。 列宁著作甚多，各国都有列宁全集的刊行。收集了他全部著作，其中最重要的为，一八九九年：俄国资本主义的发展，一九〇一年：从何做起？一九〇四年：进一步退二步，一九〇八年：唯物论与经验批判论，马克思主义与修正主义，一九〇六年：孟雪维克之危机，俄国革命上的无产阶级及其同盟者，一九一三年：马克思及其学说，社会主义国际的任务及其立场，一九一五年：资本主义最后阶级之帝国主义，一九一七年：俄国的政党与无产阶级的任务，国家与革命，布尔塞维克要保持国家政权么？一九一八年：无产阶级革命与考茨基的变节，苏维埃政权当面的任务，一九一九年：资产阶级民主主义与无产阶级的民主主义，无产阶级独裁，阶级上的经济与政治，一九二〇年：左翼幼稚病，民族问题，殖民地问题，一九二一年：劳动组合问题，托落茨基同志之错误，再论劳动组合问题，托落茨基、蒲哈林同志之错误，一九二三年：协同组合论。总之，列宁自建立共产党政府后，身为执政官，与德订休战条约，与卜勒斯托同斯克订讲和条约；对内则完成宪法草案，公布民法，并制定各种单行法律。他的法律思想，对国际法，主张非战主义，对私法则主张公有制；与现世国际侵略主义及私有财产主义之法律思想，划一天然鸿沟，在今后之法律制度上，殊有重大研究之价值也。

奇奇支哥利 Gegechikoly, E. P. 1879—1954 俄国法律家，闵札维克派领袖。一八七九年生。一九〇七——一二年，任第三届国会议员。一九一七年六月，苏维埃大会，被选为全俄中央执行委员。嗣历任高加索独立议会最初的议长，佐佐(Giorgio)共和国外交部长。其后，和闵札维克其他党员，亡命外国。现在巴黎，为极端的反苏维埃主义者活动。

克利隆科 Krylenko, Mikolai Vasilyevich, 1885—1938 苏维埃之法律家。先于法科大学卒业后，一八〇五——〇八年，为学生政治运动之指导，〇六年以来从事军队内结社之活动，曾数被逮捕禁锢，至一七年十一月革命后，任陆军总司令官，及自卫军讨伐指挥官，无何，代理司法人民委员长及总检察长等职。

【主著】苏维埃法与国家哲学的基础(日本大竹氏，曾译为日文)。

洛士米罗维契 Rozmirovicn, Elena Fedorovna 1886—1953 苏俄共产党女记者，兼法律家。一八八六年生。一九〇四年，入社会民主党，一九〇六年，属布尔札维派，一九〇九年，被逮捕，拘禁要塞监狱一年，处了三年的流刊。一九一四年，助编真理报及不劳斯惠四蒂涅、拉鲍德涅亚两杂志。又被检举，追放一年。十月革命后，任列宁格勒革命裁判所委员，最高革命裁判所审查委员，全俄中央执行委员，劳农监督委员会顾问等。第一、三届党大会，就任党中央统制委员，直到一九三〇年。

帕叔卡尼斯 Pashukanis, Evgenny Bronislavovich 1891—1937 苏俄法律家，共产主义者。一八九〇年生。著有法之一般的理论与马克思主义，最为著名。

维诺格拉多夫 Vinogradov, Paul 1854—1924 英国牛津大学教授，又为第一流之英国法律史家。氏生于俄国，曾任莫斯科大学教授，尽瘁于俄之教育事业。旋因触政府之忌讳，遂辞职，亡命英国。埋首于英国社会史及法律史之研究。著述甚多。无何，任英国学士院之社会史及经济史古文书之刊行主任。又任牛津大学社会史及法律史研究之编纂。对于英国之社会史经济史及法律史之研究，遗留甚大之功绩。一九〇三年，承英国历史法学派泰斗亨利门(Maine Sir H. J. S. 1822—1888)担任牛津大学财产法讲座(Carpuschair of Jurisprudence)。于一九一一年公布法律学识(*Common Sense in Law*)一书，不过成立大学图书

(*Hane University Library*)一部之一小册子。聊示其对于法理学之概要。无何,复出其纯熟之历史眼光,着手其毕生大作历史法学概要(*Outlines of Historical Jurisprudence*)一书。其第一卷于一九二〇年,第二卷于一九二二年,遂相继出版。其内容,第一卷则由"绪论"及"部落法"而成;第二卷则系叙述希腊法学;至第三卷以下,则预定为"中世法"、"个人主义法学"以及"社会法学之滥觞"。惜大业未竣,而氏即逝世。总之,氏之法学,与萨文宜一派之德国历史派之思想相对应。复继受兼擅分析的比较的特色之亨利门氏历史法派之思想。更融合近代法的精神,而建筑于多元的观念(idealogical pluralism)基础之上。其历史法学之博大精深,可以想见。乃大业未就,遽尔长眠于巴黎,吾人诚不禁为历史法学之健全发展惜也。

【著书】(1)英国人奴隶考(*Villainage in England*),(2)贵族之成长(*Growth of the Manar*),(3)十一世纪英国之社会(*English Society in the Eleventh Century*),(4)法律常识(*Comman Sense in Law*),(5)历史法学概要(*Outlines of Historical Jurisprudence*)。

格尔惠契 Gurvich, Georgy Semenovich　苏俄第一莫斯科国立大学教授,共产主义学士院会员。为关于法及国家权力的研究家。著有苏维埃宪法底基础道德与法律等书。

柯尔斯基 Kursky, Dmitry Ivanovich 1874—1932　苏俄法律家。一九二八年后,任驻意公使。一八七〇年,后在莫斯科当律师。一九〇四年,加入社会民主劳动党。十月革命后,充密探煽动者,任调查委员会议员议长,司法人民委员等要职。后转任现职。

十八　日本

荻生徂徕 氏名双松,字茂卿,通称总卫门,护园,徂徕等号,又以姓物部称物徂徕,享保一二年正月,六三岁死。为将军纲吉讲经史,旁涉我国古代之法律政制极详。

【著书】护国秘录(记兵制战略等),政谈(论政治法律),明律考(明律国字解)。乐制考,周尺考(说明周之尺法),度量考(采隋志尺说),度量衡考(其说明从周代起至元代止,享保一八年)。

额田今足 日本天长三年(八二六)顷之民法学者。曾参与"令义解"之编纂,又曾统一养老律令之疑义,为法制史上不可少之一人,殁年不详。

井上毅 日天保一四年——明治二八年(一八九五年)　幼名多久马,号梧阴,长随江藤新平游欧洲,归国后,为台湾谈判。随大久保利通赴中国,因此历任显官,由临时帝国议会事务局总裁，进于枢密顾问官，及教育总长，二七年因病辞职，生平对日本宪法之制定，助伊藤博文属稿研钻之力极大。

【著书】公私权考（明治二二年，即一八八九年）。

伊藤博文　日天保十二年（一八四一）至民治四十二年（一九〇九）顷　先学于吉田松荫之松下塾，后留学英国，归国后，奔走国事，曾任工部卿，内务卿，内阁总理大臣等职。

【著述】宪法义解。

井上赖国　江户人，天保十年生。就平田笃胤修国学。明治二年，任大学教授。三八年授文学博士，校订古事类苑，及六国史等，尤以法制史之研究为深刻。

儿岛惟谦　日本有名之法官。生于天保年间，维新前奔走国事，从北陆会津之军有功，明治四年入司法部，历任和歌山、名古屋、大阪等处司法官，明治二四年为大审院长，是年五月大津事件起，* 举国狼狈，须将犯人处以极刑，以和俄人之怒；然法无极刑之明文，惟谦力争始能保持司法之独立，与国家之威严，意气壮，厥功伟矣。后辞贵族院及众议院议员，四一年病卒（一九〇八年，七一岁）。

儿　岛　惟　谦

［注］日本明治二十四年（一八九一年）五月十一日，俄国皇太子游日本，滋贺县之巡查津田三藏狙击之于大津町，当负重伤，此消息一传，举国震骇，深恐俄国兴问罪之师，当时日本政府，以为非重处凶手不足以谢俄国。然当时之刑法，对于谋杀未遂死刑减一等，或二等，并不能处无期徒刑以上之刑。日本政府会议结果主

张，引用刑法第百六十条，以加害于本国之天皇皇后皇太子之罪，拟处死刑，遂命检察长起诉。但当时日本宪法实施仅二年，宪法保障司法之独立；同时保障人民之权利，规定日本之臣民，非依法律不得逮捕监禁审问或处罚，又刑法第二条，因无明文者不为罪，政府虽拟以对皇室之罪治三藏之犯行，惟当时之大审院长儿岛惟谦氏以神圣之法文，不容曲解，乃赌生命与地位，以防行政官之抑压，卒以通常律文论罪处三藏以无期徒刑，日本之司法从此得以独立。

惟宗直本 日本之立法家。仕于清和阳成光孝，宇多醍醐诸朝，以明法学见重于当代，与立法家以极大之贡献，殁年不详。

【著书】令集解，检非违使私记。

石原正明 氏先为尾张之歌人。后努力于旧律之考订，从事著述，声名藉甚。

【著书】律疏一卷，系从群籍中集录，律之逸文，用功极劬。官位通考一卷。

小仓久 先学于大南学校，旋为民法寮学徒，后派留学法国，归国后，供职于司法部及元老院。并为大阪高等法院检察官，无何辞职，业律师，后来历任内务部警察局长，监狱局长，和哥山县知事，岐阜县知事，三九年殁。

小野梓 高知县人。初就学酒井南岭，后学于藩黉日清馆，英国留学，后为司法少丞，后经元老院书记官，而升任会计检查官。明治十四年（一八八一年）辞职，助大隈重信参加立宪改进党，又尽力于私立东京专门学校（早稻田大学之前身）之创立，明治十九年三五岁殁。

【著书】国宪泛论（明治十五年），民法之骨（明治十七年）等数种。

小山田彰信 日本之幕臣，通称又藏，任伊贺守与于“宽政重修谱”之编纂。

【著书】武家任官叙位纪（大正十一年起至宽政十年止），废绝录（收于史籍集览）等。

山田喜之助 大阪人。初就藤泽南岳及冈松瓮谷修汉学，后入帝国大学治法律，明治十四年（一八八一年）卒业，为东京法学院创立之一人，且任该校教授，又历任司法部书记官，大理院检事及司法次官，旋辞职，业律师，任律师会长，大正二年卒。译有英国宪法史一书。

山田福三郎 琦玉县人。先习法律，旋因推事试验合格，二九岁任横滨地方法院推事，得令名，三二年辞职游美研究法律，得博士学位，后归国，仍业律师于横滨，大正三年卒，年四七。

尾崎三良 京都人。当明治维新之际，从三条实美奔走国事，后游学英国，归国后为太正官书记官。旋经内阁书记官升任法制局长，以功授男爵。明治三三年（一九〇〇年）敕选为贵族院议员。

【著书】英国成文宪法纂要（明治八年），瑞典政治概略（明治十六年）。

冈村辉彦 京都府人。留学英国，归国后得法学博士，先任大理院推事，旋任横滨地方法院院长，退官后，业律师，名声藉振，大正五年殁，六五岁。

【著书】英国证据法(明治二三年,即一八九〇年初版,大正五年遗著再版。)

松本重敏 法学博士,以宪法学鸣于时。曾任日本贵族院议员,现任明治大学宪法教授。

【著书】(1)契约法论(总论),(2)宪法原论,(3)宪法真义,(4)忠君论,(5)统治权论。

吾孙子胜 东京府人。吾孙义光之四男,明治九年(一八七六年)七月生,同三三年东京帝国大学法科毕业,同三十五年任推事,同三十六年因为研究商法起见,赴英德二国留学,归国后任神户高等商业学校教授,次任东京高等法院推事,旋转朝鲜总督府推事,补京城覆审法院推事。大正五年转京城专修学校校长,同十一年得法学博士,任东京第一高等学校讲师,法政大学法文部教授,同十二年再赴欧美考察,归国后,同十五年补大理院推事,昭和七年七月卒。

【著书】(1)债权法要论,(2)委任契约论,(3)译耶陵德国法论,(4)寄托契约论,(5)利斯特刑法论全集。

田村德治 法学博士,专治行政法学。东京帝国大学卒业,国家学会杂志会员。

【著书】行政学与法律学。

横山由清 东京人。为日本之国学者,精法制史,元老院少书官,明治一二年(一八七九年)五四岁殁。

【著书】刑法篇,商法篇,户籍篇,田制篇,住居篇,贷借篇,质物篇,监护人篇,后宫篇,租税法沿革篇,勋位考,元服沿革,佩刀沿革,婚礼通考等。

有贺长雄 日本有名之国际法学者。得文学法学两博士,明治十五年(一八八二年)卒业于东京法科大学,任同大学讲师,编纂日本社会史兼讲历史,十九年留学德奥,治文明史心理学及国法学,翌年归国,历任种种要职,明治二七年中日战争,任第二司令部法律顾问,二八年在巴黎著法文"中日战役国际公法论",为世界所公认,归国后,讲国法学于陆军大学,后更执教鞭于东京帝国大学,及早稻田大学,大正二年曾充我国总统府顾问,对于我国共和国宪法之制定,亦颇有贡献。

【著书】(1)文学论,(2)社会进化论,(3)行政学,(4)大日本历史,(5)战时国际公法,(6)日俄陆战国际法,(7)最近三十年外交史,(8)国法学,(9)国家学等。

稻田周之助 法学博士,专治法理学。

【著书】(1)法理学之本源,(2)日本宪法论,(3)社会政策。

中村万吉 法学博士,专治民法,早稻田大学教授。

【著书】(1)法律及经济之文化史的观察,(2)日本民法论(总则),(3)债权法各论。

游佐庆夫 法学博士,专攻民法,早稻田大学民法教授。

【著书】(1)民法原理,(2)哈摩拉璧法典之研究,(3)普通民法大意,(4)合订民法概论(物权编)。

泉哲 日本东京帝国大学教授,专治国际公法。

【著书】(1)国际法概论,(2)国际法讲话,(3)国定教科书之国际的解说,(4)国际私法讲话。

浅见伦太郎 法学博士,专攻法制史。

【著书】朝鲜法制史稿。

津坂孝绰 氏字君裕,号车阳。

【著书】听讼汇案,又继棠荫比事,自元至清编纂"奇狱判案"九十余则(天保二年)。

津田真道 专治法制学及国法学。美作国津山人。少年学史学、兵学及兰学(即和兰学)。旋受大久保一翁及胜安房等之知遇,文久三年奉幕府命航和兰,研究法政学,二年后归国,任开成所教授,译太西国法论,及后表书提要,为日本西洋法论及统计学书出版之嚆矢。后来历任刑法官兼议事调查,司法大法官,元老院议官等,专门努力于国家法制之研究,为明治初年改革法制,卓著功劳之一人。三三年以功列华族,授男爵,十五年得法学博士。

津　田　真　道

西本辰之助 法学博士,专治商法,庆应大学教授。

【著书】(1)商法总论,(2)公司法,(3)股份公司发起人论。(4)股份引受之性质。

井上正一 氏专治刑法。嘉永二年(一八五〇)生于山口县。明治二年(一八六九年)入箕作麟祥氏之门,次人大学南校,后留法,应法国法学博士试验及第,十四年归国，仍供职于司法部，十七年得日本法律学士，二十年任司法部参事官，同年得法学博士，二三年被选为众议院议员，二四年担任大理院推事，大正二年辞职，再就法典调查委员及其他之职分。

【著书】刑法讲义等。

山胁玄　日嘉永二年（一八四九）生于福井城，行政法学者。明治三年（一八七〇）由政府派其赴德国留学，肄习法律、经济、政治、国法学等，明治十年归国，历任司法界行政界各要职，明治四年得法学博士学位，最后任贵族院议员。

【著书】于专门杂志上发表研究之论文甚多。

横田国臣　一八五〇年生，专攻法律哲学。嘉永三年（一八五〇）生于大分县，氏先以独学为主，年少时历任司法界末职，明治十九年（一八八六），以自费留学欧洲，在留学时中，即命调查司法部行政及推事事务，归国后，补东京高等法院检事，从此历任司法要职。三九年任大审院院长，四十九年得法学博士，大正四年依功勋列华族，授男爵。

【著书】（1）法律哲学，（2）政略哲学，（3）灵魂哲学，（4）观察哲学，（5）宇宙根本问题等。

矶部四郎　治普通法律学。嘉永四年（一八五一），生于富山县。明治四年（一八七一）入大学南校习法语。翌年为司法部明法寮生徒，八年被派入法之巴黎大学，专攻法律，政治，经济等学，满三年归国，历任推事，民法编纂委员，司法部书记官，参事院议官，补大审院检事等职，二三年及三五年由富山外选为众议员，二三年任大审院推事，二五年辞官，业律师，曾当选为东京组合律师会长，三五年至四一年三次当选东京众议院议员，大正三年敕选为贵族议员。

【著书】（1）帝国宪法讲义，（2）刑法正解，（3）民法释义，（4）商法释义，（5）日本刑法讲义，（6）破产法释义，（7）刑事诉讼法翻译，（8）民法注解等。

末下广次　习普通法律学。嘉永四年（一八五一）生于态本城下，幼受严父之薰陶，旋入大南学校修法语，寻转入明法寮，成绩优异，卒业后被派赴法国留学，入巴黎大学，归国后供职教育部，历任东京大学讲师，法科大学教授，图书馆管理，帝国大学评议员，第一高等校长兼教授。教育部专门学务局长，京都帝国大学总长等职，明治二一年（一八八八）得法学博士，同四年敕选为贵族院议员，同四十年辞京都帝大总长职，专任同大学名誉教授，明治四三年（一九一〇）逝世。年六十。（法律教育家）

岸本辰雄　氏嘉永五年生，明治二年（一八六九）入大学南校，转司法部学校修法律，九年卒业，由司法部派赴法国，入巴黎大学，十三年归国，任推事，尔后补参事院议官，法制局参事官，司法部参事，历任大理院推事，其间曾任法律编纂委员，又为调查法律报告委员，对于法典之编纂，卓著伟绩，二六年罢官，业律师，明治十四年与同志谋创设明治法律学校，藉图法学之普及，旋改为大学，氏任校长，扩张规模，即为今之明治大学（明大纪念馆至今尚有巍然之铜像），氏旋得法学博士，四五年（一九一二）四月四日卒，年六十一。

松室致　专治司法及刑法。福冈县人，嘉永五年（一八五二）生。明治一七年（一八八四）司法部法律学校卒业，法学士，大正七年得法学博士，平生除历任各级法院推事，高等法院长，检察长外，在桂内阁时代，曾任司法总长，又被选为贵族院议员，并任私立法政大学校长，昭和五年逝世。

【著书】改正刑事诉讼法论。

仓富勇三郎　专攻刑法。嘉永六年（一八五三）生于福冈县。明治十年（一八七七）入司法部法校。十四年任推事，旋任司法部参事官，民刑局长，大审检事，大阪及东京高等法院检事长等职，四十年任韩国司法次长，及统监府参与官，四三年因韩国合并，即任总督府司法部长，大正二年转法制局长官，同三年辞官，敕选为贵族院议员，大正九年更兼任枢密顾问官。

【著书】刑法讲义，刑事诉讼讲义等。

熊野敏三　民法学家。日本山口县人，安政元年生。明治七年（一八七四）卒业于司法部法学校，八年派遣留学法国，十二年在法得法学博士归国，十六年拜命于司法部，由书记官起，历任东京法律学校顾问、司法部参事官，民法草案编纂委员，代言出愿人试验委员，内阁委员，判事登用试验委员，海军主计学校教授等职，二十年得法学博士，二三年任司法部普通文官，典试委员，补大理院推事，并任其他司法上要职。二七年辞职，业律师，三二年（一八九九）逝世，年四十六。曾参与民商法及其他法典之起草事业。

渡边廉吉　专治宪法及行政法。新泻县人，安政元年（一八五四）生。明治四年（一八七一）入大学南校，十三年留学德墺二国，专研究法律学及政治学，四三年得法学博士，平生除历任参事官，秘书官及地方长官以外，曾任行政裁判所评定官，同部长及维新史料编纂委员等职。

【著书】（1）行政学，（2）德国法学，（3）德国行政学，（4）德国民事诉讼法等。

菊地武夫　安政元年生，氏先入大学南校。旋派留学美国，博士登大学，十三年归国，入司法部，十四年，兼勤于东京大学，二一年得法学博士，同年与同志相谋创立英吉利法律学校，二四年为民事局长，比年辞职，业律师，旋被敕选为贵族院议员，二六年被命为法典调查委员。三六年解职，四五年（一九一二）逝世，氏与梅谦次郎、富井政章等，同有功于日本法典编纂事业者。

宫崎道三郎　专治法制史。三重县人，安政二年（一八五五）生。明治十三年（一八八〇），卒业于东京大学法学部法学士，旋供职于官立学务局，明治十四年任东京大学助教授，十七年被派留学德国，研究沿革法理学，及民法总论。二一年归国，任法科大学教授，二二年兼任法制局参事官，同三月任文官试验委员，二四年得法学博士，二六年担任罗马法讲座，及比较法制史讲座。二八年升叙高等官一等，四二年（一九〇九）任帝国学士院干事。

末冈精一　专攻国法宪法及行政法。日本山口县人，安政二年生。氏先修和文学，通经史，明治七年（一八七四）入东京英语学校，又学于开成学校，及东京大学，十四年卒业文学士，十五年被派留学于德墺二国，入柏林及维也纳大学，专修国法学，且就质于诸大家，从事诸国宪法及行政法之比较研究，历游英法意比诸国，以扩见闻，十九年归国，即任法科大学教授，二六年被命担任宪法国学及行政法之讲座，二七年（一八九四）逝世，年三十九。

【著书】比较国法学。

穗积陈重 安政三年生，日本爱媛县宇岛人。少就学于宇和岛藩之明伦馆，负俊秀之誉。明治三年（一八七〇），以同蕃之贡进生资格，入大学南校，修法律学，九年六月由文部省（即教育部）命留学英德二国。十四年七月返国，即任东京帝大法学教授，兼法学部长。二一年，得法学博士，二三年，任敕选，旋辞去，历任法科大学学长，法典调查会委员，法律调查委员，帝国学士院院长，枢密院议长等职。当先生返国之初，日本法科大学，甫在草创时期，全由外国人以外国语教授。先生则企图改革，与同志协力创定法律专门术语。至明治十九年起，即以本国语教授为原则。又此时各法律学校，均讲法国法律，先生于大学创设英法科，法法科，德法科三部，以求平均之发展。同时并主张研究法学，以本国法为主体，外国法不过供参考之资，用是大学教育，渐臻完备，均先生努力之功也。先生对于学问

穗积陈重博士

研究，异常忠实，即精通英德文，复粹汉学，乃以其粹玉精金之文字，抒写高深法理，其毕生之事业，尤在“法律进化论”一书，是书盖基于自然科学之进化论而成。当先生留学英伦时，正值达尔文、斯宾塞二氏之新学说风靡之时，先生受其洗礼，

以为法律，亦随社会之进化发达而变迁。确信其间有进化之法则存在。乃著手研究，详征古今东西历史，以说明法律从古至今发达进化之路径。昼夜潜心研究，前后亘五十年如一日，即至临终弥留之顷，尚口授，令其三女市川晴子夫人笔记，此等以学术相始终之笃学态度，真学界之龟鉴也！氏尝谓求学方法，在于勤用思考，并引牛顿氏"By always thinking onto them"之语以训人，先生平时主持帝大帝国学士院及法理研究会，成才不下百千，先生常自语人，予个人虽不伟大，然从予游者，均为内阁大臣，银行界实业界巨子，则予亦因之而伟大，犹之子之荣达，即父之荣达，此真清夸愉快之逸话也。先生对日本法律事业上之贡献，亦有不朽之功绩，原来日本旧民法，系聘法人包逊纳氏起草，明治二三年（一八九〇）公布，二六年实施，先生是时以敕选议员资格，参与立法，乃著法典论，主张由外人起草之不完全法律，遂以之为国家法典，殊不适当，应该诉之于国民之舆论。因此动机，日本明治二五年之法曹会，遂惹起未曾有之论战。当时赞成先生议论之法典延期论者，与司法省侧之断行论者分为二派，结果延期论制胜。此案由议会通过，延期三年实施。先生亦去议员，专致力于学问之研究。然明治二六年，法典调查会，伊藤公又聘富井、梅谦及先生三人为民法起草委员。经三年之努力，始得完成一国国民权利义务之标准的民法法典。同时"法例"一种，为先生单独起草，故日人以国际私法规定之父称之。此外对于商法，诉讼法，信托法，陪审法等，先生因为调查委员，故均有相当贡献。总之，亘三十余年之久，以法学贡献于国家，功绩之伟大如先生者，日本法家中，一人而已！先生弟八束，子重远，侄重威，均以法学鸣于时，另有小传，可资参照。

［附记］穗积陈重先生著书。(1)法典论，明治二三年三月出版，哲学书院发行。(2)隐居论，明治二四年十二月出版，哲学书院，丸善书店，发行。此书至大正四年，大加修补改订出版。(3) *Ancestor-worship and Japanense Law*，明治三十年六月初版，大正元年订正再版，大正二年三月三版，本书有德译本，丸善书店发行。(4)五人组制度，明治三十五年出版，法理研究会出版，有斐阁发卖。(5)法国民法之将来，明治二七年法国民法百年纪念式场讲词。(6) *The Japanese Civil Code, as Material for the Study of Comparative Jurisprudence*，大正九年出版，丸善书店发行。(7)田井正雪事件与德川幕府之养子法，大正二年六月出版，帝国学士院。(8)隐居论，大正四年三月出版，穗积奖学财团出版，有裴阁发卖。(9)法窗夜话，大正五年一月出版，有裴阁发行。(10)祖先祭祀与日本法律，穗积严夫氏译，大正六年四月出版，有裴阁发行。(11)タかノ与法律，大正六年十月出版。(12)关于讳之怀疑，大正八年三月出版，帝国学士院，有裴阁发行。(13)五人组制度论，大正十年九月出版。(14)五人组法规集，大正十年十月出版。(15)法律进化论，大正十三年七月出版，先出一二两册。(16)复仇与法律。(17)惯习与法律。(18)遗文集，第一卷及第二卷。

穗积八束 氏为穗积陈重之弟。明治十六年（一八八三）卒业于东京大学文学部政治科，翌年派赴德国留学，明治二二年归国，任法科大学教授，讲宪法，同时任贵族院议员，及法典调查委员等，翼赞立法事业，功劳卓著，至大正元年始以病辞职,若氏与陈重者诚不愧一难兄难弟矣。

【著书】宪法大意,宪法提要,擅一时公法学之权威。

前法科大学教授法学博士
穗积八束先生

富谷鉎太郎 专攻民事诉讼法,及民法。桐木县人,安政三年(一八五六)生。明治九年(一八七六)入司法部法律学校,一七年卒业,法学士,十九年派赴欧洲留学,二十三年归国,无何任推事,历任东京地方法院推事,名古屋东京各高等法院推事,东京高等法院部长,大审院推事各职务,三十二年得法学博士,三三年任大审院部长,大正元年补东京高等法院院长,同时又曾任法典调查委员,高等捕获审检所评定官,以及参列海牙,票据法统一万国会议委员等公职。

【著书】德帝国民事诉讼法注释(前田、河村、石渡三博士共译)。

千贺鹤太郎 专攻国际公法。安政四年(一八五七)生。明治三年至七年修英文,九年至十七年任东京同人社英文科教员,十七年至三十二年留学德国,一八八五年至一八八九年柏林大学文科修业,一八八九年至一八九三年同大学法科修业,一八九七年同大学得博士学位,明治三十二年(一八九九)归国,同年九月任京都帝国大学法科大学教授,三十四年六月受法学博士学位,四十三年春至四十四年春止,再渡欧洲,归来仍任同大学教授,担任国际公法、德法及罗马法讲座。

京都帝国大学
名誉教授法学博士　千贺鹤太郎

【著书】国际公法要义，法学全书及其他。

增岛六一郎　平生业律师，研究普通法律学。安政四年（一八五七）生于江州彦根城下。十四岁出东都（即东京）入开城学校，研究法学，明治十二年（一八八九）卒业于东京大学法学部学士，即留学于英之伦敦，十七年归国，暂任法科大学讲师，旋辞去，业律师，专处置诉讼事务，无何被选为律师会会长。二四年得法学博士，大正八年漫游欧美。

【著书】编纂裁判杂志，大理院民事集及刑事集，英国诉讼法等。

寺尾亨　日本安政五年生，氏为日本国际法学先进之一人，籍隶福冈县。明治十七年（一八八四）司法部法律学校毕业，即任推事，后为法科大学助教，旋升任教授，由国家派赴欧洲留学，归国后，担当法科大学国际法讲座。兼任外交部参事，至明治三二年得法学博士，晚年辞教授职，任我国（清末）法律顾问，大正十四年逝世。

法科大学教授
法学博士　寺尾亨

【著书】国际法讲义。

古贺廉造 专攻刑法，及普通法律学。佐贺县人，安政五年（一八五八）生。明治一七年（一八八四）司法部法律学校卒业，法学士，二二年被派留学德法二国，四三年得法学博士，平生曾任大理院检察官，贵族院议员，内阁拓殖局长，国势院参与等职（余从略）。

【著书】刑事新论。

江木衷 日本山口县人，安政五年生。明治十三年（一八八〇）经大学豫备门，十七年东京帝大法科卒业，初供职于警察厅，旋任参事官，历任司法，外交，农商各部，无何升任大臣秘书官，创立东京法学院，亲执教鞭，二十六年辞官，业律师。被推为东京律师会长，三二年得法学博士，大正八年任临时审议会委员，九年任陪审法调查委员，大正十四年卒，年六十八。当氏入司法部时，国人均奉法国法典为金科玉律，追求章句之末，惟氏照烛其弊，独立从事民刑法之研究，著刑法泛论一书崭新赅博，号为江木之刑法，氏于谙熟法学外，且精通汉学文艺，当其业律师时，与森槐南，本田种竹等，谋结一诗社，从事诗酒角逐，兴冷灰独特之诗风，当时檀栾会之名，大噪于都门，托风流之韵事，著"冷灰漫笔，山窗夜话"等书，论者谓为开政法界之新生面。又氏尝欲以国家道德论，将政治，经济，法律，文学，美术，联成一贯，而于一般学者拘泥于某一科之研究者，又自不同。妻荣子，爱媛县令开新平之二女，号欣欣女史，才色兼备，精通书画，篆刻诗谣曲等，有令名氏之富于文学兴趣，得女士互助之力为多，氏可谓福慧兼修者矣。

【著书】(1)法律解剖学，(2)现行民法论，(3)日本民法讲义，(4)近时民法泛论，(5)刑法原论，(6)冷灰漫笔，(7)治罪原论，同民事诉讼法论，(8)法理学讲义，(9)陪审制度论等，氏卒后，友人尽搜其遗著，合刊之名曰"冷灰全集"。

前田孝阶 专治民事诉讼法。安政五年（一八五八）生。明治九年（一八七六）为司法部法学生徒，同十七年卒业于司法部法律学校法学士，同年任司法部事务官，十九年派赴欧洲研究法学，及裁判事务，二十三年六月归国，历任治安法院推事，宫城高等推事，东京高等法院推事，水户地方裁判所长，东京高等法院部长等职，明治四六年受法学博士，以后更任高等文官试验委员，东京帝国大学法科大学讲师等职，明治四三年（一九一〇）逝世。

【著书】德帝国民事诉讼法注释（富谷，石渡，河村，各博士共译）。

木场贞长 专治行政法。鹿儿岛人，安政六年（一八五九）生。明治四年（一八七一）第二中学卒业，入开成学校，又入外国语学校（官费生），专习德文，七年入东京帝国大学矿山科预科，寻入学部，专治政治经济学。十三年卒业文学士，十五年被派留学德国，专攻国法学，及行政法学，并调查德国各官署实务，十九年归国，任教育部大臣秘书官，兼参事官，后历任法制局参事官，教育部书记官，次官等职，及同大臣秘书官，普通学务局长，教育部大臣官房及其参与官次官等要职，旁任法政大学及警察监狱学校讲师，三二年得法学博士，三九年敕选为贵族院议员，大正二年任行政法院评议官。

石渡敏一 专攻民刑事诉讼法。安政六年(一八五九)生。明治十七年(一八八四)卒业于东京帝国大学法学部,法学士,旋供职司法部,十九年被派留学欧洲,二三年归国,任候补推事,同年转任司法部参事官,三八年得法学博士,平生于历任司法行政贵族院议员诸界各要职以外,曾任法科大学及警察监狱学校讲师。

【著书】德国民事诉讼法注释(富谷,河村,山崎,前田各博士共译)。

土方宁 民法学家。安政六年(一八五九)生。明治十五年(一八八二)卒业于东京帝国大学法学部,法学士,十六年任东京大学助教,十九年任帝国大学法科大

法科大学教授法学博士
土 方 宁 君

学助教授,二十年由教育部派赴美国留学,研究英国法,二四年归国,任法科大学教授,担任民法,英吉利法,同年任评议员,帝国学士院会员,文官高等试验常任委员等重要职务。

【著书】(1)罗马法纲要(二册,之内与有贺长雄共译),(2)英国契约法,(3)英国流通证书,此外尚有由学校出版之讲义录。

河村让三郎 专治民法,及民事诉讼法。京都人,安政六年(一八五九)生。明治九年(一八七六)入司法部学校,十七年卒业,得学士位,十九年留学欧洲,二三年归国,历任司法界各要职,三二年受法学博士,三七年曾出席于海牙国际私法万

国会议，返国后，再任司法次长，及敕选为贵族院议员等职。

【著书】德帝国民事诉讼法注释(石渡，前田，富谷，诸博士共译)。

富井政章　日本民法大家。京都府士族富井政治恒之长男，安政五年(一八五八)生于京都市。明治四年(一八七一)京都府立中学卒业，受京都府知事之选拔，入京都法语学校，六年卒业，七年转东京外国语学校，十年法人狄默聘为法国里昂府东洋博物馆雇问，以勤务之余，入里昂大学钻研法律学五年余，以成绩优良，十六年得法学博士归国，归国后仕于司法教育两部，十八年任东京帝国大学教授，十九年任法科大学教授，同年得法学博士，二三年升任法科大学教授，二四年敕选为贵族院议员，二六年任法典调查会主查委员，与穗积陈重、梅谦次郎等起草，现行民法，二八年补法科大学长，三十年任万国东洋学会参列委员，赴法之巴黎并巡游英德墺诸邦，翌年返国，三五年九月以病辞大学教授。三十六年以勋绩授以同大学名誉教授之名称。氏虽辞职，旋与梅博士等同致力维持法政大学，又依京都立命大学馆之嘱，任该学长之职，大正七年任枢府顾问官，以后历任政界

前法科大学长及评议员长
法学博士　富井政章君

法界各要职，迄今仍健在，先生与梅谦次郎博士，横田秀雄博士，同为日本民法注释派之大柱石。惟先生研究方法舍自然法之见解，而入于历史之境地。所著民法原论，积非常之慎重，与绵密之考虑，为德法与法法几种思想混合之结晶品。初与日

本民法学以体系，故每当其著作出版时，即受民法学界莫大尊敬。先生视学问为终身事业，迄今达七十余高龄，尤握管构思，从事著述，氏可谓学而不厌者矣。

【著书】(1)民法原论（总则、物权、债权，总则一部分中译商务印书馆版，点校中国政法大学二〇〇三年版。)，(2)契约法讲义，(3)刑法论纲，(4)民法论纲，(5)法译日本民法（本野一郎共译）。

田部方　法律学家。滋贺县人，万延元年（一八六〇）生。明治十二年（一八七九）入司法部法学校，十七年卒业，法学士，十九年被派留学欧洲，二三年归国，补东京高等法院推事，后历任司法部参事官，大审院部长等职，三二年得法学博士。

【著书】缺

奥田义人　民法家。万延元年（一八六〇）生，明治十七年（一八八四）卒业于东京帝国大学法学部。十八年与高桥一胜等，创立英吉利法律学校。身任讲师，十月任东京山林学校干事及助教，尔来历任农商部参事官，及农商部大臣秘书官，

故法学博士男爵

奥　田　义　人

兼特许局审判官等。二三年为特许局长，后经东京市区改正委员等职。转任内阁官报局长。兼任法典调查会审查委员，及内阁书记官等，二八年任众议院书记官长，三十年任拓殖务次官，寻转农商务次官。又被命为第二回水博览会事务官长，兼山林局长。次游历欧洲各国，三二年归国，任教育部次长，三三年转法制局长官，兼恩给局长，又被命为高等文官试验委员长，三五年辞职，三六年得法学博士，旋为众议院议员，曾当选二次，四一年任宫中顾问官，四五年敕选为贵族院议

员，及大正二年山本内阁时代，为教育总长，兼司法总长，三年辞去，被推为东京市长，六年特列华族赐男爵，同年逝世，年五八，义人始终奋斗于宦海，以至诚贡献于国家之处极多，尤其是晚年为东京市长，尽力于东京市事业之刷新，改良市营电车，电灯之经营，自己减俸以增下级官之俸给，其功劳极大。习民法，更精通亲属法，继承法，行政法等，著有民法亲属法论，学生论，清贫论等书。

马场愿治　专治普通法律学，及民法。福岛县人，万延元年（一八六〇）生。明治十八年（一八八五）东京帝国大学法学部卒业，法学士，同三一年曾派赴英美二国游历一次，大正七年得法学博士，平生历任司法官各要职，后升为大审院推事，及部长，以外并任高等文官惩戒委员，会计检查官惩戒法院推事，及中央大学理事。

高田早苗　专治国法学，及政治学。东京府人，万延元年（一八六〇）生。明治七年（一八七四）入东京大学文学部，修政治经济学，十五年卒业，得文学士，此时参与大隈侯创立东京专门学校，执教鞭。旋任早稻田大学校长，二三年由琦玉县，第二区推举当选众议员，二六年被任为法典调查委员，三十年任外交部通商局长，三一年任教育部参与官，兼专门学务局长，三四年得法学博士，大正二年被任为教育调查委员，三年以早大校长资格，航渡欧美视察，四年会大隈内阁改造，任教育部部长，兼任教育调查会副裁，次年辞职，以外被举为早稻田大学名誉学长。

【著书】（1）政治泛论，（2）政治学及比较宪法论，（3）英国国会史，（4）英国宪法，（5）教育时言。

井上操　长野县人，修业于司法部法律学校，亲授业于包逊纳氏之门，毕业后，任司法官，当在大阪高等法院时，愤关西无法校，乃与同志谋（明治一九年）设私塾，教授法国法律学，是即关西大学之权舆。

【著书】宪法述义（明治二二年）。

都筑馨六　专治国法学，及行政法。文久元年（一八六一）生。先以横滨修文馆习英文，明治十四年（一八八一）东京帝国大学文学部卒业文学士，明治十五年由教育部派赴德国留学，研究行政法学，十九年归国，历任司法行政诸界各要职。三二年敕选为贵族院议员，四十年特命全权大使和兰海牙开第二回万国平和会议，彼以政府委员资格，派遣赴会，四一年以功授男爵，四二年亲任枢密顾问官。

小河滋次郎　文久元年——大正十四年　日本之监狱学学者。长野县人。先入东京专门学校，及东京帝国大学，后留学德国柏林大学，归国后，供职内务部，转任监狱要职，其间曾以日本委员资格，列席于巴黎万国监狱会议，又起草监狱法，同施行法，名誉大著，三六年提“未成年者犯罪者之待遇”论文。三九年得法学博士，四一年曾为我国清政府之狱务顾问，留北京二年，旋返日，大正十四年殁。氏为“累进刑度”，“死刑废止”，及“执行犹豫论”之先驱者。

【著书】监狱学（明治二七年，即一八九四年），狱事谈（明治三四年），刑法改正之二大眼目（明治三十年），日本监狱法讲义，监狱管理法及监狱作业论等。

户水宽人　专治法律哲学，民法，罗马法。文久元年（一八六一）生于金泽市。明治一五年（一八八二）东京大学法学部之选科生，旋得入本科，一九年卒业法学

法科大学教授法学博士
户 水 宽 人

士,即任后补推事,二十年任推事,二二年派赴英国留学,在英入爱丁堡大学,修罗马法,英法,国际公法,国际私法,法律哲学等,更转学德法二国,专研究法律,及政治学,二七年归国,任帝国大学法科大学教授,担任罗马法讲座,二九年任高等文官试验委员,三二年得法学博士,又被选为众议员,旋辞职。业律师,及早稻田大学教授。

【著书】(1)回顾录,(2)续回顾录,(3)法政管见,(4)俄国之国会,(5)夕多一克之哲学与罗马法,(6)春秋时代楚国之继承法,(7)周代五家之组合,(8)吉野山林,(9)过失论,(10)捐助,(11)物权与债权,(12)阿苏之佃制,(13)尧舜时代之制度,(14)法律学纲领,(15)法律学小史,(16)英国平衡法,(17)祖先崇拜之根源,(18)德行与智力等。

横田秀雄 专治民法债权,及物权二编。长野县士族横田数马长男,文久二年(一八六二)生。明治二一年(一八八八)帝国大学法科大学法法科卒业,法学士。二三年任推事,经数迁后至三四年即补大审院推事,四二年被派赴欧美各国调查,四四年升高等官一等,大正二年补大审院院长,在位甚久,其间明治四一年得法学博士,又曾任高等官试验临时委员,试验委员长,律师试验委员长,早稻田大学教授,现任明治大学学长,先生本为一律师实际家,于闻讼之余,复能潜心著述,其物权债权二篇,巍然巨制,卒能于民法学界树一重镇,而与梅谦、富井诸氏,同为注译法派之中心人物。学者,法家,兼而有之,是亦难能可贵者矣。

【著书】(1)债权总论,(2)债权各论,(3)债权法大意,(4)物权法二册,(5)物权法大意,(6)物权法论二册,(7)债权法总论二册,(8)法学论集及其他。

木野一郎 专治国际法及外交史。文久二年(一八六二)生。佐贺县人,故读卖新闻社长，木野盛亨之长男，明治二十年（一八九七）法国里昂法科大学法学士试验及第，二二年法学博士试验及第，二三年归国，公布“选举法改正私见”，声名藉盛，同年任翻译官，二六年受法学博士，此后历任外交司法两界重要职务，官至总长，及贵族院议员。

【著书】法译，日本民法（富井政章共译）。

冈野敬次郎 庆应元年——大正一四年 明治十九年（一八八六）卒业于帝国大学法科，二八年为同大学法科大学教授，三二年得法学博士，旋相继任法典调查委员，帝室制度调查局之特任书记官，政务调查委员，法制局长官，临时制度整理局委员，众议员选举法改正调查会委员，共通法规调查委员长，临时法制审议会委员等，以贡献于立法事业，又为帝国大学教授，与中央大学学长，对于法学教育之功绩亦大。其后曾任司法部长，及教育部长，并兼任农商部长，两度为国务大臣。

【著书】有公司法讲义。

法科大学教授法学博士
冈 野 敬 次 郎

小山温 专攻民法。爱知县人，应庆元年（一八六五）生。明治二三年（一八九〇）东京帝国大学法科大学英法科卒业法学士，嗣后历任各级推事，官至司法次长，明治四二年得法学博士，大正五年业律师，六年被选为众议员。

【著书】法律教科书（民法总则）。

副岛义一 专攻宪法、行政法及中国问题。庆应二年（一八六六）生于佐贺县。

明治二七年(一八九四)东京帝国大学法科大学德法科卒业,三五年以早稻田大学留学生资格,入德国柏林大学,研究宪法,及行政法。归国后,于四一年得法学博士,自四一年起任早稻田大学法学教授,专担任宪法,及行政法,昭和五年(民国十九年一九三〇),我国政府聘为法律顾问。

【著书】宪法学

广池千九郎 专治法制史。大分县人,庆应二年(一八六六)生。妻春子,明治三年十月生。以贤内助,鸣于时,二十余年,未曾一度观花观剧,不着绢,充其家之全收入,专充购书及研究之用,可谓贤矣。少入小川弘藏之门习汉学,傍学国文学及英语学。明治二五年(一八八二)出京都,历史专门杂志,及史学普及杂志之编纂,从事研究历史。氏平生与其他学者异,不仗学阀,及其他一切权力财力之帮助,专独学独行,以从事世界新专门学之开拓。同年任早稻田大学校外讲师,讲中国文典,旋于同大学法科及高等师范学校讲法制史,平生反对西洋道德不彻底,欲创造一新道德学云。

【著书】(1)中洋历史,(2)东洋法制史论,(3)东洋法制史本论,(4)伊势神宫与我国体,(5)日本宪法渊源论,(6)中国文典,(7)应用中国文典,(8)日本文法之研究,(9)近世思想近世文明之由来及将来,(10)十九世纪最伟大之妇的事业,(11)天理教信仰之本旨。

牧野菊之助 专研究民法后二编——亲属法,及继承法。东京府人,庆应二年(一八六六)生。明治二四年(一八九一)东京帝国大学法科大学法法科卒业法学士,即任东京地方法院,高等法院及大审院推事。四三年以日本政府委员资格,出席于万国票据法统一会议。并派游历欧洲诸国,归国后任东京地方法院院长。大正七年得法学博士,又兼任早稻田大学教授。大正九年补名古屋高等法院院长,任大理院院长。氏对于民法后二篇蕴蓄最深,与穗积重远齐名。

【著书】(1)日本亲属法论,(2)日本继承法论,(3)亲属法要论全二册及其他。

松井茂 专攻刑法中之警察法,及消防法。广岛县人,庆应二年(一八六六)生。明治二六年(一八九三)东京帝国大学法科大学德法科卒业法学士。三四年曾派赴欧美各国考察一次,平生历任各警察机关重要职务,朝鲜警察署长等职。明治末年,曾任静冈县知事,及爱知县知事。

【著书】(1)日本警察要论,(2)柏林警察沿革史,(3)警察丛谈,(4)欧美警察见闻录,(5)警察之本领,(6)各国之警察制度,(7)各国警察沿革史,(8)消防丛谈,(9)韩国警察讲演集,(10)自治与警察。

冈村司 日本民法学者。千叶县人,庆应二年(一八六六)生。明治二五年(一八九二)日本东京帝国大学法科卒业,为司法部试补。二六年转教育部补试。二七年任陆军经理学校教授。三二年任京都帝国大学助教,因为研究民法,留学于德法二国。三五年归国,任大学教授。三七年因大学总长之推荐,得法学博士,后为法学部长。大正三年辞职,于大阪执行律师事务,同时并于京都帝国大学法科,大阪高等商业学校讲法国民法,十一年二月逝世,年五七。

【著书】(1)法学通论,(2)亲属法讲义,(3)思想小史等书行世,(4)民法与社会主义一书,则系其殁后友人代辑者。

日本民法大家冈村司

秋山雅之介 专治国际公法。广岛县人,庆应二年(一八六六)生。明治二三年(一八九〇)东京帝国大学英法科卒业法学士。平生曾任公使馆书记官,外交部参事官,陆军部参事官,法制局参事官等职。大正六年转任青岛守备军民政长官,我政府曾赠以二等大绶嘉禾章。

【著书】(1)平时国际公法,(2)战时国际公法。

胜本勘三郎 刑法学者。日本三重县人,庆应二年生。明治二六年(一八九三)东京帝国大学法科卒业。后历任东京地方法院检察官,及高等法院检察官等。三二年任京都帝国大学法科助教授,旋赴德法二国,研究刑事诉讼法。三五年归国,任京都帝大教授,担任刑法及刑事诉讼法教授。三七年得法学博士。大正三年辞职,于大阪为刑事专门律师,十二年逝世,年五五。

故法学博士

胜本勘三郎君

【著书】刑法要论。

井上密　庆应三年——大正五年　千叶县人。明治二五年(一八九二)卒业于帝国大学法科。二九年派赴德法二国,研究行政学。三一年归朝,任京都帝国大学法科教授。三四年得法学博士,又为法科大学学长。大正三年辞教授,任京都市长。五年以病辞任,专从事于行政学之著述。

故法学博士

井　上　密　君

原嘉道　专治商法及矿山法律。庆应三年(一八六七)生于长野县。明治二三年(一八九〇)于东京帝国大学法科大学英法科卒业法学士。二四年任农商部参事官。二五年任矿山监督官,兼参事官,旋命为东京大阪两矿山署长。二六年辞官,业律师,尔来专从事法律事务,傍于学习院,任法理学及国际私法之讲座,于中央及早稻田两大学任商法讲座,于东京帝国大学工科大学担任矿山法讲座,于同农科大学担任森林法讲座。四十年得法学博士,以后并命为法律调查委员,又被推为东京律师会会长。

【著书】(1)海商法,(2)公司法,(3)破产法等。

岸清一　专治一般法律学。岛根县人,庆应三年(一八六七)生。明治二二年(一八八九)东京帝国大学法科大学英法科卒业,法学士,旋业律师。三十年因为研究法学及诉讼事务之修养,赴欧美留学,入美国著名律师事务所,大有所获。翌年(三一年)归国,仍继续业律师,后来因为法律事务,前后四次航行欧美及中国。明治四三年得法学博士。大正四年被选为东京律师会会长,在职一年。

高根义人 专治商法。福冈县人。庆应三年(一八六七)生,明治十九年(一八八六)东京专门学校法科卒业。二二年帝国大学法科大学选科入学。二四年第一高等学校全科卒业试验及第,旋入本科生。二五年同大学英法科卒业,更入大学院,专攻商法。二九年由教育部派赴德英二国留学,研究商法。三三年归国,即任京都帝国大学法科大学教授,担任商法讲座,三四年受法学博士。四十年辞教授职,业律师。

平沼骐一郎 专治民法及刑法。庆应三年(一八六七)生于冈山县。明治二一年(一八八八)卒业于东京帝国大学法科大学英法科法学士。以后历任司法部参事官,试补推事,试补横滨各地方法院院长,东京高等法院推事,及部长等。四十年派赴欧洲考察司法制度,同年得法学博士。四四年第二次西园寺内阁成,任司法次长。大正元年内阁更选补检事总长,(即我国从前总检察长)。

【著书】(1)民法总论,(2)债权法总则,(3)刑事诉讼法改正案要旨。

故评议员法学博士
岩　谷　孙　藏　君

岩谷孙藏 一八六七——一九一八　日本之民法学者,氏于外国语学校卒业后,游学德国,修法学,归国后,于各大学讲法学。明治三四年(一九〇一)得法学博士,以后曾被我国聘为法律顾问官,氏甚努力于法律之编纂及讲学云。

一木喜德郎 行政法家,日本静冈县人。庆应三年(一八六七)生。明治十六年(一八八三)东京大学预备门卒业。二十年帝国大学法科大学政治学科卒业法学士。二三年以自费留学德国,二六年归国。二七年任帝国大学法科大学教授,担任宪法学及国法学之讲座。三二年受法学博士学位。三三年被选为贵族院议员，嗣后历任法制局长，兼恩给局长，帝国学士院会员，高等文官试验委员长。大正三年四月大隈内阁时代，任教育部部长，旋转内务部长。六年八月任枢密顾问官。

【著书】(1)日本法令预算论，(2)青年国民之进路。

法科大学教授法学博士
一　木　喜　德　郎　君

铃木喜三郎　专治民法。神奈川县人。庆应三年(一八六七)生。明治二四年(一八九一)东京帝国大学法科大学法法科卒业，旋任司法官。四十年派赴欧美各国考察司法制度。四三年得法学博士，平生除任司法官及各种委员长外，曾任司法次长，及贵族院议员。

【著书】(1)法律教科书，(2)民法物权及其他。

齐藤十一郎　专治民事诉讼法及商法。山刑县人。庆应三年(一八六七)生。明治二四年(一八九一)帝国大学法科大学德法科卒业，法学士。三二年被派赴墺德二国留学，翌年归国，后补东京高等法院院长。三五年任司法部参事。四二年受法学博士，其后曾补高等法院院长，并任私立关西大学学长等职。大正九年逝世，享年五四。

志田钾太郎　商法兼民法学者。千叶县人。明治元年(一八六八)生。明治二七年帝国大学法科大学英法科卒业法学士，旋入大学院。专攻商法中之公司法，及保险法，三十年任东京高等商业学校教授。三一年由教育部派赴德国留学，研究商法，在留学中三十三年五月曾以委员资格，列席于巴黎万国保险会议。三五年归国，任学习院教授。三六年得法学博士，同年兼任帝国大学法科大学教授，同年被派赴美参加纽约市第四回万国生命保险学会议。四十年任东京外国语学校讲师。四一年应我国清政府之聘，来北京编纂民商法典、四五年解约。归国任东京高等商业学校及明治大学教授。

法科大学教授法学博士
志 田 钾 太 郎

【著书】(1)日本商法论(全四册,总论、公司、商行为、票据),(2)商法讲义案,(3)志田氏商法要义,(4)公司法上卷,(5)商法总论等其他。

板仓松太郎 专治民刑诉讼法。东京人,明治元年(一八六八年)生。明治二一年东京帝国大学法科大学德法科卒业法学士,旋历任司法界推事,检事等职。大正八年我国政府聘为法律顾问。

【著书】(1)刑事诉讼法主义(上、下),(2)民事诉讼法纲要,(3)强制执行法义海,(4)民事诉讼法论。

长岛鹫太郎 专治民事诉讼法,及破产法。安房县人,明治元年(一八六八年)生。明治二三年东京帝国大学法科大学德法科卒业法学士。大正四年,被千叶县举为众议员。四十一年及四十四年两度漫游欧美,同四十一年柏林开列国议员会议,任东亚惟一之出席委员,归国后,历任司法方面各要职。大正六年任东京律师会长。

【著书】待考

岩田一郎 专治民刑事诉讼法。广岛县人,明治元年(一八六八年)生。明治二八年东京帝国大学法科大学德法科卒业法学士。大正九年得法学博士,平生历任各级法院推事,氏可谓法学者而兼实务家者矣。

松波仁一郎 氏专治海法,及商法。明治元年(一八六八)生于和泉国岸和田(大阪附近),明治十九年同志社英文学校。二三年第一高等中学校。二六年帝国大学英法科以首席毕业,即入同大学研究院,又入法典调查会,从事编纂民法及商法。二八年中日战时，任海陆军两部之顾问，战事告终，即任海军大学校教官。三十年由教育部派赴英美德法四国留学，研究海法。在欧时值万国开海法会议，努力使日本加入，得获成功。一八九九年伦敦开万国法会议，又尽力使日本加盟，代表日本列席，曾被推为副会长。又同会议一九〇〇年在巴黎开万国博览会之际，再度列席，曾提出"军舰与商船之冲突"，亘数时间，才说明其旨趣。三三年归国，任东京帝国大学法科大学教授。三七年日俄战争时，为高等捕获检役所顾问，又任法律调查委员等职。

【著书】(1)军舰商船冲突论(英文)，(2)松波私论日本商法，(3)日本公司法，(4)日本商行为法，(5)日本票据法，(6)日本海商法，(7)飞行机法，(8)日本民法正解等。

神户寅次郎 专攻私法，特别是民法。静冈县人，明治元年(一八六八)生。明治三五年庆应大学法科卒业，即任本校助教。四二年派赴英德法三国留学，在外国四年。三六归国，即任庆应大学法科主任教授。

【著书】(1)权利质论，(2)契约总则，其他所发表之论文如：(一)物质重复论，(二)无因契约论，(三)代理要件论，(四)债权质论，(五)物权变效论，(六)白纸任状论，(七)意思表示效力发生论，(八)权利质性质论，(九)契约解除论等。

清水澄 宪法及行政法家。明治元年(一八六八)生于金泽市。明治二七年，东京帝国大学法法科卒业，法学士，初出仕于内务部。三十年，任东京府参事官，寻转内务部事务官。三一年，任学习院教授。同时，由宫内省派赴德法两国留学。三四年归国。三七年，任学习院教授兼干事。三八年，受法学博士。后来曾历任行政裁判所评定官，枢密院书记官，东京帝国大学农学部讲师，宫内省事务官，教员检定委员会临时委员等职。

【著书】(1)国法学第一编宪法论，(2)同第二编行政论(六册)，(3)帝国宪法大意，(4)日本行政法大意，(5)市町村制正义。

前法科大学讲师行政裁判所评定官

法学博士　清水澄君

仁井田益太郎 民法民事诉讼法学者。明治元年(一八六八)生。明治二六年,帝国大学法科大学法科卒业法学士,候补司法官,学习于东京地方法院。二七年,代理检察官。二九年,升任推事,三十年,由教育部派赴留学英德二国,研究民事诉讼法。三三年归国,即任京都帝国大学法科大学教授。担任民事诉讼法讲座。四一年,转任东京帝国大学教授。授民法,民事诉讼法及破产法等科。中间曾任法典调查会委员,高等文官试验委员,临时法制审查委员等职。

法科大学教授法学博士

仁　井　田　益　太　郎　君

【著书】(1)民法,(2)亲属法继承法论二册,(3)民事诉讼法要论,(4)民事诉讼法大纲,(5)民事诉讼法一斑,(6)法制大要,(7)帝国民法正解(全三册,与松波,仁保两博士同著)及其他。

仁保龟松 法理学及法制史学者。三重县人,明治元年(一八六八)生。明治二六年,帝国大学法科大学法律科卒业,法学士,三十年,由教育部派赴德国,研究法理学。三三年归国,任京都帝国大学法科大学教授,担任法理学讲座。四四年,补法科大学长,大正三年,派赴欧美各国考察,同年归国,仍为京都帝大教授。于原科之外,兼担比较法制史。大正九年,曾来中国。

【著书】(1)法制通论,(2)国民教育法制通论,(3)帝国民法正解(全三册,松波,仁井两博士共著)。

水野錬太郎 行政法学者。东京府人,明治元年(一八六八)生。明治二五年,帝国大学法科大学英法科卒业,法学士。二六年,供职于农商务部。二七年,任内务部参事官。三十年，被派赴欧美留学。三七年，任神社局长兼内务部参事官，四一年，任内务部参事官及内阁大臣秘书官，同年再派赴欧美。四二年归国，任内务次长。旋加入政友会，至大正六年春，寺内阁时代，复为内务次长。七年，任内务总长，历六月，辞去。氏于明治三六年，得法学博士。大正元年，敕选为贵族院议员。

【著书】(1)著作权法要义，(2)自治制之法与人，(3)自治制之比较研究，(4)自法之精髓等。

织田万 行政法及国法学者。明治元年(一八六八)生于旧佐贺藩须古乡。明治二五年，帝国大学法科大学法法科卒业。二九年，派赴德法二国留学。限期二年。三二年，任京都帝国大学法科大学教授。三四年，得法学博士。三四年，补京都帝国大学法科大校长。三六年，嘱记临时台湾旧惯调查会事务。三九年，被命为同会员，并派赴朝鲜及中国。四四年，被派赴欧美。大正七年，被任为帝国学士院会员，八年，任京都帝大学教授，担任行政法及国法讲座。大正九年，同服部博士前赴比利时，列席万国学士院会议。最近任海牙国际法庭裁判员。

【著书】(1)日本行政法论，(2)法律通论，(3)矿业法令讲义，(4)订正改版法学通论，(5)行政法讲义，(6)新编法制经济教科书，(7)法学全书行政法，(8)教育行政及行政法，(9)中国行政法(原名清国行政法，临时台湾旧惯调查会发行，点校中国政法大学二〇〇三年版)，(10)汉文中国行政泛论，(11)汉文中国(原文清国)行政泛论及其他。

鸠山和夫 日本明治初年人。氏留学美国哥伦比亚大学。归国后得博士，历任东京法科大学教授，又为律师，众议员。早稻田大学校长等职。

【著书】会议法。

安达峰一郎 国际公法学者。明治二年(一八六九)生于山形县。明治二五年，卒业于帝国大学，法科大学之法法系，法学士，先历任意法各公使馆书记官，及外交部参事官等职。四十年，得法学博士，后升任驻墨西哥及驻比利时等国大使，妻镜子女史，高等师范学校出身，二女万里子嫁于河津暹之弟河津益雄氏。

铃木英太郎 专治诉讼法。新泻县人，明治二年(一八六九)生。明治二八年，东京帝国大学，法科大学德法科卒业，法学士，大正九年，得法学博士，平生除历任各级推事以外，并任特殊权利审查会审查委员，推事检事，登用试验委员，律师试验委员等，及其他。

【论著】法律行为与诉讼行为论等。

花井卓藏 专治刑法及刑事诉讼法。广岛县人，明治二年(一八六九)生。明治二十一年，英吉利法律学校毕业，得优等赏，旋入东京法学院高等科，以首席卒业，二三年，业律师(二十一岁)，其后曾任律师会长，众议员，中央大学讲师等职。

【著书】(1)新刑法详论，(2)刑法各论，(3)人生与犯罪，(4)刑法综览，(5)讼庭论草等。

大场茂马 日本刑法学者。山形县人，明治二年(一八六九)生。二三年，东京法学院卒业。二四年，代言人试验及第。二六年，业律师，二八年，任推事。中间数次转职。至三八年，因欲研究刑法，遂辞官，留学德国，并由司法部派其调查德国司法事务。四十年，入米由黑大学法科，旋游历英、德、法、比、墺、匈诸国。视察其司法警察监狱及感化救济之事务，受爱尔兰大学博士学位。四一年归国，任东京地方法院检察官及司法部参事官。大正二年，受法学博士，转大理院推事。三年辞职，复业律师。旋由山形县推荐为代议士。六年以后，即断念政治生活，专心办理诉讼事务。七年，任陪审法调查委员，并任早稻田大学等校教授。八年逝世，年五十二。氏平生力主废娼，又日本于警察及监狱方法，实施指纹法，亦为氏留学中研究所得，归国后，谘于当局而采用者。对于认定犯人之再犯及不明犯者之方法上，极有贡献。又日本制定新刑法时，斯学之倾向，偏于主观的方面，而氏则为主张主观客观并用之正统刑法学派，变更日本之刑法学说及其适用。

【著书】(1)刑法总论，(2)刑法各论，(3)刑事政策根本问题，(4)个人识别法，(5)陪审制定论，(6)刑事政策大纲，(7)人权伸张论等。

松冈义正 民法及民事诉讼法学者。东京府人，明治三年(一八七〇)生。明治二五年，东京帝国大学法科大学法法科卒业，法学士，大正五年，得法学博士。平生曾任会计检查院惩戒裁判所裁判官，判事，检事，登用试验临时委员，以及大理院推事等职。又明治三九年(一九〇六)，被我国清政府聘为法律顾问。

【著书】(1)民法总则，(2)民法物权上卷，(3)特别民事诉讼论，(4)破产法，(5)人事诉讼手续法等。

山田三郎 国际公法及国际私法学者。奈良县人，明治三年(一八七〇)生。明治二九年，帝国大学，法科大学英法科卒业，法学士。旋入大学院，专攻国际私法。三十年，由教育部，派赴德、法、英、美诸国留学。三四年归国，任东京帝国大学法科大学教授，教国际私法。三五年，受法学博士之学位。以后历任高等文官临时试验委员，法规调查委员，法制局参事官等职。

【著书】国际私法，其他发表于杂志中之论著极多。

法科大学教授法学博士
小野塚喜平次

小野塚喜平次 日本公法学家，帝国学士院会员，贵族院议员。明治三年（一八七〇）生于新泻县。二十八年，东京帝大法科卒业，在母校讲政治学，历任教授，法学部长，至昭和三年（一九二八）任校长。大正十四年（一九二六），互选为帝国学士院贵族院议员，著有欧洲现代立宪政治等书。明治三十五年（一九〇二）得法学博士学位。

箕作麟祥 日本明治初年之法学者。精通英法文，初任外交官翻译官，旋转大学中博士，奉命翻译"法国法典"。兼任司法院推事。又由博士转任文部大学教授。明治四年（一八七一），由大外史转权大内史。九年任司法大臣。十年转书记官。十三年转元老院议员。任民法编纂委员，及破产法编纂委员，二一年授法学博

箕　作　麟　祥

士。十一月任司法次长。二三年敕选贵族院议员。二九年任行政裁判长官。三十年殁，年五四。

【译著】(1)国际法，(2)法国法典等。

梅谦次郎 日本明治初年注释派民法泰斗。于明治八年（一八七五）赴东京，卒业于司法部法学校，十九年，入法之里昂大学，以拔群之成绩，卒业。经德国，二三年归国，任东京帝国大学法科教授。翌年，得法学博士。更历任法科大学校长，法制局长官，文部总务长官等职。其最显著之功绩，明治二五年，任法典调查会

梅　谦　次　郎

委员，与于现行民法商法法典起草之事。其关于法典之编纂，尤具有卓越之才能与精力。宪法以外之法典，几无不参加审议，据穗积陈重博士所述，在法典调查会之主查委员会及总会，氏发言总数，竟达三八五二次之多。东川德治氏，为氏立传，谓为明治法制史之中核，盖纪实也。四十年，更任法律调查委员，从事改正商法刑法刑事诉讼之审查，四三年，八月二五日，受命任韩国法典之调查起草。案未及半，以病卒于都城。氏本属一法法派之学者。但同时，因潮流所趋，又努力吸收德法派之新思想。氏之所长，在能以锐敏之力，观察事物之真相，其短处在拙于方法论。故聆氏之言论者，有时不免感觉牵强附会之思。亦俗所谓白圭之玷，贤者不免。然以氏之适切观察力，与其所持之自然主义相俟。终不失为日本民法学界一辉耀之明星。其所著民法要义五巨册，以通俗之形式，阐明法律之真髓。发凡起例，永远与日本法律学以模范。至今日本言民法者，犹宗之。其价值之大，可以想见。

【著书】(1)和解论(法文，明治二十二年)，(2)商法义解(同)，(3)日本买卖法(明治二四年)，(4)债权担保论(明治二五年)，(5)日本和解论(同)，(6)商法讲义(明二六年)，(7)公司法纲要(明治二七年)，(8)民法要义(明治二九年至三三年)，(9)民法原理(明治三六年)等。

和仁贞吉　专攻普通私法及保险法学。东京府人，明治三年(一八七〇)生。二七年，东京帝国大学法科大学英法科卒业，法学士。大正九年，得法学博士，平生历任各级法院推事，部长，法院长等职。又任关西大学理事。

政尾藤吉　日本商法，国际法，罗马法，法理学者。明治三年(一八七〇)生于爱媛县。明治二三年，东京专门学校英语通科卒业。同年十月，渡美，修罗马法，国际法，及法理学等科，至三十年始，以最优等卒业(在美八年)。自三十年起，至大正二年止(共十六年)，任暹罗国政府，法律顾问，尽瘁编纂暹罗各种法典。大正四年，当选为众议员(属政友会)。同六年，再当选。又同年，以日本议院团团长名义赴美。明治二六年，得法学博士。

【著书】暹罗古代法之研究(英文)。

春木一郎 专研究罗马法及英法。奈良县人,明治三年(一八七〇)生于京都。明治二七年,帝国大学法科大学英法科卒业,法学士。旋入大学院,受宫崎户水两教师之指导。三十年,由教育部派赴德国研究罗马法。三四年,归国,任京都帝国大学法科大学教授,讲罗马法。四五年,转东京帝国大学法科大学教授,担任罗马法及英国法讲座。九年,被命为帝国学士会会员。

【著书】春木先生还历祝贺论文集一册。

中村进午 国际公法学者。新泻县人,明治三年(一八七〇)生。明治二七年帝国大学法科大学德法科卒业,法学士,旋入大学院。同二九年,任东京高等商业学校讲师。三十年,任学习院教授。同年辞职,派赴英法德三国留学,研究国际法及外交史。三二年归国。三三年,任东京高等商业学校讲师。三四年,得法学博士。自此以后,历任东京高等商业学校教授,海军大学国法学教授,早稻田商业大学教授等职。

【著书】(1)法学通论,(2)国际公法论,(3)讲和类例,(4)新修约论,(5)李士托国际公法等。

山内确三郎 商法及民事诉讼法学者。福冈县人,明治四年(一八七一)生。明治三一年,东京帝国大学德法科卒业法学士。四四年,派赴欧美各国游历。大正七年,得法学博士。平生历任司法界民事局长,各级法院推事,部长,检察官,帝室制度审议会委员,普通文官惩戒委员,临时条约改正调查会委员,日本大学学监等职。

【著书】(1)户籍法正义,(2)破产法等。

法科大学教授法学博士

加 藤 正 治 君

加藤正治 民事诉讼法破产法海商法学者。明治四年(一八七一)生于长野县。明治三十年七月,东京帝国大学卒业,法学士。同年,入大学院,专攻海陆运送法。明治三二年,由教育部派赴德法两国研究破产法。三六年归国。即于同年六月,任东京帝国大学法科助教授。进任教授,担任民法第四讲座。同三七年,得法学博士后,曾任高等文官,临时试验委员。升叙高等官一等,以教授终其身。

【著书】(1)破产法讲义,(2)破产法研究五册,(3)海法研究二册,(4)德国破产法及其他。

谷田三郎 日本监狱法学者。京都府人,明治四年(一八七一)生。明治二四年,德国协会学校卒业,历任各级法院推事。四二年,派赴欧美游历,对于德法英美各国监狱之学理与事实,多所研究。四四年归国。大正八年,得法学博士,平生除任各级推事外,曾任司法部监狱局长,临时法制审议会干事等职。

【论著】监狱学。

冈松参太郎 一八七一——一九二一 日本之民法学大家。熊本县人,大儒冈松瓮谷之三男,明治四年(一八七一)生。东京帝大卒业后,留学德法意各国,研究民法及国际法。三二年,归国,任京都帝国大学教授。旋得法学博士。四一年,为帝国学士院会员。大正十年殁,年四五岁。

【著书】(1)注释民法理由,(2)法律行为论,(3)无过失损害赔偿责任论等。

青山众司 专治商法及保险法。东京人,明治四年(一八七一)生。明治三十年,东京帝国大学法科大学英法科卒业,法学士。后以私费留学欧美,研究商法及保险法三年。四三年归国。大正八年,得法学博士,平生曾任东京商科大学教授,中央大学讲师,简易生命保险调查会委员。

【著书】(1)商法总论,(2)法律教科书商法总则,(3)保险契约论,(4)商行为法等。

丰岛直通 专攻刑法刑事诉讼法。明治四年(一八七一)生,明治二八年,帝国大学法科大学德法科卒业,法学士。无何,任候补司法官。以后历任各级检察官,及参事等职。明治四三年,得法学博士。四十五年,任东京帝国大学法科大学讲师。旋官至刑事事务局长。

【著书】(1)修正刑事诉讼法新论,(2)刑事诉讼法原论。

冈田朝太郎 日本刑法及刑事诉讼法学者。旧大垣藩士冈田平人长男,明治五年(一八七二)生于美浓大垣南切石村。明治十二年,小学半途退学,至十五年止,学习陶器画工。十五年,入东京外国语学校,习法文。旋经第一高等学校,入帝国大学法科大学。二四年卒业法学士,续入大学院,研究刑法。二六年,任帝国大学法科大学讲师。二七年,任同大学助教授。旁应各私立大学之聘,讲刑法。三十年,由教育部派赴德法二国留学,更转学于意大利。三三年,归国,即任法科大学教授,担任刑法讲座。同年,兼任监狱学校教授。同年,并任法典调查会委员。三四年,得法学博士。三九年(一九〇六),受我国清政府之聘,任修订法律调查员,兼法律学堂教员。大正四年,解约归国,任法律大学教授,专从事法律馆嘱托之事务。

【著书】(1)日本刑法论,(2)法学通论,(3)汉文法学通论,(4)旧刑法总则讲义案,(5)同各论讲义案,(6)旧刑法讲义,(7)刑法讲义案,(8)中华民国法院编制法,(9)刑法,(10)刑事诉讼法,(11)违警律,(12)西班牙刑法,(13)巴拿马刑法,(14)菲律宾刑法,(15)暹罗刑法,(16)比利时刑法,(17)智利刑法及其他。

法科大学教授法学博士
冈 田 朝 太 郎

笕克彦 日本行政法，法理学者。明治五年(一八七二)生于长野县。明治二七年，入帝国大学法科。三十年卒业，得学士。同年，高等文官试验及格。翌年(三一)，由教育部(日名文部省)派赴德国研究行政法。三十六年，归国，即任东京帝国大学法科大学教授，担任政法及法理学讲座。三十七年，得法学博士。近来于帝大教授之余，兼出讲于明治大学国学院大学及海军大学等处，曾任高等文官临时试验委员。【著书】(1)佛教哲学，(2)西洋哲学(3)古神道大义，(4)续古神道大义(上、下)，(5)国家的研究(第一卷)，(6)法理戏论，(7)行政法总论，(8)御即位邦语与国民之觉悟，(9)皇国行政法(上卷)及其他。

法科大学教授法学博士
笕 克 彦 君

远藤源六 专攻国际公法。明治五年(一八七二)生于宫城县。明治三三年，东京帝国大学法科大学法法科卒业，法学士，同年，入大学院，并高等文官试验及格。二四年，任海军参事官，兼司法局职。三五年，兼海军大学校教务官，四一年，得法学博士。大正二年，转行政裁判所评定官。

【著书】(1)国际法要论，(2)战时国际法要论，(3)国际法提要，(4)战时与国际法，(5)战时禁制品论，(6)日俄战后国际法论，(7)刑法施行法评释。

鹈泽总明　千叶县人，明治五年(一八七二)生。明治三二年，东京帝国大学法科大学，德法科卒业法学士。同年入大学院，并业律师。旋兼明治大学讲师及职员。四一年，得法学博士。自是以来，由千叶县先后四次被选为众议员，系政友会最高干部。

【著书】(1)民法释义总则编，(2)民法释义物权篇(上下二册)，(3)民法释义债权篇(上册)，(4)不作为债权论，(5)家督继承之话，(6)民法论文集(上下二册)。

冈田庄作　福冈县人，明治六年(一八七三)三月生。同三十五年，明治大学毕业，即赴德国留学，专攻刑法。归国后，任明治大学教授，兼业律师。对于刑法，有极深刻研究。大正十三年，得法学博士，论文为错误论。

【著书】(1)刑法原论(总论)，(2)刑法原论(各论)，(3)刑法要论，(4)错误论，(5)改正刑事诉讼法原论(总论、各论合本共三卷)，(6)陪审法论等。

高洼喜八郎　东京府人，明治六年(一八七三)八月生。同三十一年，东京法学院毕业。大正十一年，得法学博士。平生业律师，并任法律评论社社长。又任中央大学教授。对于日本现行法律学说，及判例，搜罗整理，编辑成书。此种劳绩，对于法界之贡献极大。

【著书】(1)编纂法律学说判例要旨集(计四卷)，(2)法律年鉴(已出五卷)，(3)法律学说判例总揽(统民商法全部计十六巨册)。

美浓部达吉　日本行政法学家。东京帝国大学法学部教授，兼东京商科大学教授。明治六年(一八七三)，生于兵库县。三〇年，东京帝国大学法科卒业，后来执母校教鞭。三二年，为研究比较法制史，留学德英法，归国后，任东京大学教授。以宪法学家，行政法学家著名。著有日本宪法，行政法提要，宪法提要，逐条宪法精义，行政法判例等。

法科大学教授法学博士
美浓部达吉君

山冈万之助 日本刑法家。长野县人，明治九年（一八七八）生。三二年，私立日本大学卒业。同年，推检事及律师试验，以首席获授。历补各级法院推事。三九年，由日本大学派赴德国留学，专攻刑法。四二年，归国，大正八年，得法学博士。平生历任司法部参事官，刑事局兼务推事，检察官，登用试验委员，高等试验临时委员，律师试验委员，日本大学理事兼教授。

【著书】（1）刑法原论，（2）刑事政策学。

市村富久 日本海商法家。琦玉县人，明治九年（一八七六）生。明治三三年，东京帝国大学法科大学英法科卒业，法学士。大正五年，得法学博士，平生曾任交通部高等海员裁判所理事官，兼商船学校教授。并兼任帝国大学助教授，讲海法。大正五年辞职，业律师。

【著书】（1）海商法，（2）海商法论（均岩松堂出版）。

雉本朗造 日本民事诉讼法及破产法学者。爱知县人，明治九年（一八七六）生。明治三六年七月，于东京帝国大学法科大学德法科卒业，同月命补司法官。同年自任京都帝国大学法科讲师。三七年六月，任同大学助教授。同月以私费留学

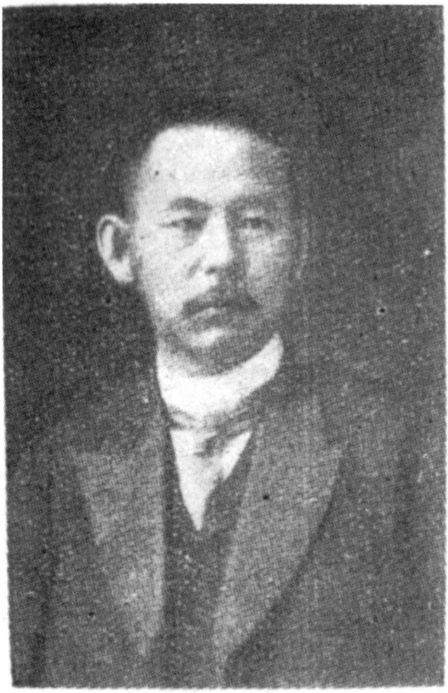

故京都帝国大学教授法学博士

雉　本　朗　造　君

海外。四一年归国，即任同大学教授，担任民事诉讼法讲座。又兼任德法讲座。平生又曾任帝国大学评议员。临时台湾旧惯调查会委员等职。

【著书】（1）民事诉讼讲义，（2）判例批评录（第二卷及第一卷），及（3）民事诉讼法

论文集等。

松田道一 日本国际公法及国际私法家。长崎人，明治九年（一八七六）生。明治三三年，东京帝国大学法科大学法法科卒业，法学士。同年，高等文官试验合格。大正九年，得法学博士。平生历任外交部翻译官，兼参事官，并比法等国公使馆书记官，及参事官等职。

【著书】发表关于国际法及法律著名之论文，研究，报告，共十余篇。

泉二新熊 日本刑法学家。鹿儿岛人，明治九年（一八七六）生。明治三五年，东京帝国大学法科大学德法科卒业，法学士。四五年，派赴欧美各国考察司法，大正二年归国，五年得法学博士。平生在司法界，曾任推事，检事，及高等文官试验委员等重要职务。

【著书】(1)日本刑法论（总论、各论），(2)刑法大要，(3)刑事学研究（其他在专门学术杂志上之论文学说极多）。

乌贺阳元良 日本商法及海商法家。京都人，明治九年（一八七六）生。明治三六年，京都帝国大学法科大学法律科卒业，法学士。三九年，任神户高等商业学校教授。四一年，被派赴德法二国研究民法及商法。四三年，归国，大正二年，任京都帝国大学法科大学讲师，专讲英法及商法。大正八年，得法学博士。

野村淳治 日本国法学家（列强宪法行政法之比较研究）。石川县人。明治九年

法科大学教授法学士
野　村　淳　治

（一八七六）生。明治三三年，东京帝国大学，法科大学，英法科卒业。同年应高

等文官试验及格，入大学院。三十年，任同大学助教授。三五年，被派赴德法二国留学。三六年，归国。四一年，任大学教授，担任国法学讲座，此外，并任高等试验临时委员等职。

堀江专一郎 研究英美法。广岛县人，明治九年（一八七六）生。明治三二年，东京法学院卒业，三四年，国民英文学会，英文科卒业。三五年，推事检事登用试验，及法律试验及第，三六年起，执行律师职务，旁兼中央大学讲师，担任英国私犯法。四十年，美国米西根大学卒业，得法律部长之学位。大正九年，得法学博士。氏平生遭际甚苦，在中学时代，即为一苦学奋斗之士。在法学院时代，几濒于饥饿，能卒以坚忍卓绝之志，战胜环境，其人其行，足为青年立志之模范。

【著书】关于“托拉司问题”，正在着手中。

水口吉藏 静冈县人，明治九年（一八七六）十月生。同三十二年，明治法律学校毕业。推检登用试验合格。同三十三年，任推事。同四十一年，辞官，留学德国。四十三年，在德国哈一大学得博士学位，归国后，由地方法院，经高等法院，升任大理院推事，兼任明治大学教授。大正十二年，得法学博士，论文题为陆上物品运送法论。

【著书】(1)商行为法论，(2)日本民法商法对比瑞士债务法，(3)增订商法判例研究，(4)票据法论（手形法论），(5)保险法论，(6)瑞士德国保险契约法，(7)商法要论，(8)商法论丛，(9)陆上物品运送法论等。

干政彦 日本民法及商法学者。明治九年（一八七六），生于大和国吉野郡。明治三三年，东京帝国大学法科大学德法科卒业，法学士。三四年，被派赴德国留学，专研究民法。三八年，归国，任东京高等商业学校教授，东京帝国大学讲师。大正四年，辞职，业律师，并兼任法政大学及商科大学讲师。

【著书】(1)民法涓滴，(2)注释民法全书（债权总论部分），(3)译德国刑法及德国国法论等。

饭岛桥平 一八七七——一九二一　日本之民法学者。卒业于东京帝国大学以后，历任司法官，司法大臣秘书官，大审院检事等职。后又为各种之法制调查会委员，卒年四五。

【著书】(1)民法要论，(2)民法物权篇，(3)契约总则，(4)商法总则等。

片山义胜 日本商法家。京都人，明治十年（一八七七）生。明治三七年，东京帝国大学法科大学，德法科卒业，法学士。同年应高等文官试验，以首席及格，平生历任农商各要职，又参列第八次万国保险会议。并数次出席于万国博览会，大正八年，得法学博士。

【著书】(1)公司法原论，(2)商法总则论，(3)有限公司法论，(4)海商法通义等。

石坂音四郎 明治十年（一八七七）——大正六年　日本著名之民法学者。氏卒业于东京帝国大学法科，即任京都帝国大学法科讲师。翌年，任助教，迨满三年，被派留学于德法二国，归国后，任京都帝大教授。明治四一年，得法学博士。

大正四年，转任东京帝国大学法科大学教授，担任民法讲座。

【著书】(1)日本民法(仅债总论一部分完成)六卷，(2)民法研究四卷，(3)债权法大纲一卷。

京都法科大学教授法学博士
石坂音四郎君

长冈春一 专治国际公法及外交史。明治十年(一八七七)，生于山口县，明治三三年，东京帝国大学法科大学法法科卒业，法学士，更入大学院，专攻国际法。同年，高等文官试验合格，任外务省参事等职。三五年，补外交官，供职于法国。同年冬即入巴黎政治学校外交科，三七年卒业。三八年，于巴黎文科大学提博士论文，合格，归国后，任大使馆三等书记官，供职于法和各国，后升任法国大使馆参事官，巴黎和会参列为条约起草委员。大正九年一月，被委为和平条约，实施委员。

【著书】(1)外交通义，(2)比利时及比利时人，(3)最近世界外交史，(4)大战外交史，(5)日本的外国人的地位。

松本烝治 日本商法学者。岐阜县人，明治十年(一八七七)生。明治三三年，东京帝国大学法科大学德法科卒业。同年，高等文官试验及第，旋任农商部参事官。三六年，任东京帝国大学法科大学助教授。三八年，由国家派赴德法英三国研究商法。四三年，归国，即任同大学教授。并兼任法制局参事官。以后历任各商法公司机关重要职务。

法科大学助教授法学士
松　本　烝　治　君

【著书】(1)公司法讲义,(2)商法原论,(3)商行为法,(4)海商法,(5)保险法,(6)票据法,(7)商法改正法评论,(8)私法论文集(三册),(9)注释民法全书第一卷(人、法人及物),(10)德国国法论。

林赖三郎　专研究刑法。埼玉县人,明治十年(一八七七)生。明治三二年,东京法学院卒业(中央大学之前身),更入高等研究科,专攻刑法,受学士号。大正九年,得法学博士,平生历任各级法院推事。大理院检察官,明治、中央,东京商科诸大学讲师(任刑法及刑事诉讼法)。陪审法调查委员,刑事诉讼法改正委员会干事,高等试验临时委员等职。

【著书】(1)刑事诉讼法,(2)刑法总论,以及发表专门杂志论文等。

松原一雄　福井县人。明治十年(一八七七)十月生。同三十五年东京帝国大学法科大学卒业,同年高等文官及高等领事官试验及格。即入仕途,历任领事官,及事务官,大正十三年一月,得法学博士,现任东京帝大经济学部及中央专修各大学讲师。

【著书】(1)现行国际法合本(上、下),(2)国际条约集,(3)国际关系通鉴。

中田薰　日本法制史家。秋田县人,明治十年(一八七七)生。明治三三年。东京帝国大学法科大学政治科卒业,旋入人学院,研究日本法制史。三五年,任同大学助教授。四一年，由教育部派赴英德法三国留学，攻法制史。四三年，得法学博士。四四年，归国，即任东京帝国大学教授。担任西洋法制史讲座。及法学部勤务，又任帝国大学评论员。

【著书】(1)宫崎教职二十五年纪念论文集，(2)日本法制史研究等。

上杉慎吉 日本宪法学及国法学家。福井县人，明治十一年(一八七八)生。明治三六年，东京帝大法科大学，政治科卒业，法学士。同年八月，即任同大学助教授。三九年，以私费留学欧美。四二年，归国。四三年，得法学博士。平生曾任东京帝国大学教授(担任宪法)，海军大学助教授(担任法国法)，及高等文官试验临时委员。

法科大学助教授法学士
上　杉　慎　吉　君

【著书】(1)国体宪法及宪政，(2)议会政党及政府，(3)帝国宪法述义，(4)国民教育，(5)帝国宪法，(6)帝国宪法纲领，(7)比较各国宪法论，(8)汉译比较宪法论，(9)行政法原理，(10)妇人问题及其他。

二上兵治 日本民法及法理学者。富山县人，明治十一年(一八七八)生。明治三七年，东京帝国大学法科大学，英法科卒业。四一年，派赴英法德三国留学，同时派为万国电信会议员(葡萄牙)，又派赴意大利、奥地利，匈牙利苏俄等国游历。四二年归国，大正九年，得法学博士。平生历任枢密院书记官长，帝室制度审议会委员，高等试验委员等职，三九年以来，于各大学讲民法及英法。

【论著】(1)体躯权论,(2)相对权之绝对效力,(3)故意的加害,(4)赠与杂说等重要论文。

杉山直次郎 日本之比较民商法学者。东京人,明治十一年(一八七八)生。明治三六年,东京帝国大学,法科大学,法法科卒业,法学士。旋入同大学研究院,专攻民商法。三七年,任学习院教授,担任民法,并兼任法政、明治、早稻田、日本诸大学民法,罗马法,法法之讲师。三五年,因民商法研究,由教育部派赴法瑞德三国留学。四一年,归国,任长崎高商教授,旋辞去,任东京帝大助教授。大正五年,升同大学教授。翌年得法学博士。

【著书】(1)狄骥权利否认论之批评,(2)论法国营业财产之性质,(3)比较法学之观念(法学志林,富井博士还历祝贺论文集)。

齐藤常三郎 福岛县士族。明治十一年(一八七八)十一月生。同三七年,京都帝国大学德法科毕业,即补司法官,并在大阪地方法院及高等法院供职。大正八年,辞官,留学欧美各国。同十四年,得法学博士学位,论文题为和议制度之研究。

【著书】(1)民法要论总则,(2)注释诉讼记录第一审、第二审合本,(3)诉讼记录新破产手续,(4)破产法大纲,(5)墺大利破产法及和议法并德国破产预防业务监视法,(6)各国破产预防和议法,(7)破产法及和议法研究(共出四卷),(8)日本和议法论(上卷)。

牧野英一 日本新派之刑法大家及法律思想家。明治十一年(一八七八),生于岐阜县。明治二九年,入第一高等学校,三二年卒业,入东京帝大法科。三六年,法法科卒业,法学士。被命试补司法官,同年九月,任法科大学讲师。十月代理东京区法院检察官。三八年,任推事。三九年,转检察官,十月,担任法科大学刑法讲座。四三年,由教部派赴英德法三国留学,专攻刑法,期限为二年。大正二年,归国,即任同大学教授。大正三年,任高等文官试验委员。六月,兼任法制局参事。七月,得法学博士。此后历任法界各要职(如法律调查委员,临时法制审议会干事)。并担任公私立各大学刑法讲座(刑法及刑诉)。又兼任法学志林总编辑,以至于现在。

【著书】(1)日本刑法(总论、各论),(2)日本刑法(三册),(3)刑事诉讼法,(4)刑法讲义(总论、各论),(5)刑法讲义案(总论、各论),(6)刑法提要,(7)刑法通义,(8)刑法研究(三册),(9)刑事学之新思潮与刑法,(10)现代之文化与法律,(11)刑法社会思潮,(12)行为之违法、不作为之违法(黑田诚共著),(13)法律之正义与公平,(14)法律之进步与进化,(15)法律之矛盾与调和,(16)法律之妥当性,(17)民法之基本问题(三册),(18)刑法上重点之变迁,(19)法律裁判及实生活(山本氏共著),(20)法律上之意识的及无意识的,(21)生之法律与理之法律,(22)法律与生存权等。

今井嘉幸 国际法及海商法家。爱媛县人,明治十一年(一八七八)生。明治三七年,东京帝国大学法科大学德法科卒业,法学士。旋入大学院,专攻国际法,补东京地方法院推事。四一年,应我国之聘,任北洋法政学堂法学教授,兼研究我国法。大正三年，满期归国，业律师，同年得法学博士。大正六年，当选为众议院议员。

【著书】(1)改正刑法，(2)改正商法，(3)市制町村制，(4)民法附户籍法，(5)建国策，(6)中国与列强竞争，(7)中国国际法论，(8)民法学通论等。

三潴信三　德法、民法及法律哲学家。明治十二年(一八七九)，生于东京汤岛。德协会学校卒业后。明治三四年，第一高等学校卒业，三八年，东京帝国大学德法科卒业，法学士。同年，任早稻田大学讲师。四十年至四二年，自费留学德国柏林大学，及意大利罗马大学，研究民法及法律哲学。归国后，于早大及法政各大学，讲法理学及民法。四四年，任东京帝国大学法科大学讲师。大正元年，任助教授。五年，任教授，担任德法及民法。六年，得法学博士。八年因官制改革，任帝大教授，法学部勤务，兼任经济学部，现在并担任东京商业大学及学习院等之教授。

【著书】(1)担保物权法，(2)民法总则提要，(3)物权法提要，(4)近世法学通论，(5)德国民法教材，(6)债权法提要及其他。

池田寅二郎　日本佐贺县人，明治十二年(一八七九)生。三六年，东京帝国大学法科大学英法科卒业，法学士。大正二年，派赴欧美各国游历。七年，得法学博士，平生历任大理院检察官，兼司法部参事官各要职。对于法学，均有研究，尤粹于民法。

【著书】担保附社债信托法论。

富田山寿　明治十二年——大正五年　明治三四年，毕业于京都帝国大学法科大学，即为本校教授，旋留学德国。大正四年，归国，任京都帝国大学教授。

故京都帝国大学法科大学教授
法学博士　富田山寿君

【著书】(1)最近刑法诉讼法要论,(2)刑事诉讼法讲义。

竹田省 以专治商法著称。富山县人,明治十三年(一八八〇)生。三九年,京都帝国大学德法科卒业,法学士,即任后补推事。旋辞去,任同大学助教授。大正元年,由教育部派赴英德法三国,研究商法。四年归国,九年,升任同大学教授。担任商法第一讲座。大正六年,得法学博士。

【著书】商法总论。

佐竹三吾 日本之商法学者。歧阜县人,明治十三年(一八八〇)生。明治三八年,东京帝国大学法科大学,德法科卒业,法学士。四一年,留学欧美,久滞在德国专研究铁道政策。四四年,归国,大正八年,得法学博士。平生曾任法制局参事官,铁道监督局长,铁道会议议员,国际交通会议常设委员等。

【著书】再保险论。

佐佐本惣一 日本之行政法及宪法学者。乌取县人,明治十三年(一八八〇)生。三六年,京都帝国大学德法科卒业,法学士,旋任同大学助教授。四二年,被派赴英法德三国研究行政法。大正元年归国,任同大学教授。同年,得法学博士。

【著书】(1)日本行政法原论,(2)立宪非立宪,(3)日本行政法论。

尾崎忠治 土佐人。明治三年,刑部大解部。翌年转司法,由推事升任长崎高等法院院长。历任高等法院陪席裁判官,法曹咨问会员,东京高等法院院长,大理院院长。高等法院裁判所长等。

高木丰三 明治初年,入司法部立之明治寮,习法律,得法学士,奉职于司法部及法制局。十七年,任推事,十九年,留学德国。四年,归国,历任福岛地方法院院长,大理院推事,司法部民刑局长,司法次长等职。三二年,敕选为贵族院议员,三四年,得法学博士,任帝国大学及私立大学讲师,并业律师。大正七年,逝世。

【著书】(1)民事诉讼法论,(2)刑法论等。

山田正三 日本民事诉讼法家。大阪人,明治十五年(一八八二)生。明治四二年,东京帝国大学,法科大学,德法科卒业,法学士。四五年,被派留学美国,专研究民事诉讼法,及破产法,并观察美国裁判事务,及不良少年强制感化之实况。大正七年,归国。同年九月,即任京都帝国大学法科大学教授。担任破产及德法第一讲座。八年四月,得法学博士。

【著书】(1)民事诉讼,(2)又在京都法学会杂志及法学论丛上发表之论文甚多。

小畑美稻 高知县人。明治二年(一八六九),出仕于弹正大巡察后,历任京都法院院长。名古屋及宫城高等法院院长。十七年,任元老院议员,二三年,被敕选为贵族院议员,大正元年卒。

三浦义道 东京府人,明治十六年(一八八三)十二月生。同四十一年,东京帝国大学法科毕业,投身实业界。兼任中央大学教授。大正十三年,得法学博士,论文题"保险契约告知义务之理论的与实际的研究"。

法学博士　三浦义道君

【著书】(1)编玉木粟津志田三氏纪念祝贺,保险论文集,(2)商法总论,(3)保险法论,(4)保险学,(5)告知义务论,(6)日本保险年鉴,(7)地震约款论。

猪股淇清　山梨县人,明治十六年(一八八三)三月生。同三十六年,明治大学法科毕业,业律师。大正十年,由司法大臣命为破产管财人。同年,由农商务大臣,选任为办理设立委员。大正十三年,得法学博士,论文题为“股份公司本质论”,昭和二年,由司法大臣命为强制执行及竞卖之法律改正调查委员。

【著书】(1)商法研究,(2)日本商法总论,(3)公司法论。

穗积重远　东京帝国大学教授,民法及法理学大家。明治十六年(一八八三),生于东京,法学博士穗积陈重氏之长男,明治三四年,东京高等师范附属中学校卒业,同年九月,入东京帝国大学,四十年,高等文官试验及第,四一年,卒业于法科大学,德法科,法学士。同年九月,任法科大学讲师,四三年,任东京帝国大学法科大学助教授。四五年,因为研究民法及法理学,由教育部派赴德、法、英、美四国留学,期限三年。大正元年十月出发,五年归国,即任东京帝国大学法科教授,担任民法及法理学之讲座。六年,授法学博士。八年,被任为临时法制审议会干事。九年,升叙高等官三等。同年被任为教科书调查会委员。

【著书】(1)战争与契约,(2)法理学大纲,(3)亲属法及继承法大意,(4)离婚制度之研究等。

晔道文艺　日本民法学者。石川县人,明治十七年(一八八四)生。明治四二年,京都帝国大学,德法科卒业,法学士。同年,高等文官试验合格,四四年,赴德法二国留学。大正三年归国。六年,得法学博士,大正四年起,任京都帝国大学教授,担任民法及德法讲座。

【著书】(1)日本民法要论,(2)晔道氏论文集。

鸠山秀夫 日本民法学者。明治十七年(一八八四)生于东京。故法学博士鸠山和夫之二男。明治二七年,小学卒业,三四年,中学卒业。三七年,第一高等学校卒业。四一年,东京帝大德法科卒业法学士。九月,任法科大学讲师。四四年,由教育部派赴德法二国留学,期限三年。大正三年,归国,即被命担任民法讲座。同五年,任教授。同年五月兼任东京高等师范法制经济讲师。同年,得法学博士,后即任东京高等商业学校讲师。八年,被任临时法制审议会干事,同年八月,被任为高等试验委员,叙高等文官三等。

【著书】(1)法律行为乃至时效,(2)日本债权法(总论),(3)同各论上下,(4)债权法讲义案,(5)德国私法教科书(三潴末弘两博士共著),(6)民法研究(四册)其他。

清濑一郎 兵库县人,明治十七年(一八八四)七月生。明治四十一年,京都帝国大学法科大学毕业,后赴英、德、法等国留学。归国后,业律师。大正十一年,得法学博士。现任众议院议员,并任各种要职。

【著书】不当得利论。

菅原眷二 日本民法学者。明治十七年(一八八四),生于兵库县。明治四二年,京都帝国大学法科大学德法科卒业,法学士。大正四年九月,派赴美国研究民法。七年归国,任京都帝国大学法科大学教授,担任民法及英法讲座。大正八年,得法学博士学位。

【著书】其发表论文之最有名者为(1)依据中间最高价格为损害赔偿之请求,(2)民法判例批评等。

高柳贤三 明治二十年(一八八七),生于崎玉县。留学美国,旋赴欧洲专研法理学。现任东京帝国大学教授,擅一时法律学界之权威。迄今未得博士,日人谓之超博士。又氏于日本大震灾后,奉命巡游欧美,为东京帝大搜集图书达数十万卷之多,对东大贡献之大,可以想见。

【著书】(1)现代法律思想之研究,(2)法律哲学原理,(3)新法学之基调,(4)法与道德(译),(5)法律史观(译),(6)英国商学法规集,(7)英美法教材等。

末弘严太郎 日本民法学者。大分县人,大审院推事,末弘严在长男。明治二一年(一八八八)生。明治四五年,东京帝国大学德法科卒业,法学士,成绩优越。同年,入大学院,专攻一般私法及民法,旋任同大学助教授,后被派赴欧洲各国留学,对于民法,更多所致力。归国后,即为帝国大学教授,大正九年,得法学博士,氏讲民法,注意于民众化,社会化的新思潮的灌输,为一般青年所景慕。屹然握有民法界之权威。人咸以新民法学者目之,迄今仍讲学东大云。

【著书】(1)债权法各论,(2)民法讲话,(3)劳动法研究,(4)嘘之效用,(5)法窗闲话,(6)法窗杂话,(7)农村法律及其他。

入江真太郎 兵库县人,明治二十四年(一八九一)三月生。大正五年,东京帝国大学英法科毕业,业律师。同时兼业商业公司事务。大正九年,赴美研究英美法。昭和三年,得法学博士。其论文为信托法原论云。

【著书】(1)律师道德论,(2)不法行为论(即侵权行为论),(3)信托法原论,(4)物权法论。

小野清一郎 山形县人,明治二十四年(一八九一)生。大正八年,东京帝国大学法科毕业,东京地方法院检察官。同年,任母校助教授,旋留学德法美诸国,研究刑事诉讼法学。归国后,任东京帝大教授。

【著书】(1)刑法讲义,(2)犯罪之时及所,(3)刑事诉讼法,(4)教材刑事判例,(5)刑事判例研究,(6)法理学与文化之概念,(7)刑之执行犹豫与缓刑制度等。

石田文次郎 奈良县人,明治二十五年(一八九二)三月生。大正六年,京都帝国大学法科大学德法科毕业,候补司法官,旋任推事。同九年,转教育界,神户高等商业学校教授。同十二年,留学英、美、德、法各国。同十四年,归国,即任东北帝大教授,担任民法讲座。昭和四年,得法学博士。

【著书】(1)土地总有权史论,(2)财产法上之动的理论,(3)民法总则,(4)物权法论,(5)投资地当权之研究。

泷川政次郎 日本法学家。明治三〇(一八九七)年,生于大阪市。大正一一(一九二三)年,东大法学科,德法科卒业。同年任中央大学,日本大学讲师。大正一四年,任九州帝国大学助教授。昭和二(一九二七)年,任该大学教授,同年罢职。昭和三年,再任中央大学,法政大学,庆应大学,东京商科大学等讲师。昭和五年,任中央大学教授。他专攻的科目,为日本法制史。著有日本社会史讲义,从法制史上所见日本农民之生活,法制史料,古文书类纂,日本法制史,日本社会史,日本奴隶经济史。

高桥作卫 日本之公法学者。明治二七年(一八九四),于东京帝国大学政治科卒业。后入大学院,专攻国际法。任海军教授。嗣留学英德法诸国,三十年,得法学博士。

法科大学教授法学博士

高　桥　作　卫　君

三四年，任东京帝国大学教授，担任国际法讲座。后并任内阁法制局长，兼敕选贵族议员等职，大正五年卒。

【著书】(1)战时国际公法，(2)平时国际公法，(3)战时国际法理先例论，(4)英文中日战争之国际事件。

平野义太郎　明治三十年(一八九七)，生于东京市。帝国大学法学部，卒业后，任同大学助教授，研究民法及劳工法。旋留学法国。昭和四年，归国，任东京帝国大学教授。为日本极左翼法学家，以唯物史的理论，研究法理学，多所创获。日本当局，目为左倾危险人物。昭和五年春，以共产党事件，连坐入狱，并停止其教授职务。法学家在日本以危险思想获罪者，要以氏为第一人也。

【著书】(1)法律上之阶级斗争，(2)民法上罗马思想与日耳曼思想，(3)马克思及昂格思的唯物史观与法律等。

川名兼四郎　日本民法学者。千叶县人。明治三二年(一八九九)，东京帝大法科卒业。旋由教育部派送德国研究民法。归国后，授法学博士。任法科大学教授，旁兼各私立大学教授。青年讲学，声誉卓著。当时有民法学者白眉之称号。当氏讲学时，正日本注释法派盛行时代，学者均以解释现行法文为能事，独氏谓法律为正义之学，不仅以锐利之论理力胜人，而同时又能立足于法律之原理，此尤注释派学者中之翘楚也。氏对于民法著书，多未完成，其已付印者，有《民法总则》及《物权法论》等，以患肺病卒，年四十一。

森口繁治　法学博士。专治宪法，京都帝国大学教授。

【著书】(1)卢梭民约论(译)，(2)比例代表之研究。

末川博　法学博士，以研究民法鸣。现任京都帝大教授。氏回国后，发表研究论文甚多，亦日本新兴民法家之一。

【著书】(1)民法上特殊问题之研究(二册)，(2)苏俄民法与劳动法，(3)权利侵害论，(4)契约总论等。

田中耕太郎　初治民法，旋改治商法。著述精深淹博，声名藉盛。现任东京帝国大学商法教授。

【著书】(1)法与宗教与社会生活，(2)商法研究，(3)商法总论概要，(4)公司法概论，(5)合名社会(即公司)，社员责任论。

信夫淳平　法学博士，对国际法极有研究。

【著书】不战条约论。

米田实　法学博士，专治国际公法及国际政治。曾留学美国十年，欧洲各国五年，精通英德法各国语言文字，富有世界眼光。归国后，任明治大学教授，兼外交时报编辑等职。

【著书】国际公法及太平洋问题等。

胜本正晃　法学博士，专研究民法，亦日本社会法学派巨子之一。任东北帝国大学民法教授。努力著作。对于民法，多所阐明。考氏为刑法大家胜本勘三郎之子，其少年环境，略与穗积重远氏相仿佛。得力于家庭教育居多。中谚有云："蓬中之麻，不扶自直"，宜氏之少年大成也。

【著书】(1)债权法总论(上卷)，(2)民法上事情变更之原则，(3)文艺与法律等。

我妻荣 日本新兴少壮派民法家之权威者。现任东京帝国大学教授。氏留学欧洲(德国)，归国较晚，得帝大讲学环境，受穗积末弘诸大民法家之诱导，故能集诸先辈大成，而有以青胜于蓝也。现氏在日本民法学界，如一赫赫明星，每一临讲坛，听众云集，每一书出，洛阳纸贵，其价值可想而知。原来日本民法学，自明治维新以来，可划为三阶段：第一，为自然法派输入时代，其代表者，为箕作祥麟、井上操、士方宁、江木衷诸氏；第二，为注释法派时代，其代表者，为梅谦次郎、富井正章、横田秀雄，川名兼四郎，中岛玉吉，及石坂音四郎之诸骏足是；第三，则为社会法学派时代，此派之初倡导者，为高柳贤三、牧野英一、穗积重远、鸠山秀夫、末弘严太郎诸先生，而集此派成熟之大成者，即胜本正晃、石田文次郎及我妻荣教授是也。吾于诸教授，不胜心响往之矣。

【著书】(1)民法总则，(2)近世债法之优越地位(法学志林二十九卷六号，以下连载)，(3)物权法(见法学全集中)。

大谷美隆 大正四年，明治大学专门部毕业之高才生。毕业后，律师试验及格，任同大学助教授。大正八年，赴德国及瑞士留学，研究民法及法理学。师承德国新康德派代表司塔门雷(Stammler)博士，多所心得。归国后，任明大教授。担任民法及法理学，极受学生欢迎，擅民法新派之权威。昭和七年十一月，授博士学位，论文为"失踪法论"。

【著书】(1)民法总则，(2)债权总论，(3)法理学原论，(4)民法论集，(5)债权各论讲义，(6)物权法讲义等数种。

十九　中国

公孙侨(即子产)？——纪元前四九七　春秋时之法家，及外交家，为郑之大夫。柄国四十余年，郑以小国介于晋楚大国之间，而晋楚不能加兵者，均氏折冲樽俎之力也。将卒，语子太叔曰：吾死，汝必为政；唯有德者，能以宽服民；其次莫如猛，夫火烈，民望而畏之，故鲜死焉；水懦弱，民狎而翫之，则多死焉，故宽难。孔子闻之，出涕曰：古之遗爱也！铸刑书于郑。

管夷吾 字仲，战国时齐之颍上人(即今之皖省颍上县人)，初与召忽共事公子纠，鲁伐齐，纳子纠，桓公自莒先入，战于干时。管仲射桓公中钩，鲁师败绩，桓公即位，得鲍叔之推荐，相桓公。霸诸侯，一匡天下，后世称之。据太史公管晏列传记载，谓："管氏既任齐相，以区区之齐在海滨，通货积财，富国强兵，与俗同好恶，故其称曰，仓廪实而知礼节，衣食足而知荣辱，上服度则六亲固，四维不张，国乃灭亡，下令如流水之源，令顺民心，故论卑而易行，俗之所欲，因而予之，俗之所否，因而去之，其为政也，因祸而为福，转败而为功，贵轻重，慎权衡”等语，则知管氏之政治目的，在富国强兵，而其政治手段，则在励行法治，事实极为显著。管氏于其所著法篇有言曰:“法者，民之父母也”，任法篇有言曰:“法者，天下之至道也，圣君之实用也。”又曰:“法者，上之所以一民使下也”，其平生醉心法治，而以法律为致治之工具，其意尤为彰明较著矣。氏平生发挥其法治思想，著有牧民，山高，乘马，轻重，九府等篇，总名之曰管子。于周襄王七年卒。

慎到 约生于前三世纪初期 战国时之法家。名到，赵人，与田骈接子及环渊同时(史记孟荀列传参照)，平生深倾倒老子，彼主张人生须法自然，法以自然为标准。而不为私人情感所左右，故主张为政须严刑峻罚，并力说司法权之独立，其主张法治之理由有三:即(1)去主观而设定客观，(2)在不公平之中，求得最公平，(3)可以无为而治者是。至于法律本身之性质，氏认为:(1)法律是社会意志的结晶;(2)法为不可侵犯之物;(3)法之效用，具有裁判力，其言为后世言法学者所祖，要亦申韩之流亚也。

【著书】据刘向校定共四十二篇，今存者，仅慎子五篇。

尹文 为名家者流。齐宣王时，游稷下，著书尹文子，其内容以说明大道，名分，仁义，礼乐，法术，权势等为骨干。大抵指陈治道，欲自处于虚静，而万事万物，则一一综核其实，故其言出入于黄老申韩之间，世又以法家目之云。

公孙鞅 纪元前三三八年 周末战国时之法家。姓公孙，名鞅，后称商君，为卫公庶子。少好刑名之学，初仕魏，后秦孝公采法治主义，讲富国强兵之策。其政绩，据史记商君列传载:“行之十年，秦民大悦，道不拾遗，山无盗贼，家给人足，民勇于公战。怯于私门，乡邑大治，”无何，秦伐魏大胜，封之于商十五邑，氏主张“一法，二信，三权，法为君臣之共操;信为君臣之共立，而权则为君之独制。”又以治国之要谛，首须重法，人民必须遵守法，并主张行极峻严之赏罚，其意以为罚奸所以禁邪;赏不过禁令之一种补助手段，制定连坐之刑，称“告相坐”，断刑时，虽贵戚亦置之同法。后人谓“商君临渭水论刑，河水为红”，其残酷有如是者。氏更排斥道法与学问，吸文章亡国论，谓“辨慧乱之赞，礼乐淫佚之征。”又使民专从事战争与务农，重关市之税，使物价腾贵，禁止奢侈。又禁止商人卖米，以减少其利益，废止旅人寄宿，而交通为之不便。对外固奖励战争;同时对内则禁止私门。以防国内之骚乱。总之商子之学，不外重法治以安内;强兵以御外，贱文，尚质，重农，贱商之数种。故能行于秦而致富强，后孝公卒，抱怨者多谗之，遂于周显王三四年(即西历前三三八年)，处以车裂之刑，商子一书，非其自著，今存者二四篇。

申不害 纪元前三三七年 战国时法家。河南京县人，相韩昭侯，内修政教，外应诸侯，十五年终申子之身，国治兵强，无侵韩者。申子之学，本于黄老，而主刑名。盖与韩非子同主张法治者也。韩非子唱法与术之区别。氏则从而和之，其所著申子，散佚不传，现在根据"玉函山房辑佚书"荀子之解蔽篇，及韩非子之定法篇，与外储说等，得以窥其梗概。于周显王三十一年卒。

邓析 好刑名之学。数难子产之法而屈之。鲁定公九年被诛，其著郑析子，主唱法家之言。

韩非 纪元前二世纪顷 战国时韩之诸公子，喜刑名法术之学，而归本于黄老。与李斯同受业于荀卿，非见韩之削弱，数上书陈治国之策。韩王不能用。于是发愤著孤愤，五蠹，内外储，说林，说难等，十余万言。以攻击当时之政府。又因国家所用非所养，所养非所用，因此主张极端功利主义，提倡法治，明刑赏，秦王见其书，慕其才，及秦攻韩事起，非使秦，留不还，旋相秦，出其所学，完成法治。然高才见嫉，李斯姚贾等，谗于始皇，卒下狱，死于狱中，时纪元前二三三年也。其思想系取老子及荀子之说，调和于申商二子之说。按老尚自然，儒尚德治，而氏则主张法治，而要归本于无为，故曰调和，以集法学之大成。氏著书中，对于"法治主义"与"人治"、"势治"、"德治"及"术治"等主义，加以深刻的阐明。又对于法的基础，法律进化论，以及法的性质，标准，运用等之说明。均与近世法之观念相吻合。氏可谓一伟大法学家而兼实用家者矣。于秦王政十四年卒。

【著书】韩非子二十卷，内容仅显学，五蠹，定法，诡使，六反，问辨，难势，七篇，为非所自撰。又有初见秦及存韩二篇，则系后人搜集秦之遗文而成。

李悝 为战国初魏文侯师，系我国法家之元祖。然关于其传记，书缺有间。汉书食货志艺文志(魏新律序略)及晋书食货志等，对于氏之经过及法律之意见，足资参考之处虽多。然对于其生平事略，仍无所见。后世九通，及其他史籍，亦然。汉学堂丛书之内，载有李悝法经全文，即法经二百四十八条，大概系后人假托。予甚憾焉。又据沈氏遗书(即沈寄簃遗书)依左传史记吕览，列举李与里相通之实例(同书第一册)。独司马迁撰史记，谓李克与李悝异名同人，同书货殖传明记，当魏文侯时，李克务尽地利，然尽地利之教，一般均认为李悝之事，即史记索隐，汉书食货志等，均记载李悝为魏文侯尽地力之教。而以史记之言为误。其正否姑置勿论。然依著者之时代观之，史记之撰者司马迁为前汉武帝时之史官。汉书之撰者班固，为后汉明帝时之典校秘书。法制之事，虽有人置重汉书，然史记之言，亦未可厚诬。元来我国古代称李姓者，皆理官(理与李相通)。即法官之子孙，在文学及其他法官以外之人，从无冒姓李者。理与李既相通。则依据沈氏之考证，与夫史记之所载，则李克即李悝之别名，实属可信。惟有一点可资怀疑者，即据魏世家所载，李克确为一非凡之异才。其所言多政治及处世之训戒(注)。关于纯法制之记载甚少。似与李悝之为纯法家者不同。然予以为古代政治经济法律不分，而法家实多兼通政治经济。实不能遽因此而疑悝克为二人也。 李悝氏事业中之最有名者，则为著"法经六篇"、"尽地力"及"平籴法"等三种。法经由盗法，贼法，囚法，捕法，杂法，具法，等之六篇而成。编于威烈王之一九年。为我国法典中最古之成文法典。尽地力者，即使人从事开垦土地，使地无遗利之义。平籴法者，当丰年米价廉时，收买之，当凶年米价腾贵士工商之贫困时，则廉价发卖，以救其穷，开后世常平仓青苗法之先声。

［注］魏文侯谓：李克曰，先生尝教寡人曰，家贫则思良妻；国乱则思良相。今所置非成则璜（魏成子翟璜）二子何如？李克对曰，臣闻之，卑不谋尊，疏不谋戚，臣在阙门之外，不敢当命。文侯曰，先生临事勿让，李克曰，君不察故也。居视其所亲，富视其所与，达视其所举，穷视其所不为，贫视其所不取，五者足以定之矣。何待克哉？文侯曰，先生就舍，寡人之相定矣。李克趋而出，过翟璜之家，翟璜曰，今日闻君召先生卜相，果谁为之？李克曰，魏成子为相矣。翟璜忿然作色曰，以耳目之所睹记，臣何贫于魏成子。西河之守，臣之所进也。君内以邺为忧，臣进西门豹，君谋欲伐中山，臣进乐平，中山已拔，无使守之，臣进先生，君之子无传，臣进屈侯鲋，臣何负于魏成子。李克曰，子安得与魏成子比乎？魏成子以食禄千钟，什九在外，什一在内，是以东得卜子夏，田子方，段干木，此三人者，君皆师之，子之所进五人者，君皆臣之，子恶得与魏成子比也？翟璜逡巡再拜曰，璜，鄙人也。失对。

萧何　相国萧何，攈扩秦法，取其宜于时者，作律九章（刑法志），一云定诸侯法令（玉海），而汉室以宁（论衡）。于汉武帝元朔二年卒。

叔孙通　本传，叔孙通，薛人也。孝惠即位，定宗庙仪法，及稍定，汉诸仪法，皆通所论著（本传）。又据晋志载，氏益律所不及，傍章十八篇。

张苍　汉兴二十余年，天下初定，公卿皆军吏，苍为计相，吹律调乐，入之声音，及以比定律令（见任敖传），一云定章程（高帝记），又除肉刑，所杀岁以万计（魏志钟繇传），于周赧王季年生，汉景帝五年卒（纪元前一五二年）。

董仲舒　故胶东相董仲舒，老病致仕，朝廷每有政议，数遣廷尉张汤，亲至陋巷问其得失，于是作春秋决狱二百三十二事（应劭传）。又作春秋治狱十六篇（艺文志）。氏表春秋之义，稽合于律，无乖异者（论衡）。

贾谊（吴公）　贾谊，洛阳人也。于汉高帝七年生（纪元前二百年）。河南守吴公，闻其秀才，召置门下，文帝初立，闻河南守吴公治平为天下第一，故与李斯同邑，而尝学事焉。征以为廷尉，廷尉乃言谊年少，颇通诸家之书，文帝召以为博士，超迁岁中，至大中大夫，以为汉兴二十余年，宜草具仪法，文帝谦让未遑也，然诸法令多更定，其说皆谊发之（本传）。后于汉文帝十二年卒（纪元前一六八）。享年三十有三。

张叔　史记张叔列传："御史大夫张叔者，名欧，安邱侯说之庶子也。孝文时，以治刑名言事太子，然叔虽治刑名家，其人长者。"

晁错　纪元前一五四年顷　汉时之法治学者。颖川人，学申商刑名，以文学为太常掌故。尝从济南伏生学尚书，累迁太子家令，以辩得幸太子，号曰"智囊"，数上书言边事，景帝时为御史大夫，更定法令，同时建白削诸王之地，以固汉室之基础，因此吴楚七国兴兵，以除错为理由，景帝从袁盎之言，诛错以息兵。时为景帝三年丁亥（纪元前一五四年）。

王莽　禁孙，字巨君，汉元帝初元四年生。少孤贫，折节读书。内行修敕，外交英俊，其后以大司马专朝政，废前汉孺子婴，篡位，国号新。罢置改易，悉仿周官官名。又行“井田法”作钱货，汉家制度，多所更易，在位十五年卒。享年六十有八。

张汤 张汤列传：张汤，杜陵人也。父为长安丞出，汤为儿童守舍还，鼠盗肉，父怒笞汤，汤掘薰，得鼠及余肉。劾鼠，掠治传，爰讯鞫论报，并取鼠与肉，具狱，磔堂下，父见之，视文辞，如老狱吏，大惊，遂使书狱，迁大中大夫，与赵禹共定诸律令，越宫律二十七篇（晋志），务在深文（本传）明法以绳天下（盐铁论）。于汉武帝元鼎二年丙寅十一月卒。

赵禹 斄人也。武帝时，以刀笔吏，积劳，迁为御史，上以为能，至中大夫，与张汤论定律令，作见知吏传，相监司以法尽自此始（本传），又氏朝律共六篇（晋志）。

杜周 本传说：“杜周南阳杜衍人也，少言重迟，而内深次骨。其治大抵放张汤，”有兼律大杜（冯绲碣）、韬律大杜（荆州从事苑镇碑）之称。

杜延年 本传说：“字幼公，亦明法律，”后汉书郭躬传说：“父弘，习小杜律，”注：“杜周，武帝时为廷尉御史大夫，断狱深刻。其子延年亦明法律，宣帝时，又为御史大夫，对父故言小。”又据丙吉传，氏明于法度，晓于国家政事。

韩安国（田生） 本传说：“韩安国，字长孺，成安人也。尝受韩子（汉书注校补，韩子，谓韩非子）杂说，邹田生所注，师古曰，田生，邹县人，于汉武帝元朔二年卒。”

公孙弘 本传说：“公孙弘，菑川薛人也。”汉高帝七年生（纪元前二百年）。时为狱吏，习文法，吏事缘饬以儒术。又据西京杂志，氏著公孙子言刑各事，谓字值百金。于汉武帝元狩二年三月卒（纪元前一二一年）。

于定国 本传说：“于定国，字曼倩，东海剡人也。其父于公，为县狱吏郡决曹决狱，平罹文法者，于公所决，皆不恨（注，据说苑决狱平法，未尝有冤）。定国少学法于父，父死后，定国亦为狱吏郡决曹，以高材举侍御史，迁御史中丞。”又据魏书刑法志，氏为廷尉，集诸法律，凡九百六十卷。卒年七十有余。

路温舒 本传说：“路温舒，字长君，巨鹿東里人也。为狱小吏，因学律令，转为狱史，县中疑事，皆问焉。”他对刑法，极力主张反对刑讯。宣帝初，上书言宜尚德缓刑，中有云：“夫人情安则乐生，痛则思死，捶楚下，何求而不得，故囚不胜痛，则饰辞以视之。吏治者，利其然，则指道以明之，上奏畏却，则锻炼而周内之，盖奏当之成，虽咎繇听之，犹以为死有余辜，何则，成炼者众，文致之罪明也。是以狱吏专为深刻，残贼而亡极，偷为一切，不顾国患，此世之大贼也。故俗语说：“画地为狱，议不入，刻木为吏期不对，此皆疾吏之风，悲痛之辞也。”

郑弘 本传说：“郑弘，字穉卿，泰山刚人也。兄昌，字次卿，皆明经，通法律政事，次卿为太原郡太守，弘为阳太守，皆治迹条教法度，为后世所述，次卿用刑罚深，不如弘平。”于汉章帝元和三年卒。

郑宾 据郑崇传载：“郑崇，父宾，明法律，为御史事贡公。”

黄霸 据循吏传："黄霸，字次公，淮阳阳夏人也。以豪杰役使，徙云陵，霸少学律令，喜为吏，为人明察内敏，又习文，法为丞处议，当于法，合人心，太守甚任之，吏民敬爱焉。"于汉宣帝甘霸三年卒。

严延年 据酷吏传："严延年，字次卿，东海下邳人也。少学法律，丞相府为郡吏，以选除补御史掾，"于汉宣帝神爵四年卒。

孔光 本传载："孔光，字子夏，汉宣帝元康元年生(纪元前一二一年)。孔子十四世孙也。"以高第为尚书，观故事品式。数岁，明习汉制及法令。于汉平帝元始五年四月卒(纪元前五年)。享年有七十。

陈汤 本传载："陈汤，字公山，阳瑕丘人也。少好书，博达，善属文，大将军凤奏以为从事中郎，幕府事，一决于汤。汤明法令，善因事为执，纳说多从常受人金钱，作章奏，卒以此败。"

丙吉 本传载："丙吉，字少卿鲁国人也。治法令，为鲁狱吏，积功劳，稍迁至廷尉。"于汉宣帝五凤三年正月卒。

薛宣 本传载："薛宣，字赣君，东海郯人也。少为廷尉，书佐都船狱吏，以明习文法，诏补御吏中丞。"

尹翁归 本传载："尹翁归，安子见，河东平阳人也，少孤，与季父居，为狱小吏，晓习文法。"于汉宣帝元康四年卒。

何比干 据何敞传及同传注，引何氏家传载："比干，字少卿经明行修，兼通法律，武帝时，为廷尉正，与张汤同时，汤持法深，而比干务仁恕，数与汤争，虽不能尽得，然所济活者，以千数。"又据太平广记，二百九十一，引三辅决录载，氏平狱无冤，号曰何公。

弘恭 本传载："氏明习法令故事。又据萧望之传载：宣帝不甚从儒术，任用法律，而中书令弘恭石显久典枢机，明习文法，法言载或曰：载，使子草律，曰：吾不如弘恭。"于汉元帝初元二年卒。

王禁 元后传载："禁字雅君，少学法律，长安为廷尉吏。"

淮阳宪王钦 韦元成传载："宣帝宠姬张婕妤男，淮阳宪王，好政事，通法律，上奇其才，欲以为嗣。"于汉元帝建昭五年卒。

赵肃王彭祖 本传载："以考景前二年，立，心刻深，好法律。"于汉武帝征和元年三月卒。

广陵思王荆 光武十王传载："荆性刻急，隐害有才能，而喜文法。"于汉平帝永平十年卒。

王霸 本传载："王霸，字元伯，颍川颍阳人也，世好文法，父为郡决曹掾，霸亦少为狱吏，注引东观汉记曰，祖父为诏狱丞。"

梁统　本传载:“梁统,字仲宁,安定乌氏人,性刚毅,而好法律。”

郭躬　本传说:“郭躬,字仲孙,颍川阳翟人也,父弘,习小杜律,太守寇恂,以弘为决曹掾,断狱至三千件,用法平,诸为弘所决者退无怨情。郡内比之东海于公,年九五卒。躬少传父业,讲授徒众,常数百人,世掌法,务在宽平。乃条诸重文可从轻者四十一事,奏之,事皆施行,著于令,于汉和帝永元六年卒,躬子晊,亦明法律,至南阳太守,政有名述。弟祯,亦以能法律至廷尉,弟子僖少明习家业,兼好儒学,延喜(桓帝年号)中,为廷尉,郭氏自弘后数世,皆传法律。”

陈宠　东汉观记:“陈宠,曾祖父咸,仕成哀间,以明律令为侍御史。”本传亦说陈宠,字昭公,沛国洨人也。曾祖父咸,成哀间,以律令为尚书,平帝时王莽辅政,多改汉制,咸心非之,即乞骸骨,收敛其家律令书文,皆壁藏之,咸性仁恕,常戒子孙曰,为人议法,当依于轻。虽有百金之利,慎无与人重比。又谓,“宠明习家业,少为州郡吏辟,司徒鲍昱府,昱高其能,转为辞曹,为昱撰词讼比七卷,奏上之,其后公府奉以为法。”这便是叙述他的编纂法典事业。于汉殇帝延平元年卒。宠子,陈忠,“字伯始,刘恺举忠明悉法律,宣备机密,于是擢拜尚书,使三公曹,忠自以世典刑法,用公务在宽详。”

王涣　本传载:“王涣,字稚子,广汉郪人也。习尚书,读律令,略举大义,为太守陈宠功曹。”于汉和帝元兴元年卒。

吴雄　据郭躬传载:“顺帝时,廷尉河南吴雄季高,以明法律,断狱平,起自孤官,致位司徒(即自廷尉致位司徒),子訢孙恭三世廷尉为法名家。又据文苑英华,沈约授蔡法度廷尉制。谓吴雄以三世法家,继为理职。”

张禹　据书钞五三引东观记:“张禹,字伯达,作九府吏,为廷尉府北曹吏,断狱处事执平,为京师所称,明帝以其明达法理,有张释之风。超迁,非次拜廷尉(即越次而授之意)。于东汉哀帝建平二年卒。”

侯霸　本传载:“侯霸,字君房,河南密人也。明习故事,条奏前世善政法度,有益于时者,皆施行之。”于汉光武帝建武十三年正月卒。

陈球　本传载:“陈球,字伯真,东汉安帝元初五年生(纪元一一八年)。下邳淮浦人也。少涉儒学。善律令。”于汉灵帝光和二年卒(纪元一七九),享年六十二。

钟皓　本传载:“钟皓,安季明,汉章帝章和二年生(纪元八八年)。颍川长社人,世善刑律。又据魏志钟繇传注,氏温良笃慎,博学诗律,教授门生,千有余人。”于汉桓帝永嘉二年卒(纪元一五六年),享年六十有九。

阳球　本传载:“阳球,字方正,鱼阳泉州人也。性严厉,好申韩之学。”于汉顺帝?年间卒。

樊晔　本传载:“樊晔,字仲华,南阳新野人也。为天水太守,政严猛,好申韩法,善恶立断。”

周纡　本传载:“周纡,字文通,下邳徐人也。为人刻削,少恩,好韩非之术。”于汉和帝永元九年卒。

周树 据书钞七三，引谢承后汉书：周树，达于法，善能解烦释疑，八群从事。

徐征 御览三五三，引广州先贤传：徐征，字君球，苍梧荔浦人也。少有方直之行，不挠之节，颇览书传，尤明律令，延喜五年，征为中部督邮。

应劭 本传载："应劭，字仲远，删定律令，为汉仪。建安元年，奏之。始迁都于许。凡朝廷制度，百官典式，多劭所立。"又据魏志王粲传注，引汉书劭又著中汉辑叙汉官仪及礼仪，故事，"凡十一种，百三十一卷，"又据隋志载："应劭律略论五卷，读朝议驳三十卷，应劭撰。"

董昆 御览六百三十八，引会稽典录：董昆，字文通，余姚人也。少游学，师事颍川荀采卿，受春秋，治律令，明达法理。又才能拨烦，县长潘松署功曹史，刺史卢孟行部，垂念冤结，松以孟明察法令，转署昆为狱吏，孟到，昆断刑法，甚得其平。孟问昆本学律令，所事为谁？昆对事荀季卿，孟曰：史与刺史同师，孟又问昆从何职为狱史。松具以实对，孟叹曰：刺史学律，犹不及昆，召之署文学。又据御览二百三十一引会稽典录："董昆，迁廷尉，持法清竣，不发私书。"

张皓 本传载："张皓，字叔明，汉光武帝建武二十六年生(纪元五十年)。犍为武阳人也。虽非法家，而留心刑断，数与尚书辨正疑狱，多以详当见从。"于汉顺帝阳嘉元年卒(纪元一三二年)。享年八十有二。

王符 字节信，后汉临泾人。少好学有志操，与马融、张衡、崔瑗等友善。和安二帝后，世务游宦，符独耿介隐居著书，以讥当时之得失，不欲彰其名，号曰潜夫论。内中如德化篇、三式篇及断讼篇等，均系发挥法治之真谛。观其所云："制法之意，若为藩篱，以有防矣。"又云："立法之大要，必令善人劝其德而乐其政，邪人痛其祸而悔其行。"又云："法令者，人君之衔辔棰策也"等言论，则知王氏虽非专门法家，然其言论思想间接影响于法学者，不在管商下也。

卫宏 后汉之议郎，太兴古学，其著汉官旧仪，亘西汉之宫中，以至地方官，均详记其制度格式等。

诸葛亮 汉灵帝光和四年生(纪元一八一年)。三国时唯一政治家，军事家，同时亦即为一大法家。当其为蜀相国也，抚百姓，示仪轨，约官职，从权制，循名责，赏罚严明，一时政绩大著。蜀志记其答法正之言曰："秦以无道，政苛民怨，匹夫大呼，天地土崩，高祖矫之以宽，故能私济，今刘璋闇弱，自其父焉以来，文法羁縻，互相承奉，德政不举，威令不行，蜀土人士，专权自恣，名臣之道，渐以陵替，宠之以位，位极则人不知尊。顺之以恩，恩竭则人不知感。所以致弊之繇，实缘于此。吾今威之以法，法行则知恩；限之以爵，爵加则知荣，荣恩并济，上下有节。为治之要。如斯著矣。"由此段言论观之，便可以知氏崇尚法治之精神。又据蜀志诸葛亮本传，附有葛氏集目二十四篇，其中如权制篇，综核篇，法检篇，科令篇，及军令篇等。关于法律方面，多有卓识，惜皆散佚不传。于蜀后主建兴十二年卒(纪元二三四年)。享年五十有四。

诸　葛　亮

刘邵 字孔才，广平邯郸人也。为魏代第一流法家。据魏志载："氏撰述法论，人物志之类，百余篇，"惜法论今已散佚不可考（侯康补三国艺文志谓有十卷），惟人物志为一部极有价值讲应用心理学之书，其流业篇，有云："建法立制，强国富人，是谓法家，管仲商鞅是也。"又谓："法家之材，司寇之任也。"氏在材能篇，解释法家"有立法使人从之之能。"所以"立法之能，治家之材也。故在朝也，则司寇之任。为国则公正之政。"观氏言论，足征其对于法律之真认识矣，明帝即位，与议郎庾嶷荀诜陈群等定科令，作新律十八篇，著律略论五卷（见隋书经籍志）。于魏齐王正始？年间卒。

陈群 唐六典注：魏命陈群等采汉律，为魏律，十八篇。群当蜀后主建兴十四年卒。

卢毓 卢毓传："先是散骑常侍刘劭，受诏定律，未就，毓上论古今科律之意，以为法宜一正，不宜有两端，使奸吏得容情。"于魏高贵乡公甘露二年卒。

高柔 高柔传："高柔，字文惠，汉灵帝嘉平三年生。陈留圉人也。太祖为以刺奸令。吏处法允当，狱无留滞。文帝践祚，以柔为治书侍御史，四年迁廷尉。"于蜀后主炎兴元年卒。享年有九十。

钟繇 汉桓帝元嘉元年生（纪元一五一年），蜀后主建兴八年卒（纪元二三○年）。钟皓博学诗律，教授门生，千有余人。为郡功曹，皓父，字迪敷，并以党锢不仕，繇则迪之孙（钟繇传注引先贤行状）。繇字稚叔，为廷尉，听君父已没，臣子得为理谤，及士为侯，其妻不复配嫁，繇所创也（钟繇传）。会，字士秀，外传繇小子也。会死后，于会家得书二十万，名曰道论，而实刑名家也（钟会传）。

按，钟皓，世善刑律，见汉书本传，东汉以律世其家者，吴陈二家之外，当推钟氏。

王朗 魏国初建，王朗以军祭酒，领魏郡太守，迁少府，奉常大理，务在宽恕。罪疑从轻。钟繇明察当法，俱以治狱见称（王朗传）。是时太传钟繇又上疏求复肉刑。诏下，其奏司徒王朗议。又不同议者百余人，与朗同者多（见晋书刑法志）。于魏明帝太和二年卒。

卫觊 觊请置律博士，能相教授（晋书刑法志），约卒于魏明帝？年间。

刘廙 氏著书数十篇，及与丁仪共论刑礼，皆传于世。

阮武 武字文业，阔达博通渊雅之士。位止清河太守（杜畿传注，引杜氏新书），双按隋书经籍志，谓法说阮子正论五卷，魏清河太守阮武撰成。

贾充 贾充传："贾充字公闾，汉献帝建安二十三年生。平阳襄陵人也。拜尚书郎。典定科令，帝又命充定法律，充有刀笔才能。所定新律，百家便之。"于晋武帝太康三年四月卒。享年六十有六。

郑冲 初，文帝命荀勖，贾充，裴秀等，分定礼仪律令。皆先咨郑冲。然后施行（世说注引续晋阳秋）。于晋武帝太始十年卒。

荀勗 勖（当作勗），拜中书监，加典著作，与贾充共定律令。班下施用（艺文类聚五十四引，王隐晋书）。于晋武帝太康十年卒（纪元二八九年）。

裴楷 贾充改定律令，以楷为定科郎，事毕，诏楷于御前，执读平议当否？楷善宣吐，左右属目。听此忘倦（裴楷传）。卒年五十有五。

成公绥 成公绥，字子安，蜀后主建兴九年生（纪元二三一年）。东郡白马人也。与贾充等参定法律，于晋武帝泰始九年卒（纪元二七三年）。享年四十有三。

荀辉 贾充定新律，又有荀辉同典，正其事（贾充传）。

荀觊 羊祜，王业，杜友，杜预，固权，郭颀，柳轨，荣邵，按以上九人，均预定新律，觊于晋武帝太始十年卒。

张裴 晋代法律专家。除刘颂外，即首推张裴。其所著晋律表，使后人窥知晋律大意。其最于法有贡献者，即发明审判心理学一部是。氏云："夫刑者，司理之官，理者，求情之机，情者，心神之使。心感则情动于中。而形于言，畅于四支，发于事业，是故奸人心愧而面赤，内怖而色夺。论罪者，务本其心，审其情，精其事，近取诸身，远取诸物，然后可以正刑。" 此段言论，与方今德国的格鲁士（Hans Gross）所著之犯罪心理学，可相伯仲。我国书中，除前此有刘歆伪造周官中"五听"之说外，就要算氏最知心理学在司法上所占位置之重要（魏刘邵传参看）。

葛洪 晋之法律家。其对于民法方面，为防止婚姻发生纠葛，主张严定法律手续，以息诉讼（见氏著抱朴子弭讼篇）。其对于刑法，则主张"严刑峻法，恢复肉刑"（见所著抱朴子书外篇用刑卷第十四）。卒于晋成帝咸和间。享年八十有一。

范宣 晋人，字宣子。好学高尚，终身以讲学为业。四方之学者，皆宗仰之。卒年五十有四。

【著书】刑书。

卫瓘 瓘，字伯玉，汉献帝兴平二十五年生。河东安邑人也。父覬，魏尚书，陈留王即位，拜侍中，数岁转廷尉。瓘明法理。每至听讼，大小以情（本传）。于晋惠帝元康元年六月卒。享年七十有二。

高光 高光，字宣茂。陈留围城人。魏太尉柔之孙也。光少习家业，明练刑理，是时武帝置黄沙狱，以典诏囚，以光历世明法，用为黄沙御史，迁廷尉。于时朝廷咸推光明于用法。故频典理官（本传）。约卒于晋怀帝？年间。

刘颂 晋书，刘颂传："颂，字子雅，广陵人。武帝践祚，拜尚书三公郎，典科律。元康初，从淮南王允入朝，会诛杨骏，颂屯卫殿中。其夜，诏以颂为三公尚书。又上疏论律令。事为时论所美。久之转吏部尚书，建九班之制。欲令百官居职，希迁考课能否？明其赏罚。贾郭专朝，任者欲速，竟不施行。"氏因系一法家，故主张尊重法之效力。当晋哀帝时，"政出群下，刑法不一，狱讼繁滋，"之时。曾上疏请刑法画一。醇然法家之言。氏又主张恢复肉刑。见晋书刑法志，足供治刑法者参考。

续咸 咸，字孝宗，汉昭烈帝章武元年生。上党人也。修陈杜律，明达刑书。永嘉中，历廷尉后，没石勒，勒以为理曹参军，持法平详（儒林传）。于晋元帝建武元年卒。享年九十有七。

石尠 尠，字处约，侍中太尉。昌安元公第二子也。才识迢远。有伦理，刑断少受，赐官大中大夫，关中侯，除南阳文学太子洗马尚书三公侍郎。情断大狱，三十余条。于时内外莫不办当。迁南阳王友廷尉正中书侍郎（晋故尚书，征虏将军，幽州刺史城阳简侯石尠碑）。

顾荣 荣，字彦先，迁廷尉，平时赵王欲诛淮南王允，官属下廷尉议，顾荣具明刑理，赖其济者甚众。约卒于晋元帝？年间。

王坦之 坦之,字左卫,晋成帝咸和五年生(纪元三三〇年)。少有风格,尚刑名之学。尝著废庄论。于晋孝武帝宁康三年五月卒(纪元三七五年)。享年四十有六。

李充 充,字弘度,江夏人也。幼时好刑名之学(文苑传)。约卒于晋穆帝年间,享年八十有八。

徐豁 豁,字万同,宋元嘉初,为尚书左丞,山阴令。精练法理,为时所推(南史氏本传)。

王猛 猛生于晋明帝太宁三年(纪元三三五年)。为后秦之一伟大法家。氏相符坚时,事无巨细,必躬亲办理。据晋书载:“猛之初相也,贵戚强豪,诛死者二十余人;于是百寮震肃,豪右屏气。”符坚叹曰:“吾人始知天下之有法也。”又猛在未到鄴以前,劫盗公行,及猛已至,远近帖服。晋书又载:“猛宰政公平,流放尸素,拔幽滞。劝课农桑,教以廉耻。无罪而不刑,无才而不任。庶绩咸熙,百揆时叙,于是兵强国富,垂及升平。及其卒也,朝野苍哭三日。”足征氏施行法治之效果矣。卒年五十有一,时当晋孝武帝宁康三年七月也(纪元三七五年)。

王冲 冲,字长深,齐武帝永明十年生(纪元四九二年)。弘玄孙也。累迁侍中,南郡太守,习于法令,政号平理(南史本传)。于陈临海王光大元年卒(纪元五六七年),享年七十有六。

宗元饶 生于梁武帝天监十七年戊戌。性公平。善持法,谙晓故事(本传)。于陈宣帝太建十三年卒。享年六十有四。

殷不害 不害于梁武帝天监四年生(纪元五〇五年)。年十七,仕梁为廷尉。长于故事。兼饬以儒术。名法有轻重,不便者辄上书言之,多所纳用(府册元龟六一八)。于隋开皇九年卒(纪元五八九年),享年八十有五。

羊祉 羊灵引,祉性刚愎,好刑名。弟灵引好法律(北史羊祉传)。

封述 述勃海蓨人,廷尉轨之子也。久任法官。明解律令,议断平允,时人称之。

宋世轨 世轨幼自严整,好法律。稍长,迁廷尉(本传)。

徐招 少好法律,发言成章。常欲辨析秋毫,历职内外,有当官之誉(赵肃传)。

赵肃 字庆雍,后周之廷尉。执法平允。凡所断,咸得其情。后周大律及令,为肃等所撰。大律,保定三年三月成。

郎茂 茂,于梁武帝大同八年生。工法理,为世所称(本传)。子茂,字蔚之,师事国子博士,河间权会,爱诗易三礼及玄象刑名之学(北史郎基传)。于隋炀帝大业十二年卒,享年七十有五。

崔廓 廓,尝著作,言刑名之理。其义甚精。惜多不载(本传)。于隋炀帝大业年间卒,享年有八十。

杨汪　汪，明习法令，果于剖断。当时号为称职。于唐高祖武德四年卒。

牛弘　于梁武帝大同十一年生(纪元五四五年)。初为隋之秘书监，后拜吏部尚书，封奇章郡公，性寡欲，好学博闻，隋之大业律，及大业令，均为弘等所撰。史称大雅君子焉。于隋炀帝大业六年十二月卒(纪元六一〇年)。享年六十有六。

长孙无忌　字辅机，唐高宗时，流于黔州，投缳卒。显庆四年，七月也。其生平对于唐律有极大之贡献。太宗贞观一一年正月，与房玄龄等撰贞观律令格式。高宗永徽二年，又与李勣等撰永徽律令格式。永徽四年，一一年，又奉敕记唐之律令，而施以解义。分篇一二，列条五百。兹揭其总目如下：名例五七条，卫禁三三条，职制五八条，户婚四六条，厩库二八条，擅兴二四条，盗贼五四条，斗讼五九条，诈伪二七条，杂律六二条，捕亡十八条，断狱三四条。

韦方质　唐人，精通法理。武后垂拱元年，与裴居道等，撰“垂拱格式”。

刘瑑　唐宣宗大中五年，修大中刑法，总要格后敕。后又撰“大中刑法统类。”

王溥　字齐物，后梁末帝龙德二年生(纪元九二二年)。宋太宗朝，封祈国公。家中藏书万卷。太平兴国七年卒。年六十一。其所撰“唐会要”，即集唐代之政要。“五代会要，”即辑五代之政要。于太平兴国七年卒(纪元九八二年)。享年六十有一。

王应麟　字伯厚，宋光宗嘉定十六年生(纪元一二三三年)。九岁，通六经，学问赅博，第淳祐进士，历浙西安抚史，干办公事，帝御集英殿策士。召氏覆考，帝欲易第七卷置其首。应麟读之乃顿首曰：“是卷古谊若龟鉴，忠肝如铁石。臣敢庆得士，遂置首选。及唱名，乃文天祥也。”累擢秘书郎，应诏极论时政，度宗即位，累迁礼部尚书，东归后，始于元成宗元贞二年卒(纪元一二九六年)。平生著书甚多。“汉制考”一书，纪录汉之制度甚详。

王珪　华阳人，字禹玉，宋真宗天禧三年己未生(纪元一〇一九年)。举进士甲科，哲宗时，累官尚书左仆射，兼门下侍郎，封歧国公，朝廷大典册，多出其手。曾撰嘉祐审官院编敕，及在京诸司库务条式，前者嘉祐七年，后者治平二年六月成。又著华阳集百卷。于神宗元丰八年五月卒(纪元一〇八五年)。享年六十有七。

王安石　一〇一六——一〇八六　字介甫，号半山。江西临川人。相宋神宗，封荆国公。少好读书，工为文，擢进士第，平生以文章名，为唐宋八大家之一人，同时又为宋代伟大政治家兼法律家，富于创造天才。相神宗时，上万言书，以变法为言。曾创青苗，保甲，保马，均输，水利，免役，市易方面等新法(注)，物议沸腾。又安石等曾撰各种“法典”，熙宁编敕，熙宁六年八月成。编修三司敕式，同七年三月成。诸司敕式，同九年九月成。诸司敕令格式，同十年二月成。卒年六十八，谥文曰，安石性强毅，工书画，文章拗折峭深，人以大家目之。有周官新义临川集唐百家诗选行世。

王 安 石

［注］荆公新法，大要得分为数种：

(甲)财政方面主张设三司——户部，度支，盐铁条例司，统一事权。专管财政，以冀整理赋税。 (乙)民政方面——最重要的是：(a)青苗法，当播种的时候，由官家把钱借给人民，做种田的资本；秋收后，收回加息二分。这所以防止富人盘剥重利。(b)免役法，改“差役”为“雇役”，令百姓各按等第出“免役钱”，政府用了这项收入，再雇役当差作事，不再随便差役百姓。(c)方田均税法，划分全国的田地，每纵横一千步为“一方”，再看他的土色，为别高下，以定赋税，这是荆公整理赋税的根本方法。 (丙)军政方面荆公于军政上的改革，先着手裁兵。次则改去番戍之制，置将统兵，分驻各路，再行保甲法，每十家算一保，每五保为一大保，十大保，算一都保，各设领袖户。有二丁的，以其一丁为保丁；保丁中，每派五人任守卫。再训练保长，使习武艺，教他去转教保丁。这便是荆公实行民兵的方法。 (丁)教育和选举的政策，荆公是绝不赞成用科举取士，而主张学校养士。所以他执政的时候，便设法整顿学校，广增太学校舍，设立三舍之法。初入学的为外舍生，次升到内舍上舍。上舍学生得免礼部试验特授以官。这便是荆公要想渐次以“学校”代“科举”的意思。

刘挚 宋仁宗天圣八年生(纪元一〇三〇年)。为尚书仆射，字华志，辅政多能，成元祐之治，比隆于于嘉祐。与崔合符等，曾撰"元丰敕令式"刊行之。于哲宗绍圣四年卒(纪元一〇九七年)。享年六十有八。

李攸 宋之承议郎，其所撰宋朝事实，系辑北宋一代之典制。

李承之 宋人，礼房条例，系承之等所撰，熙宁八年二月成。

李心传 一一六五——一二四三　宋之礼部侍郎，字微之，生平著书甚多，建炎以来，朝野杂记，系采集宋南渡以后之制度成之。

阎公贞 一一八〇——一一九六　我国金代之明法家。字正之，宛平人，明昌初年(一一九〇)，为大理正，更为大理卿，居法寺(司法局)几十年。详慎周密，毫无过误。后来校定律令，定为金人法家之祖。

何荣祖 元之中书右丞，字继先，卒于英宗大德年间。享年七十九。国初，尚无法守，断理百司狱讼，循金律，极严苛，氏乃著"至元新格"上之，受命颁行，著书数种，均不传。

李善长 元仁宗皇庆二年生。为明太祖之左丞相，字百室，习法家之言，策事多中，后以谗见杀。明之律令，系善长等奉敕所撰。令律分，吏户礼兵刑工之六部。于洪武二十三年卒。享年七十七。

刘惟谦 明之刑部尚书，后以事坐免。大明律，洪武六年，系氏奉敕所撰，篇目一准于唐律，今不传。

李瀚章 清朝李鸿章之兄。由知府升任两湖总督。好著书。生平曾汇辑清朝与各国通商之条约，成"通商章程成案汇编"一书行于世。

李圭 清代人，字小池，生平曾辑咸丰九年至光绪十年之间，关于清朝与各国之条约，及通商的统计表刊行。题名"通商表"。

王又槐 清人，乾隆五七年，撰大清律例汇编。

蔡温 一六八二——一七六一　流球之政治家，生拉那霸之文果，为三司官(藩球藩之执政)之一人。于外交则对付中及萨摩藩，于内政则改善产业，土水，治水之设施，并整理法令，所著御教条及独物语为研究琉球法律政治之好参考资料也。

蔡逢年 清人，同治十一年，编处分则例图要。

蔡云峰 清人，逢年之兄，编有律例便览。

李鸿章 一八二三——一九〇一　清朝之名臣，字渐甫，号少荃，道光二七年进士及第，后受知于曾国藩，共戡定内乱，后为直隶总督，兼北洋大臣。中日之战，及北清事变之际，身当其冲，光绪二七年，以七十八岁殁。殁后由吴汝纶氏辑录其生平奏议(同治元年至光绪二十四年)，题为李肃毅伯奏议，富于外交史之资料。

沈家本 一八四〇——一九一三　字寄簃，我国清末之第一流法家，不但精通旧律，即近代东西洋新法制，亦均深刻了解，原来，我国大清律，系沿宋明律之旧，都分为七律(一名例律,二吏律,三户律,四礼律,五兵律,六刑律,七工律,是),四百三十六门。卷帙瀚浩,民刑不分,实不足以应新时代之要求。清季惩于庚子之败,思变法图强,乃于光绪二八年,派伍廷芳氏及先生为修律大臣。先生遂奏请编定现行刑律,以立推行新律基础。始将律例大加删改,定名为现行刑律。分为三十六卷。卷首为律目,服制图,服制。卷一、卷二,为名例。卷三,职制。卷四,公式。卷五,户役。卷六,田宅。卷七,婚姻。卷八、卷九,仓库。卷十,课程。卷十一,钱债。卷十二,市廛。卷十三,祭祀。卷十四,礼制。卷十五,宫卫。卷十

沈家本先生遗像

六,军政。卷十七,关津。卷十八,厩牧。卷十九,邮驿。卷二十至二十二,贼盗。卷二十三,人命。卷二十四、二十五,斗殴。卷二十六,骂詈。卷二十七,诉讼。卷二十八,受赃。卷二十九,诈伪。卷三十,犯奸。卷三十一,杂犯,卷三十二,捕亡。卷三十三、三十四断狱。卷三十五,营造。卷三十六,河防,等类。删抉整理,粗具新法规模(此法于宣统二年,即一九一〇年颁布施行)。至光绪三十三年(一九〇七)宪政编查馆,议覆修订法律办法,认立法应设专官,于是,复派英瑞及先生为修定法律大臣,设修订法律馆,招致留学欧美东洋毕业学生。分科治事,并请日人松冈义正博士,担任起草民法;日人志田钾太郎氏,起草商法。不数年,民商草案,蔚然脱稿。均先生筚路褴褛之力也。

【著书】沈寄簃先生遗书(全四帙,四十册),甲篇历代刑法考,总考四卷,分考十七卷,赦考十二卷,律令九卷,狱考一卷,刑具考一卷,行刑之制一卷,死刑之数一

卷，唐死罪总类一卷，充军考一卷，盐法私矾私茶酒禁同居丁年考合一卷。律目考一卷。汉律摭遗二十二卷。明律目笺三卷。明大诰峻令考一卷。历代刑官考二卷。寄簃文存八卷，以上都二十二种，八十六卷。此外据遗书篇首所列，尚有未刻书目多种，附录如次：秋谳须知十卷。律例偶笺三卷。律例杂说二卷。读律校勘记五卷。奏谳汇存一卷。驳稿汇存一卷。雪堂公牍一卷。压绵篇一卷。刺字集二卷。文字狱一卷。刑案汇览三编百卷。

孙中山　先生讳文，字逸仙，广东香山县人，生于一八六五年，幼聪颖，倜傥有大志。年二十，在广州博济医院读书，幼时正值中法战争，先生目击清廷腐败，列强压迫，国势衰弱，私以为非举行革命，推翻满清，不足以救中国之危亡。翌年，赴香港英文医学校读书，课余之暇，即尽力鼓吹革命，时人多以“大逆不道”目之。但先生目光炯远，抱负伟大，早以解放民族创造中华民国为己任。从此组党运

孙中山先生遗像

动，积数十年艰苦奋斗，始于辛亥年，推翻满清。先生于中华民国元年元旦，就临时大总统任于南京，旋禅让于袁世凯。先生遂舍弃政治，从事教育实业，专心研究实业建国之计画，无何，袁世凯帝制自为，先生复于西南重组革命党，提倡反对帝制，登高一呼，全国响应，袁遂败死。旋北京政府毁弃约法，先生又于西南兴护法之师，连年不断奋斗，虽生前未及显著成功，然卒之曹吴仆倒，第二次北伐成功

者，均先生奋斗之结果。先生于民国十四年三月十二日，逝于北平，享年六十岁。先生平生，除创造中华民国及三民主义以外，对于法律，亦有极大之贡献，即五权宪法的发明是也。原来法法学者孟德斯鸠(Montesquieu 1689—1755)主张立法，司法，行政三权分立，欧美各国宪法相继采用，均奉为宪法中之金科玉律。独先生别具锐眼，以为国会兼有弹劾权，凡属狡猾议员，往往用此点来压迫政府，弄得政府动辄得咎，一事无成，所以主张把国会中的弹劾权拿来独立。其次关于国家用人方法，专靠选举，流弊甚大，先生以为当议员，或为官吏，必定要有才有德，始能胜任愉快，否则必无成绩可言。但是什么人才德超群，有膺选举或任官吏的资格，唯一断定的工具，就是考试方法，所以先生于上述四权之外，增加一个考试权。自是世界各国不完备之宪法始臻于完备。这个宪法，便叫作五权宪法。我国民政府之下，设立立法，司法，行政，考试，监察等五院，就是依据先生创作之宪法而设立的，这是如何伟大的发明。就此点而论，足以与法之孟氏后先媲美矣。其次先生对于现代法学思潮的趋势，及国家立法原则，亦有重要的启示，先生说过："把几千年来的政治拿来看看，就晓得政治里头有两个力量，一个是自由的力量；一个是维持秩序的力量。"这两种力量，先生比之于物理学里面之有离心力与向心力二者，总要平衡物体，才能保持平衡的状态。政治里面，如束缚的力量太过，便成专制。自由力量太过，便成为无政府。总要两方平衡，政治才能够保持稳定发展的状态。为求两方平衡的方法，所以先生又说："个人无自由，唯团体才有自由。"个人要把他的自由纳于团体之中，而求全社会全民族团体之自由。斯为保持自由力量与维持秩序的力量于平衡发展和适当途径。所以先生又说："法律就是人事里头大机器。"根据宪法把国家组织如机器一般，人民都要成为管理机器的技师，借以调和政治里面离心力与向心力——自由力量与维持秩序力量。这便是先生指示国家立法理论之大概情形。我们要知道，自一八〇四年，法国拿破仑依据自由精神，制定法典以来，世界各国立法，承其余绪，莫不建筑个人主义，利己主义基础之上。因之个人利益，日益发达，往往置全社会全民族利益于不顾。欧美各国学者，戚然忧之，故德之歧尔克(Gierke 1841—1921)氏，倡团体法主义，法之狄骥(Duguit 1859—1923)氏，倡社会连带主义，而奥之额尔李西(Ehrlich 1862—1922)氏，倡社会法学，以救其弊。先生周游世界，默察法学思潮，对于我国立法，预先加以指示，免致重蹈拿翁法典之覆辙。其法理学上之见解，尤足与以上诸子诸氏相抗衡矣。

西文人名索引

A

Abbatt,Charles	阿保特(英)
Accursius(拉)Francisco Accarso	阿库尔西乌斯(意)
Aguesseau,Henri Français d'	阿该索(法)
Ahrens,Heinrich	阿楞斯(德)
Ain	阿恩(印)
Alciati,Andrea(意)André Alciat	阿尔查提(法)
Alexander,Dr. Eduard	亚历山大爱德华(德)
Alness,Robert Munro	亚尔湼斯(英)
Althnsins, Johonnes	阿尔特星(德)
Amulree, Sir William	阿莫尔黎(英)
Arista, Titius	阿利斯塔(罗)
Arndt, Adolf	阿伦特(德)
Arndts, Ludwig	阿伦兹(德)
Atkinson, E. Tindal	阿特金松(英)
Auguinus	奥歧努士(意)
Anson, Sir William regnell	安松(英)
Austin, John	奥士丁(英)
Ayraut	挨卢特(法)
Azo	阿左(意)

B

Bacon,Francis	培根(英)
Badt, Dr. Hermann	拔德博士(德)
Bang, Dr. Jur Paul	班格(德)
Banks, Sir John Eldon	班克斯(英)
Bar, karl Ludwig	巴尔(德)
Barg, Gunter Heinrich von	巴格(德)
Bartolus	巴尔托卢(意)
Baulenois	菩利那(法)
Beaumanair,P.	菩马那(法)
Beaussire, Emile	菩赛累(法)

Beccaria, Marchese Cesare Bonesana de	培卡利阿(意)
Beckmann, Auguste	培克曼(德)
Bégot, Jean	培加特(法)
Behr, Wilhelm Joseph	培尔(德)
Behrend, Jokoh Friedrich	培楞(德)
Bekker, E. I.	培克(德)
Bentham, Jeremy	边沁(英)
Bergue, Sir Heny	柏该(英)
Berner, Albert Friedrich	柏纳尔(德)
Berolzheimer, Fritz	伯乐尔慈哈逸曼(德)
Berrenni, Augustion	柏累尼(意)
Bertillon, Alphonse	柏提云(法)
Besald, Christoph	柏梭尔(德)
Beseler, Gearg	柏塞勒(德)
Bethmann Hollweg, Maritz August von	柏特曼荷尔惠克(德)
Beudant, C.	霸当(法)
Beyer, Gearg	拜贝(德)
Bierling, G.	俾尔林(德)
Biermann, Johannes	俾尔曼(德)
Binder, Julius	平得尔(德)
Birkett (William) Norman	柏克特(英)
Birkmeyer, Karl Friedrich	柏克迈尔(德)
Biron, Sir Chartres	俾隆(英)
Blackstone, William	黑石(英)
Blanesburgh, Robert younger	布伦斯保(英)
Bluntschli, Fean-Gaspard	布隆智利(瑞)
Bochofen, Johann Jocoh	巴科芬(德)
Bodin, Jean	菩丹(法)
Boisonade, Gustarus	布瓦索那德(法)
Bornhak, Konrod	菩恩哈克(德)
Bouhier	部海(法)
Bourne, Sir Fredrick Samuel Angustus	勃伦腓特烈(英)
Bredt, Jon. Victor	布勒德(德)
Brunnel, Heinrich	布拉内尔(德)
Bryce, James	布赖斯(英)

Buchanan, Gearge 布卡南(英)
Bufnair, C. 部夫纳尔(法)
Bülow, Oscar 彪罗(德)
Bury, Moximilian von 柏利(德)
Buxton, Charles Roden 伯克斯顿查理(英)
Bynkershoek, Carnelius von 平刻斯胡克(荷)

C

Calajanni 科勒甲尼(意)
Caser, Julius 恺撒(罗)
Celsus, Publius Juventius 塞耳苏士(罗)
Charmont, Joseph 沙尔蒙德(法)
Christion, Edward 克利斯盛(英)
Clarke, Sir Edward George 克拉克(英)
Class, Heinrich 克拉斯(德)
Clemens, Terentius 克雷门斯(罗)
Cocceji, Heinrich Freiherr von 科克最宜(德)
Cocker, Sir Edward 柯刻(英)
Colbert, Jean Baptist 科尔伯特(法)
Comte, Taidar Angust Marie Francais Xavier 孔德(法)
Conring, Hermann 空林(德)
Constantius 君士坦都(罗)
Corin, F. 科兰(比)
Cosack, Homrad 科萨克(德)
Cripps, Sir Stafford 克利普斯(英)
Crofton, Walter 克罗夫顿(英)
Cuche, P. 叩诗(法)
Cujas, Jocques 叩乍斯(法)

D

Dalloz, Victar Alexis Désiré 达罗兹(法)
Danton, Gearge Jacques 丹敦(法)
Danz, Erich 丹兹(德)
Dargantre 达尔干特累(法)
Darling, Charles John 达尔林(英)
Demage, Charles-Gabriel-Edgar 德马诗(法)

Demante, Antoine-Marie 德曼泰(法)
Demolambe, J. C. F. 德摩罗培(法)
Dernburg, Heinrich 邓恩堡(德)
Dicey, Albert venn 戴雪(英)
Domat 多马(法)
Doneau 多诺(法)
Draco 德累科(希)
Dueracq, Auguste T. K. 都克拉(法)
Duguit, Lean 狄骥(法)
Dumoulin 都谟兰(法)
Dupin, André Marie Jean Jacques 都班(法)
Durkhein, Emile 都克海姆(法)

E

Ehrenberg, Viktar 哀伦堡(德)
Ehrlich, Eugen 挨尔利赫(奥)
Eichhorn, Karl Friedrich 爱黑豪恩(德)
Emile, de Lavaleye 爱弥尔(比)
Endemann, Wihelm 恩德曼(德)
Enneccerus, Ludwig 恩内克乐斯(德)
Erskine, Thomas Lord 厄斯金(英)
Exmein, Adhemar 挨克斯曼(法)

F

Felix, Meger 菲力克斯(德)
Ferri, Enrieo 斐利(意)
Feuerbach, Paul Jolonn Arselm von 福儿巴哈(德)
Fichte, Johann Gattlieh 斐希特(德)
Field, David Dudley 飞尔德(美)
Filmer, Robert 菲尔美(英)
Fitting, Hermann Heinrich 斐丁(德)
Friedberg, Emil Albert 夫利特柏格(德)
Friss, Jocole Friedrich 夫利斯(德)

G

Gaius 该雅斯(罗)
Gans, Eduard 干斯(德)

Garcon, Emile 加空(法)
Gareis, Karl 该利斯(德)
Garofalo, R. 加罗法罗(意)
Garrard, Jean Rene 加拉德(法)
Gary, Elbert Henry 该利(美)
Gegechikoly, E. T. 奇奇支哥利(苏)
Gentilis, Alberies 贞提利斯(法)
Gentili, Alberico (意)[拉 Albericus Gentilis] 贞提利
Geny, François 热尼(法)
Gerber, Karl Friedrich Wilhelm von 该尔柏(德)
Gierke, otto Frioabick von 歧尔克(德)
Glanvill, Joseph 格兰维尔(英)
Glassan, Ernest 格拉桑(法)
Gneist, Rudolf von 格奈斯特(德)
Gnicciardini, Francesco 格尼查尔提尼(意)
Godefroy, Deuis 哥德夫拉(法)
Godefroy, Joeques 哥督夫洛(法)
Goldshmid, Levin 哥儿德斯密特(德)
Grimm, Jakob 格利姆耶可布(德)
Grimm, Wilhelm 格利姆威廉(德)
Groppoli, Alessondro 格罗巴利(意)
Gross, Hans 格罗(奥)
Grotius, Hugo 格鲁秋(荷)
Gumplowicz, Ludwiz 古姆普罗维赤(奥)
Gurvich, Georgy Semenovich 格尔惠契(苏)

H

Haeckel,Frnst 黑克尔(德)
Hahn, Friedrich 罕恩(德)
Hailsham, Dauglas Megarel 海尔珊(英)
Hall, William Edward 荷尔(英)
Hälschner,Augo Philipp Emgmant 哈尔秀纳尔(德)
Hammurapi 哈谟拉彼(巴)
Handwiche, Phillip York earl of 罕得维赫(英)
Hanworth, Ernest Murruy Pollock 汉华士(英)
Harms, Friedrich 哈姆斯(德)
Hastings, Sir Patrick 哈斯丁斯巴特里克(英)

Hayme, Henri	海美(法)
Hawke, Sir John Anthony	霍克(美)
Healy, Timothy Michael	希利(英)
Hegel, Gearg Wilhelm Friedrich	黑智尔(德)
Heindl, R.	海德尔(德)
Heineccius, [Johann Gottieb Heinecke]	海内克齐乌斯(德)
Hellwig, Konrad	黑尔威格(德)
Henle, Wilhelm von	亨雷(德)
Herbert, Johann Friedrich	赫伯特(德)
Herder, Edward	赫德(德)
Hermogenianus	黑尔摩格尼阿奴斯(罗)
Hewart, Gordon	休沃特(英)
Hobbes, Thomas	霍布斯(英)
Holmes, Oliver Wendell	荷姆斯(美)
Holtzendorff, Franz von	荷尔曾多夫(德)
Hooker, Richard	和加(英)
Huber, Eugene	胡柏(瑞)
Hugo, Gustau Wilhelm	胡哥(德)
Husserl, Edmunn	库塞尔(德)
Husserl, Gerhart	胡塞尔革哈特(德)
Hutcheson, Francis	哈彻松(英)

I

Ihering, Rudolf von	耶陵(德)
Inskip, Sir Thomas Walker Hobart	因斯基普(英)
Irnerius	厄尼利阿斯(意)

J

Jastrow, I.	若斯特罗(德)
Jellinek, Georg	哲利内克(奥)
Jourdan, Athanase-Jeanliger	如尔同(法)
Jowitt, Sir William Allen	高维特(英)
Justinianus	查斯丁尼安大帝(罗)

K

Kant, Immanuel	康德(德)

Kantorowicz, Hermann 康托洛威茨(德)
Karl Binding 卡尔平丁(德)
Kelsen, Hans 克尔岑(奥)
Kent, James 肯特(美)
Kipp 基普(德)
Kirckman, Julius von 基尔克曼(德)
Kohler, Joseph 科勒(德)
Krabbe 克拉拔(荷)
Krasnopalski, D. von Haraz 克拉斯诺巴尔斯基(德)
Kriegsmann, Nikolaus Herrmann Hartwig 克利格斯曼(德)
Krylenko, Nikolai Vasilieviech 克科隆科(苏)
Kursky, Dmitry Lvanovich 柯尔斯基(苏)

L

Lacassxgne, Jean Alexandre Eugene 拉卡莎尼(法)
Laenholm, B. S. 勒恩荷姆(德)
Lambert 拉姆伯尔特(法)
Lambroso, Cesare 拉姆布拉索(意)
Lamprecht, Karl 拉姆普累赫特(德)
Langdell, Chrislapher 蓝格德尔(美)
Langton, Sir George Philip 兰格吞(英)
Lask, Emil 拉斯克(德)
Leake, Stephen Martin 利克(英)
Lehbein, Hugo 雷俾恩(德)
Lehmann, Heinrich otto 列蒙恩(德)
Leibniz, Gottfried Wilhelm 来布尼兹(德)
Lenin, Nikolai 列宁(苏)
Levi, Alessandora 利淮(意)
Lindsay, Benjamin Barr 林塞卞雅明(美)
Liszt, Franz von 利斯特(德)
Locke, John 陆克(英)
Loenhalm, L. S. 勒恩荷姆(德)
Loisel, Antoine 拉塞尔(法)
Ltaurneau, Charles 而多尔诺(法)
Lycurgus 来克古士(希)

M

Mablg, G. B. A.	马布利(法)
Macauly, Thomas Balington	马科利(英)
Machiavelli, Nicalo	马基阿未利(意)
MacMillan	马克密兰(英)
Maheim, Ernest A. J.	马哈因(比)
Maine, Sir Henry James Summer	亨利门(英)
Maitland, Tréderie-William	麦特兰(英)
Mancini, Pasqualeslanislao	曼契尼(意)
Manu	摩拏(印)
Marcade, V. N.	马开德(法)
Marcellus, Lucius Ulpius	马塞拉斯(罗)
Mariana, Tuan	马利纳(西)
Martens, Frederis de	马尔顿斯(苏)
Marx, Karl	马克思(德)
Maurer, Gearg Ludwig, Ritter von	毛勒第一(德)
Maurer, Konrad von	毛勒第二(德)
Mayer, Max Ernst	马尔(德)
Megger	麦格尔(德)
Meili, Friedrich	美丽(瑞)
Menger, Anton	门革(奥)
Merkel, Adolf	麦尔克(德)
Merriman, Sir (Frank) Boyd	美利曼(英)
Merrivale, Henry Edward duke	美利发雷(英)
Meyer, Georg	麦尔(德)
Miceli, V.	米西利(意)
Mill, John Stuart	弥尔(英)
Millard, Alxandre	密拉德(法)
Mirabeau, Honard Gabriel Kiqueeti	弥拉波(法)
Mitchell, Williamd	米恰尔(美)
Mittermaier, Carl Joseph Anton	密忒迈厄(德)
Modestinus	摩德斯体奴斯(罗)
Mohamed	穆罕默德(阿)
Molinier, V.	摩利尼尔(法)
Montesquieu, Charles Louis de Secondat, Baron de la Bréde et de	孟德斯鸠(法)

More Sir, Thomas 摩尔(英)
Morgan, Lewis Henry 摩尔根(美)
Moses 摩西(犹)
Murray, William 墨累(英)
Mynsinger, Joachim 米星格尔(德)

N

Napolean, Bonoparte 拿破仑(法)
Natal, Tomass 那塔尔(意)

O

Ofilius, Aulus 阿夫立乌士(罗)
Olshausen, Justus 俄尔斯豪孙(德)
Ortolán, Louis Elzrar 俄托蓝(法)

P

Papinionus 巴平利安(罗)
Pashukanis, Evgenny Bronislavovich 帕叔卡尼斯(苏)
Pasquier, Stienne 巴斯基挨(法)
Planck, G. 普兰克(德)
Plato 柏拉图(希)
Plonial, M. 普拉谑尔(法)
Pollock, Sir Frederick 濮洛克(英)
Pont, P. J. 蓬特(法)
Post, Albert Hermann 波斯特(德)
Pothier, Robert Joseph 波提挨(法)
Pouillet, Eugene 浦耶(法)
Poulus 保卢斯(罗)
Pound, Rascoe 庞德(美)
Preuss, Hugo 普拉斯(德)
Prins, Adolphe 普林斯(比)
Proal, L. 普罗阿尔(法)
Proclus, Sempronius 蒲罗克鲁(罗)
Proudhon, Joseph 蒲鲁东(法)
Puffendorf, Samuel von 浦芬多夫(德)

R

Radbruch, Gustav	拉得布鲁喜(德)
Rathgen, Karl	拉特根(德)
Rauseau, Jean Jacques	卢梭(瑞)
Reading, Rufus Daniel Isascs 1st Marquess of	累丁格(英)
Rechert, Heinrich	累开尔特(德)
Regelsberger, Ferdinand	利格尔斯柏格尔(德)
Reincke, otto	赖克(德)
Renault, Lous	勒诺(法)
Renner, Karl	累纳(奥)
Repgow, Eike von	累普高(德)
Revon, Michel	累峰(法)
Ripert, G.	利伯(法)
Roguin	罗干(法)
Romagnosi, Giovanni Domenico	罗马诺西(意)
Romero, Giron Vicente	罗曼罗(荷)
Roux, J. A.	卢克斯(法)
Rozmiyovich, Elena Fedrorovna	洛士米罗维契(苏)
Ruchonnet, Louis	卢绰内特(瑞)
Rumelin, Max Von	卢密林(德)

S

Sabinus, Masurius	莎比奴斯(罗)
Salille, Raymand	塞利勒(法)
Salmasius, Chaudins	萨尔美喜阿斯(法)
Sauer, W.	骚厄(德)
Savigny, Friedrich Karl von	萨文宜(德)
Schelling, Friedrich Wilhelm Joseph	谢林(德)
Schmerling, Anton von	什墨林格(奥)
Schulze Delitzsch Frang Herman	叔尔测德里支(德)
Scott, John 1st Earl of Eldon	司各脱(英)
Secker	塞刻(德)
Selden, John	塞尔顿(英)
Seuffert, Hermann	撒斐特赫尔曼(德)
Seuffert, Joham Adam	撒斐特约翰(德)

Sieveking，Ernst Friedrich	希弗金(德)
Simon，Sir John(Allsebrook)	西门(英)
Simon，Zules François	赛蒙(法)
Sohm，Rudolf	索姆(德)
Solon	梭伦(希)
Sonnefels，Joseph	孙纳费尔(澳)
Sonnenfels，Joseph，Freiherr von	松能腓尔斯(奥)
Spann，Othmar	师班(奥)
Spinozo，Baruch	斯彼那索(荷)
Stahl，Friedrich Julius	斯塔尔(德)
Stammler，Rudolf	斯塔姆勒(德)
Stanb，Harmann	斯坦布(德)
Stein，Larenz von	斯坦因(德)
Stein，Friedrich	斯泰恩(德)
Stephen，Sir James	史梯芬(英)
Stobbe，Johann Ernst otto	司托布(德)
Stock，Whitley	斯托克(英)
Stolowell	斯托罗未尔(德)
Stooss，Carl	斯托士(瑞)
Stowell，Load	司徒挨尔(英)
Strong，Joesf	斯特隆格(德)
Stutchka，Piotr Ivanovitch	司徒喜加(苏)
Suarez，Francisco	苏亚勒士(西)

T

Tarde，Jean Gahriel	塔德(法)
Terry,Henry Taylor	忒利(美)
Thar，Johann Heinrich	托尔(德)
Thibaut，Anton Friedrich Lustos	提菩(德)
Thonissen,J. J.	托利桑(比)
Toullier，Charles Bonaventure Marie	图利挨(法)
Tribonianus	特利菩尼安(罗)
Troplang，R. T.	特罗普兰格(法)

U

Ulmann，Emanuel von	乌尔曼(奥)
Ulpianus，Damitinus	阿尔比安(罗)

Unger, Joseph	翁格(奥)

V

Vabres, H. Donnedieu De	法布累(法)
Vanini, Leilius	发尼尼(意)
Vattel, Emmerich von	发泰尔(瑞)
Vecchio, Georgio del	维克基奥(意)
Vidal, G.	维达尔(法)
Vinogradoff, Paul	维诺格拉多夫(苏)
Volin	佛林(法)
Voltaire, F. M. A.	福禄特尔(法)

W

Wächtel, Karl Gearg von	发黑泰尔(德)
Ward, Frand	华德(美)
Warrington	瓦林敦(英)
Wash, Adolf	瓦什(德)
Washington, George	华盛顿(美)
Westlake, John	韦斯特拉开(英)
Wheaton, Herri	惠吞(美)
Wheeler, Albert Sproull	惠勒(美)
Wigmore, John Henry	威格摩尔(美)
Wilda, Wilhelm Eduard	惟尔达(德)
Windscheid, Berunhalt Joseph	温得雪得(德)
Winokrov, Alexander Nikolaevich	维洛克洛夫(苏)
Wlassics, Julius	夫拉息克斯(美)
Wolff	佛尔夫(德)

Z

Zasius, Ulrich	萨西乌斯(德)
Zeller, Edward	最拉(德)
Zheodosius II	狄奥多西(罗)
Zinotelmann, Ernst	齐诺德曼(德)
Zonche, Richard	索基(英)
Zouaren, Francois	苏阿楞(法)